Thematischer
Schulwortschatz Französisch A1-B2

Thematischer Schulwortschatz Französisch A1-B2

von
Gabrielle Bosse

Ernst Klett Sprachen
Stuttgart

1. Auflage 1 5 4 3 2 1 | 2014 2013 2012

Alle Drucke dieser Auflage können im Unterricht nebeneinander benutzt werden. Die letzte Zahl bezeichnet das Jahr des Druckes.

www.klett.de
www.lektueren.com

Redaktion: Sylvie Cloeren
Layoutkonzeption: Andreas Staiger, B2 Gestaltung, Stuttgart
Illustrationen: Oliver Lucht, Pfeffer und Salz, Freiburg
Gestaltung und Satz: DOPPELPUNKT, Stuttgart
Umschlaggestaltung: Andreas Staiger, B2 Gestaltung, Stuttgart
Titelbild: Getty Images (Rayman), München
Druck und Bindung: AZ Druck und Datentechnik GmbH, Heisinger Straße 16, 87437 Kempten/Allgäu
Printed in Germany

ISBN: 978-3-12-519524-0

9 783125 195240

Inhaltsverzeichnis

II Der Mensch und sein Alltag

III Umwelt, Gesellschaft und Politik

Auf einen Blick

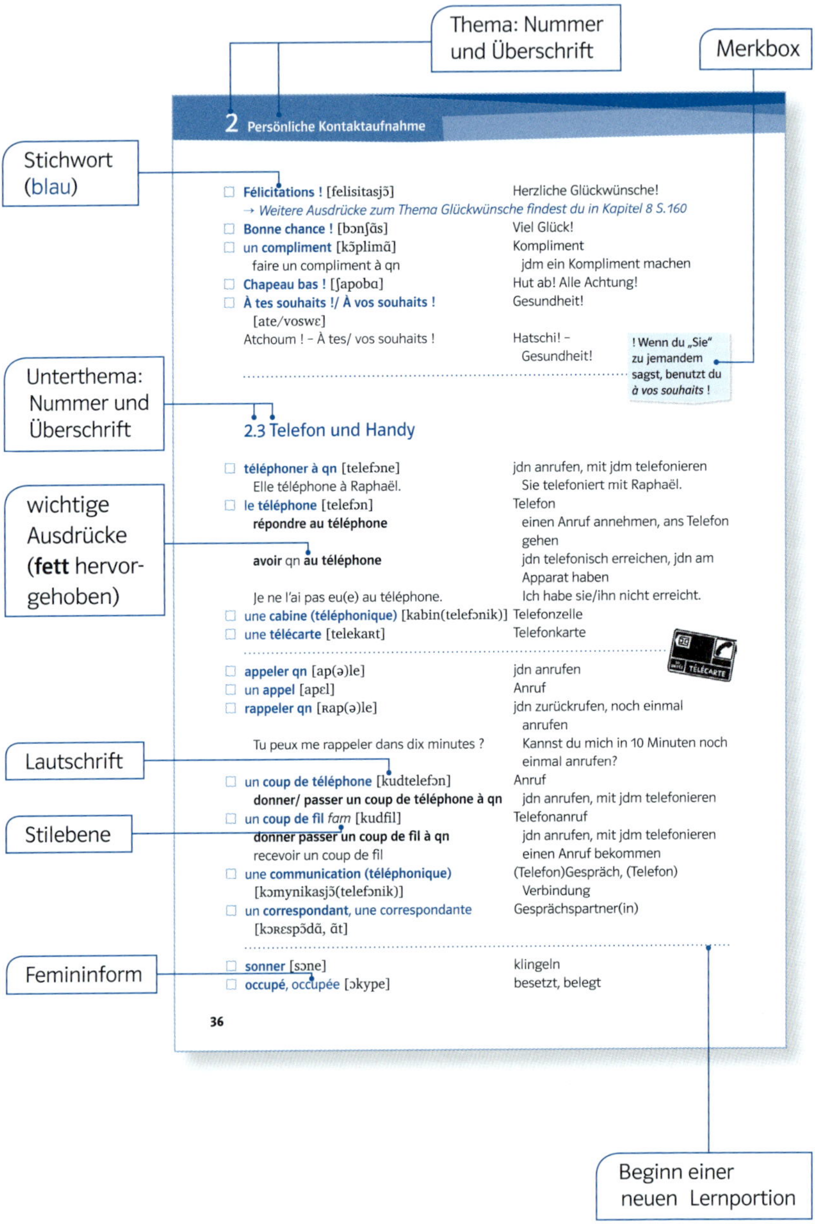

2 Persönliche Kontaktaufnahme

☐ **Félicitations !** [felisitasjɔ̃]	Herzliche Glückwünsche!
→ *Weitere Ausdrücke zum Thema Glückwünsche findest du in Kapitel 8 S. 160*	
☐ **Bonne chance !** [bɔnʃɑ̃s]	Viel Glück!
☐ un **compliment** [kɔ̃plimɑ̃]	Kompliment
faire un compliment à qn	jdm ein Kompliment machen
☐ **Chapeau bas !** [ʃapobɑ]	Hut ab! Alle Achtung!
☐ **À tes souhaits !/ À vos souhaits !** [ate/voswɛ]	Gesundheit!
Atchoum ! – À tes/ vos souhaits !	Hatschi! – Gesundheit!

! Wenn du „Sie" zu jemandem sagst, benutzt du *à vos souhaits* !

2.3 Telefon und Handy

☐ **téléphoner à qn** [telefɔne]	jdn anrufen, mit jdm telefonieren
Elle téléphone à Raphaël.	Sie telefoniert mit Raphaël.
☐ le **téléphone** [telefɔn]	Telefon
répondre au téléphone	einen Anruf annehmen, ans Telefon gehen
avoir qn **au téléphone**	jdn telefonisch erreichen, jdn am Apparat haben
Je ne l'ai pas eu(e) au téléphone.	Ich habe sie/ihn nicht erreicht.
☐ une **cabine (téléphonique)** [kabin(telefɔnik)]	Telefonzelle
☐ une **télécarte** [telekaʀt]	Telefonkarte
☐ **appeler qn** [ap(ə)le]	jdn anrufen
☐ un **appel** [apɛl]	Anruf
☐ **rappeler qn** [ʀap(ə)le]	jdn zurückrufen, noch einmal anrufen
Tu peux me rappeler dans dix minutes ?	Kannst du mich in 10 Minuten noch einmal anrufen?
☐ un **coup de téléphone** [kudtelefɔn]	Anruf
donner/ passer un coup de téléphone à qn	jdn anrufen, mit jdm telefonieren
☐ un **coup de fil** *fam* [kudfil]	Telefonanruf
donner/ passer un coup de fil à qn	jdn anrufen, mit jdm telefonieren
recevoir un coup de fil	einen Anruf bekommen
☐ une **communication (téléphonique)** [kɔmynikasjɔ̃(telefɔnik)]	(Telefon)Gespräch, (Telefon) Verbindung
☐ un **correspondant**, une correspondante [kɔʀɛspɔ̃dɑ̃, ɑ̃t]	Gesprächspartner(in)
☐ **sonner** [sɔne]	klingeln
☐ **occupé**, occupée [ɔkype]	besetzt, belegt

36

Einleitung

Im *Thematischen Schulwortschatz Französisch* findest du das Vokabular zu den wichtigsten Themen, die du im Laufe des Französischunterrichts behandelst.

In den ersten Jahren lernst du, über dich, deine Freunde und deine Familie zu reden und von deinem Alltag, der Schule, deiner Freizeit zu berichten.
Später erfährst du immer mehr über Frankreich und die französische Kultur.
Am Ende der Mittelstufe kannst du auch schon bei einigen wichtigen gesellschaftlichen Themen mitreden.
Alle diese Themen findest du in diesem Wortschatz wieder. Sie bilden auch die Grundlage für die international gültigen DELF-Diplome, für die viele Schulen eine Vorbereitung anbieten.

Der *Thematische Schulwortschatz Französisch* ist ein Arbeitsbuch für deine gesamte Schulzeit, das dich zum individuellen Lernen ermutigen und beim selbständigen Arbeiten unterstützen möchte.
Bereits ab dem *ersten Lernjahr* kannst du gezielt mit dem *Thematischen Schulwortschatz Französisch* arbeiten. Du kannst Vokabeln wiederholen, nachschlagen und z.B. für Rollenspiele oder zum Verfassen von Texten benutzen. Er kann dir auch bei der Anfertigung deiner Hausaufgaben oder der Vorbereitung von Klassenarbeiten nützen.
Am Ende der *Mittelstufe* gibt dir dieser Themenwortschatz einen Überblick darüber, welche Wörter für eine eventuelle Abschlussprüfung in der 10. Klasse nützlich sein können.
In der *Oberstufe* bildet er die Grundlage für deine weitere Wortschatzarbeit.

Keine Sorge, du musst nicht alle Wörter dieses Buches beherrschen. Es ist auch normal, dass du einige Vokabeln, die du im Laufe des Französischunterrichts gelernt hast, nach einiger Zeit wieder vergisst. Nicht jeden Ausdruck musst du selber verwenden können. Teilweise reicht es auch, wenn du die Wörter bei Übungen zum Hörverständnis oder Textverständnis verstehen kannst.
Wenn sie dir häufiger begegnen, werden sie nach und nach in deinen aktiven Wortschatz übergehen. Dafür ist es sinnvoll, die Vokabeln gezielt selbständig zu wiederholen und regelmäßig anzuwenden. Mit guten Wortschatzkenntnissen wird es dir Spaß machen, dich in der Fremdsprache auszudrücken!

Alors : bon courage !

Tipps zum Umgang mit diesem Buch

Die **thematische Anordnung** hilft dir, die Wörter im richtigen Zusammenhang zu benutzten. Du weißt ja, dass Wörter häufig mehrere und sogar recht verschiedene Bedeutungen haben können und es ist nicht immer leicht, sich in einem normalen Wörterbuch für die passende Bedeutung zu entscheiden.

Die Unterteilung der Wörter in kleine **Lernportionen** hilft dir, die Vokabeln nachhaltig zu lernen, denn du behältst sie besser, wenn du sie regelmäßig in kleinen Mengen lernst anstatt eine lange Liste auf einmal.

Die **Kästchen** vor den Wörtern kannst du entweder benutzen, um mit Bleistift die Wörter zu markieren, die du schon gut kennst oder diejenigen, die dir immer wieder Probleme bereiten.
Du kannst auch regelmäßig alle Wörter ankreuzen, die du im Unterricht bereits gelernt hast.

Die **Beispielsätze** unter manchen Worteinträgen solltest du genau lesen, sie zeigen meist eine Besonderheit beim Gebrauch des Wortes an.

Die **Abkürzungen** hinter manchen Wörtern geben dir nützliche Zusatzinformationen zum Wortgebrauch. Sie zeigen dir beispielsweise an, ob das *passé composé* eines Verbes mit *être* gebildet wird oder ob ein Wort zur Umgangssprache gehört. Die Übersicht über die verwendeten Symbole und Abkürzungen findest du auf der S. 18.

Am Ende jedes Kapitels hast du in der Rubrik **Mein Zusatzvokabular** die Möglichkeit, zusätzliche Wörter zu notieren, die du vielleicht bei einem Schüleraustausch, auf Reisen oder beim Austausch von E-Mails gelernt hast.

Am Ende des Buches findest du ein **alphabetisches französisches Verzeichnis** aller Stichwörter dieses Buches. Hier kannst du gezielt nachschlagen, in welchem Kapitel du einzelne Ausdrücke finden kannst. Dieses Verzeichnis unterstützt dich bei Übungen zum französischen Textverständnis oder wenn du kurz die Rechtschreibung eines französischen Wortes überprüfen willst.

Infoboxen

Die *Infoboxen* helfen dir, die Wörter richtig anzuwenden oder sie vermitteln Hintergrundinformationen zu typischen Gegebenheiten in Frankreich.
Alle Infoboxen sind mit einem Symbol versehen, das dir über die Art der Erklärungen Auskunft gibt.

Vorsicht Fehler!
Diese Box hilft dir, bestimmte typische Fehler, die immer wieder auftreten, zu vermeiden.

Das richtige Wort
Diese Box erklärt dir den richtigen Gebrauch von Wörtern, die eine ähnliche Bedeutung haben, z.B. die Verwendung von *écouter* und *entendre*. Beide Wörter heißen *hören*, sie werden aber in unterschiedlichen Situationen benutzt.

Falsche Freunde
Ein *faux ami*, ein falscher Freund, ist ein Wort, das in verschiedenen Sprachen gleich klingt, aber eine anderer Bedeutung hat. Diese Box weist dich auf die Bedeutungsunterschiede hin.
Die französischen Wörter *mamie* und *papi* zum Beispiel heißen auf Deutsch *Oma* und *Opa*.

Man sagt
Du hast sicherlich schon festgestellt, dass es oft nicht möglich ist, einzelne Wörter einfach zu übersetzen und aneinander zu reihen, um einen richtigen Satz zu bilden. In allen Sprachen gibt es feste Wortverbindungen und Wendungen, die man kennen muss, um sich richtig auszudrücken.
So musst du zum Beispiel den Satz *Es ist schönes Wetter* mit *Il fait beau* übersetzen. Eine wörtliche Übertragung wäre hier falsch.
Diese Box hilft dir bei der korrekten Anwendung der Wörter und erklärt dir, wie bestimmte Sachverhalte auf Französisch ausgedrückt werden (z. B. die *Uhrzeit*).

Dialoge und Rollenspiele
Hier findest du Mustersätze für einige typische Dialogsituationen wie *Telefonieren* oder *Einkaufen*.

Auf einen Blick
Diese Box verschafft dir einen schnellen Überblick über ein Themenfeld, z. B. nützliche Ausdrücke zum *Argumentieren* oder zum *Verfassen einer Biographie*.

Landeskunde
Hier bekommst du Hintergrundinformationen zu Frankreich und der französischsprachigen Welt.

Verzeichnis „Vorsicht Fehler!"

Verzeichnis „Das richtige Wort"

Verzeichnis „Falsche Freunde"

Verzeichnis „Man sagt"

Verzeichnis „Dialoge und Rollenspiele“

Verzeichnis „Auf einen Blick“

Verzeichnis „Landeskunde“

Übersicht über die verwendeten Symbole und Abkürzungen

adj	*adjectif*	Adjektiv, Eigenschaftswort
adv	*adverbe*	Adverb, Umstandswort
etw.		*etwas*
f	*féminin*	feminin, weiblich
fam	*familier*	umgangssprachlich
fpl	*féminin pluriel*	weiblich, Mehrzahl
inf	*infinitiv*	Infinitiv
inv	*invariable*	unveränderlich
jdm		*jemandem*
jdn		*jemanden*
loc	*locution*	Redensart
m	*masculin*	maskulin, männlich
mpl	*masculin pluriel*	maskulin, Mehrzahl
n	*nom*	Nomen, Substantiv, Hauptwort
péj	*péjoratif*	abwertend
pl	*pluriel*	Plural
pop	*populaire*	sehr umgangssprachlich
prov	*proverbe*	Sprichwort
qc	*quelque chose*	etwas
qn	*quelqu'un*	jemand
s.		*siehe*
S.		*Seite*
subj	*subjonctif*	
v	*verbe*	Verb, Zeitwort
*		Verben, die das *passé composé* mit *être* bilden (Außer bei den reflexiven Verben)

Übersicht über die verwendeten Lautzeichen

Die in diesem Buch verwendeten Lautzeichen folgen dem aktuellen Petit Robert und Vereinfachungen in den gängigen Lehrwerken.

Vokale

[a]	m**a**d**a**me ; **â**ge
[e]	caf**é** ; mang**er**
[ɛ]	il f**ait** ; il m**et** ; adr**e**sse
[i]	**i**l ; am**ie**
[ɔ]	d**o**micile ; passep**o**rt
[o]	numér**o** ; boul**ot**
[ø]	monsi**eu**r ; **Eu**rope
[æ]	**heu**re ; c**œu**r ; j**eu**ne
[ə]	l**e** ; r**e**pas
[u]	r**ou**te ; ép**oux**
[y]	t**u** ; r**ue**

Nasalvokale

[ɑ̃]	d**ans** ; contin**ent**
[ɛ̃]	**un** ; itali**en**
[ɔ̃]	**on** ; n**om**

Konsonanten

[f]	**f**rère ; **ph**oto
[v]	boule**v**ard ; **w**agon
[s]	**s**œur ; **s**tation ; adole**sc**ent
[z]	phra**s**e ; **z**éro
[ʒ]	**j**eune ; reli**g**ion
[ʃ]	**ch**ose ; **sh**ampoing
[ɲ]	ma**gn**ifique ; si**gn**e
[ɔ]	park**ing** ; camp**ing**
[ʀ]	p**r**énom ; **R**ussie

Halbkonsonanten

[j]	b**i**en ; fami**ll**e
[w]	**ou**i ; t**oi**
[y]	h**ui**t ; br**ui**t

Vor *h aspiré* steht ein ' ; dies bedeutet, dass nicht gebunden werden darf, *le héros* [lə'heʀo], aber *l'héroïne* [leʀɔin].

I Der Mensch und menschliche Beziehungen

1 Angaben zur Person

1.1 Sich vorstellen

☐ le **nom** [nɔ̃]	Name
le **nom de famille**	Nach-, Familienname
Les Gibert viennent ce soir.	Die Giberts kommen heute Abend.
☐ le **prénom** [pʀenɔ̃]	Vorname
☐ **s'appeler** [saple]	heißen

Kein Plural *-s* bei Familiennamen !

Vorsicht Fehler! Seinen Namen angeben und danach fragen – *s'appeler*

Achte auf die richtigen Formen von ***s'appeler***:

Je *m'*appelle Julien. **Tu *t'*appelles Vincent?**
Elle *s'*appelle Isabelle. **Ils *s'*appell*ent* Paul et Pauline.**

So kannst du nach dem Namen fragen:

Tu *t'*appelles comment ? / Comment tu *t'*appelles ?	Wie heißt du?
Vous vous appelez comment ?	Wie heißen Sie?

- **être** [ɛtʀ] — sein
  Je suis Sophie. Et toi ? — Ich bin Sophie. Und du?

- **monsieur**; messieurs *pl* [məsjø, mesjø] — Herr
- **madame**; mesdames *pl* [madam, medam] — Frau
- **mademoiselle**; mesdemoiselles *pl* [madmwazɛl, medmwazɛl] — Fräulein

→ *Zu Abkürzungen und Anreden siehe Kapitel 2.1 S. 33*

- l'**âge** *m* [aʒ] — Alter
- un **an** [ɑ̃] — Jahr
  J'ai 14 ans. — Ich bin 14 Jahre alt.

! Nicht vergessen: Altersangaben immer mit *avoir* !

→ *Zum Thema Altersangaben siehe Kapitel 1.3 S. 28)*

- la **date de naissance** [datdənɛsɑ̃s] — Geburtsdatum
- **être né, née** [ne] — geboren sein, geboren werden
  Pauline est <u>née</u> le 29 décembre. — Pauline ist am 29. Dezember geboren.
  Paul est né le 23 janvier. — Paul ist am 23. Januar geboren.
  Je **suis né, née en** 1997. — Ich bin 1997 geboren.
- un **anniversaire** [anivɛʀsɛʀ] — Geburtstag
  Mon anniversaire est le 16 octobre. — Ich habe am 16. Oktober Geburtstag.

→ *Weitere Informationen zur Angabe eines Datums findest du in Kapitel 15 „Zeit und Raum" S. 273*

- le **lieu de naissance** [ljødənɛsɑ̃s] — Geburtsort

- **habiter à/ en** [abite] — wohnen in
  Tu habites où ? — Wo wohnst du?

Vorsicht Fehler! Die richtige Präposition nach *habiter*

Bei Städtenamen benutzt du in der Regel die unveränderte Form von ***à***, bei Straßen ***dans*** und bei Hausnummern ***au***:
Charlotte habite *à* Lille, *dans* la rue Nicolas le Blanc, *au* numéro 24.

Bei Ländernamen steht entweder ***en*** oder ***au***/ ***aux***:
Isabelle habite *en* France. (weiblicher Ländername – la France)
Ricardo habite *au* Portugal. (männlicher Ländername – le Portugal)
Felix habite *à* Bonn *en* Allemagne.

→ *Die Liste der Ländernamen findest du in Kapitel 19, ab S. 336.*

☐ l'**adresse** *f* [adʀɛs]	Anschrift, Adresse
☐ un **domicile** [dɔmisil]	Wohnsitz, Wohnort
sans domicile fixe	ohne festen Wohnsitz
☐ une **rue** [ʀy]	Straße **(in der Stadt)**
Elle **habite dans** la rue Nicolas le Blanc.	Sie wohnt in der Straße Nicolas le Blanc.
☐ une **route** [ʀut]	(Land)Straße

→ *Zum Unterschied von „une rue" und „une route" siehe Kapitel 13.6 „In der Stadt" S. 245*

☐ une **avenue** [avny]	Avenue, Prachtstraße
☐ un **boulevard** [bulvaʀ]	Boulevard, Ring(straße)
☐ une **place** [plas]	Platz

→ *Zu weiteren Straßenbezeichnungen siehe Kapitel 13.6 „In der Stadt" S. 245*

☐ le **numéro** [nymeʀo]	(Haus)Nummer
Elle **habite au numéro** 24.	Sie wohnt in der Nummer 24.
À quel numéro est-ce que **tu habites** ?	Welche Hausnummer hast du?

Adressen angeben

In Frankreich steht die Hausnummer immer vor dem Namen der Straße:

26, avenue Victor Hugo — Avenue Victor Hugo 26

J'habite 14, rue du Château. — Ich wohne in der Rue Château 14. ! ohne *dans* !

☐ le **sexe** [sɛks]	Geschlecht
☐ **masculin**, masculine [maskylɛ̃, in]	männlich
☐ **féminin**, féminine [feminɛ̃, in]	weiblich
☐ la **situation de famille** [sitɥasjɔ̃dəfamij]	Familien-, Personenstand
☐ **marié**, mariée [maʀje]	verheiratet
☐ **divorcé**, divorcée [divɔʀse]	geschieden
☐ **célibataire** [selibatɛʀ]	Single; ledig

1.2 Sternzeichen und Schicksal

☐ l'**horoscope** *m* [ɔʀɔskɔp]	Horoskop
☐ un **signe astrologique** [siɲ astʀɔlɔʒik]	Sternzeichen
☐ le **destin** [destɛ̃]	Schicksal
☐ **prédire qc** [pʀediʀ]	vorher-/voraussagen
☐ l'**avenir** *m* [av(ə)niʀ]	Zukunft

Auf einen Blick: Die Sternzeichen

Bélier *m* [belje]
Widder
21 mars – 20 avril

Taureau *m* [tɔʀo]
Stier
21 avril – 21 mai

Gémeaux *mpl* [ʒemo]
Zwilling
22 mai – 21 juin

Cancer *m* [ksɛʀ]
Krebs
22 juin – 23 juillet

Lion *m* [ljɔ̃]
Löwe
24 juillet – 23 août

Vierge *f* [vjɛʀʒ]
Jungfrau
24 août – 23 septembre

Balance *f* [bals]
Waage
24 septembre – 23 octobre

Scorpion *m* [skɔʀpjɔ̃]
Skorpion
24 octobre – 22 novembre

Sagittaire *m* [saʒitɛʀ]
Schütze
23 novembre – 21 décembre

Capricorne *m* [kapʀikɔʀn]
Steinbock
22 décembre – 20 janvier

Verseau *m* [vɛʀso]
Wassermann
21 janvier – 19 février

Poissons *mpl* [pwasɔ̃]
Fisch
20 février – 20 mars

Bei der Angabe der Sternzeichen steht kein Artikel:
Pauline dit : « Je suis née le 29 décembre. *Je suis Capricorne.* »

☐ le **hasard** [ˈazaʀ]	Zufall
par hasard	zufällig
☐ la **chance** [ʃɑ̃s]	Glück, Glücksfall
avoir de la chance	Glück haben
☐ le **bonheur** [bɔnœʀ]	Glück

! Kein Apostrophe: *le hasard* !

→ *Zum Bedeutungsunterschied zwischen "le bonheur" und "la chance" siehe Kapitel 6, S. 97*

☐ le **porte-bonheur** *inv* [pɔʀtbɔnœʀ]	Glücksbringer
☐ un **malheur** [malœʀ]	Unglück
☐ le **grigri** [gʀigʀi]	Talisman

1.3 Lebensphasen und Biographie

> ! Participe passé von *vivre* : *vécu* !

☐ une **biographie** [bjɔgʀafi]	Biografie
☐ **vivre** [vivʀ]	leben
Il a <u>vécu</u> au Québec.	Er hat in Quebec gelebt.
☐ **vivant**, vivante [vivɑ̃, ɑ̃t]	lebendig
☐ la **vie** [vi]	Leben
☐ **naître*** [nɛtʀ]	geboren werden
être né, née	geboren sein/werden
→ *siehe Kapitel 1.1 S. 24*	
☐ la **naissance** [nɛsɑ̃s]	Geburt

☐ le **bébé** [bebe]	Baby
☐ le **garçon** [gaʀsɔ̃]	Junge, Sohn
☐ la **fille** [fij]	Mädchen, Tochter
☐ un, une **enfant** [ɑ̃fɑ̃]	Kind
☐ l'**enfance** *f* [ɑ̃fɑ̃s]	Kindheit

Auf einen Blick: Personenbezeichnungen in der Umgangssprache

In der Umgangssprache werden häufig folgende Personenbezeichnungen benutzt:

un gamin, une gamine [gamɛ̃, in]	kleiner Junge, kleines Mädchen
un, une gosse [gɔs]	Kind
un mec [mɛk]	Kerl, Typ, Mann
un type [tip]	Mann, Typ
une nana [nana]	Mädchen, Frau
une meuf [mœf]	Mädchen, Frau

☐ **jeune** [ʒœn]	jung
☐ un, une **jeune** [ʒœn]	Jugendliche(r)
☐ la **jeunesse** [ʒœnɛs]	Jugend
☐ un **adolescent**, une adolescente [adɔlɛsɑ̃, ɑ̃t]	Jugendliche(r), Heranwachsende(r)
☐ un, une **ado** *fam* [ado]	Jugendliche(r), Heranwachsende(r)
☐ l'**adolescence** *f* [adɔlɛsɑ̃s]	Jugend
☐ **grandir (à/ en)** [gʀɑ̃diʀ]	aufwachsen (in); wachsen, größer werden

☐ **adulte** [adylt]	erwachsen
un, une adulte	Erwachsene(r)
☐ une **femme** [fam]	Frau
☐ un **homme** [ɔm]	Mann

! nicht Ehemann !
Siehe Kapitel 3.2 S. 50

Grandir – groß werden, (auf-)wachsen

Il a grandi de 10 centimètres.	Er ist 10 cm gewachsen.
Les enfants grandissent si vite !	Die Kinder werden so schnell groß!
Elle a grandi au Maroc, ensuite elle a vécu en France.	Sie ist in Marokko groß geworden/ aufgewachsen, dann hat sie in Frankreich gelebt.

l'âge *m* [aʒ]	Alter
à ton âge	in deinem Alter
À ton âge, on ne boit pas d'alcool !	In deinem Alter trinkt man keinen Alkohol!

Vorsicht Fehler! Altersangaben

Denk daran: bei der Alternsangabe benutzt man ***avoir***:

Tu as quel âge ? – J'ai 13 ans.	Wie alt bist du? – Ich bin 13 Jahre alt.
À quel âge est-ce qu'on passe au collège en France ?	Mit wie viel Jahren/in welchem Alter kommt man in Frankreich aufs Collège?
À l'âge de 20 ans/ À 20 ans, il a enregistré son premier CD.	Mit 20 Jahren hat er seine erste CD aufgenommen.
Une jeune fille âgée de 15 ans a gagné le concours.	Ein 15 Jahre altes Mädchen hat den Wettbewerb gewonnen.

☐ le 3e **âge** [tʀwazjɛmɑʒ]	Pensionsalter; Senioren
☐ **âgé, âgée** [ɑʒe]	alt
une personne âgée	eine ältere Person, älterer Mensch
les personnes âgées	die älteren Leute
une femme âgée	eine ältere Frau
un homme âgé	ein älterer Mann
☐ **vieux**, **vieil**, **vieille** [vjø, vjɛj]	alt
un vieil homme	ein alter Mann
☐ **vieillir** [vjejiʀ]	alt werden, altern
Il a beaucoup vieilli.	Er ist stark gealtert.
☐ la **vieillesse** [vjɛjɛs]	Alter

! *Vieillir* : passé composé mit *avoir* !

Vorsicht Fehler! Die Formen von *vieux*

Das Adjektiv ***vieux*** ist unregelmäßig:

Femininum: Singular: **une vieille copine, une vieille amie**
Plural: **des vieilles copines, des vieilles amies**
Im Maskulinum Singular gibt es zwei Formen:
un *vieux* copain
aber: **un *vieil* ami**
Plural: **des vieux copains, des vieux amis**

☐ **mourir*** **(de qc)** [muʀiʀ]	(an etw.) sterben
☐ **mort**, morte [mɔʀ, mɔʀt]	tot
☐ la **mort** [mɔʀ]	Tod
☐ **mortel**, mortelle [mɔʀtɛl]	tödlich, sterblich
une maladie mortelle	eine tödliche Krankheit
Nous sommes tous mortels.	Wir sind alle sterblich.
☐ **se suicider** [s(ə)sɥiside]	Selbstmord begehen
☐ le **suicide** [sɥisid]	Selbstmord
☐ un **cimetière** [simtjɛʀ]	Friedhof
☐ la **tombe** [tɔ̃b]	Grab
☐ **enterrer** [ɑ̃teʀe]	beerdigen, begraben
Il est enterré à Paris.	Er ist in Paris begraben.
☐ l'**enterrement** *m* [ɑ̃tɛʀmɑ̃]	Beerdigung

Auf einen Blick: Eine Biographie verfassen

Um eine Biographie zu verfassen, kannst du auch folgende Ausdrücke verwenden:

passer sa vie à/ en [pasesavi]	sein Leben verbringen in
déménager (à/ en) [demenaʒe]	umziehen (nach)
s'installer à/ en [sɛ̃stale]	sich niederlassen in
faire des études *fpl* [fɛʀdezetyd]	studieren
faire un apprentissage [fɛʀœ̃apʀɑ̃tisaʒ]	eine Lehre machen
faire une formation (de) [fɛʀynfɔʀmasjɔ̃]	eine Ausbildung machen (als)
s'intéresser à [sɛ̃teʀese]	sich interessieren für
être influencé, influencée par [ɛtʀɛ̃flyɑ̃se]	beeinflusst werden von
se marier avec qn [s(ə)maʀje]	jdn heiraten
le mari [maʀi]	(Ehe)Mann
la femme [fam]	(Ehe)Frau

vivre ensemble [vivʀɑ̃sbl]	zusammenleben
fonder une famille [fɔ̃deynfamij]	eine Familie gründen
élever un enfant [el(ə)veœ̃ɑ̃fɑ̃]	ein Kind großziehen
se séparer de qn [s(ə)sepaʀe]	sich von jdm trennen
→ *Weitere Ausdrücke zum Thema Familie findest du in Kapitel 3, S. 47*	
travailler comme [tʀavaje]	arbeiten als
devenir* [dev(ə)niʀ]	werden
Elle est devenue danseuse.	Sie ist Tänzerin geworden.
devenir* célèbre	berühmt werden
faire une carrière de [fɛʀynkaʀjɛʀ]	eine Karriere machen als
réussir à faire qc [ʀeysiʀ]	es schaffen etw. zu tun
être découvert, découverte (par) [ɛtʀdekuvɛʀ]	entdeckt werden (von)
avoir du succès [avwaʀdysyksɛ]	Erfolg haben
gagner/ obtenir un prix [gaɲeœ̃pʀi]	einen Preis gewinnen/erhalten
changer sa vie [ʃɑ̃ʒesavi]	sein Leben ändern
tomber* dans la misère [tɔ̃bedɑ̃lamizɛʀ]	ins Elend fallen, verarmen
réaliser un rêve [ʀealizeœ̃ʀɛv]	einen Traum verwirklichen

! In Biographien benutzt du immer das Präsens !

Devinette : Qui est-ce ?

Elle est née le 23 décembre 1967 à Turin en Italie, dans une famille riche. À l'âge de 7 ans, elle déménage avec sa famille et s'installe en France. Jeune, elle apprend le piano, puis la guitare.
À l'âge de 19 ans, elle arrête ses études d'architecture et commence à travailler comme mannequin. Elle devient une star internationale des magazines de mode et travaille pour des couturiers célèbres. Mais après dix ans, elle met fin à sa carrière de mannequin. Elle commence à écrire des chansons et à faire de la musique. Elle sort plusieurs CD qui ont beaucoup de succès.
En 2008, elle se marie avec un homme politique très important.

Carla Bruni, chanteuse et épouse du Pésident de la République Française, Nicolas Sarkozy.

2 Persönliche Kontaktaufnahme

2.1 Begrüßung, Befinden und Abschied

☐ **Bonjour !** [bɔ̃ʒuʀ]	Guten Tag.	
Bonjour les enfants !	Guten Tag Kinder!	! Begrüßt du mehrere Personen, benutzt du den bestimmten Artikel !
☐ **Bonne journée !** [bɔnʒuʀne]	Schönen Tag!	
☐ **Bonsoir !** [bɔ̃swaʀ]	Guten Abend!	
☐ **Bonne nuit !** [bɔnnɥi]	Gute Nacht!	
☐ **Salut !** *fam* [saly]	Hallo!/ Tschüss!	! *Salut* verwendest du zur Begrüßung und zum Abschied !
☐ **saluer qn** [salɥe]	(be)grüßen	
☐ **Coucou !** *fam* [kuku]	Huhu! Hallo! *(Begrüßungsformel, oft auch am Telefon oder in E-Mails)*	

☐ **faire la bise à qn** [fɛʀlabiz]	jdm ein Wangenküsschen zur Begrüßung/zum Abschied geben *(→ siehe Infobox S. 32)*
☐ **donner/ serrer la main à qn** [seʀelamɛ̃]	jdm die Hand drücken

---

Ça va ?

So fragst du nach dem Befinden:

Comment allez-vous ?/ Comment vas-tu ?
Wie geht es Ihnen?/ Wie geht es dir?

Ça va ?
Wie geht's?

Vous allez bien ? Tu vas bien ?
Geht es Ihnen gut? Geht es dir gut?

So kannst du antworten:

Merci, ça va (très) bien !
Danke, es geht mir (sehr) gut!

Ça va, merci.
Danke, es geht.

Pas mal.
Nicht schlecht.

Bof, ça va.
Naja, es geht.

Ça va mal.
Es geht mir schlecht.

Begrüßungsküsse – *faire la bise*

In Frankreich ist es üblich, dass sich Freunde oder Familienangehörige mit Wangenküsschen begrüßen, je nach Gegend sind es zwei, drei oder vier Begrüßungsküsschen. Oft ist der Kuss auch nur angedeutet. Jungen untereinander begrüßen sich meist mit Handschlag.

→ *siehe Infobox Kapitel 3, S.54*

☐ **madame**; mesdames *pl* [madam, medam]	Frau
☐ **mademoiselle**; mesdemoiselles *pl* [madmwazɛl, medmwazɛl]	Fräulein
☐ **monsieur**; messieurs *pl* [məsjø, mesjø]	Herr

Das richtige Wort: *madame – dame*

Madame kannst du nur als Anrede benutzen. In allen anderen Situationen verwendest du ***une dame***:

Bonjour, madame !	Guten Tag!
Aber:	
Regarde la dame là-bas ! C'est ma prof de maths.	Schau mal die Dame/die Frau dahinten! Das ist meine Mathelehrerin.

→ *siehe Kapitel 3.6 „Menschen und Gruppen" S. 60*

Im Gegensatz zum Deutschen ist es im Französischen üblich, die Anreden ***madame, monsieur*** und ***mademoiselle*** auch ohne den Familiennamen benutzen. Falls du den Familiennamen kennst, kannst du ihn hinzufügen.
Bei der Begrüßung und Verabschiedung ist es höflicher, eine Anrede hinzuzufügen:

Bonjour, madame !	Guten Tag! Guten Tag Madame!
Bonjour, madame Lagrange !	Guten Tag Frau Lagrange!
Au revoir, monsieur !	Auf Wiedersehen!

> ! *Madame* kann man hier nicht übersetzen, du lässt es einfach weg oder du benutzt den französischen Ausdruck *Madame* !

Schreibe ***madame, monsieur, mademoiselle*** immer klein. Nur in Briefen werden die Anreden groß geschrieben. Die Abkürzungen schreibst du in der Regel groß:
Mme = madame / Mlle = mademoiselle / M = monsieur

Mon professeur de français s'appelle Mme Berger.	Meine Französischlehrerin heißt Frau Berger.

☐ **Au revoir.** [ɔʀvwaʀ]	Auf Wiedersehen.
☐ **À demain.** [ad(ə)mɛ̃]	Bis morgen.
☐ **À dimanche.** [adimɑ̃ʃ]	Bis Sonntag.
☐ **À bientôt.** [abjɛ̃to]	Bis bald.
☐ **À ce soir.** [asəswaʀ]	Bis heute Abend.
☐ **À plus tard.** [aplytaʀ]	Bis später.
☐ **À plus !** *fam* [aplys]	Bis später.
☐ **À tout à l'heure.** [atutalœʀ]	Bis gleich.

Grüße ausrichten

Donne/ Donnez mon bonjour à Marc !	Grüße/Grüßen Sie Marc von mir!
Salue-le/ Saluez-le de ma part !	Grüße/Grüßen Sie ihn von mir!

présenter qn à qn [pʀezɑ̃te]	jdn jdm vorstellen
Je vous présente Pauline, une nouvelle élève.	Ich stelle euch Pauline, eine neue Schülerin, vor.
Viens, je vais te présenter à la classe.	Komm mit, ich stelle dich der Klasse vor.
☐ **se présenter** [səpʀezɑ̃te]	sich vorstellen
☐ **voilà** [vwala]	das ist *(→ siehe Infobox S. 84)*
Voilà Adrien, un garçon de ma classe.	Das ist Adrien, ein Junge aus meiner Klasse.
☐ **Enchanté, Enchantée.** [ɑ̃ʃɑ̃te]	Sehr erfreut./Angenehm.
Enchanté de faire votre connaissance.	Sehr erfreut, Sie kennen zu lernen.
☐ **Bienvenu, Bienvenue.** [bjɛ̃v(ə)ny]	Willkommen.

2.2 Höflichkeitsformen: danken, bitten, entschuldigen

☐ **merci.** [mɛʀsi]	Danke
Merci beaucoup.	Vielen Dank.
☐ **remercier qn de/ pour qc** [ʀ(ə)mɛʀsje]	sich bei jdm für etw. bedanken, jdm für etw. danken
Je te remercie de ton aide.	Ich danke dir für deine Hilfe.
☐ **Pardon !** [paʀdɔ̃]	Verzeihung! Entschuldigung!

Pardon !

Wenn sich jemand bei dir entschuldigt, antwortest du:

Ce n'est pas grave !	Das ist nicht schlimm!
Ça ne fait rien !	Das macht nichts!
Ce n'est rien !	Das macht nichts!/ Das ist nicht schlimm!
Je vous en prie ! Je t'en prie !	Das macht nichts!

Wenn du etwas nicht verstanden hast, fragst du:

Pardon ?	Wie bitte?
Comment ?	Wie (bitte)?

Voilà sagt man, wenn man jemandem etwas gibt oder anbietet:

Voilà !	Hier, bitte schön!

☐ **demander pardon à qn** [d(ə)mɑ̃depaʀdɔ̃]	jdn um Verzeihung bitten
Je te demande pardon !	Ich bitte dich um Verzeihung!
☐ **une excuse** [ɛkskyz]	Entschuldigung

☐ **s'excuser** [sɛkskyze]	sich entschuldigen
Excusez-moi !/ Excuse-moi !	Entschuldigung!
☐ **être désolé**, **désolée** [dezɔle]	jdm Leid tun
Je suis désolé !	Es tut mir Leid!
☐ **regretter** [ʀ(ə)gʀete]	bedauern, Leid tun
Je regrette, je ne peux pas vous aider.	Es tut mir Leid, ich kann Ihnen nicht helfen.

☐ **demander à qn de faire qc** [d(ə)mɑ̃de]	jdn bitten etw. zu tun
☐ **prier qn de faire qc** [pʀije]	jdn bitten etw. zu tun

☐ **être poli**, **polie** [pɔli]	höflich sein
☐ la **politesse** [pɔlitɛs]	Höflichkeit

! Wie sagt man *bitte* auf Französisch?

Wenn du um etwas bittest benutzt du ***s'il vous plaît*** oder ***s'il te plaît***:

Tu peux m'aider, s'il te plaît ?	Kannst du mir bitte helfen?
Vous pouvez épeler votre nom, s'il vous plaît ?	Können Sie bitte Ihren Namen buchstabieren?

Als Antwort auf einen Dank benutzt du:

Je vous en prie ! Je t'en prie !	Bitte! Gern geschehen!
Avec plaisir !	Gern! Mit Vergnügen!
De rien !	Bitte! Nicht die Rede wert! Gern geschehen!

! Höflichkeit

Viele Franzosen legen Wert auf eine höfliche Ausdrucksweise. Folgende Ausdrücke solltest du daher gut kennen:

Je voudrais une baguette, s'il vous plaît.	Ich hätte gerne ein Baguette.
Je voudrais me laver les mains.	Ich würde mir gerne die Hände waschen.
J'aimerais prendre une douche.	Ich würde gerne duschen.
Pourriez-vous m'aider, s'il vous plaît ?	Könnten Sie mir bitte helfen?

☐ les **manières** *fpl* [manjɛʀ]	Manieren
avoir de bonnes manières	gute Manieren haben
☐ **vouvoyer** [vuvwaje]	siezen, « Sie » sagen
☐ **tutoyer** [tytwaje]	duzen
Tu peux me tutoyez.	Du kannst mich duzen.

☐ **Félicitations !** [felisitasjɔ̃]	Herzliche Glückwünsche!
→ Weitere Ausdrücke zum Thema Glückwünsche findest du in Kapitel 8 S.160	
☐ **Bonne chance !** [bɔnʃɑ̃s]	Viel Glück!
☐ un **compliment** [kɔ̃plimɑ̃]	Kompliment
faire un compliment à qn	jdm ein Kompliment machen
☐ **Chapeau bas !** [ʃapobɑ]	Hut ab! Alle Achtung!
☐ **À tes souhaits !/ À vos souhaits !** [ate/voswɛ]	Gesundheit!
Atchoum ! – À tes/ vos souhaits !	Hatschi! – Gesundheit!

! Wenn du „Sie" zu jemandem sagst, benutzt du *à vos souhaits* !

2.3 Telefon und Handy

☐ **téléphoner à qn** [telefɔne]	jdn anrufen, mit jdm telefonieren
Elle téléphone à Raphaël.	Sie telefoniert mit Raphaël.
☐ le **téléphone** [telefɔn]	Telefon
répondre au téléphone	einen Anruf annehmen, ans Telefon gehen
avoir qn **au téléphone**	jdn telefonisch erreichen, jdn am Apparat haben
Je ne l'ai pas eu(e) au téléphone.	Ich habe sie/ihn nicht erreicht.
☐ une **cabine (téléphonique)** [kabin(telefɔnik)]	Telefonzelle
☐ une **télécarte** [telekaʀt]	Telefonkarte

☐ **appeler qn** [ap(ə)le]	jdn anrufen
☐ un **appel** [apɛl]	Anruf
☐ **rappeler qn** [ʀap(ə)le]	jdn zurückrufen, noch einmal anrufen
Tu peux me rappeler dans dix minutes ?	Kannst du mich in 10 Minuten noch einmal anrufen?
☐ un **coup de téléphone** [kudtelefɔn]	Anruf
donner/ passer un coup de téléphone à qn	jdn anrufen, mit jdm telefonieren
☐ un **coup de fil** *fam* [kudfil]	Telefonanruf
donner passer un coup de fil à qn	jdn anrufen, mit jdm telefonieren
recevoir un coup de fil	einen Anruf bekommen
☐ une **communication (téléphonique)** [kɔmynikasjɔ̃(telefɔnik)]	(Telefon)Gespräch, (Telefon) Verbindung
☐ un **correspondant**, une correspondante [kɔʀɛspɔ̃dɑ̃, ɑ̃t]	Gesprächspartner(in)

☐ **sonner** [sɔne]	klingeln
☐ **occupé**, occupée [ɔkype]	besetzt, belegt

□ **couper** [kupe]	die Verbindung unterbrechen
On a été coupé.	Wir sind unterbrochen worden.
□ **un répondeur (automatique)** [ʀepɔ̃dœʀ(ɔtɔmatik)]	Anrufbeantworter
□ **un message** [mesaʒ]	Nachricht
□ **le bip sonore** [bipsɔnɔʀ]	Piepston
□ **un numéro** [nymeʀo]	Nummer
faire/ composer un numéro	eine Nummer wählen
se tromper de numéro	sich verwählen
un **numéro vert**	kostenlose Service-Telefonnummer
□ **les coordonnées** *fpl* [kɔɔʀdɔne]	Telefonnummer; Adresse
□ **l'indicatif** *m* [ɛ̃dikatif]	Vorwahl
□ **les renseignements (téléphoniques)** *mpl* [ʀɑ̃sɛɲmɑ̃(telefɔnik)]	Telefonauskunft

□ **la ligne (téléphonique)** [liɲ (telefɔnik)]	(Telefon)Leitung
□ **être en dérangement** [ɛtʀɑ̃deʀɑ̃ʒmɑ̃]	gestört sein
La ligne est en dérangement.	Die Leitung ist gestört.

Au téléphone – Am Telefon

Begrüßung: Wenn du in Frankreich jemanden anrufst, antwortet er meist nur mit ***âllo ?*** ohne seinen Namen zu nennen. Es ist üblich, dass der Anrufer sich dann vorstellt:

– Allô ?	– Hallo?
• Bonjour, c'est Charlotte.	• Guten Tag, hier Charlotte.
• Bonjour, c'est Bruno Petit à l'appareil. Je suis bien chez madame Bouvier ?	• Guten Tag, Bruno Petit am Apparat. Bin ich mit Frau Bouvier verbunden?
– Oui, à appareil.	– Ja, am Apparat.
– Désolé(e), vous vous êtes trompés de numéro.	– Tut mit Leid, Sie haben sich verwählt.

Ausdrücke für einen Anruf bei einem Freund/einer Freundin:

– Est-ce que je peux parler à Luc, s'il vous plaît ?	– Kann in bitte mit Luc sprechen?
– Est-ce que Luc est là ?	– Ist Luc da?
• Attends, ne quitte pas, je l'appelle/ je vais voir.	• Warte mal, bleib am Apparat, ich rufe ihn/ich sehe mal nach.
• Oui, il est là. Je te le passe.	• Ja er ist da, ich gebe ihn dir.
• Non, il n'est pas là.	• Nein, er ist nicht da.
– Vous pouvez lui laisser un message ? Dites-lui que…	– Können sie ihm etwas ausrichten? Sagen Sie ihm, dass …
– Vous pouvez lui dire de me rappeler ?	– Können Sie ihm sagen, dass er mich zurückrufen soll?

Ausdrücke für einen offiziellen Telefonanruf:

– Je voudrais parler à Mme Claudel, s'il vous plaît.	– Ich möchte gerne mit Mme Claudel sprechen.
• Un moment, s'il vous plaît. Ne quittez pas.	• Einen Moment bitte. Bleiben Sie am Apparat.
• Mme Claudel n'est pas là. Vous voulez laisser un message ?	• Frau Claudel ist nicht da. Möchten Sie eine Nachricht hinterlassen?
– Oui, vous pourriez lui dire de me rappeler ?	– Ja, könnten Sie sie bitten mich zurückzurufen?
• Vous pouvez me laisser vos coordonnées ?	• Können sie mir Ihre Telefonnummer hinterlassen?
– Oui, mon numéro c'est le...	– Ja meine Nummer ist …
– Non merci, je rappellerai plus tard.	– Nein danke, ich rufe später noch einmal an.

☐ un **(téléphone) portable** [pɔʀtabl]	Handy
Tu as ton portable sur toi?	Hast du dein Handy dabei?
☐ un **SMS** [ɛsɛmɛs]	SMS
☐ un **texto** [tɛksto]	SMS
envoyer un texto	eine SMS (ver)schicken
☐ un **fax** [faks]	Fax
envoyer un fax	ein Fax senden, verschicken

2.4 Briefe, E-mails und Post

☐ **écrire (qc à qn)** [ekʀiʀ]	(jdm etw.) schreiben
☐ **envoyer** [ɑ̃vwaje]	schicken
☐ **recevoir** [ʀəs(ə)vwaʀ/ʀ(ə)səvwaʀ]	empfangen, bekommen
☐ une **adresse** [adʀɛs]	Adresse

☐ une **lettre** [lɛtʀ]	Brief
☐ une **carte postale** [kaʀt(ə)pɔstal]	Postkarte
☐ un **paquet** [pakɛ]	Paket
☐ le **courrier** [kuʀje]	Post
avoir du courrier	Post haben, erhalten
J'ai du courrier ?	Habe ich Post?

☐ un **e-mail**; des e-mails *pl* [imɛl]	E-Mail
☐ un **courrier électronique** [kuʀjeelɛktʀɔnik]	E-Mail
☐ un **courriel** [kuʀjɛl]	E-Mail
☐ une **arobase** [aʀɔbaz]	@, Klammeraffe

☐ une **adresse e-mail** [adʀɛsimel]	E-Mail-Adresse
☐ un **message** [mesaʒ]	Nachricht
☐ une **pièce jointe** [pjɛsʒwɛ̃t]	Anhang
☐ une **annexe** [anɛks]	Anhang

UNE ENVELOPPE

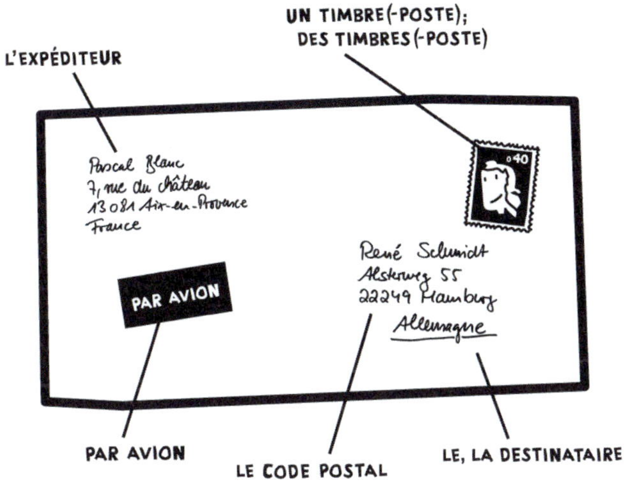

☐ une **enveloppe** [ɑ̃v(ə)lɔp]	Umschlag, Kuvert
☐ un **timbre(-poste)**; des timbres(-poste) *pl* [tɛ̃bʀə(pɔst)]	Briefmarke
☐ le **code postal** [kɔdpɔstal]	Postleitzahl
☐ **par avion** [paʀavjɔ̃]	per Luftpost
☐ l'**expéditeur** *m*, l'expéditrice *f* [ɛkspeditœʀ, tʀis]	Absender(in)
☐ le, la **destinataire** [dɛstinatɛʀ]	Empfänger(in)

☐ la **poste** [pɔst]	Post(amt)
☐ un **guichet** [giʃɛ]	Schalter
☐ un **carnet (de timbres)** [kaʀnɛ(d(ə)tɛ̃bʀ)]	Briefmarkenheft
☐ **poster une lettre** [pɔsteynlɛtʀ]	einen Brief einwerfen, aufgeben
Je voudrais poster cette lettre.	Ich möchte diesen Brief aufgeben.
☐ **en recommandé** [ɑ̃ʀ(ə)kɔmɑ̃de]	per Einschreiben
envoyer qc en recommandé	etw. als Einschreiben senden

☐ une **boîte aux lettres** [bwatolɛtʀ]	Briefkasten
☐ un **facteur**, une factrice [faktœʀ, tʀis]	Briefträger(in)

- ☐ **distribuer** [distʀibɥe] — zustellen, austragen
- ☐ la **distribution** [distʀibysjɔ̃] — Zustellung
- ☐ **trier** [tʀije] — sortieren

Persönliche Briefe verfassen – *écrire une lettre personnelle*

Anreden in Briefen:

Lieber Nicolas, liebe Sylvie	**Cher Nicolas, chère Sylvie,**
Hallo! Guten Tag!	**Bonjour !**
Hallo!	**Salut !**
Hallo!	**Coucou !**

So kannst du einen Brief beenden:

Bei Bekannten schreibst du:

Mit herzlichen Grüßen	**Salutations cordiales**
Herzliche Grüße	**Cordialement**

Bei Freunden oder Familienmitgliedern schreibst du:

Bis bald!	**À bientôt !**
Alles Gute, alles Liebe	**(Bien) amicalement**
Küsse	**Bisous**
Viele Küsse	**Gros bisous**
Viele Küsse	**Grosses bises**
Alles Liebe, liebe Grüße *(wörtlich: ich umarme dich)*	**Je t'embrasse**

Grüße:

Viele Grüße an …	**Donne mon bonjour à . . .**
Viele Grüße an deine Schwester!	**Donne mon bonjour à ta sœur !**
Viele Grüße von meinem Bruder!	**Mon frère t'envoie/ vous envoie le bonjour !**

→ *Wie du das Datum richtig schreibst, findest du in Kapitel 15 „Zeit und Raum" S. 273*

Offizielle Briefe verfassen – *écrire une lettre officielle*

Name und Adresse des Absenders	**Nom et adresse de l'expéditeur**
Name und Adresse des Empfängers — Datum	**Nom et adresse du destinataire — Date**
Betreff	**Objet :**

Anreden:

Einen offiziellen Brief beginnst du mit der Anrede *Madame* oder *Monsieur* ohne den Familiennamen zu nennen. Wenn du nicht sicher bist, ob du an einen Mann oder eine Frau schreibst, benutzt du als Anrede *Madame, Monsieur* oder *Mesdames, Messieurs*. In der schriftlichen Anrede schreibt man *Madame* und *Monsieur* groß. Nach der Anrede steht immer ein Komma, trotzdem beginnst du deinen Brief danach mit einem großen Anfangsbuchstaben.

Sehr geehrte Frau ..., Sehr geehrter Herr ...,	**Madame,** **Monsieur,** **Madame, Monsieur,** **Mesdames, Messieurs,**
	L'annonce que vous avez publiée m'intéresse beaucoup.

Anliegen:

Ich möchte	**Je voudrais**
Ich bitte Sie ...	**Je vous prie de...**
Ich bitte Sie mir weitere Informationen zuzusenden	**Je vous prie de m'envoyer d'autres informations.**
Mit Bezug auf, bezüglich ...	**Suite à...**
Mit Bezug auf Ihre Annonce bewerbe ich mich um ein Praktikum in Ihrem Unternehmen.	**Suite à notre votre annonce, je me permets de poser ma candidature pour un stage dans votre entreprise.**

Verweis auf Anlagen im Brieftext:

! keine veränderliche Form angeben, ist meist Adverb !

beiliegend, anbei, als Anlage	**ci-joint**
Beiligend finden Sie meinen Lebenslauf	**Ci-joint vous trouverez mon curriculum vitæ.**

Abschlussformeln:

Ich danke Ihnen im Voraus.	**Je vous remercie d'avance.**
In Erwartung einer baldigen Antwort danke ich Ihnen im Voraus.	**Dans l'attente de votre réponse, je vous remercie d'avance.**

Eine gängige Abschlussformel in Briefen lautet:
Je vous prie de recevoir l'expression de mes salutations distinguées.
Diese Formulierung kommt dir vielleicht etwas gestelzt vor, sie ist aber genauso üblich wie die deutsche Formulierung „Mit freundlichen Grüßen".
Der Ausdruck **Meilleures salutations** (Mit freundlichen Grüßen) ist wesentlich weniger höflich und respektvoll. Du kannst ihn eher in E-Mails verwenden.

Anlagen:

Anlagen/ Anlage	**Pièces jointes/ pièce jointe**
Anlage:	**Pièce jointe :**
Lebenslauf	**Curriculum vitæ**

→ *Wie du das Datum richtig schreibst, findest du in Kapitel 15 „Zeit und Raum" S.273*

2.5 Einladung und Verabredung

☐ **une invitation** [ɛ̃vitasjɔ̃]	Einladung
☐ **inviter qn à qc** [ɛ̃vite]	jdn zu etw. einladen
Je t'invite à mon anniversaire.	Ich lade dich zu meiner Geburtstagsfeier ein.

→ *Weitere Feste findest du in Kapitel 8, S. 160–161*

☐ **un invité**, une invitée [ɛ̃vite]	Gast
☐ **une visite** [vizit]	Besuch; Besichtigung
rendre visite à qn	jdn besuchen

✔ Das richtige Wort: *rendre visite – visiter*

Bei einem Besuch von Personen benutzt du:

rendre visite à qn	jdn besuchen
Demain, nous allons rendre visite à mes grand-parents.	Morgen besuchen wir meine Großeltern.

Wenn du dir etwas anschaust verwendest du:

visiter qc	etw. besichtigen, besuchen
Pendant les vacances, nous avons visité le château de Versailles.	In den Ferien haben wir das Schloss Versailles besichtigt.
Nous avons visité un musée.	Wir haben ein Museum besucht.

☐ **aller* voir qn** [alevwaʀ]	jdn besuchen (gehen, fahren)
Pendant les vacances, je vais voir ma copine.	In den Ferien besuche ich meine Freundin/ fahre ich meine Freundin besuchen.
☐ **venir* voir qn** [v(ə)niʀvwaʀ]	jdn besuchen (kommen)
Quand est-ce que tu viens nous voir ?	Wann kommst du uns besuchen?
☐ **chez** [ʃe]	zu *(bei Personen)*
Je vais chez ma mamie.	Ich gehe/fahre zu meiner Oma.

☐ **recevoir** [ʀ(ə)səvwaʀ/ʀəs(ə)vwaʀ]	empfangen
Ce soir, nous allons recevoir des invités.	Heute Abend werden wir Gäste empfangen.
☐ **accueillir qn** [akœjiʀ]	jdn empfangen, als Gast aufnehmen
☐ **héberger qn** [ebɛʀʒe]	jdn unterbringen, beherbergen
Je peux t'héberger (chez moi).	Ich kann dich bei mir unterbringen. Du kannst bei mir übernachten.

☐ **aller* chercher qn** [aleʃɛʀʃe]	jdn abholen
On ira le chercher à l'aéroport.	Wir werden ihn am Flughafen abholen.
☐ **venir* chercher qn** [v(ə)niʀʃɛʀʃe]	jdn abholen kommen
On viendra te chercher à 8 heures.	Wir holen dich um 8 Uhr ab/ kommen dich um 8 Uhr abholen.
☐ **ramener qn** [ʀam(ə)ne]	jdn zurückbringen/zurückfahren, nach Hause bringen
On peut te ramener si tu veux.	Wir können dich nach Hause bringen, wenn du willst.

Faux ami : *un rendez-vous*

Ein ***rendez-vous*** ist in Frankreich nicht nur etwas für Verliebte. Ein ***rendez-vous*** kannst du auch mit deinem Zahnarzt haben. Es bedeutet einfach *Verabredung* oder *Termin*.

prendre rendez-vous (avec qn)	sich verabreden (mit jdm)
On s'est donné rendez-vous cet après-midi pour préparer notre exposé.	Wir haben uns heute Nachmittag verabredet, um unser Referat vorzubereiten
avoir rendez-vous (avec)	verabredet sein (mit), einen Termin haben (bei/mit)
Ce soir, je sors. J'ai rendez-vous avec Léo et Maya.	Heute Abend gehe ich aus. Ich bin mit Léo und Maya verabredet.
Cet après-midi, je ne peux pas, j'ai rendez-vous chez le dentiste.	Heute Nachmittag kann ich nicht, ich habe einen Termin beim Zahnarzt.
prendre rendez-vous chez le coiffeur	sich beim Friseur einen Termin geben lassen
annuler un rendez-vous	eine Verabredung, einen Termin absagen

☐ un **rendez-vous** *inv* [ʀɑ̃devu]	Termin
☐ **attendre qn** [atɑ̃dʀ]	auf jdn warten
Je t'attends à six heures.	Ich warte auf dich um 6 Uhr.
☐ **être* en avance** [ɛtʀɑ̃navɑ̃s]	zu früh kommen
☐ le **retard** [ʀ(ə)taʀ]	Verspätung
être en retard	zu spät kommen

→ Wie du die Uhrzeit und andere Zeitangaben richtig ausdrückst, kannst du in Kapitel 15 „Zeit und Raum" S. 275 nachschlagen.

☐ **rencontrer qn** [ʀɑ̃kɔ̃tʀe]	jdm begegnen, jdn treffen
☐ la **rencontre** [ʀɑ̃kɔ̃tʀ]	Begegnung, Treffen
☐ **revoir qn** [ʀ(ə)vwaʀ]	jdn wieder sehen
☐ **retrouver qn** [ʀ(ə)tʀuve]	jdn (wieder) treffen

! Verwechsle nicht das englische Verb *meet* (treffen) mit dem französischen *mettre* (stellen, legen) !

Das richtige Wort: Treffen und Verabredung

Cet après-midi, j'ai rendez-vous avec ma copine.	Heute Nachmittag treffe ich mich mit meiner Freundin/bin ich mit meiner Freundin verabredet.
On se donne rendez-vous à 5 heures devant le cinéma.	Wir treffen uns um 17 Uhr vor dem Kino.
J'ai rencontré Vincent quand j'étais en ville.	Ich habe Vincent zufällig getroffen/Ich bin Vincent begegnet, als ich in der Stadt war.
J'aime rencontrer mes amis. ! nicht reflexiv !	Ich treffe mich gerne (regelmäßig) mit meinen Freunden.

→ *siehe auch die Infobox „rendez-vous", S.44*

☐ **sortir*** [sɔʀtiʀ]	ausgehen, abends weggehen
On sort ce soir ?	Sollen wir heute Abend ausgehen/weggehen?
☐ **arriver*** [aʀive]	(an)kommen
☐ **rester*** [ʀɛste]	bleiben
☐ **partir*** [paʀtiʀ]	(weg-, fort)gehen
Je dois partir à 6 heures.	Ich muss um 6 Uhr gehen.
☐ **rentrer*** [ʀɑ̃tʀe]	nach Hause gehen
Je rentre.	Ich gehe nach Hause.

☐ **accompagner qn** [akɔ̃paɲe]	jdn begleiten
☐ **amener qn** [am(ə)ne]	jdn mitbringen
Je peux amener quelqu'un ?	Kann ich jemanden mitbringen?
☐ **emmener qn** [ɑ̃m(ə)ne]	jdn mitnehmen
On peut t'emmener si tu veux.	Wir können dich mitnehmen, wenn du willst.

Mein Zusatzvokabular

3 Der Mensch und menschliche Beziehungen

3.1 Familie und Verwandtschaftsbeziehungen

☐ la **famille** [famij]	Familie
une famille nombreuse	kinderreiche Familie
☐ **avoir de la famille à** [avwaʀd(ə)lafamij]	Verwandte haben in
☐ une **famille patchwork** [fɑmijpatʃwœʀk]	Patchworkfamilie
☐ **vivre avec qn** [vivʀ]	mit jdm zusammenleben
vivre avec sa mère, son père	mit seiner Mutter, seinem Vater zusammenleben
☐ la **vie de famille** [vidfamij]	Familienleben
☐ **fonder une famille** [fɔ̃deynfamij]	eine Familie gründen

☐ les **parents** *mpl* [paʀɑ̃]	Eltern
☐ le **père** [pɛʀ]	Vater
☐ le **papa** [papa]	Papa
☐ la **mère** [mɛʀ]	Mutter
☐ la **maman** [mamɑ̃]	Mama

☐ **paternel**, paternelle [patɛʀnɛl]	väterlich(erlicherseits)
☐ **maternel**, maternelle [matɛʀnɛl]	mütterlich(erseits)
ma grand-mère maternelle	meine Großmutter mütterlicherseits

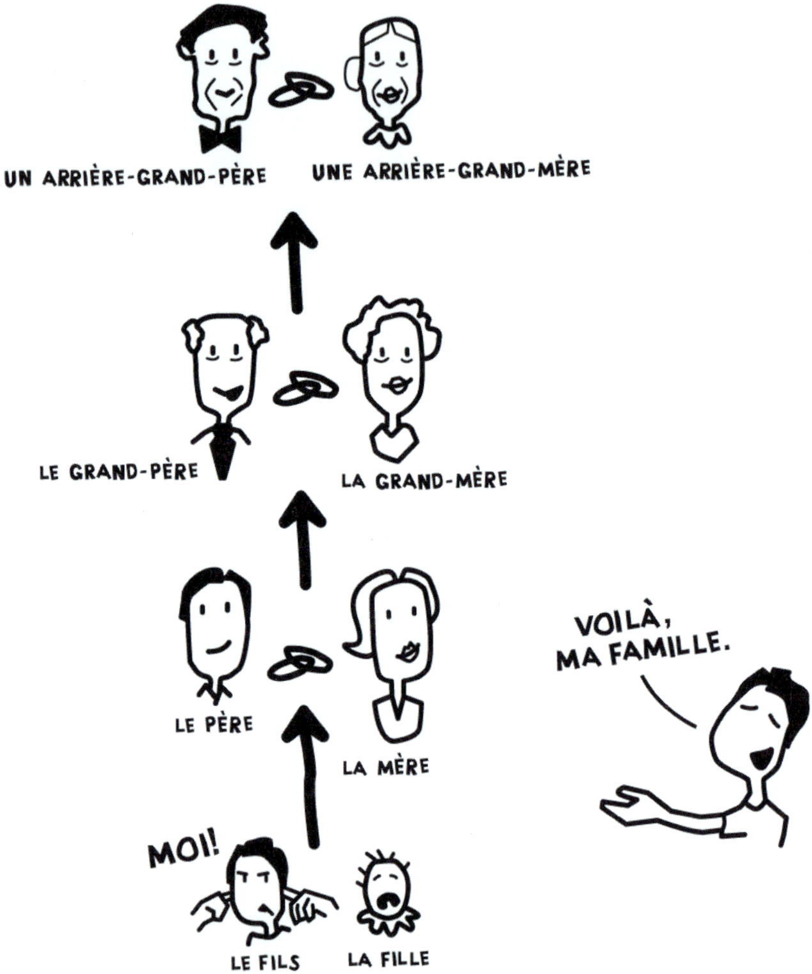

☐ **l'enfant** *m* [ɑ̃fɑ̃]	Kind
un enfant unique	Einzelkind
élever un enfant	ein Kind großziehen, erziehen
☐ **le bébé** [bebe]	Baby
☐ **le fils** [fis]	Sohn
☐ **la fille** [fij]	Tochter
☐ **le frère** [fʀɛʀ]	Bruder
le demi-frère	Halbbruder
☐ **la sœur** [sœʀ]	Schwester
la demi-sœur	Halbschwester

☐ un **frère jumeau**; des frères jumeaux *pl* [fʀɛʀʒymo]	Zwillingsbruder
☐ une **sœur jumelle**; des sœurs jumelles *pl* [sœʀʒymɛl]	Zwillingsschwester
☐ **aîné,** aînée [ene]	älteste(r), ältere(r) *(bei Geschwistern)*
un frère aîné	ein älterer Bruder
être l'aîné, l'aînée	der, die Älteste sein *(bei Geschwistern)*
☐ **adoptif**, adoptive [adɔptif, iv]	Adoptiv-
un fils adoptif	Adoptivsohn
☐ **adopter qn** [adɔpte]	jdn aufnehmen, adoptieren
☐ un **orphelin**, une orpheline [ɔʀfəlɛ̃, in]	Waise

☐ les **grands-parents** *mpl* [gʀɑ̃paʀɑ̃]	Großeltern
☐ la **grand-mère** [gʀɑ̃mɛʀ]	Großmutter
☐ la **mamie** *fam* [mami]	Omi, Oma
☐ la **mémé** *fam* [meme]	Oma
☐ le **grand-père** [gʀɑ̃pɛʀ]	Großvater
☐ le **papi**/le **papy** *fam* [papi]	Opi, Opa
☐ le **pépé** *fam* [pepe]	Opa

Faux ami : *Mamie et papi*

Vorsicht! Hier können leicht Missverständnisse entstehen:
Mit *mamie* und *papi* werden im Französischen die Großeltern bezeichnet! Seine Eltern nennt man *maman* und *papa*.

☐ les **arrière-grands-parents** *mpl* [aʀjɛʀgʀɑ̃paʀɑ̃]	Urgroßeltern
☐ un **arrière-grand-père** [aʀjɛʀgʀɑ̃pɛʀ]	Urgroßvater
☐ une **arrière-grand-mère** [aʀjɛʀgʀɑ̃mɛʀ]	Urgroßmutter
☐ un, une **ancêtre** [ɑ̃sɛtʀ]	Vorfahr(in); Ahn(in)
☐ les **descendants** *mpl* [desɑ̃dɑ̃]	Nachkommen

☐ les **petits-enfants** *mpl* [p(ə)tizɑ̃fɑ̃]	Enkelkinder
☐ la **petite-fille** [p(ə)titfij]	Enkelin
☐ le **petit-fils** [p(ə)tifis]	Enkel

☐ l'**oncle** *m* [ɔ̃kl]	Onkel
☐ le **tonton** *fam* [tɔ̃tɔ̃]	Onkel
☐ la **tante** [tɑ̃t]	Tante

☐ la **tatie** *fam* [tati]	Tante, Tantchen
☐ le **neveu** [n(ə)vø]	Neffe
☐ la **nièce** [njɛs]	Nichte
☐ le **cousin**, la cousine [kuzɛ̃, in]	Vetter, Cousin; Cousine
☐ le **parrain** [paʀɛ̃]	Patenonkel, Pate
☐ la **marraine** [maʀɛn]	Patentante, Patin
☐ les **beaux-parents** *mpl* [bopaʀɑ̃]	Schwiegereltern
☐ le **beau-père**; les beaux-pères *pl* [bopɛʀ]	Schwiegervater, Stiefvater
☐ la **belle-mère** [bɛlmɛʀ]	Schwiegermutter, Stiefmutter
☐ le **gendre** [ʒɑ̃dʀ]	Schwiegersohn
☐ la **belle-fille** [bɛlfij]	Schwiegertochter

3.2 Partnerschaft, Ehe, Trennung

☐ un **couple** [kupl]	Paar
vivre en couple	(als Paar) zusammenleben
☐ l'**union libre** *f* [ynjɔ̃libʀ]	eheähnliche Gemeinschaft, Ehe ohne Trauschein
vivre en union libre	in eheähnlicher Gemeinschaft leben, unverheiratet zusammenleben
☐ **marié**, mariée [maʀje]	verheiratet
un marié, une mariée	Bräutigam, Braut
☐ le **mari** [maʀi]	(Ehe)Mann
☐ la **femme** [fam]	(Ehe)Frau
☐ l'**époux** *m*, l'épouse *f* [epu, uz]	(Ehe)Gatte, (Ehe)Gattin
☐ un **compagnon**, une compagne [kɔ̃paɲɔ̃, kɔ̃paɲ]	Lebenspartner
☐ une **relation** [ʀ(ə)lasjɔ̃]	Beziehung, Verhältnis
avoir une relation avec qn	mit jdm eine Beziehung haben
☐ **se marier (avec qn)** [s(ə)maʀje]	(jdn) heiraten
☐ **être marié**, mariée [maʀje]	verheiratet sein
☐ le **mariage** [maʀjaʒ]	Ehe, Trauung
☐ **épouser qn** [epuze]	jdn heiraten
☐ **se fiancer avec** [s(ə)fjɑ̃seavɛk]	sich verloben mit
☐ **fiancé**, fiancée [fjɑ̃se]	verlobt
un fiancé, une fiancée	Verlobte(r)
☐ les **fiançailles** *fpl* [fjɑ̃saj]	Verlobung

! nicht *homme* !

! Aussprache: das *e* wird wie ein *a* gesprochen!

! *épouser* benötigt immer ein Objekt !

☐ **célibataire** [selibatɛʀ] — Single; ledig
un, une célibataire — Alleinstehende(r)

Vorsicht Fehler!
Heiraten: Die richtige Übersetzung

Wenn du *jdn heiraten* übersetzen willst, benutzt du ***épouser qn*** oder ***se marier avec qn***:

Elle a épousé un jeune Français.	Sie hat einen jungen Franzosen geheiratet.
Elle s'est mariée avec un Anglais.	Sie hat einen Engländer geheiratet.
Aber:	
Il s'est marié l'année dernière.	Letztes Jahr hat er geheiratet.

☐ **se séparer (de qn)** [s(ə)sepaʀe]	sich (von jdm) trennen
Marc et Catherine se sont séparés.	Marc et Catherine haben sich getrennt.
Elle s'est séparée de son ami.	Sie hat sich von ihrem Freund getrennt
☐ **séparé**, séparée [sepaʀe]	getrennt (lebend)
Mes parents sont séparés.	Meine Eltern leben getrennt.
☐ la **séparation** [sepaʀasjɔ̃]	Trennung
☐ **quitter qn** [kite]	jdn verlassen
☐ **divorcer (de qn)** [divɔʀse]	sich (von jdm) scheiden lassen
Elle a divorcé.	Sie hat sich scheiden lassen.
être divorcé, divorcée	geschieden sein
☐ le **divorce** [divɔʀs]	Scheidung
☐ **veuf**, veuve [vœf, vœv]	verwitwet
un veuf, une veuve	Witwe(r)

3.3 Kennenlernen, Freundschaft und Liebe

☐ **connaître** [kɔnɛtʀ]	kennen
Je ne la connais pas.	Ich kenne sie nicht.
☐ **faire la connaissance de qn** [fɛʀlakɔnɛsɑ̃s]	jdn kennen lernen
J'ai fait sa connaissance pendant les vacances.	Ich habe sie/ihn in den Ferien kennen gelernt.
☐ **aborder qn** [abɔʀde]	jdn ansprechen
☐ **se rencontrer** [s(ə)ʀɑ̃kɔ̃tʀe]	sich treffen, sich begegnen
se rencontrer pour la première fois	sich zum ersten Mal begegnen

☐ un **rendez-vous** *inv* [ʀɑ̃devu]	Termin; Verabredung
→ *siehe Infobox Kapitel 2.5 „Einladung und Verabredung" S. 44*	
☐ un **ami**, une amie [ami]	Freund(in)
un petit ami, une petite amie	feste(r) Freund(in)
☐ **amical**, amicale [amikal]	freundschaftlich, freundlich
☐ **l'amitié** *f* [amitje]	Freundschaft
faire qc **par amitié pour qn**	etw. aus Freundschaft für jdn tun
☐ un **copain**, une copine *fam* [kɔpɛ̃, in]	Freund(in)
☐ un **pote** *fam* [pɔt]	Freund(in), Kumpel
☐ un, une **camarade** [kamaʀad]	Kamarad(in)
☐ **s'entendre avec qn** [sɑ̃tɑ̃dʀ]	sich mit jdm verstehen
Je m'entends bien avec lui/ elle.	Ich verstehe mich gut mit ihm/ihr.
☐ **aimer** [ɛme]	lieben, gern haben
je t'aime	ich liebe dich
aimer bien	gern haben, mögen
Je l'aime bien.	Ich mag ihn/sie gern.
☐ **l'amour** *m* [amuʀ]	Liebe
une histoire d'amour	Liebesgeschichte
☐ **amoureux**, amoureuse [amuʀø, øz]	verliebt
être amoureux de qn	in jdn verliebt sein
Je suis amoureuse de lui.	Ich bin in ihn verliebt.
tomber* amoureux de qn	sich in jdn verlieben
Elle est tombée amoureuse de lui.	Sie hat sich in ihn verliebt
☐ un **coup de foudre** [kudəfudʀ]	Liebe auf den ersten Blick
avoir le coup de foudre	sich Hals über Kopf verlieben
☐ **être inséparable** [ɛ̃sepaʀabl]	unzertrennlich sein

☐ **chéri**, chérie [ʃeʀi]	Schatz
☐ **mon amour** [mɔ̃namuʀ]	mein Liebling, mein Schatz
☐ **mon lapin** *fam* [mɔ̃lapɛ̃]	mein Häschen
☐ **flirter avec** [flœʀte]	flirten mit
☐ **draguer qn** *fam* [dʀage]	jdn anmachen
Il l'a draguée pendant toute la fête.	Er hat sie die ganze Party über angemacht.
☐ **faire la cour à qn** [fɛʀlakuʀ]	jdm den Hof machen
☐ **s'intéresser à** [sɛ̃teʀese]	sich interessieren für
Elle s'intéresse beaucoup à toi.	Sie interessiert sich sehr für dich.
☐ **craquer pour qn** [kʀake]	für jdn schwärmen
☐ **sortir* avec qn** [sɔʀtiʀ]	mit jdm gehen
sortir* ensemble	miteinander gehen

Das richtige Wort: Bedeutungen von *sortir*

Sortir hat viele Bedeutungen. Einige davon solltest du kennen:

sortir	hinausgehen, rausgehen, herauskommen
Il n'est pas sorti de sa chambre depuis trois heures.	Er ist seit drei Stunden nicht aus seinem Zimmer gekommen.
sortir	ausgehen
On sort ensemble ce soir ?	Sollen wir heute Abend zusammen weggehen/ausgehen?
sortir avec qc	mit jdm gehen
Elle sort avec Raphaël depuis un mois.	Sie geht seit einem Monat mit Raphaël.
Ils sortent ensemble.	Sie gehen miteinander.

Bei diesen Bedeutungen benutzt du im *passé composé* **avoir**:

sortir qc	etw. herausnehmen
Elle a sorti tous ses vêtements de son armoire.	Sie hat ihre ganzen Anziehsachen aus dem Schrank geräumt.
sortir le chien	den Hund ausführen
Il a oublié de sortir le chien.	Er hat vergessen, den Hund aus-zuführen.

☐ **fidèle** [fidɛl]	treu
être fidèle à qn	jdm treu sein
☐ **infidèle** [ɛ̃fidɛl]	untreu
être infidèle à qn	jdm untreu sein
☐ **tromper qn** [tʀɔ̃pe]	jdn betrügen, täuschen
☐ **décevoir qn** [des(ə)vwaʀ]	jdn enttäuschen
☐ la **déception** [desɛpsjɔ̃]	Enttäuschung
☐ **briser le cœur à qn** [bʀizeləkœʀ]	jdm das Herz brechen
☐ **jaloux**, jalouse [ʒalu, uz]	eifersüchtig
être jaloux de qn/qc	auf jdn/etw. eifersüchtig sein
☐ la **jalousie** [ʒaluzi]	Eifersucht
par jalousie	aus Eifersucht
☐ **s'accrocher à qn** [sakʀɔʃe]	sich an jdn klammern
☐ le **chagrin d'amour** [ʃagʀɛ̃damuʀ]	Liebeskummer
☐ **manquer à qn** [mɑ̃ke]	jdm fehlen
Tu me manques !	Du fehlst mir!

- ☐ **embrasser** [ɑ̃bʀase] — küssen; umarmen
- ☐ un **bisou** [bizu] — (Wangen)Kuss
- ☐ un **baiser** [beze] — Kuss

Das richtige Wort: Küssen: *un baiser – une bise – un bisou*

In Frankreich unterscheidet man zwischen verschiedenen Arten von Küssen! ***Un baiser*** ist ein Kuss zwischen Verliebten, ***une bise*** ist ein oft nur angedeutetes Wangenküsschen zur Begrüßung, ***un bisou*** ist ein Wangenkuss, zum Beispiel bei Familienmitgliedern:

Tu fais un bisou à ta mamie ? — Gibst du deiner Oma ein Küsschen?

→ siehe auch Infobox Kapitel 2.1 „Begrüßung, Befinden, Abschied" S. 32.

- ☐ **caresser** [kaʀɛse] — streicheln
- ☐ **tendre** [tɑ̃dʀ] — zärtlich
- ☐ la **tendresse** [tɑ̃dʀɛs] — Zärtlichkeit
- ☐ **désirer qn** [deziʀe] — jdn begehren
- ☐ la **passion** [pasjɔ̃] — Leidenschaft
- ☐ **faire l'amour avec qn** [fɛʀlamuʀ] — intim werden, mit jdm schlafen
- ☐ **coucher avec qn** *fam* [kuʃe] — intim werden, mit jdm schlafen

---

- ☐ **sexuel**, sexuelle [sɛksɥel] — sexuell
- ☐ les **rapports sexuels** *mpl* [ʀapɔʀsɛksɥɛl] — sexuelle, intime Beziehungen
- ☐ le **sexe** [sɛks] — Sex; das Geschlecht
- ☐ la **sexualité** [sɛksɥalite] — Sexualität
- ☐ **homosexuel**, homosexuelle [ɔmɔsɛksɥɛl] — homosexuell
- ☐ **sexy** *fam* [sɛksi] — sexy, sexuell attraktiv
- ☐ **nu**, nue [ny] — nackt
- ☐ **vierge** [vjɛʀʒ] — jungfräulich
  - Elle **est encore vierge.** — Sie ist noch Jungfrau.
  - une vierge — eine Jungfrau

- ☐ **(être) enceinte** [ɑ̃sɛ̃t] — schwanger (sein)
  - **tomber enceinte** — schwanger werden
- ☐ **attendre un enfant** [atɑ̃dʀɛ̃œ̃nɑ̃fɑ̃] — ein Kind erwarten
- ☐ la **grossesse** [gʀosɛs] — Schwangerschaft
- ☐ la **pilule** [pilyl] — (Antibaby)Pille
- ☐ un **préservatif** [pʀezɛʀvatif] — Kondom, Präservativ

3.4 Umgang mit Menschen

! Vorsicht *aider* + direktes Objekt !

☐ **aider qn** [ede]	jdm helfen
J'aide ma mère.	Ich helfe meiner Mutter.
☐ **l'aide** *f* [ɛd]	Hilfe, Unterstützung
☐ **rendre service à qn** [ʀɑ̃dʀsɛʀvis]	jdm behilflich sein, helfen, einen Gefallen tun
☐ **sauver qn** [sove]	jdn retten
☐ **s'occuper de qn/qc** [sɔkype]	sich um jdn kümmern; sich mit etw. beschäftigen
☐ **garder qn** [gaʀde]	auf jdn aufpassen
garder des enfants	Kinder hüten
☐ **être solidaire** [sɔlidɛʀ]	solidarisch sein
☐ **partager qc avec qn** [paʀtaʒe]	etw. mit jdm teilen
☐ **la confiance** [kɔ̃fjɑ̃s]	Vertrauen
avoir confiance en qn	in jdn/zu jdm Vertrauen haben
☐ **se méfier de qn/qc** [s(ə)mefje]	jdm/etw. misstrauen
☐ **avoir besoin de qn** [bəzwɛ̃]	jdn brauchen
J'ai besoin d'elle/ de lui.	Ich brauche sie/ihn.
☐ **profiter de qn** [pʀɔfite]	jdn ausnutzen
☐ **dépendre de qn** [depɑ̃dʀ]	von jdm abhängen
☐ **influencer qn** [ɛ̃flyɑ̃se]	jdn beeinflussen
☐ **obliger qn à faire qc** [ɔbliʒe]	jdn zwingen etw. zu tun
☐ **consoler qn** [kɔ̃sɔle]	jdn trösten
☐ **encourager qn à faire qc** [ɑ̃kuʀaʒe]	jdn ermutigen etw. zu tun
☐ **motiver qn** [mɔtive]	jdn motivieren
☐ **rassurer qn** [ʀasyʀe]	jdn beruhigen
☐ **promettre qc à qn** [pʀɔmɛtʀ]	jdm etw. versprechen
Je te promets un joli cadeau pour ton anniversaire.	Ich verspreche dir ein hübsches Geschenk zu deinem Geburtstag.
promettre à qn de faire qc	jdm versprechen etw. zu tun
Je te promets de faire attention.	Ich verspreche dir, aufzupassen.
Promis, (juré), craché !	Fest versprochen!
☐ **une promesse** [pʀɔmɛs]	Versprechen
tenir une promesse	ein Versprechen halten
☐ **faire plaisir à qn** [fɛʀplɛziʀ]	jdm Freude machen
☐ **rendre qn heureux**, heureuse [øʀø, -øz]	jdn glücklich machen
☐ **faire une surprise à qn** [fɛʀynsyʀpʀiz]	jdm eine Überraschung bereiten
☐ **étonner qn** [etɔne]	jdn erstaunen

Das richtige Wort: Glücklich oder traurig machen: Ausdrücke mit *rendre*

Zur Übersetzung der Ausdrücke *jdn glücklich, traurig, unglücklich, eifersüchtig … machen* benutzt du das Verb ***rendre***:

rendre qn heureux/ heureuse.	jdn glücklich machen
Tu me rends heureux/ heureuse.	Du machst mich glücklich.
rendre qn triste	jdn traurig machen
rendre qn malheureux/ malheureuse	jdn unglücklich machen

- ☐ **décevoir qn** [des(ə)vwaʀ] — jdn enttäuschen
- ☐ **faire peur à qn** [fɛʀpœʀ] — jdm Angst machen
  Tu me fais peur. — Du machst mir Angst.

- ☐ **respecter** [ʀɛspɛkte] — respektieren, achten
- ☐ le **respect** [ʀɛspɛ] — Respekt
- ☐ **mépriser qn** [mepʀize] — jdn verachten, missachten
- ☐ **prendre qn au sérieux** [pʀdʀosɛʀjø] — jdn ernst nehmen
- ☐ **impressionner qn** [ɛ̃pʀesjɔne] — jdn beeindrucken

→ *Weitere nützliche Ausdrücke kannst du in Kapitel 6 „Die menschliche Persönlichkeit" S. 89 finden.*

3.5 Streit, Konflikte und Gewalt

- ☐ une **dispute** [dispyt] — Streit
- ☐ **se disputer** [s(ə)dispyte] — streiten
  Ils se disputent tout le temps. — Sie streiten sich die ganze Zeit.
- ☐ **se disputer avec qn** [s(ə)dispyte] — sich mit jdm streiten
- ☐ **faire une scène à qn** [fɛʀynsɛn] — jdm eine Szene machen
- ☐ un **conflit** [kɔ̃fli] — Konflikt
- ☐ un **problème** [pʀɔblɛm] — Problem
- ☐ un **drame** [dʀam] — Drama
  C'était un vrai drame ! — Das war ein richtiges Drama!
- ☐ un **malentendu** [malɑ̃tɑ̃dy] — Missverständnis

- ☐ **s'entendre mal avec qn** [sɑ̃tɑ̃dʀmal] — sich mit jdm schlecht verstehen
- ☐ **être comme chien et chat** [ɛtʀkɔmʃjɛ̃eʃa] — wie Hund und Katze sein, sich nicht verstehen
- ☐ **énerver qn** [enɛʀve] — jdm auf die Nerven gehen
- ☐ **gêner qn** [ʒene] — jdn stören (*→ siehe Infobox*)
- ☐ **déranger qn** [deʀɑ̃ʒe] — jdn stören

☐ la **critique** [kʀitik]	Kritik
☐ **critiquer qn** [kʀitike]	jdn kritisieren
☐ un **reproche** [ʀ(ə)pʀɔʃ]	Vorwurf
faire des reproches à qn	jdm Vorwürfe, Vorhaltungen machen
☐ **reprocher qc à qn** [ʀ(ə)pʀɔʃe]	jdm etw. vorwerfen/vorhalten
Elle lui reproche son arrogance.	Sie wirft ihm seine Arroganz vor.
reprocher à qn de faire qc	jdm vorwerfen etw. zu tun
Je te reproche de ne jamais m'écouter.	Ich werfe dir vor, dass du mir nie zuhörst.
☐ **interrompre** qn [ɛ̃teʀɔ̃pʀ]	jdn unterbrechen

☐ une **injure** [ɛ̃ʒyʀ]	Beleidigung
☐ **insulter qn** [ɛ̃sylte]	jdn beschimpfen, beleidigen
☐ **provoquer qn** [pʀɔvɔke]	jdn provozieren
☐ une **provocation** [pʀɔvɔkasjɔ̃]	Provokation, Herausforderung
☐ **se moquer de qn/qc** [s(ə)mɔke]	sich über jdn/etw. lustig machen, auslachen, verspotten
☐ **gêner qn** [ʒene]	jdn in Verlegenheit bringen, verlegen machen

Das richtige Wort: Bedeutungen von *gêner*

Gêner hat zwei verschiedene Bedeutungen. Es heißt *verlegen machen, in Verlegenheit bringen* oder *stören:*

Arrête ! Tu me gênes !	Hör auf! Du störst mich!
Cette remarque m'a gênée.	Diese Bemerkung hat mich verlegen gemacht

☐ **rigoler dans le dos de qn** *fam* [ʀigɔledlədo]	sich hinter dem Rücken lustig machen über jdn

☐ **crier** [kʀije]	schreien
☐ un **cri** [kʀi]	Schrei
☐ **s'énerver** [senɛʀve]	sich aufregen
Ne t'énerve pas !	Reg dich nicht auf!
s'énerver contre qn	sich über jdn aufregen
☐ **en avoir assez (de qc)** [ɑ̃navwaʀase]	von etw. genug haben
J'en ai assez de tes histoires.	Ich hab genug von deinen Geschichten.
☐ **en avoir marre (de qc)** *fam* [ɑ̃navwaʀmaʀ]	die Nase voll haben (von etw.)
J'en ai marre !	Ich habe die Nase voll (davon)!

☐ **se fâcher** [s(ə)faʃe]	sich ärgern
être fâché	ärgerlich, böse sein
Il est fâché avec elle.	Er ist mit ihr zerstritten.
☐ **faire la tête** [fɛʀlatɛt]	sauer sein, schmollen
☐ **en vouloir à qn** [ɑ̃vulwaʀ]	jdm böse sein, jdm etw. übel nehmen
Tu m'en veux ?	Bist du mir böse?
en vouloir à qn de qc	jdm wegen etw. böse sein
Je lui en veux de son injustice.	Ich bin ihm/ihr wegen seiner/ihrer Ungerechtigkeit böse.

☐ la **colère** [kɔlɛʀ]	Wut
être en colère	wütend sein
se mettre en colère	in Wut geraten, wütend werden
☐ **agressif**, agressive [agʀesif, iv]	aggressiv
☐ l'**agressivité** *f* [agʀesivite]	Aggressivität
☐ **furieux**, furieuse [fyʀjø, øz]	wütend

☐ **vache** *fam* [vaʃ]	gemein
Tu es vache !	Du bist gemein!
Tu es vraiment vache avec lui.	Du bist wirklich gemein zu ihm.
☐ **blesser qn** [blɛse]	jdn verletzen
☐ **blessé**, blessée [blɛse]	verletzt
☐ **faire mal à qn** [fɛʀmal]	jdm wehtun
Je ne voulais pas te faire mal.	Ich wollte dir nicht wehtun.
☐ **pleurer** [plœʀe]	weinen

☐ **interdire qc à qn/ à qn de faire qc** [ɛ̃tɛʀdiʀ]	jdm. etw. untersagen, verbieten/ jdm verbieten etw. zu tun
☐ une **interdiction** [ɛ̃tɛʀdiksjɔ̃]	Verbot
☐ **obéir à qn** [ɔbeiʀ]	jdm gehorchen
☐ **obliger qn à faire qc** [ɔbliʒe]	jdn zwingen etw. zu tun
☐ **punir qn** [pyniʀ]	jdn bestrafen

☐ **se réconcilier avec qn** [s(ə)ʀekɔ̃silje]	sich mit jdm versöhnen, vertragen
☐ la **réconciliation** [ʀekɔ̃siljasjɔ̃]	Versöhnung, Aussöhnung
☐ **consoler qn** [kɔ̃sɔle]	jdn trösten
☐ **s'arranger avec qn** [saʀɑ̃ʒe]	sich mit jdm einigen, verständigen
☐ **demander pardon à qn** [d(ə)mɑ̃depaʀdɔ̃]	jdn um Verzeihung, Entschuldigung bitten
Je te demande pardon !	Entschuldigung! Ich bitte dich um Entschuldigung!
☐ **pardonner qc à qn/ à qn d'avoir fait qc** [paʀdɔne]	jdm etw. verzeihen, vergeben; jdm verzeihen, etw. getan zu haben
Il m'a pardonné.	Er hat mir verziehen.

☐ la **violence** [vjɔlɑ̃s]	Gewalt
☐ **violent**, violente [vjɔlɑ̃, ɑ̃t]	gewalttätig
☐ **menacer qn** [mənase]	jdn bedrohen
☐ une **menace** [mənas]	Drohung, Bedrohung
☐ **intimider qn** [ɛ̃timide]	jdn einschüchtern
☐ **agresser qn** [agʀese]	jdn angreifen
☐ un **agresseur** [agʀesœʀ]	Angreifer
☐ **attaquer qn** [atake]	jdn angreifen
☐ une **attaque** [atak]	Angriff
une **attaque verbale**	Verbalattacke
☐ le **mobbing** [mɔbɪŋ]	Mobbing
☐ une **victime** [viktim]	Opfer
être victime de mobbing	das Opfer von Mobbing sein
☐ **se défendre** [sədefɑ̃dʀ]	sich verteidigen

Ärger und Wut ausdrücken

Ça suffit ! [sasyfi]	Es reicht!
Arrête ! [aʀɛt]	Hör auf!
Arrête ton cinéma ! [aʀɛttɔ̃sinema]	Hör mit deinem Theater auf !
Tu m'énerves ! [tymenɛʀv]	Du gehst mir auf die Nerven!
Tu me casses les pieds ! [tymkɑslepje]	Du gehst mir auf den Wecker!
N'importe quoi ! [nɛ̃pɔʀtkwa]	So ein Quatsch!
Ferme ta gueule ! *pop* [fɛʀmtagœl]	Halts Maul!

Quel idiot ! [kɛlidjo]	Was für ein Trottel!
Quel imbécile ! [kɛlɛ̃besil]	Was für ein Dummkopf, Trottel!
Il est con *pop* [kɔ̃, kɔn], **elle est conne.**	Er/Sie ist blöd, doof.
Quel con, quelle conne ! *pop*	So ein Blödmann, so eine blöde Ziege!
Zut ! *fam* [zyt]	Verflixt! Mist!
Mince ! *fam* [mɛ̃s]	Verflixt! Mist!
Mince, alors !	(So ein) Mist!
Merde ! *pop* [mɛʀd]	Scheiße!
Fiche le camp ! *fam* [fiʃləkɑ̃]	Hau ab!/Zieh Leine!
Fiche-moi la paix ! *fam* [fiʃmwalapɛ]	Lass mich in Ruhe!

C'est dégueulasse ! *pop* [sɛdegœlas]	Das ist fies, gemein, ekelhaft!
C'est vache ! [sɛvaʃ]	Das ist gemein!
Quelle horreur ! [kɛlɔʀœʀ]	Wie furchtbar! Wie schrecklich!

☐ **détruire** [detʀɥiʀ]	zerstören, vernichten
☐ **casser** [kase]	kaputt machen, zerstören
☐ **casser la figure à qn** *pop* [kaselafigyʀ]	jdn zusammenschlagen
Arrête ou je te casse la figure !	Hör auf oder ich hau dir eine rein!
☐ **frapper qn** [fʀape]	jdn schlagen
☐ **battre qn** [batʀ]	jdn schlagen
☐ une **bagarre** [bagaʀ]	Schlägerei, Rauferei
☐ un **coup** [ku]	Schlag, Tritt
un **coup de pied**	Fußtritt
un **coup de poing**	Faustschlag
donner un coup de pied à qn	jdm einen Fußtritt verpassen
☐ **faire mal à qn** [fɛʀmal]	jdm weh tun

3.6 Menschen, Gruppen und Zugehörigkeit

Das richtige Wort: *L'homme* : Mann – Mensch

L'homme bedeutet im Französischen *Mann* aber auch *Mensch*:

Tous les hommes ont le droit de vivre en paix.	Alle Menschen haben das Recht in Frieden zu leben.
les droits de l'homme	die Menschenrechte

☐ l'**homme** [ɔm]	der Mensch
☐ les **gens** *mpl* [ʒɑ̃]	die Leute
☐ les **jeunes gens** *mpl* [ʒœnʒɑ̃]	Jugendliche, junge Leute
☐ une **personne** [pɛʀsɔn]	Person
☐ **mineur**, mineure [minœʀ]	minderjährig
une **personne mineure**	minderjährige Person, Minderjährige(r)
☐ **majeur**, majeure [maʒœʀ]	volljährig
☐ les **personnes âgées** *fpl* [pɛʀsɔn(z)aʒe]	Senioren, ältere Leute/Menschen
☐ une **génération** [ʒeneʀasjɔ̃]	Generation
la **génération 68**	die 68er-Generation

→ Weitere Personenbezeichnungen findest du in Kapitel 1.3 „Lebensphasen und Biographie" S. 27

☐ une **dame** [dam]	eine Dame, eine Frau
Une dame m'a expliqué le chemin.	Eine Frau hat mir den Weg erklärt.
☐ un **monsieur**; des messieurs *pl* [məsjø, mesjø]	ein Herr, ein Mann
☐ une **demoiselle** [dmwazɛl]	ein Fräulein, junges Mädchen

→ siehe Infobox Kapitel 2.1 S. 33

□ **une foule** [ful]	Menschenmenge
□ **beaucoup de monde** [bokudəmɔ̃d]	viele Leute
Il y avait beaucoup de monde.	Es waren viele Leute da.
□ **se rassembler** [s(ə)ʀasɑ̃ble]	sich versammeln

□ une **communauté** [kɔmynote]	Gemeinschaft
□ un **groupe** [gʀup]	Gruppe
□ une **bande** *fam* [bɑ̃d]	Gruppe, Bande, Clique
□ un **club** [klœb]	Club, AG

□ **tout le monde** [tuləmɔ̃d]	alle, allen
Elle connaît tout le monde.	Sie kennt jeden, alle.
Tout le monde est prêt ?	Sind alle fertig?
□ **tous** *mpl*, **toutes** *fpl* [tus, tut]	alle
Ils sont tous là.	Sie sind alle da.
□ **quelqu'un** [kɛlkœ̃]	jemand
□ **chacun, chacune** [ʃakœ̃, yn]	jede(r, s)
Chacun a apporté quelque chose.	Jeder hat etwas mitgebracht.
□ **certains, certaines** [sɛʀt, ɛn]	einige
Ils sont tous venus, certains avec des cadeaux.	Sie sind alle gekommen, einige mit Geschenken.
□ **personne … ne** [pɛʀsɔnnə]	niemand — ! Vorsicht: Subjekt !
Personne n´est venu.	Niemand ist gekommen.
□ **ne … personne** [nəpɛʀsɔn]	niemand — ! Vorsicht: Objekt !
Je ne vois personne.	Ich sehe niemanden.
□ **l'autre, les autres** *pl* [otʀ]	der, die, das Andere, die Anderen
Vous êtes en retard, les autres sont déjà partis.	Ihr kommt zu spät, die Anderen sind schon gegangen/sind schon weg.
□ **autre** [otʀ]	anderer/andere/anderes
une autre personne	ein anderer, eine andere
□ **quelqu'un d'autre** [kɛlkœ̃dotʀ]	jemand anderes, anderen, anderem
Quelqu'un d'autre a répondu.	Jemand anderes hat geantwortet.
Tu l'as dit à quelqu'un d'autre ?	Hast du es jemand anderem gesagt?

□ **faire partie de** [fɛʀpaʀti]	gehören zu
faire partie d'un club de foot	Mitglied in einem Fußballverein sein
□ **participer à qc** [paʀtisipe]	an etw. teilnehmen
□ **être membre de qc** [mɑ̃bʀ]	Mitglied von etw. sein

☐ **appartenir à qc** [apaʀtəniʀ]	etw. angehören, zu etw. gehören
appartenir à un groupe	zu einer Gruppe gehören
☐ **ensemble** [ɑ̃sɑ̃bl]	zusammen, gemeinsam
☐ **seul, seule** [søl]	allein, einsam
☐ **avec** [avɛk]	mit
avec mes amis	mit meinen Freunden
☐ **sans** [sɑ̃]	ohne
sans les autres	ohne die anderen
☐ **parmi** [paʀmi]	unter, zwischen
Parmi les invités, il y avait peu de jeunes.	Unter den Gästen gab es wenig junge Leute.

Mein Zusatzvokabular

4 Der Mensch und sein Körper

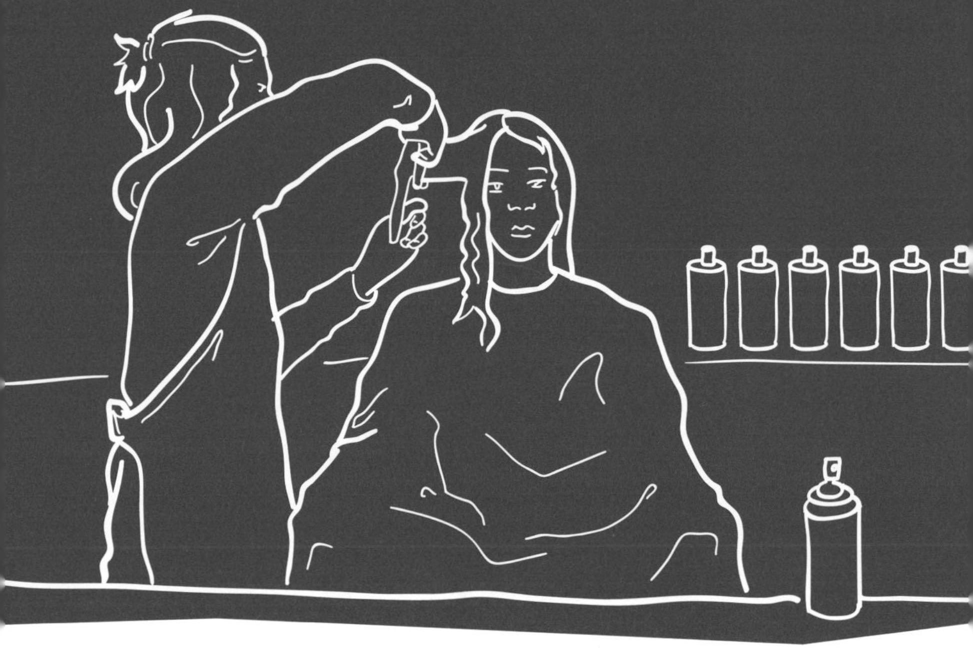

4.1 Der Körper

☐ l'**être humain** *m* [ɛtʀym]	Mensch
☐ **humain**, humaine [ymɛ̃, ɛn]	menschlich
☐ le **corps** [kɔʀ]	Körper
☐ **physique** [fizik]	körperlich
☐ le **squelette** [skəlɛt]	Skelett, Gerippe
☐ l'**os** *m*; les os *pl* [lɔs, lezo]	Knochen
☐ la **tête** [tɛt]	Kopf
☐ la **figure** [figyʀ]	Gesicht
☐ le **visage** [vizaʒ]	Gesicht

Faux ami : *une figure*

Das französische Wort ***figure*** bedeutet nur *Gesicht*. Häufiger wird jedoch ***visage*** (Gesicht) benutzt. Dieses Wort hat im Französischen keine negative Nebenbedeutung. Eine Entsprechung für das deutsche Wort *Figur* wird im Französischen selten benutzt. Wenn es sein muss, kannst du das Wort ***corps*** oder den Ausdruck ***être bien fait/ faite*** (*eine gute Figur haben*) benutzen.

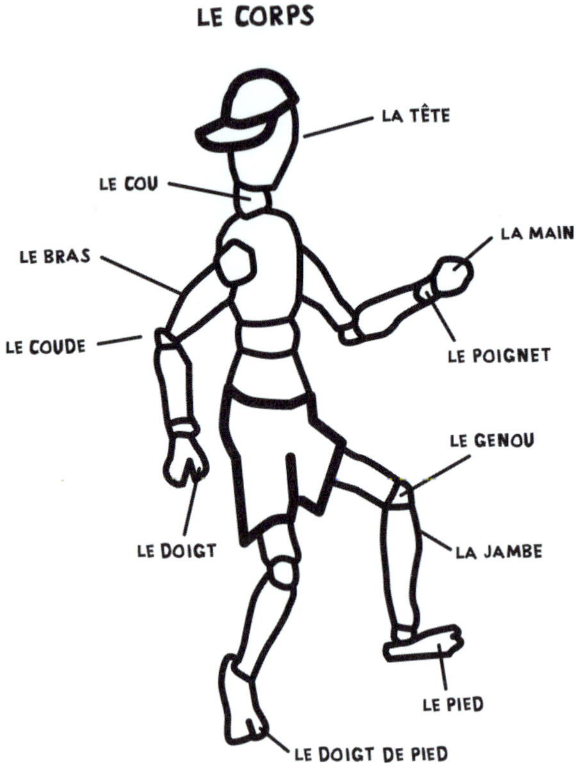

☐ **le front** [fʀɔ̃]	Stirn
☐ **l'oreille** *f* [ɔʀɛj]	Ohr
☐ **la joue** [ʒu]	Wange
☐ **le nez** [ne]	Nase
☐ **les cheveux** *mpl* [ʃ(ə)vø]	Haare
☐ **l'œil** *m*; **les yeux** *pl* [lœj, lezjø]	Auge
☐ **la paupière** [popjɛʀ]	Lid
☐ **le cil** [sil]	Wimper
☐ **le sourcil** [suʀsi]	Augenbraue
☐ **la bouche** [buʃ]	Mund
☐ **la lèvre** [lɛvʀ]	Lippe
☐ **la langue** [lɑ̃g]	Zunge
☐ **la dent** [dɑ̃]	Zahn
☐ **le menton** [mɑ̃tɔ̃]	Kinn

☐ le **cou** [ku]	Hals
☐ la **gorge** [gɔʀʒ]	Hals, Kehle, Rachen
☐ la **nuque** [nyk]	Nacken
☐ le **dos** [do]	Rücken
☐ l'**épaule** *f* [epol]	Schulter
☐ la **taille** [taj]	Taille; (Körper)Größe
☐ les **seins** [sɛ̃]	der Busen
☐ la **poitrine** [pwatʀin]	Brust
☐ les **fesses** *fpl* [fɛs]	Gesäß
☐ le **derrière** [dɛʀjɛʀ]	Hintern
☐ le **bras** [bʀa]	Arm
☐ le **coude** [kud]	Ellbogen
☐ la **main** [mɛ̃]	Hand
☐ le **doigt** [dwa]	Finger
☐ le **poignet** [pwaɲɛ]	Handgelenk
☐ le **poing** [pwɛ̃]	Faust
☐ le **pouce** [pus]	Daumen
☐ la **jambe** [ʒɑ̃b]	Bein
☐ le **genou**; les genoux *pl* [ʒ(ə)nu]	Knie
☐ la **cuisse** [kɥis]	Schenkel
☐ le **pied** [pje]	Fuß
être/ marcher pieds nus	barfuß sein/ laufen
☐ le **doigt de pied** [dwad(ə)pie]	Zeh(e)
☐ la **peau**; les peaux *pl* [po]	Haut
☐ une **ride** [ʀid]	Falte, Runzel
☐ le **poil** [pwal]	(Körper)Haar
☐ le **sang** [sɑ̃]	Blut
☐ le **muscle** [myskl]	Muskel
☐ le **nerf** [nɛʀ]	Nerv
☐ un **organe** [ɔʀgan]	Organ
☐ le **cœur** [kœʀ]	Herz
☐ **battre** [batʀ]	schlagen
☐ le **ventre** [vɑ̃tʀ]	Bauch

! Das *f* bei *nerf* wird nicht gesprochen !

4.2 Aussehen

☐ le **physique** [fizik]	Äußeres, Physis
avoir un beau physique	ein gutes, vorteilhaftes Aussehen haben, gut aussehen
☐ **avoir l'air (de)** *m* [avwaʀlɛʀ]	aussehen (wie)
Il a l'air d'une star.	Er sieht wie ein Star aus.
☐ **beau**, bel, belle; beaux *mpl* [bo, bɛl] → *siehe Infobox S. 29*	schön — ! *un beau garçon* aber *un bel homme* !
☐ la **beauté** [bote]	Schönheit
☐ **joli**, jolie [ʒɔli]	hübsch
☐ **mignon**, mignonne [miɲɔ̃, ɔn]	hübsch, süß, goldig
Je la trouve très mignonne.	Ich finde sie sehr hübsch.
☐ **laid**, laide [lɛ, lɛd]	hässlich
☐ **moche** *fam* [mɔʃ]	hässlich, scheußlich
☐ **soigné**, soignée [swaɲe]	gepflegt
☐ **grand**, grande [gʀɑ̃, gʀɑ̃d]	groß
☐ **petit**, petite [p(ə)ti, it]	klein
☐ **mesurer** [məzyʀe]	groß sein, messen (→ *siehe Infobox S. 67)*
☐ la **taille** [taj]	Größe
être de petite taille	klein sein
☐ **gros**, grosse [gʀo, gʀos]	dick — ! Faux amis : *grosse* ≠ groß !
☐ **corpulent**, corpulente [kɔʀpylɑ̃, ɑ̃t]	beleibt, korpulent
☐ **mince** [mɛ̃s]	schlank
☐ **maigre** [mɛgʀ]	dünn, mager
☐ **peser** [pəze]	wiegen
Il pèse 70 kilos.	Er wiegt 70 Kilo.
☐ **grandir** [gʀɑ̃diʀ]	wachsen
Elle <u>a</u> beaucoup grandi.	Sie ist sehr gewachsen. — ! *grandir* : passé composé mit *avoir* !
☐ **grossir** [gʀosiʀ]	zunehmen, dick werden
Il a grossi ces derniers temps.	Er hat in der letzten Zeit zugenommen.
☐ **maigrir** [mɛgʀiʀ]	abnehmen, dünner werden

☐ **fragile** [fʀaʒil]	zart, anfällig
☐ la **fragilité** [fʀaʒilite]	Zerbrechlichkeit, Zartheit
☐ **fort**, forte [fɔʀ, fɔʀt]	stark, kräftig, stämmig
☐ **musclé**, musclée [myskle]	muskulös

☐ la **barbe** [baʀb]	Bart
☐ le **poil** [pwal]	(Körper)Haar
☐ les **cheveux** *mpl* [ʃ(ə)vø]	Haare

☐ **blond**, blonde [blɔ̃, blɔ̃d]	blond
☐ **roux**, rousse [ʀu, ʀus]	rothaarig
☐ **brun**, brune [bʀœ̃, bʀyn]	(dunkel)braun, dunkelhaarig
☐ **châtain** [ʃatɛ̃]	(kastanien)braun
☐ **noir**, noire [nwaʀ]	schwarz
☐ **foncé**, foncée [fɔ̃se]	dunkel
☐ **clair**, claire [klɛʀ]	hell
☐ **long**, longue [lɔ̃, lɔ̃g]	lang
☐ **court**, courte [kuʀ, kuʀt]	kurz
☐ **chauve** [ʃov]	kahlköpfig

! Aussehen beschreiben

So gibst du die Körpergröße an:

Elle/ Il mesure un mètre soixante-quinze (1,75 m).	Sie/Er ist 1,75 groß.

Wenn du die Haarfarbe, die Augenfarbe und die Gesichtsfarbe angibst, benutzt du den bestimmten Artikel:

Elle a <u>les</u> cheveux châtains.	Sie hat kastanienbraune Haare.
Il a <u>les</u> yeux verts/ marron.	Er hat grüne/braune Augen.

> ! bei braunen Augen benutzt man meist *marron* (inv.) statt *brun* !

Elle a <u>le</u> teint clair.	Sie hat eine helle Gesichtsfarbe.

Das gleiche gilt auch für die Ausdrücke:

avoir <u>les</u> cheveux longs	lange Haare haben
avoir <u>les</u> cheveux courts	kurze Haare haben

☐ le **teint** [tɛ̃]	Teint, Gesichtsfarbe
☐ **bronzé**, bronzée [bʀɔ̃ze]	gebräunt

☐ **pâle** [pɑl]	blass
☐ un **bouton** [butɔ̃]	Pickel
avoir des boutons	Pickel haben
Ça me donne des boutons !	Ich krieg die Krise!

4.3 Kosmetik, Körperpflege und Friseur

☐ un **bain** [bɛ̃]	Bad
prendre un bain	baden
☐ une **douche** [duʃ]	Dusche
prendre une douche	duschen
☐ **chaud**, chaude [ʃo, ʃod]	heiß, warm
☐ **froid**, froide [fʀwa, fʀwad]	kalt
☐ **se laver** [s(ə)lave]	sich waschen
☐ **propre** [pʀɔpʀ]	sauber *(→ siehe Infobox S. 86)*
☐ **sale** [sal]	schmutzig, dreckig, schmuddelig
☐ **sécher** [seʃe]	trocknen
☐ **sec**, sèche [sɛk, sɛʃ]	trocken

☐ la **toilette** [twalɛt]	Körperpflege
faire sa toilette	sich waschen
☐ un **gant de toilette** [gɑ̃dətwalɛt]	Waschlappen
☐ une **serviette (de toilette/ de bain)** [sɛʀvjɛt]	Hand-/Badetuch
☐ une **trousse de toilette** [tʀusdətwalɛt]	Kulturbeutel

☐ **se brosser les dents** [s(ə)bʀɔseledɑ̃]	sich die Zähne putzen
☐ une **brosse à dents** [bʀɔsadɑ̃]	Zahnbürste
☐ le **dentifrice** [dɑ̃tifʀis]	Zahnpasta
☐ un **tube** [tyb]	Tube

☐ une **brosse (à cheveux)** [bʀɔsaʃ(ə)vø]	Haarbürste, Bürste
se brosser les cheveux	sich die Haare bürsten
☐ **se peigner** [s(ə)peɲe]	sich kämmen
☐ un **peigne** [pɛɲ]	Kamm
☐ **(se) coiffer** [kwafe]	(sich) frisieren
☐ une **coiffure** [kwafyʀ]	Frisur
Il a changé de coiffure.	Er hat eine neue Frisur.
☐ un **coiffeur**, une coiffeuse [kwafœʀ, øz]	Friseur(in)
aller chez le coiffeur	zum Friseur gehen
☐ **couper** [kupe]	schneiden
☐ une **coupe de cheveux** [kupdəʃ(ə)vø]	Haarschnitt

- ☐ les **ciseaux** *mpl* [sizo] — Schere
- ☐ un **shamp(o)oing** [ʃɑ̃pwɛ̃] — Haarwäsche, Shampoo
- ☐ un **sèche-cheveux** [sɛʃʃəvø] — Haartrockner, Föhn
- ☐ **colorer** [kɔlɔʀe] — färben
  Il veut se colorer les cheveux en vert. — Er will sich die Haare grün färben.

Auf einen Blick: Kosmetik

In der Schönheitspflege gibt es viele französische Wörter. Einige Ausdrücke kennst du vielleicht schon aus deinem Alltag:

un produit de beauté [pʀɔdɥidbote]	Kosmetikum, Schönheitsmittel
le parfum [paʀfɛ̃]	Parfüm
se parfumer [s(ə)paʀfyme]	sich (ein)parfümieren
une eau de toilette [odətwalɛt]	Eau de Toilette
un flacon d'eau de toilette	Fläschchen Eau de Toilette
une crème [kʀɛm]	Gesichtscreme
une crème solaire	Sonnencreme
un déodorant [deɔdɔʀɑ̃]	Deodorant
le savon [savɔ̃]	Seife
le maquillage [makijaʒ]	Schminke, Make-up
se maquiller [s(ə)makije]	sich schminken
un coton [kɔtɔ̃]	Wattebausch
la poudre [pudʀ]	Puder
le fond de teint [fɔ̃dətɛ̃]	Make-up, Grundierung
le rouge [ʀuʒ]	Rouge
le rouge à lèvres [ʀuʒalɛvʀ]	Lippenstift

4.4 Sinne und körperliche Reaktionen

- ☐ **voir** [vwaʀ] — sehen, wahrnehmen
- ☐ la **vue** [vy] — das Sehvermögen
- ☐ **regarder** [ʀ(ə)gaʀde] — anschauen
- ☐ un **regard** [ʀ(ə)gaʀ] — Blick
- ☐ **observer** [ɔpsɛʀve] — beobachten
- ☐ **reconnaître** [ʀ(ə)kɔnɛtʀ] — (wieder) erkennen
- ☐ **apercevoir** [apɛʀsəvwaʀ] — erblicken, wahrnehmen
- ☐ les **lunettes** *fpl* [lynɛt] — Brille
- ☐ les **lentilles (de contact)** *fpl* [lɑ̃tijdəkɔ̃takt] — Kontaktlinsen
- ☐ **aveugle** [avœgl] — blind

☐ **écouter** [ekute]	(zu)hören, lauschen
☐ **entendre** [ɑ̃tɑ̃dʀ]	hören

Das richtige Wort: Hören: *écouter* oder *entendre*?

Im Französischen musst du unterscheiden zwischen ***écouter*** und ***entendre***.
Écouter bedeutet *bewußt hören, (zu-)hören:*

Tu m'écoutes ?	Hörst du mir zu?
Il écoute un CD.	Er hört eine CD.

In allen anderen Fällen benutzt du ***entendre*** – *(zufällig) hören/wahrnehmen:*

Tu entends ce bruit ?	Hörst du diesen Lärm?
Je n'entends rien.	Ich höre nichts.

☐ le **son** [sɔ̃]	Ton, Klang
☐ le **bruit** [bʀɥi]	Geräusch, Lärm
☐ **bruyant**, bruyante [bʀyjɑ̃, bʀɥijɑ̃, ɑ̃t]	laut
☐ le **silence** [silɑ̃s]	Stille
☐ **silencieux**, silencieuse [silɑ̃sjø, jøz]	still

☐ **sourd**, sourde [suʀ, suʀd]	gehörlos
un sourd, une sourde	Gehörlose(r)
☐ **muet**, muette [mɥɛ, mɥɛt]	stumm
être sourd-muet, sourd-muette	taubstumm sein

☐ **réagir** [ʀeaʒiʀ]	reagieren
☐ une **réaction** [ʀeaksjɔ̃]	Reaktion
☐ un **réflexe** [ʀeflɛks]	Reflex
avoir le réflexe de faire qc	etw. automatisch tun
☐ un **geste** [ʒɛst]	(Hand)Bewegung, Geste
☐ **rougir** [ʀuʒiʀ]	erröten
☐ **transpirer** [tʀɑ̃spiʀe]	schwitzen
☐ **trembler** [tʀɑ̃ble]	zittern
☐ un **frisson** [fʀisɔ̃]	Zittern
avoir des frissons	zittern
☐ **respirer** [ʀɛspiʀe]	(ein)atmen

☐ **sentir** [sɑ̃tiʀ]	riechen; fühlen
☐ une **odeur** [ɔdœʀ]	Geruch
☐ le **goût** [gu]	Geschmack(ssinn)
☐ **toucher qc** [tuʃe]	etw. berühren, anfassen

Das richtige Wort: *sentir* – fühlen, riechen

Sentir kann je nach Zusammenhang *riechen* oder *fühlen* heißen.

Qu'est-ce que ça sent ?	Wonach riecht das?
Ça sent <u>bon/ mauvais</u> !	Das riecht gut/schlecht!
Tu sens ? Ça sent la lavande.	Riechst du das? Es riecht nach Lavendel.
Ça fait toujours mal ? – Non, je ne sens plus rien. Je me sens <u>bien/ mal</u>.	Tut es noch weh? – Nein, ich fühle nichts mehr. Ich fühle mich gut/ schlecht.

! hier steht das Adjektiv !

! hier steht das Adverb !

4.5 Gesundheit, Krankheit, Unfall

□ **la santé** [sɑ̃te]	Gesundheit
être **en bonne santé**	gesund sein
□ **sain**, saine [sɛ̃, sɛn]	gesund
C'est sain.	Das ist gesund.
□ **malsain**, malsaine [malsɛ̃, sɛn]	ungesund
□ **aller bien/mal** [allebjɛ̃/mal]	gut/schlecht gehen, in guter/ schlechter Verfassung sein
□ **aller mieux** [allemjø]	besser gehen
Elle va mieux.	Es geht ihr besser.
□ **se sentir bien/mal** [s(ə)sɑ̃tiʀbjɛ̃/mal]	sich gut/schlecht fühlen
□ **être en forme** [ɛtʀɑ̃fɔʀm]	in Form sein
□ **malade** [malad]	krank
tomber* (gravement) **malade**	(schwer) krank werden
□ un, une **malade** [malad]	Kranke(r)
□ une **maladie** [maladi]	Krankheit
une maladie grave	schwere Krankheit
□ **mortel**, mortelle [mɔʀtɛl]	tödlich
□ **fatigué**, fatiguée [fatige]	müde, abgespannt, erschöpft
□ **faible** [fɛbl]	schwach
□ la **faiblesse** [fɛblɛs]	Schwäche
□ la **douleur** [dulœʀ]	Schmerz
□ **douloureux**, douloureuse [duluʀø, øz]	schmerzhaft
□ **Aïe !** [aj]	Aua!/Au(tsch)!

☐ **avoir mal (à)** [avwaʀmal]	Schmerzen haben
☐ **(se) faire mal** [(s(ə))fɛʀmal]	(sich) weh tun
Ça (me) fait mal.	Das tut (mir) weh.
Elle s'est fait mal.	Sie hat sich wehgetan.
☐ un **symptôme** [sɛ̃ptom]	Symptom
☐ **souffrir (de qc)** [sufʀiʀ]	(an etw.) leiden
Il souffre d'une allergie.	Er leidet an einer Allergie.
☐ **avoir mal à la tête** [avwaʀmalalatɛt]	Kopfschmerzen haben
J'ai mal à la tête.	Ich habe Kopfschmerzen.
☐ **avoir mal au ventre** [avwaʀmalovɑ̃tʀ]	Bauchschmerzen haben
☐ **avoir mal au cœur** [avwaʀmalokœʀ]	unter Übelkeit leiden
J'ai mal au cœur.	Mir ist schlecht.
☐ **vomir** [vɔmiʀ]	sich übergeben
☐ **avoir mal à la gorge** [avwaʀmalalagɔʀʒ]	Halsweh haben
☐ **prendre froid** [pʀɑ̃dʀ(ə)fʀwa]	sich erkälten
J'ai pris froid.	Ich habe mich erkältet.
☐ le **rhume** [ʀym]	Erkältung, Schnupfen
avoir/ attraper un rhume	einen Schnupfen haben/ bekommen
avoir le rhume des foins	Heuschnupfen haben
☐ **Atchoum !** [atʃum]	Hatschi !
Atchoum ! – À tes/ vos souhaits !	Hatschi! – Gesundheit!
☐ un **mouchoir** [muʃwaʀ]	Taschentuch
☐ **tousser** [tuse]	husten
☐ une **bronchite** [bʀɔ̃ʃit]	Bronchitis
avoir une bronchite	eine Bronchitis haben
☐ l'**asthme** [asm]	Asthma
avoir de l'asthme	Asthma haben
☐ la **grippe** [gʀip]	Grippe
attraper la grippe	die Grippe bekommen
☐ une **infection** [ɛ̃fɛksjɔ̃]	Infektion
☐ un **virus** [viʀys]	Virus
☐ une **épidémie** [epidemi]	Epedemie, Seuche
☐ la **fièvre** [fjɛvʀ]	Fieber
avoir de la fièvre	Fieber haben
☐ un **thermomètre** [tɛʀmɔmɛtʀ]	Thermometer
☐ **prendre la température (de qn)** [pʀɑ̃dʀlatɑ̃peʀatyʀ]	(bei jdm) Fieber messen

☐ une **attaque** [atak]	Anfall, Schlag
Il a eu une attaque.	Er hat einen Schlaganfall erlitten.
☐ une **crise** [kʀiz]	Krise, Anfall
une crise d'asthme	Asthmaanfall
☐ un **infarctus** [ɛ̃faʀktys]	Herzinfarkt
☐ le **cancer** [kɑ̃sɛʀ]	Krebs
☐ le **SIDA** [sida]	AIDS
☐ **être séropositif**, séropositive [seʀopozitif, iv]	HIV-positiv sein
☐ une **allergie** [alɛʀʒi]	Allergie
☐ **être allergique à qc** [alɛʀʒik]	gegen etw. allergisch sein
Je suis allergique aux tomates.	Ich bin gegen Tomaten allergisch.
☐ **avoir besoin de qc** [avwaʀbəzwɛ̃]	etw. brauchen
J'ai besoin d'un médicament.	Ich brauche ein Medikament.
☐ **urgent**, urgente [yʀʒɑ̃, ɑ̃t]	dringend
C'est urgent !	Es ist dringend!
☐ **perdre connaissance** [pɛʀdʀ(ə)kɔnɛsɑ̃s]	in Ohnmacht fallen
☐ **tomber* dans les pommes** *fam* [tɔ̃bedɑ̃lepom]	ohnmächtig werden
☐ une **dépression** [depʀɛsjɔ̃]	Depression
faire une dépression nerveuse	einen Nervenzusammenbruch haben
☐ **dépressif**, dépressive [depʀɛsif, iv]	depressiv
☐ **garder le lit** [gaʀdel(ə)li]	das Bett hüten
☐ **reprendre des forces** [ʀ(ə)pʀɑ̃dʀdefɔʀs]	wieder zu Kräften kommen
☐ **s'améliorer** [sameljɔʀe]	sich bessern
Son état s'améliore.	Sein/Ihr Zustand bessert sich.
☐ un **accident** [aksidɑ̃]	Unfall
☐ un **choc** [ʃok]	Schock
être en état de choc	unter Schock stehen
☐ **handicapé**, handicapée [ɑ̃dikape]	behindert
un handicapé, une handicapée	Behinderte(r)
☐ **(se) blesser** [s(ə)blɛse]	(sich) verletzen
☐ **blessé**, blessée [blɛse]	verletzt
un blessé, une blessée	Verletzte(r)
☐ une **blessure** [blɛsyʀ]	Wunde, Verletzung
☐ **se couper** [s(ə)kupe]	sich schneiden
☐ **saigner** [seɲe]	bluten
☐ le **sang** [sɑ̃]	Blut
☐ **se brûler** [s(ə)bʀyle]	sich verbrennen

☐ se **casser le bras** [s(ə)kasel(ə)bʀa]	sich den Arm brechen
☐ un **plâtre** [platʀ]	Gips
☐ une **béquille** [bekij]	Krücke

4.6 Beim Arzt und im Krankenhaus

☐ un **médecin** [med(ə)sɛ̃]	Arzt
aller voir un médecin, aller chez le médecin	zum Arzt gehen
chez le médecin	beim Arzt
☐ un **docteur** [dɔktœʀ]	Doktor
☐ un, une **spécialiste** [spesjalist]	Facharzt, Fachärztin
☐ un **patient**, une patiente [pasjɑ̃, ɑ̃t]	Patient(in)

Arztbesuch

Wenn du in Frankreich einen Arzt aufsuchst, musst du direkt nach der Behandlung in der Praxis bezahlen! Die Kosten werden bei der Krankenkasse eingereicht und später erstattet.

☐ la **médecine** [med(ə)sin]	Medizin
☐ **médical**, médicale [medikal]	ärztlich, medizinisch
☐ un **certificat (médical)** [sɛʀtifika(medikal)]	ärztliches Attest

☐ un, une **dentiste** [dɑ̃tist]	Zahnarzt, -ärztin
☐ la **dent** [dɑ̃]	Zahn
avoir mal aux dents	Zahnschmerzen haben

☐ un **cabinet médical** [kabinɛmedikal]	Arztpraxis
☐ une **salle d'attente** [saldatɑ̃t]	Wartezimmer
☐ un **rendez-vous** *inv* [ʀɑ̃devu]	Termin (→ *siehe Infobox S. 44*)
☐ une **visite à domicile** [visitadɔmisil]	Hausbesuch
☐ **examiner** [ɛgzamine]	untersuchen
☐ un **examen** [ɛgzamɛ̃]	Untersuchung
☐ **soigner** [swaɲe]	behandeln; pflegen
Le médecin soigne le malade.	Der Arzt behandelt den Kranken.
Soigne-toi bien !	Pflege dich gut!

☐ un **médicament** [medikamɑ̃]	Arznei, Medikament
prendre un médicament	ein Medikament einnehmen

☐ un **comprimé** [kɔ̃pʀime]	Tablette
☐ **prescrire qc à qn** [pʀɛskʀiʀ]	jdm etw. verschreiben
☐ une **ordonnance** [ɔʀdɔnɑ̃s]	Rezept
☐ une **pharmacie** [faʀmasi]	Apotheke

☐ un **hôpital** [ɔpital]	Krankenhaus
☐ une **clinique** [klinik]	Klinik
☐ une **ambulance** [ɑ̃bylɑ̃s]	Krankenwagen
☐ le **SAMU (Service d'aide médicale d'urgence)** [samy]	ärztlicher Rettungsdienst, Notarztwagen
Il faut appeler le SAMU !	Man muss den ärztlichen Rettungsdienst rufen!
☐ les **urgences** *fpl* [yʀʒɑ̃s]	Notaufnahme, Ambulanz
☐ **Au secours !** [os(ə)kuʀ]	Hilfe!

☐ un **chirurgien**, une chirurgienne [ʃiʀyʀʒjɛ̃, jɛn]	Chirurg(in)
☐ un **infirmier**, une infirmière [ɛ̃fiʀmje, jɛʀ]	Krankenpfleger/-schwester
☐ **opérer** [ɔpeʀe]	operieren
☐ une **opération** [ɔpeʀasjɔ̃]	Operation
☐ **sauver qn** [sove]	jdn retten
☐ **survivre (à qc)** [syʀvivʀ]	(etw.) überleben

☐ une **piqûre** [pikyʀ]	Spritze
faire une piqûre à qn	jdm eine Spritze geben
☐ une **radio(graphie)** [ʀadjo(gʀafi)]	Röntgenbild
faire une radio	ein Röntgenbild machen

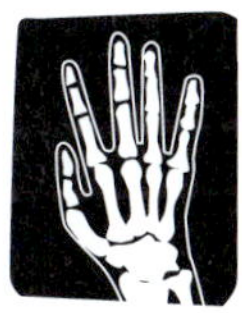

4.7 Drogen, Tabak, Alkohol

☐ **se droguer** [s(ə)dʀɔge]	Drogen nehmen
☐ une **drogue** [dʀɔg]	Droge
une **drogue douce**/ **dure**	weiche/harte Droge
consommer de la drogue	Drogen (ein)nehmen
fournir de la drogue	Drogen liefern, dealen
☐ **drogué**, droguée [dʀɔge]	drogenabhängig
un drogué, une droguée	Drogenabhängige(r)
☐ **être dépendant**, dépendante [depɑ̃dɑ̃, ɑ̃t]	abhängig, süchtig sein
☐ **être accroché**, accrochée [akʀoʃe]	süchtig sein
☐ **être accro** *fam* [akʀo]	süchtig sein

☐ **un trafiquant**, une trafiquante [tʀafikɑ̃, ɑ̃t]	(Drogen)Händler(in), Dealer(in)
☐ **le trafic de drogue** [tʀafikdədʀɔg]	Drogen-, Rauschgifthandel
☐ **un dealer/** un **dealeur** [dilœʀ]	Dealer(in)
☐ **une overdose** [ɔvœʀdoz, ɔvɛʀdoz]	Überdosis
mourir d'une overdose	an einer Überdosis sterben
☐ **le manque** [mɑ̃k]	Entzugserscheinungen
être en manque	Entzugserscheinungen haben
☐ **flipper** *fam* [flipe]	auf einem (schlechten) Trip sein, durchdrehen, ausflippen
☐ **une thérapie** [teʀapi]	Therapie
☐ **fumer** [fyme]	rauchen
Défense de fumer.	Rauchen verboten.
Fumer tue.	Rauchen tötet.
☐ **la fumée** [fyme]	Rauch
☐ **un fumeur**, une fumeuse [fymœʀ, øz]	Raucher(in)
une **zone non-fumeurs**	Nichtraucherzone
☐ une **cigarette** [sigaʀɛt]	Zigarette
un **paquet de cigarettes**	eine Schachtel Zigaretten
☐ une **clope** *fam* [klɔp]	Kippe, Zigarette
Tu peux me **passer une clope** ?	Kannst du mir eine Kippe geben?
☐ **le feu** [fø]	Feuer
avoir du feu	Feuer haben
☐ une **allumette** [alymɛt]	Streich-, Zündholz
une **boîte d'allumettes**	Streichholzschachtel, Schachtel Streichhölzer
☐ la **cendre** [sɑ̃dʀ]	Asche
☐ un **cendrier** [sɑ̃dʀije]	Aschenbecher
☐ **boire** [bwaʀ]	trinken
☐ l'**alcool** *m* [alkɔl]	Alkohol
☐ **alcoolique** [alkɔlik]	alkoholisch
un, une alcoolique	Alkoholiker(in)
☐ l'**abus** *m* [aby]	Übermäßiger Konsum, Missbrauch
L'abus d'alcool est dangereux pour la santé.	Übermäßiger Alkoholgenuss ist gesundheitsgefährdend.
☐ **abuser de qc** [abyze]	etw. im Übermaß konsumieren, missbrauchen
☐ **ivre** [ivʀ]	betrunken
☐ **noir**, noire *fam* [nwaʀ]	besoffen, blau

Mein Zusatzvokabular

5 Bewegung, Ruhe und Aktivitäten

5.1 Bewegung

☐ un **mouvement** [muvmɑ̃]	Bewegung
☐ **bouger** [buʒe]	sich bewegen
Ne bouge pas !	Beweg dich nicht!
se bouger *fam*	sich in Bewegung setzen, aktiv werden
Bouge-toi un peu !	Tu mal was!/Beweg dich mal!
☐ **s'arrêter** [saʀɛte]	stehen bleiben, anhalten

☐ **aller*** [ale]	gehen, fahren, *(mit dem Flugzeug)* fliegen *(→ siehe Infobox S. 80)*
On y va !	Gehen wir! Auf/Los geht's!
☐ **à pied** [apje]	zu Fuß
☐ un **pas** [pa]	Schritt
☐ **marcher** [maʀʃe]	gehen; marschieren
☐ **lentement** [lɑ̃tmɑ̃]	langsam
☐ **traîner** [tʀɛne]	(herum)trödeln, bummeln

✔ Das richtige Wort: *aller – marcher*

Bei ***aller*** musst du eine Zielangabe benutzen. ***Aller*** allein sagt nichts über die Fortbewegungsart aus. Es kann je nach Zusammenhang *gehen, fahren, reisen* oder *fliegen* bedeuten:

Je vais en ville.	Ich gehe/ fahre in die Stadt.
Je vais en France.	Ich fahre/ fliege/ reise nach Frankreich.

Zur genaueren Erläuterung benutzt man: ***aller à pied, à vélo, en train, en avion, en bus***…

On va au centre ville. – Comment ? On y va à pied ou en bus ?	Wir gehen/fahren ins Stadtzentrum. – Wie? Zu Fuß oder mit dem Bus?

Marcher bezeichnet die Bewegungsart:

Nous avons visité Paris. Nous avons marché pendant des heures.	Wir haben Paris besichtigt. Wir sind stundenlang gelaufen.

☐ **se promener** [s(ə)pʀɔm(ə)ne]	spazieren gehen, einen Spaziergang machen
☐ une **promenade** [pʀɔm(ə)nad]	Spaziergang
☐ **se balader** *fam* [s(ə)balade]	spazieren gehen, einen Spaziergang machen
☐ une **balade** *fam* [balad]	Spaziergang
☐ **faire un tour** [fɛʀœ̃tuʀ]	eine Rund gehen, einen Spaziergang/Rundgang machen
On fait un tour dans le quartier ?	Sollen wir einen Rundgang durch das Stadtviertel machen?

☐ **courir** [kuʀiʀ]	laufen, rennen
☐ une **course** [kuʀs]	Lauf, Rennen
☐ **rapide** *adj* [ʀapid]	schnell *(→ siehe Infobox S. 301)*
Il est plus rapide que toi.	Er ist schneller als du.
☐ la **rapidité** [ʀapidite]	Schnelligkeit
☐ **vite** *adv* [vit]	schnell
courir vite	schnell laufen
☐ **être pressé, pressée** [pʀese]	es eilig haben
Elle est pressée.	Sie hat es eilig.
☐ **bousculer qn** [buskyle]	jdn anrempeln
☐ **se retourner** [ʀ(ə)tuʀne]	sich umdrehen

☐ **monter*** [mɔ̃te]	hinaufgehen, (hoch)steigen
monter* dans une voiture	in ein Auto einsteigen

☐ **remonter*** [R(ə)mɔ̃te]	(wieder) hinaufsteigen
☐ **grimper** [gRɛ̃pe]	klettern
☐ **escalader** [ɛskalade]	klettern
☐ **descendre*** [desɑ̃dR]	hinuntergehen/-fahren, aussteigen
descendre* d'une voiture	aus einem Auto steigen
☐ une **descente** [desɑ̃t]	Abstieg; Abfahrt(slauf)

Vorsicht Fehler! *monter* und *descendre*

Bei *monter* und *descendre* benutzt du in der Regel *être* im passé composé.

Je suis monté(e)/descendue.	Ich bin hoch/runter gegangen.

Wenn jedoch ein direktes Objekt folgt, benutzt du im passé composé *avoir:*

J'ai monté/descendu l'escalier en courant.	Ich bin die Treppe hoch/runter gerannt.

☐ **avancer** [avɑ̃se]	vorwärts gehen/fahren, vorangehen
☐ **reculer** [R(ə)kyle]	rüchwärts gehen/fahren
☐ **franchir** [fRɑ̃ʃiR]	überschreiten, -queren, -springen, -klettern, -winden
franchir un pont	eine Brücke überqueren
☐ **traverser** [tRavɛRse]	überqueren

☐ **debout** *adj; adv* [d(ə)bu]	stehend
se mettre debout	aufstehen
être debout	stehen
☐ **se lever** [s(ə)ləve]	aufstehen
☐ **se baisser** [s(ə)bese]	sich bücken
☐ **s'asseoir** [saswaR]	sich setzen
Asseyez-vous !	Setzt euch!/ Setzen Sie sich!
être assis, assise	sitzen
Elle est assise sur la table.	Sie sitzt auf dem Tisch.

☐ **tomber*** [tɔ̃be]	fallen, hinfallen
☐ une **chute** [ʃyt]	Fall, Sturz
faire une chute	stürzen
☐ **glisser** [glise]	gleiten, rutschen

☐ **nager** [naʒe]	schwimmen
☐ **danser** [dɑ̃se]	tanzen
☐ **voler** [vɔle]	fliegen
☐ le **vol** [vɔl]	Flug

5.2 Kommen und Gehen

☐ **arriver*** [aʀive]	ankommen
☐ **l'accès** *m* [aksɛ]	Zugang
avoir accès à qc	Zugang zu etw. haben
☐ **venir*** [v(ə)niʀ]	kommen
☐ **revenir*** [ʀəv(ə)niʀ, ʀ(ə)vəniʀ]	zurück-/wiederkommen
☐ **passer*** [pɑse]	vorbeikommen, vorbeigehen, vorbeifahren
Tu passes chez moi cet après-midi ?	Kommst du heute Nachmittag bei mir vorbei?
Les gens passent sans regarder.	Die Leute gehen vorbei ohne hinzuschauen.
☐ **rester*** [ʀɛste]	bleiben

☐ **entrer*** [ɑ̃tʀe]	eintreten, hereinkommen
☐ **une entrée** [ɑ̃tʀe]	Eingang
☐ **sortir*** [sɔʀtiʀ]	hinausgehen
☐ **une sortie** [sɔʀti]	Ausgang

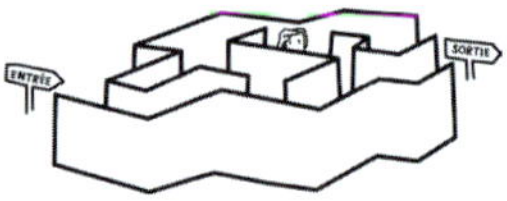

☐ **partir*** [paʀtiʀ]	weggehen, wegfahren
☐ **repartir*** [ʀ(ə)paʀtiʀ]	(wieder) weggehen/fahren
☐ **s'en aller** [sɑ̃nale]	weggehen
Je m'en vais !	Ich gehe (weg)!
☐ **retourner*** [ʀ(ə)tuʀne]	zurückgehen/-kehren
☐ **le retour** [ʀ(ə)tuʀ]	Rückkehr; Rückfahrt, Rückreise
☐ **rentrer*** [ʀɑ̃tʀe]	zurückkehren/kommen, nach Hause gehen/kommen
On rentre ?	Gehen wir nach Hause?
Ils sont rentrés à 10 heures.	Sie sind um 10 Uhr zurückgekommen.

☐ **s'approcher de qn/qc** [sapʀɔʃe]	sich jdm/etw. nähern, jdm/etw. näher kommen
☐ **se rapprocher de qn/qc** [s(ə)ʀapʀɔʃe]	sich jdm/etw. (an)nähern
☐ **s'éloigner de** [selwaɲe]	sich entfernen von
☐ **suivre qn/qc** [sɥivʀ]	jdm/etw. folgen
☐ **rattraper qn** [ʀatʀape]	jdn einholen

☐ **fuir** [fɥiʀ]	flüchten, fliehen
☐ **la fuite** [fɥit]	Flucht
prendre la fuite	flüchten
☐ **s'évader (de)** [sevade]	fliehen (aus)

☐ **se sauver** *fam* [s(ə)sove]	sich retten, entkommen
☐ **disparaître** [dispaʀɛtʀ]	verschwinden

5.3 Ruhe und Schlaf

☐ le **repos** [ʀ(ə)po]	Ruhe
☐ **se reposer** [s(ə)ʀ(ə)poze]	sich ausruhen
☐ **se détendre** [s(ə)detɑ̃dʀ]	sich entspannen
☐ **être tranquille** [tʀɑ̃kil]	ruhig sein, seine Ruhe haben
☐ **calme** [kalm]	ruhig
C'est très calme ici.	Es ist sehr ruhig/still hier.
☐ le **silence** [silɑ̃s]	Ruhe, Stille

☐ la **fatigue** [fatig]	Müdigkeit
☐ **fatigué**, fatiguée [fatige]	müde
☐ **être crevé**, crevée *pop* [kʀəve]	müde, k.o. sein
☐ le **sommeil** [sɔmɛj]	Schlaf
avoir sommeil	müde sein
☐ la **sieste** [sjɛst]	Mittagsschlaf
faire la sieste	einen Mittagsschlaf machen
☐ **s'allonger** [salɔ̃ʒe]	sich hinlegen

☐ **se coucher** [kuʃe]	sich hinlegen
☐ **aller se coucher** [kuʃe]	schlafen gehen, ins Bett gehen
☐ **dormir** [dɔʀmiʀ]	schlafen
☐ **s'endormir** [sɑ̃dɔʀmiʀ]	einschlafen
☐ **passer une nuit blanche** [pɑseynnɥiblɑ̃ʃ]	eine schlaflose Nacht verbringen

☐ **rêver (de)** [ʀeve]	träumen (von)
☐ le **rêve** [ʀɛv]	Traum
☐ le **cauchemar** [koʃmaʀ]	Albtraum
☐ **se réveiller** [s(ə)ʀevɛje]	aufwachen
☐ **réveiller qn** [ʀevɛje]	jdn wecken
☐ le **réveil** [ʀevɛj]	Aufwachen, Erwachen; Wecker
☐ **faire la grasse matinée** [fɛʀlagʀɑsmatine]	lange ausschlafen, bis in den Tag hinein schlafen
☐ **se lever** [s(ə)ləve]	aufstehen

5.4 Geben, Nehmen und Besitzen

☐ **donner qc à qn** [dɔne]	jdm etw. geben
☐ **offrir qc à qn** [ɔfʀiʀ]	jdm etw. schenken
☐ **un cadeau; des cadeaux** *pl* [kado]	Geschenk
faire un cadeau à qn	jdm ein Geschenk machen
☐ **prêter qc à qn** [pʀete]	jdm etw. leihen, verleihen

> ### *voilà – voici*
> Wenn man jemandem etwas gibt, sagt man häufig ***voilà*** oder ***voici*** *(hier, hier ist, hier hast du …)*
>
> **Voilà/ voici le lecteur MP3 !** — Hier ist/Hier hast du den MP3-Player!
>
> **Je te le prête.** — Ich leihe ihn dir.

☐ **rendre qc à qn** [ʀɑ̃dʀ]	jdm etw. zurückgeben
Tu me rends mon lecteur MP3 ?	Gibst du mir meinen MP3-Player zurück?
☐ **distribuer** [distʀibɥe]	aus-, verteilen
☐ **aller* chercher** [aleʃɛʀʃe]	holen
Va chercher le sucre, s'il te plaît !	Hol bitte den Zucker!
☐ **apporter qc** [apɔʀte]	etw. (mit)bringen
Tu peux apporter tes rollers ?	Kannst du deine Inliner mitbringen?
☐ **amener qn** [am(ə)ne]	jdn mitbringen
☐ **emporter qc** [ɑ̃pɔʀte]	etw. mitnehmen
☐ **ramasser qc** [ʀamase]	etw. einsammeln, aufsammeln
☐ **prendre** [pʀɑ̃dʀ]	nehmen ; wegnehmen
Tu prends du sucre ?	Nimmst du Zucker?
Il m'a pris mon nounours !	Er hat mir meinen Teddy weggenommen!
☐ **enlever** [ɑ̃l(ə)ve]	wegnehmen, wegräumen
Tu peux enlever tes chaussures de la table ?	Kannst du deine Schuhe vom Tisch nehmen?
☐ **voler** [vɔle]	stehlen
☐ **recevoir** [ʀ(ə)səvwaʀ/ʀəs(ə)vwaʀ]	erhalten
J'ai reçu une lettre de mon correspondant.	Ich habe einen Brief von meinem Brieffreund erhalten.
☐ **garder** [gaʀde]	behalten

☐ **attraper** [atʀape]	fangen

☐ **être à qn** [ɛtʀ]	jdm gehören
☐ **être le/ la/ les... de qn** [ɛtʀlə/la/le]	der, die, das ... von jdm sein
C'est le portable de Sophie.	Das ist Sophies Handy.

Gehören:
être à + unverbundene Personalpronomen

Nach ***être à*** benutzt du die unverbundenen Personalpronomen:

être à moi ; toi ; lui, elle ; nous ; vous ; eux, elles	mir; dir; ihm, ihr; uns; euch, Ihnen; ihnen gehören
Ce cahier est à moi.	Dieses Heft gehört mir.
Ces affaires sont à eux/ elles.	Diese Sachen gehören ihnen.
Ce chien est à vous ?	Gehört dieser Hund euch/ Ihnen?

☐ **À qui est... ?** [akiɛ]	Wem gehört ...?
À qui sont ces chausures ?	Wem gehören diese Schuhe?
☐ **appartenir à qn** [apaʀtəniʀ]	jdm gehören
Cette trousse ne m'appartient pas.	Dieses Mäppchen gehört nicht mir.

Auf einen Blick – Possessivbegleiter

mon, ma ; mes *pl* [mɔ̃, ma, me]	mein, meine; meine
ton ; ta ; tes *pl* [tɔ̃, ta, te]	dein, deine; deine
son ; sa ; ses *pl* [sɔ̃, sa, se]	sein/ihr, seine/ihre; seine/ihre
C'est son portable.	Das ist sein/ihr Handy.
C'est sa copine.	Das ist seine/ihre Freundin.
Ce sont ses parents.	Das sind seine/ihre Eltern.
notre ; nos *pl* [nɔtʀ, no]	unser(e); unsere
votre ; vos *pl* [vɔtʀ, vo]	euer, eure, Ihr; eure, Ihre
leur ; leurs *pl* [lœʀ]	ihr(e)

☐ **avoir** [avwaʀ]	haben, besitzen
Nous avons une maison en Pays basque.	Wir haben ein Haus im Baskenland.
☐ **posséder** [pɔsede]	besitzen
☐ un, une **propriétaire** [pʀɔpʀijetɛʀ]	Eigentümer(in)

☐ la **propriété** [pʀɔpʀijete]	Eigentum, Besitz, Besitztum
Propriété privée.	Privatbesitz.
☐ **propre** [pʀɔpʀ]	eigen

Vorsicht Fehler! Die Stellung von *propre*

Je nach Wortstellung änderst du den Sinn des Wortes ***propre***. Nur wenn ***propre*** vor dem Nomen steht bedeutet es *eigen*:

C'est sa propre moto.	Das ist sein/ihr eigenes Motorrad.

Nach dem Nomen bedeutet es *sauber:*

La moto est très propre.	Das Motorrad ist sehr sauber.
Il a les mains propres.	Er hat saubere Hände.

☐ **riche** [ʀiʃ]	reich
☐ la **richesse** [ʀiʃɛs]	Reichtum
☐ **aisé**, aisée [eze]	begütert, wohlhabend
☐ **pauvre** [povʀ]	arm
☐ **défavorisé**, défavorisée [defavɔʀize]	benachteiligt

5.5 Umgang mit Dingen

☐ **mettre** [mɛtʀ]	stellen, legen, setzen
Mets les verres sur la table, s'il te plaît !	Stell die Gläser bitte auf den Tisch!
☐ **poser** [pɔze]	stellen, legen, setzten
Vous pouvez poser le piano à côté de l'étagère.	Sie können das Klavier neben das Regal stellen.
☐ une **position** [pozisjɔ̃]	Stellung
☐ **porter** [pɔʀte]	tragen
☐ **transporter** [tʀspɔʀte]	transportieren
☐ **pousser** [puse]	schieben, drücken
☐ **déplacer qc** [deplase]	etw. verschieben
☐ **tenir** [t(ə)niʀ]	halten, festhalten
☐ **lâcher** [lɑʃe]	loslassen

☐ **réparer** [ʀepaʀe]	reparieren
☐ **coller** [kɔle]	kleben
☐ **transformer** [tʀsfɔʀme]	verändern
☐ **casser** [kase]	kaputt machen

☐ **abîmer** [abime]	beschädigen
☐ **déchirer** [deʃiʀe]	zerreißen
☐ **briser** [bʀize]	zerbrechen
☐ **détruire** [detʀɥiʀ]	zerstören, vernichten

☐ **jeter** [ʒ(ə)te]	(weg)werfen
☐ **classer** [klɑse]	einordnen
☐ **trier** [tʀije]	sortieren
☐ **ranger** [ʀʒe]	aufräumen
☐ **laisser** [lese]	lassen, zurücklassen, liegen lassen
Elle a laissé toutes ses affaires sur la table.	Sie hat alle ihre Sachen auf dem Tisch liegen lassen.

☐ **fermer** [fɛʀme]	schließen
☐ **ouvrir** [uvʀiʀ̃]	öffnen
☐ **rouvrir** [ʀuvʀiʀ̃]	wieder öffnen

☐ **préparer qc** [pʀepaʀe]	etw. vorbereiten
☐ **remplacer (par)** [ʀɑ̃plase]	ersetzen (durch)
☐ **suffire** [syfiʀ]	genügen, reichen, genug sein
☐ **vider** [vide]	leeren
☐ **remplir** [ʀɑ̃pliʀ]	(aus)füllen
☐ **renverser qc** [ʀɑ̃vɛʀse]	etw. umkippen

☐ **chercher** [ʃɛʀʃe]	suchen
☐ **trouver** [tʀuve]	finden
☐ **retrouver** [ʀ(ə)tʀuve]	wieder finden
☐ **découvrir** [dekuvʀiʀ]	entdecken
☐ **perdre** [pɛʀdʀ]	verlieren
☐ **cacher** [kaʃe]	verstecken
☐ **montrer** [mɔ̃tʀe]	zeigen

Mein Zusatzvokabular

6 Die menschliche Persönlichkeit

6.1 Vorlieben, Interessen und Abneigungen

☐ **aimer** [ɛme]	mögen, lieben
☐ **aimer faire qc** [ɛmefɛʀ]	etw. gerne tun
☐ **aimer mieux** [ɛmemjø]	lieber mögen
Tu aimes le foot ? – J'aime mieux le tennis.	Magst du Fußball? – Ich mag Tennis lieber.
aimer mieux faire qc	etw. lieber tun
J'aime mieux jouer au foot.	Ich spiele lieber Fußball.
☐ **adorer** [adɔʀe]	sehr mögen, sehr gern haben, toll finden
adorer faire qc	etw. sehr gerne tun
☐ **préférer qc/qn à qc/qn** [pʀefeʀe]	etw./jdn lieber mögen als etw./jdn
Il préfère le chocolat aux bonbons.	Er mag lieber Schokolade als Bonbons
préférer qc	etw. lieber mögen, vorziehen
préférer faire qc	etw. lieber tun, es vorziehen/bevorzugen etw. zu tun
☐ **admirer** [admiʀe]	bewundern

☐ **détester** [detɛste]	gar nicht mögen, hassen, verabscheuen, schrecklich finden
détester faire qc	etw. gar nicht gerne tun, es hassen etw. zu tun

Vorsicht Fehler! Der Gebrauch von *aimer, adorer, admirer, préférer, détester*

Folgt nach diesen Verben ein Nomen, benutzt du in der Regel den bestimmten Artikel oder die Demonstrativbegleiter ***ce, cet, cette, ces***. Dies gilt sogar bei Verneinungen:

Elle aime le rap français.	Sie mag französischen Rap.
Il n'aime pas les carottes.	Er mag keine Karotten.
Elle adore cet acteur.	Sie findet diesen Schauspieler toll.
J'admire cette personne.	Ich bewundere diese Person.
J'aime la choucroute, mais je préfère la pizza.	Ich mag Sauerkraut, aber lieber mag ich Pizza.
Il déteste les films romantiques.	Er findet Liebesfilme schrecklich.

Folgt eine Tätigkeit, benutzt du das zweite Verb im Infinitiv:

J'aime dessiner.	Ich zeichne gerne.
Elle adore faire du vélo.	Sie fährt super gerne Fahrrad.
Je préfère aller au cinéma.	Ich gehe lieber ins Kino.
Il déteste faire les devoirs.	Er macht gar nicht gerne Hausaufgaben/Er hasst es, Hausaufgaben zu machen.

☐ **plaire à qn** [plɛʀ]	jdm gefallen
Cela me plaît beaucoup.	Das gefällt mir sehr.
Cette ville plaît beaucoup à Isabelle.	Diese Stadt gefällt Isabelle sehr.
☐ le **plaisir** [pleziʀ]	Freude, Vergnügen
prendre plaisir à faire qc	Freude, Vergnügen daran haben etw. zu tun
☐ **déplaire à qn** [deplɛʀ]	jdm missfallen

☐ **s'intéresser à qc** [sɛ̃teʀese]	sich interessieren für etw.
Je m'intéresse à l'histoire.	Ich interessiere mich für Geschichte.
☐ **intéresser qn** [ɛ̃teʀese]	jdn interessieren
L'histoire m'intéresse.	Geschichte interessiert mich.
☐ **l'intérêt** *m* [ɛ̃teʀɛ]	Interesse
☐ **intéressant**, intéressante [ɛ̃teʀɛsɑ̃, ɑ̃t]	interessant

☐ la **passion** [pasjɔ̃]	Leidenschaft
La danse, c'est ma passion.	Tanz ist meine Leidenschaft.
☐ **passionnant, passionnante** [pasjɔnɑ̃, ɑ̃t]	spannend
C'est passionnant !	Das ist spannend/aufregend!
☐ **ennuyer qn** [ɑ̃nɥije]	jdn langweilen
Ses histoires m'ennuient.	Seine/Ihre Geschichten langweilen mich.
☐ **s'ennuyer** [sɑ̃nɥije]	sich langweilen
Je m'ennuie.	Ich langweile mich./Mir ist langweilig.
☐ l'**ennui** *m* [ɑ̃nɥi]	Langeweile, Überdruss
☐ **égal** [egal]	gleichgültig
Ça m'est égal !	Das ist mir egal!
☐ l'**horreur** *f* [ɔʀœʀ]	Entsetzen
C'est l'horreur !	Das ist schrecklich, furchtbar!
avoir horreur de qc	etw. nicht ausstehen können, verabscheuen
☐ **énerver qn** [enɛʀve]	jdm auf die Nerven gehen, aufregen
Ça m'énerve !	Das geht mir auf die Nerven!/Das regt mich auf!
☐ **dégoûter qn** [degute]	jdn anekeln, abstoßen, anwidern
Ça me dégoûte.	Das widert mich an./ Das macht mich krank.
Ça me dégoûte de voir du sang.	Es ekelt mich, Blut zu sehen.
être dégoûté, dégoûtée (par)	angeekelt, abgestoßen, angewidert sein (von)

6.2 Charakter und Charaktereigenschaften

☐ le **caractère** [kaʀaktɛʀ]	Charakter
avoir du caractère	Charakter haben, eine ausgeprägte/starke Persönlichkeit haben
avoir un caractère de chien *fam*	einen schwierigen Charakter haben
☐ **caractériser qn** [kaʀakteʀize]	jdn charakterisieren
☐ une **personne** [pɛʀsɔn]	Person
☐ un **personnage** [pɛʀsɔnaʒ]	Person, Figur *(fiktive Person in Literatur und Film)*
☐ la **personnalité** [pɛʀsɔnalite]	Persönlichkeit

☐ une **qualité** [kalite]	Eigenschaft, Qualität
☐ un **défaut** [defo]	Fehler, Mangel
☐ un **point fort** [pwɛ̃fɔʀ]	Stärke
☐ une **faiblesse** [fɛblɛs]	Schwäche
☐ **typique de** [tipik]	typisch für
☐ la **mentalité** [mɑ̃talite]	Mentalität
☐ le **talent** [talɑ̃]	Talent, Begabung

☐ **sympathique** [sɛ̃patik]	nett, sympathisch
☐ **sympa** *fam* [sɛ̃pa]	nett, sympatisch
super sympa	super nett
☐ la **sympathie** [sɛ̃pati]	Sympathie
avoir de la sympathie pour qn	für jdn Sympathie empfinden
☐ **gentil**, gentille [ʒɑ̃ti, ij]	nett, freundlich, lieb
☐ la **gentillesse** [ʒɑ̃tijɛs]	Freundlichkeit, Liebenswürdigkeit
☐ **chouette** *fam* [ʃwɛt]	(sehr) nett, toll
Elle est choutte, cette nouvelle prof !	Diese neue Lehrerin ist nett!
☐ **cool** *fam* [kul]	cool, locker
☐ **agréable** [agʀeabl]	angenehm

☐ **naturel**, naturelle [natyʀɛl]	natürlich
☐ **ouvert**, ouverte [uvɛʀ, ɛʀt]	offen, aufgeschlossen
☐ **vif**, vive [vif, viv]	lebhaft
☐ **énergique** [enɛʀʒik]	energisch
☐ l'**énergie** *f* [enɛʀʒi]	Energie, Kraft
☐ **fort**, forte [fɔʀ, fɔʀt]	stark

☐ **bon**, bonne [bɔ̃, bɔn]	gut
☐ **avoir du cœur** [avwaʀdykœʀ]	Herz haben
☐ **maternel**, maternelle [matɛʀnɛl]	mütterlich
☐ **humain**, humaine [ymɛ̃, ɛn]	menschlich
☐ **généreux**, généreuse [ʒeneʀø, øz]	großzügig
☐ **tolérant**, tolérante [tɔleʀɑ̃, ɑ̃t]	tolerant, duldsam
☐ **diplomate** [diplɔmat]	diplomatisch
☐ **patient**, patiente [pasjɑ̃, jɑ̃t]	geduldig
☐ la **patience** [pasjɑ̃s]	Geduld
☐ **modeste** [mɔdɛst]	bescheiden
☐ **serviable** [sɛʀvjabl]	hilfsbereit

☐ **juste** [ʒyst]	gerecht
☐ **honnête** [ɔnɛt]	ehrlich
☐ l'**honnêteté** *f* [ɔnɛtte]	Ehrlichkeit
☐ **sincère** [sɛ̃sɛʀ]	ehrlich, aufrichtig
☐ **fidèle** [fidɛl]	treu

☐ **courageux**, courageuse [kuʀaʒø, øz]	mutig
☐ le **courage** [kuʀaʒ]	Mut
☐ **indépendant**, indépendante (de) [ɛ̃depɑ̃dɑ̃, ɑ̃t]	unabhängig (von)
☐ **fier**, fière (de) [fjɛʀ]	stolz (auf)
☐ **réaliste** [ʀealist]	realistisch
un, une réaliste	Realist(in)
☐ **idéaliste** [idealist]	idealistisch
un, une idéaliste	Idealist(in)
☐ **optimiste** [ɔptimist]	optimistisch
☐ **engagé**, engagée [ɑ̃gaʒe]	engagiert
☐ **rebelle** [ʀəbɛl]	rebellisch
☐ **critique** [kʀitik]	kritisch

☐ **poli**, polie [pɔli]	höflich
☐ **cultivé**, cultivée [kyltive]	gebildet
☐ **élégant**, élégante [elegɑ̃, ɑ̃t]	elegant

☐ **sérieux**, sérieuse [seʀjø, jøz]	ernst; zuverlässig
☐ **sage** [saʒ]	brav, artig
être sage comme une image	sehr, sehr artig sein
☐ **raisonnable** [ʀɛzɔnabl]	vernünftig
☐ **responsable** [ʀɛspɔ̃sabl]	verantwortungsbewusst
☐ **prudent**, prudente [pʀydɑ̃, ɑ̃t]	vorsichtig

☐ **discipliné**, disciplinée [disipline]	diszipliniert
☐ **travailleur**, travailleuse [tʀavajœʀ, jøz]	fleißig, arbeitssam
☐ **ambitieux**, ambitieuse [ɑ̃bisjø, jøz]	ehrgeizig
☐ **économe** [ekɔnɔm]	sparsam

☐ **charmant**, charmante [ʃaʀmɑ̃, ɑ̃t]	reizend, charmant
☐ **adorable** [adɔʀabl]	goldig, lieb, sehr nett
☐ **formidable** [fɔʀmidabl]	fantastisch
☐ **parfait**, parfaite [paʀfɛ, ɛt]	perfekt, tadellos
☐ **unique** [ynik]	einzig(artig)
☐ **mystérieux**, mystérieuse [misteʀjø, jøz]	geheimnisvoll

☐ **intelligent**, intelligente [ɛ̃teliʒɑ̃, ɑ̃t]	intelligent
☐ **créatif**, créative [kʀeatif, iv]	kreativ
☐ **fascinant**, fascinante [fasinɑ̃, ɑ̃t]	faszinierend
☐ **exceptionnel**, exceptionnelle [ɛksɛpsjɔnɛl]	außergewöhnlich
☐ **impressionnant**, impressionnante [ɛ̃pʀesjɔnɑ̃, ɑ̃t]	beeindruckend
☐ **fantastique** [fɑ̃tastik]	fantastisch

☐ **gai**, gaie [ge/gɛ]	fröhlich
Tu n'as pas l'air très gai.	Du siehst nicht sehr fröhlich aus.
☐ **joyeux**, joyeuse [ʒwajø, øz]	fröhlich
☐ **drôle** [dʀol]	lustig, spaßig
☐ **amusant**, amusante [amyzɑ̃, ɑ̃t]	amüsant, lustig
☐ **marrant**, marrante [maʀɑ̃, ɑ̃t]	witzig
☐ **fou**, fol, folle [fu, fɔl]	verrückt
Il est fou !/ Elle est folle !	Er ist verrückt!/Sie ist verrückt!
☐ **original**, originale [ɔʀiʒinal]	original; originell
☐ **intéressant**, intéressante [ɛ̃teʀesɑ̃, ɑ̃t]	interessant
☐ l'**humour** *m* [ymuʀ]	Humor
avoir de l'humour	Humor haben

☐ **calme** [kalm]	ruhig
Ne t'énerve pas, reste calme !	Reg dich nicht auf, bleib ruhig!
☐ **tranquille** [tʀɑ̃kil]	ruhig

☐ **sensible** [sɑ̃sibl]	sensibel, empfindsam
☐ **compréhensif**, compréhensive [kɔ̃pʀeɑ̃sif, iv]	verständnisvoll
☐ **doux**, douce [du, dus]	sanft
☐ **fragile** [fʀaʒil]	zerbrechlich, labil
☐ la **fragilité** [fʀaʒilite]	Zerbrechlichkeit, Zartheit
☐ **timide** [timid]	schüchtern
☐ **pessimiste** [pesimist]	pessimistisch
un, une pessimiste	Pessimist(in)

☐ **nerveux**, nerveuse [nɛʀvø, øz]	aufgeregt, nervös
☐ **énervant**, énervante [enɛʀvɑ̃, ɑ̃t]	entnervend, nervenaufreibend
☐ **bavard**, bavarde [bavaʀ, aʀd]	gesprächig, geschwätzig
☐ **fatigant**, fatigante [fatigɑ̃, ɑ̃t]	anstrengend, ermüdend
☐ **ennuyeux**, ennuyeuse [ɑ̃nɥijø, jøz]	langweilig, unangenehm
☐ **bizarre** [bizaʀ]	seltsam, merkwürdig
☐ **spécial**, spéciale [spesjal]	seltsam
☐ **ridicule** [ʀidikyl]	lächerlich
☐ **compliqué**, compliquée [kɔ̃plike]	kompliziert
☐ **se compliquer la vie** [səkɔ̃plikelavi]	sich das Leben schwer machen
☐ **difficile** [difisil]	schwierig

☐ **faible** [fɛbl]	schwach
☐ **avoir un faible pour** [avwaʀɛ̃fɛbl]	eine Schwäche haben für
J'ai un faible pour le chocolat noir.	Ich habe eine Schwäche für schwarze Schokolade.

☐ **gourmand**, gourmande [guʀmɑ̃, ɑ̃d]	naschhaft
☐ **paresseux**, paresseuse [paʀesø, øz]	faul
☐ **gâté**, gâtée [gate]	verwöhnt
☐ **désordonné**, désordonnée [dezɔʀdɔne]	unordentlich, schlampig
☐ **curieux**, curieuse [kyʀjø, jøz]	neugierig ; seltsam
☐ **sévère** [sevɛʀ]	streng
☐ **autoritaire** [ɔtɔʀitɛʀ]	autoritär
☐ l'**autorité** *f* [ɔtɔʀite]	Autorität
avoir de l'autorité	Autorität besitzen
☐ **bête** [bɛt]	dumm, blöd
☐ **idiot**, idiote [idjo, idjɔt]	dumm, blöd, idiotisch
un idiot, une idiote	Idiot(in)
☐ **dingue** *fam* [dɛ̃g]	verrückt, durchgeknallt
Il est dingue, ce mec !	Er ist verrückt, dieser Typ!
☐ **nul**, nulle [nyl]	blöd, gemein
☐ **stupide** [stypid]	dumm
☐ la **stupidité** [stypidite]	Dummheit
☐ **imprudent**, imprudente [ɛ̃pʀydɑ̃, ɑ̃t]	unvorsichtig
☐ **impatient**, impatiente [ɛ̃pasjɑ̃, jɑ̃t]	ungeduldig
☐ **impoli**, impolie [ɛ̃pɔli]	unhöflich
☐ **sauvage** [sovaʒ]	ungehobelt, unhöflich, ungeschliffen
☐ **vulgaire** [vylgɛʀ]	vulgär, ordinär
☐ **arrogant**, arrogante [aʀɔgɑ̃, ɑ̃t]	arrogant
☐ l'**orgueil** *m* [ɔʀgœj]	Überheblichkeit, Stolz
☐ **orgueilleux**, orgueilleuse [ɔʀgøjø, jøz]	überheblich, stolz
☐ **égoïste** [egɔist]	egoistisch
☐ **borné**, bornée [bɔʀne]	engstirnig, kleinkariert
☐ **intolérant**, intolérante [ɛ̃tɔleʀɑ̃, ɑ̃t]	intolerant, unduldsam
☐ **injuste** [ɛ̃ʒyst]	ungerecht
☐ **insensible (à)** [ɛ̃sɑ̃sibl]	gefühllos, gleichgültig (gegenüber)
☐ **dur**, dure [dyʀ]	hart
☐ **froid**, froide [fʀwa, fʀwad]	kalt
☐ **méchant**, méchante [meʃɑ̃, ɑ̃t]	böse, gemein
☐ **violent**, violente [vjɔlɑ̃, ɑ̃t]	gewalttätig
☐ **agressif**, agressive [agʀesif, iv]	aggressiv
☐ **cruel** [kʀyɛl]	grausam
☐ la **cruauté** [kʀyote]	Grausamkeit

☐ **brutal**, brutale [bʀytal]	brutal, gewalttätig, roh
☐ la **brutalité** [bʀytalite]	Brutalität, hartes Vorgehen
☐ **inhumain**, inhumaine [inymɛ̃, ɛn]	unmenschlich
☐ **dangereux**, dangereuse [dɑ̃ʒʀø, øz]	gefährlich

6.3 Gefühle und Stimmung

☐ le **sentiment** [sɑ̃timɑ̃]	Gefühl
☐ **se sentir** [s(ə)sɑ̃tiʀ]	sich fühlen
Je me sens bien/ mal.	Ich fühle mich gut/ schlecht.
Je me sens triste.	Ich fühle mich traurig.
☐ l'**émotion** *f* [emosjɔ̃]	Emotion, Ergriffenheit, Rührung; Aufregung
Quelle émotion !	Was für eine Aufregung!

☐ **éprouver** [epʀuve]	verspüren, fühlen, empfinden
éprouver de la jalousie	Neid empfinden
☐ **toucher** [tuʃe]	(be)rühren, bewegen
Ce film m'a beaucoup touché.	Dieser Film hat mich sehr berührt.
être touché, touchée (de)	berührt sein, gerührt sein, bewegt sein (von)

☐ l'**amour** *m* [amuʀ]	Liebe
☐ **aimer** [ɛme]	lieben *(→ siehe Infobox S. 90)*
☐ la **haine** [ˈɛn]	Hass
éprouver de la haine pour qn/qc	jdn/etw. hassen, für jdn/etw. Hass empfinden

☐ **heureux**, heureuse (de) [øʀø, øz]	glücklich (über)
être heureux comme tout	überglücklich sein
☐ **content**, contente (de) [kɔ̃tɑ̃, ɑ̃t]	zufrieden (mit), glücklich (über)
être content, contente (de)	sich freuen über
Je suis content de te revoir.	Ich freue mich, dich wieder zu sehen.
☐ **être gai**, gaie [ge/gɛ]	fröhlich sein
☐ la **joie** [ʒwa]	Freude
☐ le **bonheur** [bɔnœʀ]	Glück

Das richtige Wort:
Glück – *la chance* oder *le bonheur*?

Willst du das deutsche Wort *Glück* übersetzen, musst du unterscheiden zwischen:

le bonheur = Zustand des Glücklichseins

Le bonheur ? Pour moi, c'est par exemple être amoureux !	Glück? Für mich bedeutet das zum Beispiel verliebt sein!

la chance = Glück im Sinne von Glücksfall

Quelle chance ! Il a gagné au loto !	So ein Glück! Er hat im Lotto gewonnen!
Bonne chance !	Viel Glück!

☐ **s'amuser (à faire qc)** [samyze]	sich amüsieren, Spaß haben (bei)
☐ **s'éclater** *pop* [seklate]	sich amüsieren, Spaß haben
☐ **rire (de)** [ʀiʀ]	lachen (über)
☐ **rigoler** *fam* [ʀigɔle]	lachen, Spaß haben
☐ **se marrer** *fam* [səmaʀe]	sich kaputtlachen
☐ **sourire** [suʀiʀ]	lächeln

☐ la **surprise** [syʀpʀiz]	Überraschung
☐ **être surpris**, surprise [syʀpʀi, iz]	überrascht sein
☐ **stupéfait**, stupéfaite [stypefɛ, ɛt]	verblüfft
☐ **être étonné**, étonnée [etɔne]	erstaunt sein

☐ **malheureux**, malheureuse (de) [malœʀø, øz]	unglücklich (über)
☐ **triste** [tʀist]	traurig
☐ **seul**, seule [søl]	einsam
Elle se sent seule.	Sie fühlt sich einsam.
☐ **avoir le cafard** [avwaʀləkafaʀ]	deprimiert sein
☐ **déprimé**, déprimée [depʀime]	deprimiert
☐ **désespéré**, désespérée [dezɛspeʀe]	verzweifelt

☐ le **chagrin** [ʃagʀɛ̃]	Kummer
☐ la **douleur** [dulœʀ]	Schmerz
☐ **souffrir de qc** [sufʀiʀ]	unter etw. leiden
☐ **supporter** [sypɔʀte]	ertragen, hinnehmen
☐ **subir qc** [sybiʀ]	etw. erleiden, ertragen, erdulden

☐ **être blessé**, blessée [blɛse]	verletzt sein
☐ **être déçu**, déçue [desy]	enttäuscht sein

☐ les **remords** *mpl* [ʀ(ə)mɔʀ]	Gewissensbisse
avoir des remords	Gewissensbisse haben
☐ **regretter qc** [ʀ(ə)gʀete]	etw. bedauern
☐ **soupirer** [supiʀe]	seufzen
☐ **pleurer** [plœʀe]	weinen
pleurer de joie	Freudentränen vergießen
☐ une **larme** [laʀm]	Träne
fondre en larmes	in Tränen ausbrechen
☐ **être jaloux**, jalouse **de qn** [ʒalu, uz]	auf jdn eifersüchtig sein
Il est jaloux de sa sœur.	Er ist auf seine Schwester eifersüchtig.
☐ la **jalousie** [ʒaluzi]	Eifersucht, Neid
par jalousie	aus Eifersucht
☐ la **colère** [kɔlɛʀ]	Wut
être en colère	wütend sein
☐ **furieux**, furieuse [fyʀjø, øz]	wütend
☐ **fâché**, fâchée [fɑʃe]	verärgert, ärgerlich, beleidigt
☐ **stressé**, stressée [stʀese]	gestresst
☐ **nerveux**, nerveuse [nɛʀvø, øz]	aufgeregt, nervös
☐ **choqué**, choquée [ʃɔke]	schockiert
☐ la **peur** [pœʀ]	Angst
avoir peur (de)	Angst haben (vor)
J'ai peur des chiens.	Ich habe Angst vor Hunden.
prendre peur	Angst bekommen
trembler de peur	vor Angst zittern
N'aie pas peur !	Hab keine Angst!
☐ la **trouille** *fam* [tʀuj]	Angst, Bammel
avoir la trouille	Angst haben
☐ la **panique** [panik]	Panik
☐ la **terreur** [teʀœʀ]	Schrecken, Entsetzen
☐ **craindre qc** [kʀɛ̃dʀ]	etw. fürchten
☐ **s'inquiéter** [sɛ̃kjete]	sich über etw. Sorgen machen, wegen etw. beunruhigt sein, sich beunruhigen
Je m'inquiète.	Ich bin beunruhigt.
☐ **inquiet**, inquiète [ɛ̃kjɛ, ɛt]	unruhig, beunruhigt
☐ **inquiétant** [ɛ̃kjetɑ̃, ɑ̃t]	beunruhigend
☐ le **souci** [susi]	Sorge, Kummer
se faire du souci	sich Sorgen machen
Je me fais du souci pour toi.	Ich mache mir Sorgen um dich.

☐ **s'en faire** [sɑ̃fɛʀ]	sich Sorgen machen
Ne t'en fais pas, ça va aller !	Mach dir keine Sorgen/Mach dir nichts draus, das wird schon wieder!
☐ la **honte** [ˈɔ̃t]	Scham, Schande
avoir honte de qn/qc	sich für jdn/etw. schämen
☐ **être gêné**, gênée [ʒɛne]	verlegen sein

☐ le **moral** [mɔʀal]	Innere Verfassung, Stimmung
avoir le moral	in guter seelischer Verfassung sein, gut drauf sein
Il n'a pas le moral !	Er ist nicht gut drauf!
☐ l'**ambiance** *f* [ɑ̃bjɑ̃s]	Stimmung
Il y a une bonne ambiance ici.	Hier herrscht eine gute Stimmung.
☐ l'**humeur** *f* [ymœʀ]	Laune
être de bonne/ mauvaise humeur	gut/schlecht gelaunt sein, gute/ schlechte Laune haben

6.4 Handeln, Verhalten und Fähigkeiten

☐ **agir** [aʒiʀ]	handeln
☐ une **action** [aksjɔ̃]	Aktion, Handlung
☐ un **acte** [akt]	Tat
☐ **actif**, active [aktif, iv]	aktiv, tatkräftig
☐ l'**activité** *f* [aktivite]	Tätigkeit, Tatkraft
☐ **réagir** [ʀeaʒiʀ]	reagieren
☐ une **réaction** [ʀeaksjɔ̃]	Reaktion

☐ **faire qc** [fɛʀ]	tun, machen
☐ **se comporter** [s(ə)kɔ̃pɔʀte]	sich verhalten, sich benehmen
se comporter bien/ mal	sich gut/schlecht benehmen
☐ le **comportement** [kɔ̃pɔʀtəmɑ̃]	Verhalten, Benehmen
☐ **changer** [ʃɑ̃ʒe]	sich ändern ! *Changer* ist nicht refexiv !
Il a beaucoup changé.	Er hat sich sehr verändert.
☐ **continuer de faire qc** [kɔ̃tinɥe]	weitermachen etw. zu tun
☐ **s'adapter** [sadapte]	sich anpassen, sich eingewöhnen
Elle s'adapte facilement.	Sie passt sich leicht/ problemlos an.
☐ **prendre sa vie en mains** [pʀɑ̃dʀsaviɑ̃mɛ̃]	sein Leben in die Hand nehmen
☐ **s'engager dans qc** [sɑ̃gaʒe]	bei etw. mitmachen
☐ **s'engager à faire qc** [sɑ̃gaʒe]	sich verpflichten etw. zu tun
☐ **contribuer à faire qc** [kɔ̃tʀibɥe]	dazu beitragen etw. zu tun

☐ **imiter** [imite]	nachmachen, nachahmen, imitieren
☐ **faire pareil** [fɛʀpaʀɛj]	genauso machen
Elle fait pareil.	Sie macht es genauso.
☐ **faire semblant (de faire qc)** [fɛʀsɑ̃blɑ̃]	so tun, als ob (man etw. tut)
Il fait semblant.	Er tut nur so.
Il fait semblant de dormir.	Er stellt sich schlafend.
☐ **la bêtise** [betiz]	Dummheit
faire des bêtises	Dummheiten machen

☐ **un risque** [ʀisk]	Risiko
prendre des risques	Risiken eingehen, etw. in Kauf nehmen
☐ **risquer qc** [ʀiske]	etw. riskieren, aufs Spiel setzen
☐ **oser faire qc** [oze]	sich (ge)trauen/wagen etw. zu tun
Il n'ose pas l'inviter.	Er traut sich nicht sie einzuladen.
☐ **hésiter à faire qc** [ezite]	zögern etw. zu tun
J'hésite à l'apppeler.	Ich zögere ihn anzurufen.
☐ **l'hésitation** *f* [ezitasjɔ̃]	Zögern, Zaudern
☐ **éviter de faire qc** [evite]	vermeiden etw. zu tun
☐ **un secret** [səkʀɛ]	Geheimnis
faire qc en secret	etw. im Geheimen/heimlich machen

☐ **un effort** [efɔʀ]	Anstrengung
faire des efforts	sich anstrengen
☐ **faire de son mieux** [fɛʀdəsɔ̃mjø]	sein Bestes geben
☐ **avoir du mal à faire qc** [avwaʀdymal]	Mühe haben etw. zu tun
Vraiment ? J'ai du mal à le croire.	Wirklich? Es fällt mir schwer es zu glauben.
☐ **essayer de faire qc** [eseje]	versuchen etw. zu tun
☐ **s'exercer** [sɛgzɛʀse]	üben, trainieren
☐ **se débrouiller** [s(ə)debʀuje]	sich zu helfen wissen, zurechtkommen

☐ **réussir qc** [ʀeysiʀ]	etw. gelingen, schaffen
Elle a réussi son examen.	Sie hat ihre Prüfung geschafft, bestanden
☐ **réussir à faire qc** [ʀeysiʀ]	schaffen etw. zu tun
Elle a réussi à trouver un stage.	Es ist ihr gelungen, einen Praktikumsplatz zu finden
☐ **arriver* à faire qc** [aʀive]	schaffen etw. zu tun
Il est arrivé à me convaincre.	Es ist ihm gelungen mich zu überzeugen.

□ **s'en sortir** [sɑ̃sɔʀtiʀ]	etw. schaffen, aus einer schwierigen Lage herauskommen
Tu t'en sors ?	Schaffst du das?
J'espère qu'il va s'en sortir !	Ich hoffe, er kommt da heraus!
□ **un succès** [syksɛ]	Erfolg
avoir du succès	Erfolg haben
faire qc **avec/ sans succès**	etw. erfolgreich/ erfolglos tun
□ **mériter qc** [meʀite]	etw. verdienen
Elle a mérité son succès.	Sie hat ihren Erfolg verdient.

□ **savoir faire qc** [savwaʀ]	etw. tun können (wissen, wie es geht)
□ **être capable (de)** [kapabl]	fähig sein (zu)
□ **la capacité** [kapasite]	Fähigkeit, Befähigung

Das richtige Wort: können: *savoir faire – pouvoir faire*

Beide Ausdrücke werden auf Deutsch mit *etw. können* übersetzt.
Savoir faire benutzt du, wenn es sich um eine erlernte Fäigkeit handelt:

Elle sait parler français.	Sie kann Französisch sprechen.
Il sait faire du ski.	Er kann Ski fahren.

In allen anderen Fällen benutzt du ***pouvoir***:

Tu peux acheter du pain, s'il te plaît ?	Kannst du bitte Brot kaufen?

Beachte den Unterschied:

Elle ne sait pas écrire des SMS.	Sie kann keine SMS schreiben.
Elle n'a pas envie de l'apprendre.	Sie hat keine Lust, es zu lernen.
Oder	
Elle ne peut pas écrire des SMS.	Sie kann keine SMS schreiben.
Son portable est cassé.	Ihr Handy ist kaputt.

□ **un échec** [eʃɛk]	Misserfolg, Scheitern, Flop
□ **rater qc** *fam* [ʀate]	verfehlen, nicht schaffen
Il a raté son examen.	Er hat seine Prüfung nicht geschafft./Er ist durchgefallen.
□ **gâcher qc** [gɑʃe]	etw. verderben
Son comportement nous a gâché la soirée.	Sein/Ihr Verhalten hat uns den Abend verdorben.

6.5 Pflicht und Gewohnheit

☐ **un devoir** [dəvwaʀ]	Pflicht
faire son devoir	seine Pflicht tun
remplir son devoir	seine Pflicht erfüllen
☐ **devoir faire qc** [dəvwaʀ]	etw. tun müssen
Elle doit sortir le chien tous les soirs.	Sie muss jeden Abend mit dem Hund Gassi gehen.
☐ **nécessaire** [nesesɛʀ]	notwendig
faire le nécessaire	das Nötige tun
☐ **être obligé**, obligée (de) [ɔbliʒe]	gezwungen sein (zu)
☐ **l'habitude** [abityd]	Gewohnheit, Angewohnheit
prendre l'habitude	sich etw. angewöhnen, die Gewohnheit annehmen etw. zu tun
d'habitude	gewöhnlich, normalerweise
☐ **s'habituer à qc** [sabitɥe]	sich an etw. gewöhnen
s'habituer à faire qc	sich daran gewöhnen etw. zu tun
☐ **toujours** [tuʒuʀ]	immer, immer noch
☐ **souvent** [suvɑ̃]	oft
☐ **régulier**, régulière *adj* [ʀegylje, jɛʀ]	regelmäßig
☐ **régulièrement** *adv* [ʀegyljɛʀmɑ̃]	regelmäßig

6.6 Denken, Wissen, Fantasie

☐ **penser à** [pɑ̃se]	denken an
Elle pense souvent à lui.	Sie denkt oft an ihn.
☐ **une idée** [ide]	Idee, Gedanke, Einfall
avoir une idée	eine Idee haben
se faire une idée de qc	sich von etw. eine Vorstellung machen
Pour se faire une idée des problèmes, le journaliste a visité les banlieues.	Um sich eine Vorstellung von den Problemen zu machen, hat der Journalist die Vororte besichtigt.
☐ **réfléchir (à qc)** [ʀefleʃiʀ]	(über etw.) nachdenken
J'ai réfléchi à ta question.	Ich habe über deine Frage nachgedacht.
☐ **l'esprit** *m* [ɛspʀi]	Geist
☐ **la raison** [ʀɛzɔ̃]	Vernunft, Verstand
perdre la raison	den Verstand verlieren
☐ **perdre la tête** [pɛʀdʀlatɛt]	den Kopf verlieren
☐ **se casser la tête** [səkɑselatɛt]	sich den Kopf zerbrechen

☐ **être dans la lune** [ɛtʀdɑ̃lalyn]	mit seinen Gedanken ganz woanders sein, nicht bei der Sache sein
☐ **intelligent**, intelligente [ɛ̃teliʒɑ̃, ɑ̃t]	intelligent
☐ **intellectuel**, intellectuelle [ɛ̃telɛktɥɛl]	intellektuell, geistig
☐ **comprendre** [kɔ̃pʀɑ̃dʀ]	verstehen
Je n'y comprends rien.	Ich verstehe nichts (davon).
☐ la **compréhension** [kɔ̃pʀeɑ̃sjɔ̃]	Verständlichkeit; Verständnis
☐ le **sens** [sɑ̃s]	Sinn
le **bon sens**	gesunder Menschenverstand
☐ **signifier qc** [siɲifje]	etw. bedeuten
☐ **logique** [lɔʒik]	logisch
☐ la **vérité** [veʀite]	Wahrheit
☐ **vérifier** [veʀifje]	kontrollieren, überprüfen
☐ une **erreur** [eʀœʀ]	Irrtum
☐ **se tromper** [s(ə)tʀɔ̃pe]	sich irren
☐ une **contradiction** [kɔ̃tʀadiksjɔ̃]	Widerspruch
☐ un **préjugé** [pʀeʒyʒe]	Vorurteil
☐ un **cliché** [kliʃe]	Klischee
☐ **remarquer** [ʀ(ə)maʀke]	bemerken
☐ **observer** [ɔpsɛʀve]	beobachten
☐ **s'apercevoir de qc** [sapɛʀsəvwaʀ]	etw. bemerken
Je me suis aperçu de sa peur.	Ich habe seine Angst bemerkt.
☐ **se rendre compte de qc** [s(ə)ʀɑ̃dʀ(ə)kɔ̃t]	sich einer Sache bewusst sein/werden, sich über etw. im Klaren sein/werden
Il s'est rendu compte de son erreur.	Er ist sich über seinen Irrtum klar geworden.
☐ **analyser** [analize]	analysieren
☐ **deviner** [d(ə)vine]	raten, erraten
☐ **croire qn/qc** [kʀwaʀ]	jdm/etw. glauben
☐ une **impression** [ɛ̃pʀesjɔ̃]	Eindruck
avoir l'impression que	den Eindruck haben, dass
J'ai l'impression qu'il est malheureux.	Ich habe den Eindruck, dass er unglücklich ist.
☐ **avoir le sentiment que** [avwaʀl(ə)sɑ̃timɑ̃]	das Gefühl haben, dass
☐ **sembler** [sɑ̃ble]	scheinen
Cela me semble juste.	Das kommmt mir richtig vor/scheint mir richtig.

☐ **il me semble que** [i(l)m(ə)sɑ̃bl]	mir scheint, dass
Il me semble que tu ne m'écoutes pas vraiment.	Mir scheint, dass du mir nicht wirklich zuhörst.
☐ **un doute** [dut]	Zweifel
avoir des doutes	Zweifel haben
☐ **confondre (avec)** [kɔ̃fɔ̃dʀ]	verwechseln (mit)
Je t'ai confondue avec ta copine.	Ich habe dich mit deiner Freundin verwechselt.

☐ **savoir** [savwaʀ]	wissen, können
Je ne sais pas.	Ich weiß nicht. (→ *siehe Infobox S. 101)*
savoir par cœur	auswendig können
☐ **connaître** [kɔnɛtʀ]	kennen, kennen lernen
☐ **la connaissance** [kɔnɛsɑ̃s]	Kenntnis; Erkenntnis
les **connaissances en français**	Französischkenntnisse

☐ **se rappeler qn/qc** [s(ə)ʀap(ə)le]	sich an jdn/etw. erinnern
Tu te rappelles notre voyage à Marseille ?	Erinnerst du dich an unsere Reise nach Marseille?
☐ **se souvenir de** [s(ə)suv(ə)niʀ]	sich erinnern an
Je ne me souviens plus de ton numéro de téléphone.	Ich erinnere mich nicht mehr an deine Telefonnummer.
☐ **un souvenir** [suv(ə)niʀ]	Erinnerung
☐ **la mémoire** [memwaʀ]	Gedächtnis
☐ **oublier qc/ de faire qc** [ublije]	etw. vergessen/vergessen etw. zu tun

☐ **inventer** [ɛ̃vɑ̃te]	erfinden
☐ **une invention** [ɛ̃vɑ̃sjɔ̃]	Erfindung
☐ **créer** [kʀee]	schaffen, kreieren

☐ **l'imagination** *f* [imaʒinasjɔ̃]	Einbildung, Fantasie
☐ **imaginer qc** [imaʒine]	sich etw. ausdenken, sich etw. vorstellen
imaginer une histoire	sich eine Geschichte ausdenken
Imaginez votre vie dans 20 ans !	Stellt euch euer Leben in 20 Jahren vor!
☐ **s'imaginer (faire/être) qc** [simaʒine]	sich etw. einbilden, vorstellen (zu sein/tun)
Elle s'imagine être une princesse.	Sie bildet sich ein, eine Prinzessin zu sein.
☐ **se prendre pour qn (de)** [səpʀɑ̃dʀ]	sich für jdn halten
Il se prend pour un génie.	Er hält sich für ein Genie.
Elle se prend pour qn de très intelligent.	Sie hält sich sehr intelligent.

! *imaginer* : nicht refexiv !

☐ **se représenter qc** [ʀ(ə)pʀezɑ̃te]	sich etw. vorstellen

6.7 Wille, Wünsche, Absichten und Ziele

☐ **vouloir** [vulwaʀ]	wollen
je voudrais …	Ich möchte …
☐ **la volonté** [vɔlɔ̃te]	Wille
☐ **demander** [d(ə)mɑ̃de]	bitten, fragen, verlangen
demander à qn de faire qc	jdn darum bitten etw. zu tun
Je te demande de m'aider.	Ich bitte dich darum mir zu helfen.
☐ **exiger qc** [ɛgziʒe]	etw. fordern, verlangen
☐ **avoir besoin de qc** [avwaʀbəzwɛ̃]	etw. benötigen, brauchen
Cet enfant a besoin d'amour.	Dieses Kind braucht Liebe.

☐ **refuser de faire qc** [ʀ(ə)fyze]	sich weigern etw. zu tun
Elle refuse de lui parler.	Sie weigert sich mit ihm zu sprechen.
☐ **renoncer à qc** [ʀ(ə)nɔ̃se]	auf etw. verzichten
reconcer à faire qc	darauf verzichten etw. zu tun
☐ **s'opposer à qn/qc** [sɔpoze]	sich jdm/etw. widersetzen
☐ **accepter** [aksɛpte]	annehmen, akzeptieren

☐ **souhaiter qc à qn** [swete]	wünschen etw. zu tun
Je te souhaite bonne chance.	Ich wünsche dir viel Glück.
☐ **désirer qc** [deziʀe]	etw. wünschen
☐ **le désir** [deziʀ]	Wunsch, Verlangen
☐ **un vœu** [vø]	Wunsch
faire un vœu	sich etw. wünschen
Tu peux faire un vœu.	Du darfst dir etw. wünschen.
☐ **rêver (de)** [ʀeve]	träumen (von)
☐ **un rêve** [ʀɛv]	Traum
☐ **espérer (faire) qc** [ɛspeʀe]	etw. (zu tun) hoffen
J'espère réussir cet examen.	Ich hoffe, diese Prüfung zu bestehen.
☐ **l'espoir** *m* [ɛspwaʀ]	Hoffnung
perdre l'espoir	die Hoffnung aufgeben, verlieren

☐ **avoir envie de qc** [avwaʀɑ̃vi]	auf etw. Lust haben
Il a envie d'une pizza.	Er hat Lust auf eine Pizza.
Il a envie de regarder un film.	Er hat Lust einen Film zu gucken.
☐ **être motivé, motivée** [mɔtive]	motiviert sein
☐ **la motivation** [mɔtivasjɔ̃]	Motivation

☐ une **intention** [ɛ̃tɑ̃sjɔ̃]	Absicht, Intention
avoir l'intention de faire qc	beabsichtigen etw. zu tun
avoir de bonnes intentions	gute Vorsätze haben; es gut meinen
J'ai de bonnes intentions pour l'année prochaine.	Ich habe gute Vorsätze für das neue Jahr.
☐ **aller* faire qc** [alefɛʀ]	etw. tun werden
Je vais faire des études de philosophie.	Ich werde Philosophie studieren.
☐ **se promettre de faire qc** [səpʀɔmɛtʀ]	sich vornehmen etw. zu tun

☐ un **objectif** [ɔbʒɛktif]	Ziel
☐ un **but** [byt]	Ziel, Zweck
☐ un **projet** [pʀɔʒɛ]	Plan, Projekt
faire des projets	etwas planen, Pläne schmieden
☐ un **plan** [plɑ̃]	Plan, Strategie
Pour réaliser ce but, il faut avoir un plan.	Um dieses Ziel zu verwirklichen, braucht man einen Plan.
☐ une **stratégie** [stʀateʒi]	Strategie
☐ **réaliser** [ʀealize]	realisieren, verwirklichen
réaliser un rêve/ un projet	einen Traum/Plan verwirklichen
☐ la **réalisation** [ʀealizasjɔ̃]	Verwirklichung
☐ **obtenir qc** [ɔptəniʀ]	etw. erreichen, erlangen
☐ **atteindre** [atɛ̃dʀ]	erreichen
atteindre un but	ein Ziel erreichen

☐ **décider (de faire) qc** [deside]	beschließen
J'ai décidé de partir au Canada/ de lui faire une déclaration d'amour.	Ich habe beschlossen nach Kanada zu gehen/ihr eine Liebeserklärung zu machen.
☐ **être décidé**, **décidée à** [deside]	entschlossen sein zu
Je suis décidé à faire des économies.	Ich bin (fest) entschlossen zu sparen.
☐ une **décision** [desizjɔ̃]	Entscheidung
prendre une décision importante	eine wichtige Entscheidung treffen
☐ **choisir qc** [ʃwaziʀ]	etw. wählen, aussuchen
choisir de faire qc	wählen, entscheiden etw. zu tun
Il a choisi de devenir prof.	Er hat sich entschieden, Lehrer zu werden.
☐ le **choix** [ʃwa]	Wahl
faire son choix	seine Wahl treffen
Je n'ai pas le choix.	Ich habe keine andere Wahl.

7 Sprachliche Kommunikation und Sprechabsichten

7.1 Sprechen, erklären und informieren

☐ la **communication** [kɔmynikasjɔ̃]	Kommunikation
☐ un **mot** [mo]	Wort
☐ une **phrase** [fʀaz]	Satz
☐ un **dialogue** [djalɔg]	Dialog
☐ une **conversation** [kɔ̃vɛʀsasjɔ̃]	Gespräch
☐ un **entretien** [ɑ̃tʀətjɛ̃]	Gespräch
☐ une **discussion** [diskysjɔ̃]	Diskussion
☐ un **débat** [deba]	Debatte
☐ un **exposé** [ɛkspoze]	Referat
☐ une **conférence** [kɔ̃feʀɑ̃s]	Konferenz; Vortrag
☐ un **discours** [diskuʀ]	Rede

☐ une **blague** [blag]	Witz
raconter une blague	einen Witz erzählen

– Mon bébé, ça fait trois mois qu'il marche.
• Eh bien, il doit être loin maintenant !

☐ un **proverbe** [pʀɔvɛʀb]	Sprichwort
☐ une **devinette** [dəvinɛt]	Rätsel

> Mon premier est un animal qui miaule, on nage dans mon deuxième. Mon tout est la maison du roi.
> (Chat-eau)

☐ **parler** [paʀle]	sprechen, reden
parler à qn	mit jdm sprechen
parler de qn/qc	über jdn/etw. sprechen
parler fort	laut sprechen
parler doucement	leise sprechen; langsam sprechen
Parle doucement, tout le monde dort déjà !	Sprich leise, es schlafen schon alle!
☐ **discuter de qc** [diskyte]	über etw. diskutieren, etw. besprechen
☐ **bavarder** [bavaʀde]	reden, schwatzen, ein Schwätzchen halten
☐ **raconter qc à qn** [ʀakɔ̃te]	jdm etw. erzählen

Auf einen Blick: Eine Erzählung zeitlich strukturieren

d'abord [dabɔʀ]	zuerst
au début [odeby]	am Anfang
ensuite [ɑ̃sɥit]	dann
puis [pɥi]	dann
après [apʀɛ]	dann, danach
à la fin [alafɛ̃]	**am Ende**
finalement [finalmɑ̃]	schließlich, endlich

☐ **communiquer avec qn** [kɔmynike]	mit jdm kommunizieren, mit jdm Nachrichten austauschen
☐ un, une **interprète** [ɛ̃tɛʀpʀɛt]	Dolmetscher(in)
faire l'interprète	dolmetschen

☐ **réciter qc** [ʀesite]	etw. aufsagen, rezitieren
Elle a récité un poème.	Sie hat ein Gedicht aufgesagt.
☐ **déclarer** [deklaʀe]	erklären *(Politik)*, sagen
Le Président a déclaré qu'il faut faire des réformes.	Der Präsident hat erklärt, dass man Reformen in Angriff nehmen muss.
☐ **dire qc à qn** [diʀ]	jdm etw. sagen

Ausdrücke mit *dire*

je n'ai rien à dire	ich habe nichts zu sagen
je ne sais pas quoi dire	ich weiß nicht, was ich sagen soll
Qu'est-ce que cela veut dire ?	Was soll das bedeuten?
Dis donc ! *fam*	Sag bloß!
Dis ! *fam*	Sag mal!
dire merci à qn	jdm danke sagen
dire bonjour à qn	jdm guten Tag sagen
dire au revoir à qn	sich von jdm verabschieden
dire qc dans sa barbe	etw. undeutlich sagen
dire à qn ses quatres vérités	mit jdm Klartext sprechen

☐ **constater qc** [kɔ̃state]	etw. feststellen
☐ **se plaindre de qn/qc** [s(ə)plɛ̃dʀ]	sich über etw./jdn beklagen

☐ **appeler** [ap(ə)le]	rufen
Appelle les enfants, on va manger !	Ruf die Kinder, wir wollen essen!
☐ **crier** [kʀije]	schreien
☐ **murmurer** [myʀmyʀe]	murmeln
☐ **chuchoter** [ʃyʃɔte]	flüstern

☐ **exprimer qc** [ɛkspʀime]	etw. ausdrücken
☐ **s'exprimer** [sɛkspʀime]	sich ausdrücken
☐ une **expression** [ɛkspʀesjɔ̃]	Ausdruck
une **expression familière**	umgangssprachlicher Ausdruck
☐ **prononcer** [pʀɔnɔ̃se]	aussprechen
prononcer un mot	ein Wort aussprechen
prononcer un discours	eine Rede halten

☐ **répéter** [ʀepete]	wiederholen
☐ **rappeler qc à qn** [ʀap(ə)le]	jdn an etw. erinnern
☐ **ajouter** [aʒute]	hinzufügen
☐ **continuer** [kɔ̃tinye]	weitersprechen, fortfahren
Continue !	Sprich weiter!
☐ **interrompre qn** [ɛ̃teʀɔ̃pʀ]	jdn unterbrechen
Pardon, je t'ai interrompu(e) !	Entschuldigung, ich habe dich unterbrochen!

☐ **remarquer** [ʀ(ə)maʀke]	bemerken
☐ une **remarque** [ʀ(ə)maʀk]	Bemerkung
faire une remarque	eine Bemerkung machen, anmerken
☐ **à propos de** [apʀɔpo]	bezüglich, in Bezug auf

☐ **commenter qc** [kɔmɑ̃te]	etw. kommentieren
☐ un **commentaire** [kɔmɑ̃tɛʀ]	Kommentar
faire des commentaires	Kommentare abgeben, kommentieren
☐ **expliquer** [ɛksplike]	erklären
☐ une **explication** [ɛksplikasjɔ̃]	Erklärung
☐ **définir** [definiʀ]	definieren
☐ une **définition** [definisjɔ̃]	Definition
donner une définition	definieren
☐ **indiquer qc** [ɛ̃dike]	eine Angabe von etw. machen, etw. angeben
☐ **préciser qc** [pʀesize]	etw. präzisieren, klarstellen
☐ **souligner qc** [suliɲe]	etw. unterstreichen
☐ **présenter (ses idées)** [pʀezɑ̃te]	(seine Ideen) vorstellen
☐ **résumer qc** [ʀezyme]	etw. zusammenfassen
☐ **mentir** [mɑ̃tiʀ]	lügen
☐ **prétendre** [pʀetɑ̃dʀ]	behaupten, vorgeben
☐ **exagérer** [ɛgzaʒeʀe]	übertreiben
☐ **avouer** [avwe]	gestehen
☐ **informer qn de qc** [ɛ̃fɔʀme]	jdn über etw. informieren
☐ une **information** [ɛ̃fɔʀmasjɔ̃]	Information
☐ **annoncer qc** [anɔ̃se]	etw. ankündigen
☐ **transmettre qc à qn** [tʀɑ̃smɛtʀ]	jdm etw. übermitteln, etw. an jdn weitergeben *(Information)*
transmettre une information	eine Information übermitteln, überbringen
☐ **renseigner qn (sur qc)** [ʀɑ̃seɲe]	jdn informieren, jdm Auskunft geben (über etw.)
se renseigner (sur)	sich erkundigen (über)
☐ un **renseignement** [ʀɑ̃sɛɲmɑ̃]	Auskunft
donner des renseignements à qn	jdm Auskünfte erteilen
☐ **confier qc à qn** [kɔ̃fje]	jdm etw. anvertrauen

7.2 Fragen und antworten

☐ **demander qc à qn** [d(ə)mɑ̃de]	jdn nach etw. fragen; jdn um etw. bitten
demander à qn si	jdn fragen, ob
demander à qn de faire qc	jdn darum bitten etw. zu tun

Demande-lui s'il veut venir cet après-midi.	Frag ihn/sie, ob er/sie heute Nachmittag kommen will.
se demander qc	sich etw. fragen
Je me demande ce qu'elle fait.	Ich frage mich, was sie tut.
☐ **une question** [kɛstjɔ̃]	Frage
poser une question	eine Frage stellen
une question-piège	Fangfrage
mettre qc en question	etw. in Frage stellen
☐ **interroger** [ɛ̃tɛʀɔʒe]	befragen
☐ **prier qn de faire qc** [pʀije]	jdn bitten etw. zu tun

☐ **un sondage** [sɔ̃daʒ]	Umfrage, Befragung
faire un sondage	eine Umfrage veranstalten
☐ **un quiz** [kwiz]	Quiz

☐ **est-ce que** [ɛskə]	*Formel zur Einleitung eines Fragesatzes*
☐ **Qu'est-ce que ?** [kɛskə]	Was?
Qu'est-ce que c'est ?	Was ist das?
☐ **Que... ?** [kə]	Was?
Que fait Isabelle ?	Was macht Isabelle?
☐ **Quoi ?** [kwa]	Was?
Quoi ? Qu'est-ce que tu as dit ?	Was? Was hast du gesagt?
Quoi ? Tu n'as toujours pas fait tes devoirs ?	Was? Du hast immer noch nicht deine Hausaufgaben gemacht?
De quoi tu parles ?	Wovon sprichst du?
À quoi penses-tu ?	Woran denkst du?
☐ **Qui ?** [ki]	Wer?
Qui est-ce ?	Wer ist das?
À qui est ce livre ? *(Besitzer)*	Wem gehört dieses Buch?
De qui est ce roman ? *(Urheber)*	Von wem ist dieser Roman?

> ! *Que* kann nicht alleine stehen !

☐ **Où ?** [u]	Wo? Wohin?
Où est ton cahier ?	Wo ist dein Heft?
☐ **D'où ?** [du]	Woher?
D'où vient ce chat ?	Woher kommt diese Katze?
☐ **Quand ?** [kɑ̃]	Wann?
Quand est-ce que tu vas à Paris ?	Wann fährst du nach Paris?
☐ **Comment ?** [kɔmɑ̃]	Wie?
Comment vas-tu ?	Wie geht es dir?
☐ **Combien (de) ?** [kɔ̃bjɛ̃]	Wie viel?
Combien d'élèves participent à l'échange ?	Wie viele Schüler nehmen am Austausch teil?

☐ **Pourquoi ?** [puʀkwa]	Warum?
Pourquoi est-ce que tu veux partir ?	Warum willst du gehen?
☐ **Quel ? Quelle ?**[kɛl]	Welche(r, s)?
Quel est ton animal préféré ?	Welches, was ist dein Lieblingstier?
☐ **Quels ? Quelles ?** [kɛl]	Welche?
Quelles chansons est-ce que tu aimes ?	Welche Lieder magst du ?
☐ **Qui est-ce qui ?** [kiɛski]	Wer? ! Nur Subjekt !
Qui est-ce qui vient avec moi ?	Wer kommt mit mir?
☐ **Qui est-ce que ?** [kiɛskə]	Wen? ! Nur direktes Objekt !
Qui est-ce que tu as invité ?	Wen hast du eingeladen?
☐ **Qu'est-ce qui ?** [kɛski]	Was?
Qu'est-ce qui se passe ?	Was ist los? Was passiert?
Qu'est-ce qu'il y a ?	Was gibt es? Was ist los?
☐ **Lequel ? (Duquel ? Auquel ?)** [ləkɛl]	Welcher?
J'adore ce chanteur. – Lequel ?	Ich finde diesern Sänger toll. – Welchen?
☐ **Laquelle ? (De laquelle ? À laquelle ?)** [lakɛl]	Welche?
Il parle toujours de cette ville.– De laquelle ?	Es spricht immer von dieser Stadt. – Von welcher?
☐ **Lesquels ? (Desquels ? Auxquels ?)** [lekɛl]	Welche?
J'ai eu un cadeau de mes amis. – Desquels ?	Ich habe ein Geschenk von meinen Freunden bekommen. – Von welchen?
☐ **Lesquelles ? (Desquelles ? Auxquelles ?)** [lekɛl]	Welche?
Montre-moi tes dessins. – Lesquels ?	Zeig mir deine Zeichnungen. – Welche?
☐ **répondre à** [ʀepɔ̃dʀ]	antworten auf
Elle n'a pas répondu à mon e-mail.	Sie hat nicht auf meine E-Mail geantwortet.
☐ une **réponse** [ʀepɔ̃s]	Antwort
donner une réponse à qn	jdm antworten
☐ **Oui.** [ˈwi]	Ja.
☐ **ouais** *fam* [ˈwɛ]	ja
☐ **Si !** [si]	Doch!
☐ **D'accord.** [dakɔʀ]	Einverstanden.
☐ **Bien sûr !** [bjɛ̃syʀ]	Selbstverständlich!
☐ **Entendu.** [ɑ̃tɑ̃dy]	Abgemacht./Selbstverständlich.

☐ **Tout à fait !** [tutafɛ]	Genau!
Tout à fait ! Tu as raison.	Ganz genau! Du hast Recht.
☐ **Naturellement.** [natyʀɛlmɑ̃]	Natürlich.
☐ **Absolument.** [absɔlymɑ̃]	Unbedingt./Absolut, ganz und gar.
Vous êtes d'accord avec elle ? – Absolument.	Sind Sie mit ihr einer Meinung? – Unbedingt/Ganz und gar.
☐ **Exactement.** [ɛgzaktəmɑ̃]	Genau.
☐ **Pourquoi pas ?** [puʀkwapa]	Warum nicht?
☐ **Si tu veux.** [sityvø]	Wenn du willst.
☐ **Peut-être.** [pøtɛtʀ]	Vielleicht.
☐ **Éventuellement.** [evɑ̃tɥɛlmɑ̃]	Eventuell.
☐ **On verra.** [ɔ̃vɛʀa]	Wir werden sehen.
☐ **Non.** [nɔ̃]	Nein.
non plus	auch nicht
Moi non plus.	Ich auch nicht.
☐ **Bof !** [bɔf]	Na ja! Geht so!
Il était comment, ce film ? – Bof ! Pas très bon, je suis déçu.	Wie war dieser Film? – Na ja! Nicht besonders, ich bin enttäuscht.
☐ **Pas du tout.** [padytu]	Überhaupt nicht.
☐ **Pas question.** [pakɛstjɔ̃]	Kommt nicht in Frage.
☐ **Rien à faire.** [ʀjɛ̃nafɛʀ]	Nichts zu machen.
☐ **Jamais de la vie.** [ʒamɛ̃dlavi]	Nie im Leben.
☐ **Ça (ne) va pas, non ?** *fam* [sa(n)vapanɔ̃]	Geht es dir/euch/Ihnen noch gut?
Mais qu'est-ce qu tu fais avec mon parfum ? Ça (ne) va pas, non ?	Was machst du denn mit meinem Parfum? Geht's dir noch gut?

7.3 Werturteile ausdrücken

☐ **trouver** [tʀuve]	finden
trouver qn/qc	finden
Je trouve cette idée très intéressante.	Ich finde diese Idee sehr interessant.
trouver que	finden, dass
Je trouve que cet acteur joue très bien.	Ich finde, dass dieser Schauspieler sehr gut spielt.
☐ **apprécier** [apʀesje]	schätzen
☐ **bien** *adv* [bjɛ̃]	gut (*→ siehe Infobox S. 114*)

☐ **mieux** *adv* [mjø]	besser
☐ **bon**, bonne *adj* [bɔ̃, bɔn]	gut
☐ **meilleur**, meilleure *adj* [mɛjœʀ]	besser
C'est le meilleur pianiste que je connaisse.	Er ist der beste Pianist, den ich kenne.
☐ **mal** *adv* [mal]	schlecht
☐ **mauvais**, mauvaise *adj* [movɛ, ɛz]	schlecht
☐ **pire** *adj* [piʀ]	schlimmer
C'est pire !	Es ist (noch) schlimmer!
le/ la/ les pire(s)	der/die/das schlimmste/ die schlimmsten
la pire erreur	der schlimmste Irrtum
C'était le pire moment de ma vie.	Das war der schlimmste Augenblick in meinem Leben.

Vorsicht Fehler! *bien – mal / bon – mauvais*

Normalerweise steht nach être das Adjektiv:

Elle est bonne en français, mais elle est mauvaise en alllemand. – Er ist gut in Französisch aber er ist schlecht in Deutsch.

Wenn du jemanden lobst oder tadelst benutzt du jedoch die Adverbien ***bien*** oder ***mal***:

C'est bien ! – Das ist gut! Gut gemacht!
C'est mal ! – Das ist schlecht! Das ist böse!

! *C'est bon/ C'est mauvais* bedeutet je nach Zusammenhang *es schmeckt gut/ schlecht* !

☐ **super** *inv* [sypɛʀ]	super
☐ **superbe** [sypɛʀb]	erstklassig, toll
☐ **génial**, géniale [ʒenjal]	genial
☐ **chouette** *fam* [ʃwɛt]	klasse
☐ **cool** *inv* [kul]	cool
☐ **agréable** [agʀeabl]	angenehm
☐ **adorable** [adɔʀabl]	entzückend, süß, (sehr) lieb
☐ **formidable** [fɔʀmidabl]	fantastisch, toll
☐ **inoubliable** [inublijabl]	unvergesslich
☐ **fantastique** [fɑ̃tastik]	fantastisch
☐ **magnifique** [maɲifik]	wunderbar
☐ **merveilleux**, merveilleuse [mɛʀvɛjø, jøz]	wunderbar
☐ **magique** [maʒik]	zauberhaft, magisch

☐ **incroyable** [ɛ̃kʀwajabl]	unglaublich

☐ **intéressant**, intéressante [ɛ̃teʀesɑ̃, ɑ̃t]	interessant
☐ **fascinant**, fascinante [fasinɑ̃, ɑ̃t]	faszinierent
☐ **passionnant**, passionnante [pasjɔnɑ̃, ɑ̃t]	spannend

☐ **excellent**, excellente [ɛkselɑ̃, ɑ̃t]	ausgezeichnet
☐ **exceptionnel**, exceptionnelle [ɛksɛpsjɔnɛl]	außergewöhnlich
☐ **parfait**, parfaite [paʀfɛ, ɛt]	perfekt, tadellos
☐ **exemplaire** [ɛgzɑ̃plɛʀ]	vorbildlich
☐ **idéal**, idéale [ideal]	ideal
☐ **unique** [ynik]	einzig(artig)

☐ **impressionnant**, impressionnante [ɛ̃pʀesjɔnɑ̃, ɑ̃t]	beeindruckend
☐ **amusant**, amusante [amyzɑ̃, ɑ̃t]	unterhaltsam, witzig
☐ **original**, originale [ɔʀiʒinal]	originell; sonderbar, eigenartig
☐ **courant**, courante [kuʀɑ̃, ɑ̃t]	üblich/alltäglich/gängig, selbstverständlich
Aujourd'hui, il est courant que les femmes portent des pantalons.	Heute ist es selbstverständlich, dass Frauen Hosen tragen.
☐ **spécial**, spéciale [spesjal]	Spezial-, speziell, besondere(r, s)

☐ **nul**, nulle [nyl]	blöd, doof, schlecht
☐ **affreux**, affreuse [afʀø, øz]	abscheulich, scheußlich, schrecklich
☐ **grave** [gʀav]	schlimm, schlecht
☐ **terrible** [teʀibl]	furchtbar, schrecklich
C'est pas terrible ! *fam*	Das ist nicht toll!
☐ **horrible** [ɔʀibl]	abscheulich, schrecklich
☐ **banal**, banale; banals, banales *pl* [banal]	banal

☐ **énervant**, énervante [enɛʀvɑ̃, ɑ̃t]	nervtötend, nervig
☐ **fatigant**, fatigante [fatigɑ̃, ɑ̃t]	anstrengend, ermüdend
☐ **ennuyeux**, ennuyeuse [ɑ̃nɥijø, jøz]	langweilig
☐ **bête** [bɛt]	dumm

☐ **simple** [sɛ̃pl]	einfach
☐ **facile** [fasil]	leicht
☐ **difficile** [difisil]	schwer, schwierig
☐ **dur**, dure [dyʀ]	schwer, schwierig
☐ **compliqué**, compliquée [kɔ̃plike]	kompliziert

☐ **fou**, fol, folle [fu, fɔl]	verrückt
Il est fou !/ Elle est folle !	Er ist verrückt!/Sie ist verrückt!

☐ **mystérieux**, mystérieuse [misteʀjø, jøz]	geheimnisvoll, geheim
☐ **bizarre** [bizaʀ]	seltsam, befremdend, eigenartig, komisch
☐ **curieux**, curieuse [kyʀjø, jøz]	komisch, seltsam, sonderbar
☐ **ridicule** [ʀidikyl]	lächerlich
☐ **marrant**, marrante *fam* [maʀɑ̃, ɑ̃t]	witzig, lustig
☐ **drôle** [dʀol]	seltsam; lustig
☐ **normal**, normale [nɔʀmal]	normal, gewöhnlich
☐ **possible** [pɔsibl]	possible
☐ **impossible** [pɔsibl]	unmöglich
☐ **rassurant**, rassurante [ʀasyʀɑ̃, ɑ̃t]	beruhigend
☐ **inquiétant**, inquiétante [ɛ̃kjetɑ̃, ɑ̃t]	beunruhigend
☐ **nécessaire** [nesesɛʀ]	notwendig
☐ **indispensable** [ɛ̃dispɑ̃sabl]	unbedingt notwendig, unerlässlich
☐ **raisonnable** [ʀɛzɔnabl]	vernünftig
☐ **réaliste** [ʀealist]	realistisch
☐ **pratique** [pʀatik]	praktisch
☐ **utile** [ytil]	nützlich
☐ **inutile** [inytil]	unnütz, nutzlos
☐ **important**, importante [ɛ̃pɔʀtɑ̃, ɑ̃t]	wichtig
☐ **juste** [ʒyst]	gerecht
☐ **injuste** [ɛ̃ʒyst]	ungerecht
☐ **positif**, positiv [pozitif, iv]	positiv
☐ **négatif**, négative [negatif, iv]	negativ
☐ **le goût** [gu]	Geschmack
avoir bon/ mauvais goût	einen guten/ schlechten Geschmack haben
Elle n'a pas de goût, cette fille !	Die hat keinen Geschmack!

7.4 Meinungen äußern und argumentieren

☐ **un avis** [avi]	Ansicht, Auffassung, Meinung
À mon/ ton/ son avis…	Meiner/deiner/seiner/ihrer Meinung nach …
donner son avis	seine Meinung abgeben
être du même avis que	der gleichen Meinung sein wie

être de l'avis de qn	der Meinung von jdm sein
Je suis de l'avis de Léo.	Ich bin Léos Meinung.
Je suis de ton avis.	Ich bin deiner Meinung.
Je ne suis pas de ton avis.	Ich bin nicht deiner Meinung.

☐ **penser** [pɑ̃se]	denken
☐ **trouver** [tʀuve]	finden
☐ **considérer que** [kɔ̃sideʀe]	der Meinung sein/finden, dass
Je considère que c'est nécessaire.	Ich finde, dass es nötig ist.

☐ **être pour** [ɛtʀpuʀ]	dafür sein
☐ **être contre** [ɛtʀkɔ̃tʀ]	dagegen sein
☐ **peser le pour et le contre** [pəzel(ə)puʀel(ə)kɔ̃tʀ]	Vor- und Nachteile abwägen
☐ **un avantage** [avɑ̃taʒ]	Vorteil
☐ **un inconvénient** [ɛ̃kɔ̃venjɑ̃]	Nachteil

☐ **être d'accord** [dakɔʀ]	einverstanden sein, einer Meinung sein
Je suis d'accord avec toi.	Ich bin mit dir einverstanden, einer Meinung.
☐ **accepter** [aksɛpte]	annehmen, akzeptieren
Je ne peux pas accepter cette idée.	Diese Idee kann ich nicht akzeptieren.
☐ **tenir compte de qc** [t(ə)niʀkɔ̃t]	etw. berücksichtigen
Tu ne tiens jamais compte de mes idées.	Du berücksichtigst nie meine Ideen.
☐ **juger qc** [ʒyʒe]	etw. beurteilen

☐ **protester (contre qc)** [pʀɔtɛste]	(gegen etw.) protestieren
Je dois protester contre cette proposition.	Gegen diesen Vorschlag muss ich protestieren.
☐ **refuser qc** [ʀ(ə)fyze]	etw. ablehnen, verweigern
Je refuse cette idée.	Ich lehne diese Idee ab.
☐ **s'opposer à qc** [sɔpoze]	gegen etw. sein, sich gegen etw. stellen
Il s'est opposé à ce projet.	Er hat sich gegen dieses Projekt ausgesprochen.

☐ **avoir raison** [avwaʀʀɛzɔ̃]	Recht haben
☐ **avoir tort** [avwaʀtɔʀ]	Unrecht haben
☐ **se tromper** [s(ə)tʀɔ̃pe]	sich irren
☐ **convaincre qn** [kɔ̃vɛ̃kʀ]	jdn überzeugen
Tu m'as convaincu.	Du hast mich überzeugt.

☐ un **sujet** [syʒɛ]	Thema
☐ un **problème** [pʀɔblɛm]	Problem
☐ un **argument** [aʀgymɑ̃]	Argument
☐ **principal**, principale [pʀɛ̃sipal]	wichtigste(s, r)
mon argument principal	mein wichtigstes Argument
☐ une **position** [pɔzisjɔ̃]	Stellung
☐ un **point** [pwɛ̃]	Punkt
C'est un point important.	Das ist ein wichtiger Punkt.
☐ le **point de vue** [pwɛ̃d(ə)vy]	Standpunkt, Ansicht
☐ une **perspective** [pɛʀspɛktiv]	Perspektive, Blickwinkel
☐ la **contradiction** [kɔ̃tʀadiksjɔ̃]	Widerspruch
☐ un **contexte** [kɔ̃tɛkst]	Zusammenhang, Kontext
☐ **concerner** [kɔ̃sɛʀne]	betreffen
Ce problème nous concerne tous.	Dieses Problem betrifft uns alle.

☐ une **condition** [kɔ̃disjɔ̃]	Bedingung
☐ une **conséquence** [kɔ̃sekɑ̃s]	Folge
☐ une **conclusion** [kɔ̃klyzjɔ̃]	Schluss(folgerung)
☐ **conclure qc de qc** [kɔ̃klyʀ]	etw. aus etw. folgern, schließen
☐ une **solution** [sɔlysjɔ̃]	Lösung

☐ **clair**, claire [klɛʀ]	klar
☐ **logique** [lɔʒik]	logisch
☐ **évident**, évidente [evidɑ̃, ɑ̃t]	klar, offensichtlich, offenkundig
☐ **relatif**, relative [ʀ(ə)latif, iv]	relativ
☐ **dépendre de** [depɑ̃dʀ]	abhängen von
Ça dépend.	Das kommt darauf an.

☐ **vrai**, vraie [vʀɛ]	wahr, richtig
☐ **faux**, fausse [fo, fos]	falsch
☐ **correct**, correcte [kɔʀɛkt]	korrekt, richtig
☐ **juste** [ʒyst]	richtig
☐ **exact**, exacte [egza(kt), egzakt]	exakt, richtig

☐ **être certain**, certaine [sɛʀtɛ̃, ɛn]	sicher sein
Elle est sûre et certaine.	Sie ist sich ganz sicher.
être certain de qc	sich einer Sache sicher sein
être certain que	sicher sein, dass
☐ **être sûr**, sûre **(de qc/ que)** [syʀ]	(einer Sache) sicher sein; sicher sein, (dass)
Je suis sûr d'avoir raison.	Ich bin sicher, dass ich Recht habe.
Il est sûr <u>que</u> Camille a raison.	Er ist sich sicher, dass Camille Recht hat.

! Gleiches Subjekt in Haupt und Nebensatz !

Auf einen Blick: Ausdrücke zum Argumentieren

Wie du deine Argumente strukturieren kannst:

premièrement [pʀəmjɛʀmɑ̃]	erstens
deuxièmement [døzjɛmmɑ̃]	zweitens
troisièmement [tʀwɑzjɛmmɑ̃]	drittens
d'abord [dabɔʀ]	zuerst
ensuite [ɑ̃sɥit]	dann
de plus [dəplys]	außerdem
à part cela [apaʀs(ə)la]	darüber hinaus

Wie du etwas erklären/begründen kannst:

parce que [paʀs(ə)kə]	weil, da
comme [kɔm]	weil, da
car [kaʀ]	denn
à cause de qc [akozdə]	wegen
à cause de cela [akozdəs(ə)la]	deshalb
c'est pourquoi [sɛpuʀkwa]	deshalb
pour cette raison [puʀsɛtʀɛzɔ̃]	aus diesem Grund
c'est la raison pour laquelle [ʀɛzɔ̃]	aus diesem Grund
en effet [ɑ̃efɛ]	tatsächlich, nämlich
C'est en effet très important parce que …	Das ist nämlich/tatsächlich sehr wichtig, weil …

! Beginne Sätze nicht mit *parce que* !

! *Comme* steht am Satzanfang !

Wie du Dinge gegeneinder abwägst:

d'un côté … de l'autre côté [dœ̃kotedəlotʀ]	einerseits … andererseits
d'une part … d'autre part [dynpaʀdotʀəpaʀ]	einerseits … andererseits

Wie du etwas vergleichst:

en comparaison avec [ɑ̃kɔ̃paʀɛzɔ̃]	im Vergleich zu
à la différence de [aladifeʀɑ̃s]	im Unterschied zu

Wie du Einwände und Einschränkungen formulierst:

mais [mɛ]	aber
certes … mais [sɛʀt]	gewiss, sicher, zwar … aber
malgré + *Nomen* [malgʀe]	trotz
malgré cet argument, je pense que …	trotz dieses Arguments glaube ich, dass …
malgré cela	trotzdem
malgré cela, je pense …	trotzdem glaube ich …
au contraire [okɔ̃tʀɛʀ]	im Gegenteil

contrairement à [kɔ̃tʀɛʀmɑ̃]	im Gegensatz zu, entgegen
Contrairement à ce que pense Julie, je trouve ça utile.	Im Gegensatz zu dem, was Julie denkt, finde ich es nützlich.
bien que + *subj* [bjɛ̃kə]	obwohl, obgleich
cependant [s(ə)pɑ̃dɑ̃]	indessen, jedoch, doch
pourtant [puʀtɑ̃]	jedoch, dennoch
même si [mɛmsi]	selbst wenn, sogar wenn

Wie du zum Ende findest:

enfin [ɑ̃fɛ̃]	schließlich, endlich
finalement [finalmɑ̃]	schließlich, zum Schluss
en conclusion [ɑ̃kɔ̃klyzjɔ̃]	abschließend
pour conclure/ finir/ terminer [puʀkɔ̃klyʀ]	zum Abschluss
en résumé [ɑ̃ʀezyme]	zusammenfassend

7.5 Aussagen nuancieren, bestätigen, einschränken

☐ **très** [tʀɛ]	sehr
☐ **tellement** [tɛlmɑ̃]	so sehr
Elle chante tellement bien !	Sie singt so schön/gut!
☐ **assez** [ase]	ziemlich
Lucien fait du piano. Il joue assez bien.	Lucien spielt Klavier. Er spielt ziemlich gut.
Elle est assez intelligente.	Sie ist ziemlich intelligent.
☐ **drôlement** [dʀolmɑ̃]	ganz schön, ziemlich
Il a drôlement changé.	Er hat sich ziemlich verändert.
☐ **vachement** *fam* [vaʃmɑ̃]	sehr, wahnsinnig
Il est vachement sympa.	Er ist wahnsinnig nett.

☐ **aussi** [osi]	auch; so, ebenso
Je ne savais pas que tu étais aussi bête.	Ich wusste nicht, dass du so dumm bist.
☐ **presque** [pʀɛsk]	fast, beinahe
☐ **peut-être** [pøtɛtʀ]	vielleicht
☐ **surtout** [syʀtu]	vor allem, besonders
Il est intelligent, mais surtout il travaille beaucoup.	Er ist intelligent, aber vor allem lernt/arbeitet er viel.
☐ **même** [mɛm]	selbst, sogar
Il est très sportif. Il a même gagné une médaille aux Jeux Olympiques.	Er ist sehr sportlich. Er hat sogar eine Medaille bei den Olympischen Spielen gewonnen.

☐ **heureusement** [øʀøzmɑ̃]	zum Glück, glücklicherweise
☐ **malheureusement** [maløʀøzmɑ̃]	leider, bedauerlicherweise

☐ **sûrement** [syʀmɑ̃]	sicherlich, sicher
Elle va sûrement venir.	Sie kommt sicherlich.
☐ **certainement** [sɛʀtɛnmɑ̃]	bestimmt, gewiss, sicher
Il m'a certainement oublié !	Er hat mich bestimmt vergessen!
☐ **évidemment** [evidamɑ̃]	natürlich, klar; offensichtlich
J'étais là, mais évidemment elle est arrivée en retard.	Ich war da, aber sie ist natürlich zu spät gekommen.
☐ **clairement** [klɛʀmɑ̃]	klar, deutlich
☐ **sans doute** [sɑ̃dut]	wahrscheinlich, zweifellos, bestimmt
Il va sans doute t'appeler.	Er wird dich bestimmt anrufen.

☐ **tout à fait** [tutafɛ]	ganz, völlig, vollkommen
Je suis tout à fait d'accord avec toi.	Ich bin völlig mit dir einverstanden.
☐ **complètement** [kɔ̃plɛtmɑ̃]	völlig
J'ai complètement oublié !	Ich habe völlig vergessen!
☐ **absolument** [apsɔlymɑ̃]	völlig
☐ **en tout cas** [ɑ̃tuka]	auf jeden Fall

☐ **par exemple (p. ex.)** [paʀɛgzɑ̃pl]	zum Beispiel (z. B.)
☐ **c'est-à-dire** [sɛtadiʀ]	das heißt

☐ **vraiment** [vʀɛmɑ̃]	wirklich
☐ **effectivement** [efɛktivmɑ̃]	tatsächlich
C'est effectivement la meilleure solution.	Das ist tatsächlich die beste Lösung.
☐ **en effet** [ɑ̃nefɛ]	wirklich, tatsächlich; nämlich
Il ne pourra pas venir dimanche. En effet, il est gravement malade.	Er kann Sonntag nicht kommen; er ist nämlich schwer krank.
☐ **au fond** [ofɔ̃]	im Grunde (genommen)
Au fond, ce n'est pas si bête !	Es ist im Grund gar nicht so schlecht!
☐ **en réalité** [ɑ̃ʀealite]	in Wirklichkeit
☐ **en fait** [ɑ̃fɛt]	im Grunde genommen, eigentlich
En fait, ce n'est pas difficile.	Eigentlich ist es nicht schwer.

☐ **d'ailleurs** [dajœʀ]	übrigens
☐ **au fait** [ofɛt]	übrigens
Au fait, quand est-ce que tu pars en vacances ?	Wann fährst du übrigends in die Ferien?
☐ **bref** [bʀɛf]	kurz, knapp und bündig
En plus, elle a pleuré. Bref, c'était un drame.	Außerdem hat sie geweint. Kurz, es war ein Drama.

☐ **seulement** [sœlmɑ̃]	nur
☐ **uniquement** [ynikmɑ̃]	einzig und allein, nur, bloß
Ils sont allés à New York uniquement pour voir un match de base-ball.	Sie sind nach New York gefahren, nur um ein Baseball-Spiel zu sehen.
☐ **en général** [ɑ̃ʒeneʀal]	im Allgemeinen
☐ **en particulier** [ɑ̃paʀtikylje]	besonders, im Besonderen
☐ **au moins** [omwɛ̃]	mindestens

☐ **quand même** [kɑ̃mɛm]	trotzdem, doch
Il était malade, mais il est venu quand même.	Er was krank, aber er ist trotzdem gekommen.
☐ **plutôt** [plyto]	eher, lieber
Tu regardes la télé ? Fais plutôt tes devoirs !	Du schaust fern? Mach lieber deine Hausaufgaben!
☐ **soit…, soit…** [swa swa]	entweder … oder
Soit on regarde des photos, soit on va au cinéma.	Entweder schauen wir Fotos an oder wir gehen ins Kino.

☐ **personnellement** [pɛʀsɔnɛlmɑ̃]	persönlich
Moi, personnellement, je pense qu'il faut faire quelque chose.	Ich persönlich denke, dass man etwas unternehmen muss.
☐ **selon** [s(ə)lɔ̃]	gemäß, entsprechend, nach
Selon moi, cet argument est juste.	Meiner Meinung nach ist dieses Argument richtig.
selon sa théorie	nach seiner Theorie
selon leurs désirs	ihren Wünschen entsprechend
☐ **de mon côté** [d(ə)mɔ̃kote]	was mich betrifft, angeht
De mon côté, je pense qu'il a tort.	Was mich angeht, so glaube ich, dass er Unrecht hat.
☐ **d'après** [dapʀɛ]	gemäß, entsprechend, nach
D'après mes parents, il est important de faire un stage à l'étranger.	Nach Meinung meiner Eltern ist es wichtig, ein Praktikum im Ausland zu machen.

7.6 Vergleichen

☐ **comparer qn/qc à qn/qc** [kɔ̃paʀe]	jdn/etw. mit jdm/etw. vergleichen
On le compare souvent à son frère.	Man vergleicht ihn oft mit seinem Bruder.
☐ la **comparaison** [kɔ̃paʀɛzɔ̃]	Vergleich

☐ **comme** [kɔm]	wie
Tu es comme ton père !	Bu bist wie dein Vater!
être bête comme ses pieds	strohdumm sein
☐ **plus… que** [plykə]	mehr … als
Il est plus grand que son frère.	Er ist größer als sein Bruder.
☐ **moins… que** [mwɛ̃kə]	weniger … als
Elle parle moins que moi.	Sie spricht weniger als ich.
Il est moins gentil que toi.	Er ist weniger nett als du.
Je dessine moins bien que toi.	Ich male weniger gut/ schlechter als du.
☐ **aussi… que** [osikə]	(genau)so … wie
Chloé est aussi intelligente qu'Élodie.	Chloé ist genauso intelligent wie Élodie.
Je cuisine aussi bien que toi.	Ich koche genauso gut wie du.
☐ **autant que/ autant (de)… que** [otɑ̃kə]	so viel wie
Elle mange autant que lui.	Sie isst soviel wie er.
Ils ont autant de médailles que nous.	Sie haben genau so viele Medaillen wie wir.

! Benutze *comme* nicht bei der Steigerungsform !

! Steht bei Adjektiven und Adverbien !

! Steht bei Verben !

☐ **égal**, égale; égaux *mpl* [egal]	gleich
deux morceaux égaux	zwei gleiche Stücke
☐ **pareil**, pareille [paʀɛj]	gleich
☐ le, la **même**; les mêmes *pl* [mɛm]	der, die, das gleiche/der-, die-, dasselbe; die gleichen/dieselben
Elles portent les mêmes t-shirts.	Sie tragen die gleichen T-Shirts.
☐ **ressembler à** [ʀ(ə)sɑ̃ble]	ähneln, ähnlich sein
Elle ressemble à sa mère.	Sie sieht ihrer Mutter ähnlich.
☐ **se ressembler** [səʀ(ə)sɑ̃ble]	sich ähneln

☐ **différent**, différente (de) [difeʀɑ̃, ɑ̃t]	anders, unterschiedlich
Mon emploi du temps est différent du tien.	Mein Stundenplan ist anders als deiner.
☐ la **différence** [difeʀɑ̃s]	Unterschied
à la différence de qn/qc	im Unterschied zu, im Gegensatz zu jdm/etw.
À la différence de Pauline, sa sœur est très calme.	Im Gegensatz zu Pauline ist ihre Schwester sehr ruhig.
☐ le **contraire (de)** [kɔ̃tʀɛʀ]	Gegenteil (von)
Arriver est le contraire de partir.	Ankommen ist das Gegenteil von weggehen.

Tu fais le contraire de ce que tu as dit.	Du tust das Gegenteil von dem, was du gesagt hast.

7.7 Erlauben, Verbieten, Vorschlagen und Raten

☐ **permettre qc à qn/ à qn de faire qc** [pɛʀmɛtʀ]	jdm etw. erlauben/jdm erlauben etw. zu tun
Je lui ai permis d'aller au cinéma.	Ich habe ihm erlaubt, ins Kino zu gehen.
☐ la **permission** [pɛʀmisjɔ̃]	Erlaubnis
demander la permission de faire qc	um Erlaubnis bitten etw. zu tun
donner à qn la permission de faire qc	jdm die Erlaubnis geben etw. zu tun
☐ **autoriser qn à faire qc** [ɔtɔʀize]	jdm erlauben etw. zu tun
☐ l'**autorisation** *f* [ɔtɔʀizasjɔ̃]	Erlaubnis
donner à qn l'autorisation de faire qc	jdm die Erlaubnis erteilen etw. zu tun

☐ **avoir le droit de faire qc** [avwaʀlədʀwa]	das Recht haben etw. zu tun
☐ **pouvoir faire qc** [puvwaʀ]	etw. tun können
☐ **laisser qn faire qc** [lese]	jdn etw. tun lassen
☐ **devoir** [dəvwaʀ]	sollen, müssen
	! Bei Verneinung: nicht sollen, nicht dürfen !
On ne doit pas écrire des SMS pendant le cours.	Man darf im Unterricht keine SMS schreiben.

☐ **ne… pas** [nə pɑ]	nicht
On ne téléphone pas pendant les cours !	Im Unterricht telefoniert man nicht!
☐ **interdire qc à qn/ à qn de faire qc** [ɛ̃tɛʀdiʀ]	jdm etw. untersagen, verbieten/jdm verbieten etw. zu tun
Elle a interdit à ses enfants de jouer avec les allumettes.	Sie hat ihren Kindern verboten, mit den Streichhölzern zu spielen.
☐ une **interdiction** [ɛ̃tɛʀdiksjɔ̃]	Verbot
Interdiction de fumer.	Rauchen verboten.
☐ **défense de…** [defɑ̃s]	… verboten
Défense d'entrer.	Eintritt verboten.
☐ **obliger qn à faire qc** [ɔbliʒe]	jdn zwingen etw. zu tun
☐ **empêcher qn de faire qc** [ɑ̃pɛʃe]	jdn daran hindern etw. zu tun
Sa famille veut l'empêcher de devenir danseur.	Seine Familie möchte ihn daran hindern Tänzer zu werden.

→ *Weitere Ausdrücke findest du in Kapitel 6.5 „Pflicht und Gewohnheit" S. 102*

☐ **proposer qc** [pʀɔpoze]	etw. vorschlagen
☐ **proposer (à qn) de faire qc** [pʀɔpoze]	(jdm) vorschlagen etw. zu tun
Je lui ai proposé d'aller voir un match de foot.	Ich habe ihr/ihm vorgeschlagen, zu einem Fußballspiel zu gehen.
☐ une **proposition** [pʀɔpozisjɔ̃]	Vorschlag
☐ **conseiller qc à qn/ à qn de faire qc** [kɔ̃sɛje]	jdm etw. raten, empfehlen/jdm empfehlen etw. zu tun
☐ un **conseil** [kɔ̃sɛj]	Rat(schlag)
☐ un **conseiller**, une conseillère [kɔ̃seje, jɛʀ]	Berater(in)
☐ **influencer qn** [ɛ̃flyɑ̃se]	jdn beeinflussen
☐ **à ta place** + *conditionnel* [ataplas]	an deiner Stelle
À ta place, je m'excuserais.	An deiner Stelle würde ich mich entschuldigen.

☐ **il faut** + *inf* [ilfo]	man muss/müsste/sollte
Il faut travailler pour avoir de bonnes notes.	Man muss lernen um gute Noten zu bekommen.
il ne faut pas + *inf*	man darf etw. nicht tun
À l'opéra, il ne faut pas manger du pop-corn.	In der Oper darf man kein Popcorn essen.
☐ **il faut que** + *subj* [ilfokə]	man muss
Il faut que tu sois à l'heure.	Du musst pünktlich sein.
☐ **il faudrait que** + *subj* [ilfodʀɛkə]	man müsste/sollte
Il faudrait que tu parles à ta prof.	Du solltest mit deiner Lehrerin sprechen.
☐ **tu devrais/ vous devriez** [tyd(ə)vʀɛ/ vud(ə)vʀije]	du solltest/Sie sollten
Tu devrais changer de coiffure.	Du solltest die Frisur wechseln.
☐ **à tout prix** [atupʀi]	um jeden Preis

7.8 Einige häufige Redewendungen und Ausrufe

☐ **Bravo !** [bʀavo]	Bravo!
☐ **Bien !** [bjɛ̃]	Gut!
☐ **Super !** [sypɛʀ]	Super!
☐ **Ça y est !** [sajɛ]	So!/Das wär's!/Geschafft!
☐ **Voilà !** [vwala]	So!/Na also! (→ *siehe Infobox S. 84*)
Voilà, tu sais le faire !	Na also, du kannst es!
☐ **Pas mal.** [pamal]	Nicht schlecht.
☐ **Pas terrible.** [pateʀibl]	Nicht so berauschend.

☐ **Attention !** [atɑ̃sjɔ̃]	Vorsicht!/Achtung!
☐ **Allez, allez !** [aleale]	Auf, auf!/Auf geht's!
☐ **Vas-y !** [vazi]	Los! Nur zu!
Vas-y, ce n'est pas difficile !	Na los! Das ist nicht schwer!
☐ **Halte !** [ˈalt]	Halt!
☐ **Stop !** [stɔp]	Stop!
☐ **Hé !** [he, ˊe]	He du da!

☐ **Silence !** [silɑ̃s]	Ruhe!
☐ **Chut !** [ʃyt]	Psst!

☐ **Va-t'en !** [vatɑ̃]	Geh weg!/Hau ab!
☐ **Laisse-moi tranquille !** [lɛsmwatʀɑ̃kil]	Lass mich in Ruhe!

☐ **Au secours !** [os(ə)kuʀ]	Hilfe!
☐ **À l'aide !** [alɛd]	Hilfe!
☐ **Aïe !** [aj]	Aua!/Au(tsch)!

☐ **(C'est) Dommage !** [dɔmaʒ]	(Es ist) Schade!
☐ **Tant pis !** [tɑ̃pi]	Halb so schlimm!/Macht nichts!
On a raté le train ! – Tant pis ! On va prendre le prochain !	Wir haben den Zug verpasst! – Halb so schlimm, wir nehmen den nächsten!
☐ **Tant mieux !** [tɑ̃mjø]	Um so besser!
☐ **Beurk !** [bœʀk]	Igitt!

☐ **Mon pauvre !**, Ma pauvre ! [mɔ̃, mapovʀ]	Du Arme(r, s)!
☐ **Ne sois pas triste !** [nəswapatʀist]	Sei nicht traurig!
☐ **Ne t'en fais pas.** [n(ə)tɑ̃fɛpa]	Mach dir keine Sorgen.
☐ **Ce n'est pas ta faute !** [sənɛpatafot]	Das ist nicht deine Schuld!
☐ **Ce n'est pas grave !** [sənɛpagʀav]	Das ist nicht schlimm!
☐ **Courage !** [kuʀaʒ]	Nur Mut!

☐ **Tiens, tiens !** [tjɛ̃tjɛ̃]	Sieh mal! Schau mal einer an!
☐ **Oh là là !** [olala]	Oje!
☐ **Pas possible !** [papɔsibl]	Nicht möglich!
☐ **Ça alors !** [saalɔʀ]	Na, so was!
☐ **Hein ?** [ˈɛ̃]	Was? Hm? … ja? … nicht war?
C'est intéressant, hein ?	Das ist interessant, nicht wahr?
Hein ? Qu'est-ce que tu as dit ?	Was? Was hast du gesagt?
☐ **Ah, bon ?** [abɔ̃]	Ach ja? Ach so? Ach wirklich?
☐ **Et alors ?** [ealɔʀ]	Na und?
☐ **C'est déjà ça !** [sɛdeʒasa]	Wenigstens etwas!

☐ **Ça vaut le coup !** [savoləku]	Das lohnt sich!

☐ **Je m'en moque.** [j(ə)mɑ̃mɔk]	Das ist mir egal, Wurst.
☐ **Je m'en fiche.** *fam* [j(ə)mɑ̃fiʃ]	Das ist mir egal, Wurst.
☐ **Je m'en fous.** *pop* [j(ə)mɑ̃fu]	Das ist mir egal.
☐ **Ça ne me/te/le… regarde pas.** [san(ə)məʀ(ə)gaʀdpa]	Das geht mich/dich/ihn … nichts an.

7.9 Texte besprechen

☐ une **œuvre** [œvʀ]	Werk
☐ le **titre** [titʀ]	Titel
le **sous-titre**	Untertitel
☐ un **extrait** [ɛkstʀɛ]	Auszug
☐ un **passage** [pasaʒ]	Abschnitt, Textpassage
☐ **être tiré**, tirée de [tiʀe]	entnommen sein aus
Ce passage est tiré d'un roman de Victor Hugo.	Diese Textstelle ist einem Roman von Victor Hugo entnommen.

☐ le **contenu** [kɔ̃t(ə)ny]	Inhalt
☐ un **sujet** [syʒɛ]	Thema
☐ **il s'agit de** [ilsaʒidə]	es handelt sich um, es geht um

Vorsicht Fehler! Der Ausdruck *il s'agit de*

Bei diesem Ausdruck handelt es sich um eine feste Wendung, die nicht verändert werden darf! Das ***il*** darfst du nicht weglassen!

Dans ce roman, il s'agit d'un garçon qui rêve de devenir footballeur professionnel.	In diesem Roman handelt es sich um einen Jungen, der davon träumt, Profi-Fußballer zu werden.
Dans ce texte, il s'agit de la vie d'une jeune Marocaine.	In diesem Text geht es um/handelt es sich um das Leben einer jungen Marokkanerin.

Aber:

Ce texte parle de la vie d'une jeune Marocaine.	Dieser Text handelt vom Leben einer jungen Marokkanerin.

☐ **parler de qc** [paʀle]	von etw. handeln, erzählen
Ce roman parle d'une jeune fille qui vit entre deux cultures.	Dieser Roman handelt von einem jungen Mädchen, das zwischen zwei Kulturen lebt.

☐ **il est question de** [ilɛkɛstjɔ̃də]	es handelt sich um, es geht um
Dans ce texte, il est question de l'Europe.	Im diesem Text geht es geht Europa.
☐ **se dérouler** [s(ə)deʀule]	ablaufen, verlaufen, sich abspielen
L'histoire se déroule pendant la guerre.	Die Geschichte spielt während des Krieges.
☐ **se passer** [s(ə)pase]	sich ereignen, sich abspielen
L'histoire se passe à Marseille.	Die Geschichte spielt in Marseille.
☐ le **personnage** [pɛʀsɔnaʒ]	Person, (literarische) Figur
le **personnage principal**	Hauptperson
un **personnage secondaire**	Nebenperson
☐ un **héros**, une héroïne [ˈeʀo, eʀoin]	Held(in)
☐ **présenter** [pʀezɑ̃te]	vorstellen
Au début, l'auteur présente les personnages principaux.	Am Anfang stellt der Autor die Hauptpersonen vor.
☐ le **caractère** [kaʀaktɛʀ]	Charakter, Wesen
☐ **caractériser** [kaʀakteʀize]	charakterisieren, kennzeichnen
☐ **faire le portrait de qn** [fɛʀləpɔʀtʀɛ]	eine Personenbeschreibung verfassen, jdn vorstellen
Faites le portrait du personnage principal de ce texte !	Stellt die Hauptperson dieses Textes vor!
☐ la **structure** [stʀyktyʀ]	Struktur, Aufbau
☐ un **chapitre** [ʃapitʀ]	Kapitel
chapitre 7, ligne 12	Kapitel 7, Zeile 12
☐ un **paragraphe** [paʀagʀaf]	Abschnitt
☐ une **partie** [paʀti]	Teil
☐ **se diviser en** [s(ə)divize]	unterteilt sein in
Ce texte se divise en trois parties.	Dieser Text ist in drei Teile gegliedert/unterteilt.
☐ **se composer de** [s(ə)kɔ̃pɔze]	bestehen aus
Le roman se compose de dix chapitres.	Der Roman besteht aus zehn Kapiteln.
☐ **être composé**, composée **de** [kɔ̃poze]	bestehen aus
Cette chanson est composée de 4 couplets.	Dieses Lied besteht aus 4 Strophen.
☐ l'**introduction** *f* [ɛ̃tʀɔdyksjɔ̃]	Einführung
☐ le **début** [deby]	Beginn, Anfang
☐ la **partie principale** [paʀtipʀɛ̃sipal]	Hauptteil
☐ la **fin** [fɛ̃]	Ende

☐ **analyser** [analize]	analysieren
☐ une **analyse (de texte)** [analiz (d(ə)tɛkst)]	(Text)Analyse
☐ le **plan** [plɑ̃]	Plan, Gliederung
faire un plan	eine Gliederung verfassen
☐ **expliquer** [ɛksplike]	erklären
☐ une **explication de texte** [ɛksplikasjɔ̃d(ə)tɛkst]	Textinterpretation
☐ **commenter** [kɔmɑ̃te]	kommentieren
☐ un **commentaire** [kɔmɑ̃tɛʀ]	Kommentar
☐ **résumer** [ʀezyme]	zusammenfassen
☐ un **résumé** [ʀezyme]	Resümee, Zusammenfassung
faire un bref résumé du passage	eine kurze Zusammenfassung der Textstelle verfassen
☐ **interpréter** [ɛ̃tɛʀpʀete]	interpretieren, auslegen
☐ une **interprétation** [ɛ̃tɛʀpʀetasjɔ̃]	Interpretation, Auslegung
☐ le **contexte** [kɔ̃tɛkst]	Zusammenhang
replacer un extrait dans son contexte	einen (Text)Auszug in den Gesamtzusammenhang einordnen
☐ un **message** [mɛsaʒ]	Botschaft
☐ **signifier** [siɲifje]	bedeuten, heißen
☐ la **signification** [siɲifikasjɔ̃]	Bedeutung
☐ **symboliser** [sɛ̃bɔlize]	symbolisieren
☐ un **symbole** [sɛ̃bɔl]	Symbol
☐ **symbolique** [sbɔlik]	symbolisch
☐ **décrire qc** [dekʀiʀ]	etw. beschreiben
☐ une **description** [dɛskʀipsjɔ̃]	Beschreibung
☐ **énumérer** [enymeʀe]	aufzählen
☐ une **énumération** [enymeʀasjɔ̃]	Aufzählung
☐ un **détail**; des détails *pl* [detaj]	Einzelheit
☐ le **style** [stil]	Stil
☐ l'**ironie** *f* [iʀɔni]	Ironie
☐ le **genre** [ʒɑ̃ʀ]	Gattung, Art
☐ un **roman** [ʀɔmɑ̃]	Roman
☐ un **récit** [ʀesi]	Bericht, Erzählung
☐ une **nouvelle** [nuvɛl]	Novelle
☐ le **théâtre** [teɑtʀ]	Theater
☐ un **drame** [dʀam]	Drama
☐ une **pièce de théâtre** [pjɛsdəteɑtʀ]	Theaterstück
☐ un **acte** [akt]	Akt

☐ une **scène** [sɛn]	Szene *(→ siehe Infobox Kapitel 8 „Freizeit" S. 152)*

☐ un **poème** [pɔɛm]	Gedicht
☐ un **poète** [pɔɛt]	Dichter(in)
☐ un **vers** [vɛʀ]	Vers, Zeile
☐ la **rime** [ʀim]	Reim
☐ **rimer (avec qc)** [ʀime]	(auf etw.) reimen
☐ une **allitération** [a(l)liteʀasjɔ̃]	Allitération
☐ une **strophe** [stʀɔf]	Strophe
☐ un **couplet** [kuplɛ]	Stophe *(bei Liedern)*
☐ un **refrain** [ʀəfʀɛ̃]	Refrain
☐ le **contraste** [kɔ̃tʀast]	Kontrast
former un contraste	einen Kontrast bilden
La musique et les paroles de la chanson forment un contraste.	Die Musik und der Text des Liedes bilden einen Kontrast.

→ Weitere Ausdrücke zu Thema Lied findest du In Kapitel 8.3 „Musik und Musikveranstaltungen" S. 143

Mein Zusatzvokabular

II Der Mensch und sein Alltag

8 Freizeit: Sport, Kultur, Medien und Feste

8.1 Freizeitgestaltung und Spiel

☐ les **loisirs** *mpl* [lwaziʀ]	Freizeit, Freizeitbeschäftigung
☐ le **temps libre** [tɑ̃libʀ]	Freizeit
☐ un **hobby**; les hobbies *pl* [ˈɔbi]	Hobby
☐ un **passe-temps** *inv* [pastɑ̃]	Zeitvertreib
☐ une **activité** [aktivite]	(Freizeit-)Beschäftigung
☐ la **passion** [pasjɔ̃]	Leidenschaft
☐ **passer son temps à faire qc** [pasesɔ̃tɑ̃afɛʀ]	seine Zeit damit verbringen etw. zu tun
Il passe son temps à lire.	Er verbringt seine Zeit mit Lesen.
☐ **avoir envie de** [avwʀɑ̃vi]	Lust haben zu
Tu as envie d'aller au cinéma ?	Hast du Lust, ins Kino zu gehen?
☐ **participer à qc** [paʀtisipe]	an etw. teilnehmen
participer à un stage de voile	an einem Segelworkshop teilnehmen
☐ une **association** [asɔsjasjɔ̃]	Verein
☐ un **club** [klœb]	Klub, AG
☐ **se détendre** [s(ə)detɑ̃dʀ]	ausspannen, sich entspannen
☐ **se relaxer** [s(ə)ʀ(ə)lakse]	sich entspannen, relaxen

☐ **collectionner** [kɔlɛksjɔne]	sammeln
☐ une **collection** [kɔlɛksjɔ̃]	Sammlung
une **collection de timbres**	Briefmarkensammlung
☐ un **album** [albɔm]	Album

☐ **bricoler** [bʀikɔle]	basteln
☐ le **bricolage** [bʀikɔlaʒ]	Basteln, Heimwerken
☐ un **bricoleur**, une bricoleuse [bʀikɔlœʀ, øz]	Bastler(in), Heimwerker(in)
☐ **fabriquer** [fabʀike]	herstellen, fabrizieren

☐ **se promener** [s(ə)pʀɔm(ə)ne]	spazieren gehen
☐ une **promenade** [pʀɔm(ə)nad]	Spaziergang
faire une **promenade à vélo**	Fahrradtour, Radausflug machen
☐ **se balader** *fam* [s(ə)balade]	spazieren gehen
☐ une **balade** *fam* [balad]	Spaziergang
☐ une **randonnée** [ʀɑ̃dɔne]	Wanderung, Tour
faire des randonnées	wandern
☐ une **excursion** [ɛkskyʀsjɔ̃]	Ausflug

☐ **jouer à (un jeu)** [ʒwe]	(ein Spiel) spielen
jouer à cache-cache	verstecken spielen
☐ **un joueur**, une joueuse [ʒwœʀ, øz]	Spieler(in)
☐ **un jeu** [ʒø]	Spiel
☐ **un dé** [de]	Würfel
☐ **les échecs** *mpl* [eʃɛk]	Schach
☐ **un jeu de société** [ʒød(ə)sɔsjete]	Gesellschaftsspiel
☐ **les cartes** *fpl* [kaʀt]	Karten
jouer aux cartes	Karten spielen
☐ **un puzzle** [pœzl/pœzœl]	Puzzle
un puzzle de 1 000 pièces	1.000-Teile-Puzzle
☐ **une règle** [ʀɛgl]	Regel
la règle du jeu	Spielregel
☐ **un tour** [tuʀ]	Reihe
c'est le tour de qn	jd ist an der Reihe/dran
C'est mon tour !	Ich bin dran!

8.2 Sport, Tanz und Zirkus

☐ **le sport** [spɔʀ]	Sport
un sport individuel	Einzelsportart
un sport d'équipe	Mannschaftssport
☐ **sportif**, sportive [spɔʀtif, iv]	sportlich
un sportif, une sportive	Sportler(in)
une association sportive	Sportverein
☐ **un club** [klœb]	Club, Verein, Freizeitgrupe
Je suis dans un club.	Ich bin in einem Club.
Je fais partie d'un club de tennis.	Ich bin Mitglied in einem Tennisclub.

Vorsicht Fehler!
Sportarten ausüben: *jouer* und *faire*

Um zu sagen, welche Sportart du ausübst, kannst du ***faire*** oder ***jouer*** (bei Spielen) benutzen. Achte auf die richtige Konstruktion!

Faire + de + bestimmter Artikel + Nomen:

Je fais du football.	Ich spiele Fußball.
Je fais de la natation.	Ich schwimme.
Je fais de l'athlétisme.	Ich mache Leichtathletik.

Jouer + à + bestimmter Artikel + Nomen

Je joue au football.	Ich spiele Fußball.

☐ **faire du sport** [fɛʀdyspɔʀ]	Sport treiben
☐ **pratiquer** [pʀatike]	ausüben
pratiquer un sport	eine Sportart ausüben
Tu pratiques un sport ?	Übst du einen Sport aus?
☐ **jouer à** [ʒwea]	spielen
jouer au basket	Basketball spielen

☐ **un stade** [stad]	Stadion
☐ **le foot(ball)** [fut(bol)]	Fußball
un **ballon de foot(ball)**	Fußball
☐ **un footballeur**, une footballeuse [futbolœʀ, øz]	Fußballspieler(in)
☐ **un joueur**, une joueuse [ʒwœʀ, øz]	Spieler(in)
☐ **un, une arbitre** [aʀbitʀ]	Schiedsrichter(in)
☐ **un but** [by(t)]	Tor
le **gardien de but**	Torwart
marquer un but	ein Tor schießen
☐ **un terrain de foot** [teʀɛ̃dəfut]	Fußballplatz

☐ un **gymnase** [ʒymnaz] — Turn-, Sporthalle
☐ un **terrain de sport** [terɛ̃d(ə)spɔʀ] — Sportplatz

☐ le **tennis** [tenis] — Tennis
 une **balle de tennis** — Tennisball
☐ le **filet** [filɛ] — Netz

☐ le **golf** [gɔlf] — Golf
☐ une **boule** [bul] — Kugel
 jouer aux boules — Boule spielen

☐ un **skateur**, une skateuse [skɛtœʀ, øz] — Skateboardfahrer(in)
☐ un **skate-board**, des skate-boards *pl* [skɛtbɔʀd] — Skateboard
 faire du skate — Skateboard fahren

☐ l'**athlétisme** *m* [atletism] — Leichtathletik
☐ le **jogging** [dʒɔgiŋ] — Jogging, Dauerlauf
☐ la **gymnastique** [ʒimnastik] — Turnen, Gymnastik
 faire de la gymnastique — turnen, Gymnastik machen
☐ la **gym** *fam* [ʒim] — Turnen, Gymnastik

le **skate** [skɛt]
Skateboard,
das Skateboardfahren

le **tennis de table**
[tenisdətabl]
Tischtennis

la **luge**
[lyʒ]
Schlitten

le **judo**
[ʒydɔ]
Judo

les **rollers** *mpl*
[ʀɔlœʀ]
Inlineskates
faire du roller
Inlineskates fahren

le **basket(-ball)**
[baskɛt(bal)]
Basketball

le **ski**
[ski]
Ski

le **tir à l'arc**
[tiʀalaʀk]
Bogenschießen

les **patins à roulettes**
mpl [patɛ̃aʀulɛt]
Rollschuhe

le **hand(-ball)**
[ˈɑ̃d(bal)]
Handball

le **ski de fond**
[skidfɔ̃]
Skilanglauf

l'**escrime** *f*
[ɛskʀim]
Fechten

le **rugby**
[ʀygbi]
Rugby

le **snowboard**
[snobɔʀd]
Snowboard

la **boxe**
[bɔks]
Boxen

le **volley(-ball)**
[vɔlɛ(bal)]
Volleyball

☐ un **vélo** [velo]	Rad
faire du vélo	Rad fahren
☐ un **VTT (vélo tout-terrain)** [vetete]	Mountainbike
☐ un, une **cycliste** [siklist]	Radsportler(in), Radfahrer(in)
☐ un **tour** [tuʀ]	Tour
☐ une **étape** [etap]	Etappe
☐ un **maillot** [majo]	Trikot
le maillot jaune	gelbes Trikot

☐ **skier** [skje]	Ski fahren
faire du ski	Ski fahren
☐ une **piste** [pist]	Piste
☐ la **descente** [desɑ̃t]	Abfahrt(slauf)

☐ le **patin à glace** [patɛ̃aglas]	Schlittschuh
☐ le **hockey sur glace** [ˈɔkɛsyʀglas]	Eishockey
☐ une **patinoire** [patinwaʀ]	Eislaufbahn; Eisstadion
☐ le **patinage artistique** [patinaʒaʀtistik]	Eiskunstlauf

☐ l'**escalade** [ɛskalad]	(Er)Klettern, Besteigung
faire de l'escalade	klettern
un mur d'escalade	Kletterwand
☐ **escalader qc** [ɛskalade]	etw. hinaufklettern, besteigen, erklimmen
☐ l'**escalade urbaine** [ɛskaladyʀbɛn]	Urban Climbing
☐ le **parkour** [paʀkuʀ]	Parkour
☐ **grimper (sur)** [gʀɛ̃pe]	klettern (auf)
☐ une **corde** [kɔʀd]	Seil

☐ la **natation** [natasjɔ̃]	Schwimmen
☐ **nager** [naʒe]	schwimmen
☐ une **piscine** [pisin]	Schwimmbad, Schwimmbecken
☐ la **plongée** [plɔ̃ʒe]	das Tauchen
☐ **plonger** [plɔ̃ʒe]	tauchen, eintauchen, einen Kopfsprung machen
☐ la **plongée (sous-marine)** [plɔ̃ʒe (sumaʀin)]	(Sport)Tauchen, Tauchsport

☐ la **voile** [vwal]	Segel, Segeln
faire de la voile	segeln
☐ la **planche à voile** [plɑ̃ʃavwal]	Windsurfen
☐ la **planche** [plɑ̃ʃ]	Surfbrett
☐ le **surf** [sœʀf]	Surfen, Wellenreiten
☐ un **surfeur**, une surfeuse [sœʀfœʀ, øz]	Surfer, Surferin

☐ le **kayak** [kajak]	der Kayak
faire du kayak	Kayak fahren
☐ **ramer** [ʀame]	rudern
☐ la **pêche** [pɛʃ]	Angeln, Fischen
faire de la pêche	angeln
aller à la pêche	Angeln gehen
☐ **pêcher** [peʃe]	angeln, fischen
☐ la **chasse** [ʃas]	Jagd
☐ **chasser** [ʃase]	jagen
☐ un **chasseur** [ʃasœʀ]	Jäger
☐ l'**équitation** *f* [ekitasjɔ̃]	Reitsport; Reiten
faire de l'équitation	Reitsport machen, reiten
☐ **faire du cheval** [fɛʀdyʃ(ə)val]	reiten
☐ **courir** [kuʀiʀ]	laufen
☐ une **course** [kuʀs]	Lauf, Wettlauf, Wettrennen
☐ un **coureur**, une coureuse [kuʀœʀ, -øz]	Läufer(in)
☐ le **départ** [depaʀ]	Start
☐ l'**arrivée** *f* [aʀive]	Ankunft, Ziel
☐ un **relais** [ʀ(ə)lɛ]	Staffel, Staffellauf
☐ **s'entraîner** [sɑ̃tʀɛne]	trainieren
☐ l'**entraînement** *m* [ɑ̃tʀɛnmɑ̃]	Training
☐ un **entraîneur**, une entraîneuse [ɑ̃tʀɛnœʀ, øz]	Trainer(in)
☐ un **moniteur**, une monitrice [mɔnitœʀ, tʀis]	Sportlehrer(in), Betreuer(in)
☐ **être en forme** [ɛtʀɑ̃fɔʀm]	in Form sein, fit sein
☐ **être fort**, forte [fɔʀ, fɔʀt]	stark, kräftig sein
☐ une **équipe** [ekip]	Mannschaft
☐ le **capitaine (d'une équipe)** [kapitɛn]	Mannschaftskapitän
☐ un **équipement** [ekipmɑ̃]	Ausstattung, Ausrüstung
☐ le **matériel** [mateʀjɛl]	Material, Ausstattung
☐ un **casque** [kask]	Helm
☐ un **ballon** [balɔ̃]	(großer) Ball
taper dans le ballon	den Ball spielen, gegen den Ball treten
attraper le ballon	den Ball fangen
☐ une **balle** [bal]	(kleiner) Ball
☐ une **faute** [fot]	Fehler

☐ un **point** [pwɛ̃]	Punkt
marquer un point	einen Punkt machen, gewinnen
☐ un **match** [matʃ]	Spiel
☐ un, une **adversaire** [advɛʀsɛʀ]	Gegner(in)
☐ **mener** [m(ə)ne]	führen
Marseille mène 3 à 1 contre Bordeaux	Marseille führt 3:1 gegen Bordeaux.
☐ **battre** [batʀ]	schlagen
Marseille a battu Bordeaux 3 à 1.	Marseille hat Bordeaux 3:1 geschlagen.
☐ **(faire) match nul** [(fɛʀ)matʃnyl]	unentschieden (spielen)
☐ **gagner (qc/contre qn)** [gaɲe]	(etw./gegen jdn) gewinnen
☐ **perdre (qc/contre qn)** [pɛʀdʀ]	(etw./gegen jdn) verlieren
☐ un **perdant**, une perdante [pɛʀdɑ̃, ɑ̃t]	Verlierer(in)
☐ une **compétition** [kɔ̃petisjɔ̃]	Wettkampf
☐ **éliminer qn** [elimine]	jdn eliminierer zum Ausscheiden bringen
☐ une **élimination** [eliminasjɔ̃]	Ausscheiden
☐ la **finale** [final]	Finale
☐ la **demi-finale**, les demi-finales *pl* [demifinal]	Halbfinale
☐ un **championnat** [ʃɑ̃pjɔna]	Meisterschaft
☐ un **champion**, une championne [ʃɑ̃pjɔ̃, jɔn]	Meister(in)
☐ la **coupe du monde** [kupdymɔ̃d]	Weltmeisterschaft
☐ une **coupe** [kup]	Pokal
☐ une **médaille** [medaj]	Medaille
une médaille d'or/ d'argent/ de bronze	Gold-/ Silber-/ Bronzemedaille
☐ un **record** [ʀ(ə)kɔʀ]	Rekord
☐ les **Jeux Olympiques** *mpl* [ʒøzɔlɛ̃pik]	Olympische Spiele
☐ un **amateur**, une amatrice [amatœʀ, tʀis]	Amateur(in)
en amateur	als Amateur
☐ un **professionnel**, une professionnelle [pʀɔfɛsjɔnɛl]	Profi
un footballeur professionnel	Profifußballer
☐ un **joueur professionnel**, une joueuse professionnelle [ʒwœʀ, øzpʀɔfɛsjɔnɛl]	Profispieler(in)
☐ un, une **pro** *fam* [pʀo]	Profi
☐ **se doper** [s(ə)dɔpe]	sich dopen
☐ le **dopage** [dɔpaʒ]	Doping

☐ le **doping** [dɔpiŋ]	Doping
☐ un **contrôle** [kɔ̃tʀol]	Kontrolle

☐ la **danse** [dɑ̃s]	Tanz
la danse classique	klassisches Ballett
un spectacle de danse	Tanzvorstellung
un cours de danse	Tanzstunde, Tanzunterricht
prendre des cours de danse	Tanzstunden nehmen
un studio/ une école de danse	Tanzstudio, Tanzschule
☐ **danser** [dɑ̃se]	tanzen
☐ un **danseur**, une danseuse [dɑ̃sœʀ, øz]	Tänzer(in)
un danseur, une danseuse étoile	Primaballerina, Startänzer
☐ **des chaussons de danse** *mpl* [ʃosɔ̃]	Ballettschuhe
☐ un **concours** [kɔ̃kuʀ]	Wettbewerb
participer à un concours	an einem Wettbewerb teilnehmen

☐ le **cirque** [siʀk]	Zirkus
☐ un **clown** [klun]	Clown
☐ un **jongleur**, une jongleuse [ʒɔ̃glœʀ, øz]	Jongleur, Jongleuse
☐ un, une **acrobate** [akʀɔbat]	Akrobat(in)
☐ le **trapèze** [tʀapɛz]	Trapez
☐ un **charmeur**, une charmeuse de serpents [ʃaʀmœʀ, øz]	Schlangenbeschwörer(in)
☐ l'**acrobatie** [akʀɔbasi]	Akrobatik
☐ la **magie** [maʒi]	Magie
☐ **magique** [maʒik]	zauberhaft
☐ un **magicien**, une magicienne [maʒisj, jɛn]	Zauberer, Zauberin

8.3 Musik und Musikveranstaltungen

☐ la **musique** [myzik]	Musik
faire de la musique	musizieren
écouter de la musique	Musik hören
avoir la musique dans la peau	die Musik im Blut haben
☐ une **guitare** [gitaʀ]	Gitarre
une guitare électrique	Elektrogitarre
☐ la **basse** [bɑs]	Bassgitarre
☐ une **batterie** [batʀi]	Schlagzeug
☐ un **piano** [pjano]	Klavier
☐ un **violon** [vjɔlɔ̃]	Geige
☐ un **violoncelle** [vjɔlɔ̃sɛl]	Cello
☐ une **contrebasse** [kɔ̃tʀəbas]	Kontrabass
☐ une **harpe** [ˈaʀp]	Harfe
☐ une **flûte** [flyt]	Flöte
☐ une **trompette** [tʀɔ̃pɛt]	Trompete
☐ une **clarinette** [klaʀinɛt]	Klarinette
☐ un **saxophone** [saksɔfɔn]	Saxophon
☐ un **accordéon** [akɔʀdeɔ̃]	Akkordeon
☐ un **instrument** [ɛ̃stʀymɑ̃]	Instrument
accorder un instrument	ein Instrument stimmen
jouer d'un instrument	ein Instrument spielen
jouer de la flûte	Flöte spielen (→ *siehe Infobox S. 135)*

! Bei Instrumenten: *jouer + de* !

- ☐ un **orchestre** [ɔʀkɛstʀ] — Orchester
- ☐ un, une **chef d'orchestre** [ʃɛfdɔʀkɛstʀ] — Dirigent(in)
- ☐ un, une **guitariste** [gitaʀist] — Gitarrist(in)
- ☐ un, une **pianiste** [pjanist] — Klavierspieler(in)
- ☐ un **batteur** [batœʀ] — Schlagzeuger(in)
- ☐ un, une **saxophoniste** [saksɔfɔnist] — Saxophonspieler(in)

LES INSTRUMENTS DE MUSIQUE

☐ un **morceau de musique**; des morceaux de musique *pl* [mɔʀsodəmyzik]	Musikstück
☐ **musical**, musicale; musicaux *mpl* [myzikal]	musikalisch, Musik-
☐ un **musicien**, une musicienne [myzisjɛ̃, jɛn]	Musiker(in)
☐ une **école de musique** [ekɔldəmyzik]	Musikschule
☐ le **conservatoire** [kɔ̃sɛʀvatwaʀ]	Musikschule, Konservatorium
☐ **chanter** [ʃɑ̃te]	singen
☐ un **chanteur**, une chanteuse [ʃɑ̃tœʀ, øz]	Sänger(in)
☐ un **chant** [ʃɑ̃]	Gesang
☐ une **chanson** [ʃɑ̃sɔ̃]	Lied, Schlager, Chanson
☐ une **chorale** [kɔʀal]	Chor, Gesangverein
chanter dans une chorale	in einem Chor singen
☐ un, une **choriste** [kɔʀist]	Chorsänger(in)
☐ une **voix** [vwa]	Stimme
☐ un **concert** [kɔ̃sɛʀ]	Konzert
aller à un concert	zu einem Konzert gehen
☐ une **comédie musicale** [kɔmedimyzikal]	Musical
☐ un **opéra** [ɔpeʀa]	Oper
☐ un **festival** [fɛstival]	Festival
☐ une **tournée** [tuʀne]	Tournee
☐ **avoir lieu** [avwaʀljø]	stattfinden
Le concert a lieu à 20 h.	Das Konzert findet um 20 Uhr statt.
☐ un **compositeur**, une compositrice [kɔ̃pozitœʀ, tʀis]	Komponist(in)
☐ une **mélodie** [melɔdi]	Melodie
☐ un **air** [ɛʀ]	Melodie
☐ un **rythme** [ʀitm]	Rhythmus
☐ un **son** [sɔ̃]	Ton
☐ une **note** [nɔt]	Note
☐ la **clé** [kle]	Notenschlüssel
☐ un **style de musique** [stildəmyzik]	Musikstil
☐ **classique** [klasik]	klassisch
la **musique classique**	klassische Musik
☐ un **classique** [klasik]	Klassiker
Cette chanson est un classique de la chanson française.	Dieses Lied ist ein Klassiker des französischen Chansons.
☐ le **rock** [ʀɔk]	Rock
☐ le **jazz** [dʒɑz]	Jazz
☐ la **musique pop** [myzikpɔp]	Popmusik
☐ le **reggae** [ʀege]	Reggae

☐ le **rap** [ʀap]	Rap
☐ un **rappeur**, une rappeuse [ʀapœʀ, øz]	Rapper(in)
☐ la **techno** [tɛkno]	Techno
☐ le **hip-hop** *inv* [ˈipɔp]	Hip-Hop

Musikstile angeben

Achte auf die richtige Artikelform bei den Musikstilen:
– **C'est quel style de musique?**
• **C'est de la musique classique/ de la musique pop/ de la (musique) techno.** (weiblich).
C'est du rock/ du jazz/ du reggae/ du rap/ du hip-hop. (männlich)

☐ un **groupe** [gʀup]	Gruppe, Band
☐ un **microphone** [mikʀɔfɔn]	Mikrofon
☐ un **micro** *fam* [mikʀo]	Mikrofon
☐ la **sono** *fam* [sɔno]	Musikanlage
☐ le **son** [sɔ̃]	Ton, Lautstärke
baisser le son	den Ton leiser stellen
monter le son	den Ton lauter stellen
☐ **enregistrer** [ɑ̃ʀ(ə)ʒistʀe]	aufnehmen
☐ un **enregistrement** [ɑ̃ʀ(ə)ʒistʀəmɑ̃]	(Platten)Aufnahme
☐ un **disque** [disk]	(Schall-)Platte
☐ un **CD** [sede]	CD
Son CD va sortir dans deux semaines.	Ihre/Seine CD wird in zwei Wochen herauskommen.
☐ un **lecteur de CD** [lɛktœʀd(ə)sede]	CD-Player
☐ un **lecteur MP3** [lɛktœʀɛmpetʀwɑ]	MP3-Player
☐ une **cassette** [kasɛt]	Kassette

8.4 Radio und Fernsehen

☐ la **radio** [ʀadjo]	Radio, Rundfunk
écouter la radio	Radio hören
une **station (de radio)**	Radiosender
☐ l'**écoute** *f* [ekut]	Hören, Zuhören
Vous êtes **à l'écoute de** France Musique.	Sie hören France Musique.
☐ un **auditeur**, une auditrice [oditœʀ, tʀis]	Zuhörer(in)

☐ la **télévision** [televizjɔ̃]	Fernsehen, Fernseher
☐ la **télévision par satellite** [televizjɔ̃paʀsatelit]	Satellitenfernsehen
☐ la **télé** *fam* [tele]	Fernsehen, Fernseher
regarder la télé	fernsehen
allumer la télé	den Fernseher einschalten
arrêter la télé	den Fernseher ausschalten
éteindre la télé	den Fernseher ausschalten

Das richtige Wort: Im Fernsehen laufen – Ausdrücke mit *passer*

passer à	gegeben werden, gesendet werden, laufen
passer à la télé/ à la radio	im Fernsehen/Radio laufen
Cette émission passe à 6 heures.	Diese Sendung wird um 6 Uhr gesendet/läuft um 6 Uhr.
passer au cinéma	im Kino laufen
Ce film passe au cinéma.	Dieser Film läuft im Kino.
passer qc à la radio/ à la télé	etw. im Radio/Fernsehen senden
On passe une interview avec un chanteur célèbre à la radio.	Ein Interview mit einem berühmten Sänger wird im Radio gesendet.

☐ un **téléspectateur**, une téléspectatrice [telespɛktatœʀ, tʀis]	Fernsehzuschauer(in)
☐ un **écran** [ekʀɑ̃]	Bildschirm, Leinwand
le **petit écran**	Fernsehen, Fernseher
☐ **zapper** [zape]	zappen

☐ une **chaîne (de télévison)** [ʃɛn]	Fernsehsender, Kanal
une **chaîne publique**	öffentlich-rechtlicher Fernsehsender
une **chaîne privée**	Privatsender
☐ le **programme** [pʀɔgʀam]	Programmübersicht

☐ une **émission** [emisjɔ̃]	Sendung
une émission musicale	Musiksendung
une **émission en direct**	Lifesendung

☐ un, une **journaliste** [ʒuʀnalist]	Journalist(in)
☐ un, une **reporter** [ʀ(ə)pɔʀtɛʀ/ʀ(ə)pɔʀtœʀ]	Reporter(in)
☐ un **reportage** [ʀ(ə)pɔʀtaʒ]	Reportage
☐ un **présentateur**, une présentatrice [pʀezɑ̃tatœʀ, tʀis]	Ansager(in); Sprecher(in); Moderator(in)

☐ un **animateur**, une animatrice [animatœʀ, tʀis]	Moderator(in)
☐ **animer une émission** [animeynemisjɔ̃]	eine Sendung leiten, moderieren
☐ une **interview** [ɛ̃tɛʀvju]	Interview
faire une interview avec qn	mit jdm ein Interview machen
donner une interview	ein Interview geben
☐ **interviewer** [ɛ̃tɛʀvjuve]	interviewen
☐ un **invité**, une invitée [ɛ̃vite]	Gast
☐ un **téléfilm** [telefilm]	Fernsehfilm

→ *Weiteres zum Thema Film findest du Kapitel 8.5 „Kino, Film und Theater" S. 149*

☐ une **série télévisée** [seʀitelevize]	Fernsehserie
☐ un **feuilleton** [fœjtɔ̃]	Serie, Sendereihe
☐ un **épisode** [epizɔd]	Episode, Folge
☐ une **suite** [sɥit]	Fortsetzung
☐ les **variétés** *fpl* [vaʀjete]	Unterhaltung, Unterhaltungssendung
☐ un **sketch**; des sketch(e)s *pl* [skɛtʃ]	Sketch
☐ un **jeu télévisé** [ʒøtelevize]	Ratespiel, Quizsendung
☐ un **quiz** [kwiz]	Quiz
☐ un **clip** [klip]	Clip
☐ un **magazine** [magazin]	TV-Magazin
☐ un **débat télévisé** [debatelevize]	Fernsehdebatte
☐ **actuel**, actuelle [aktɥɛl]	aktuell
☐ les **actualités** *fpl* [aktɥalite]	Nachrichten
regarder les actualités	die Nachrichten anschauen
☐ le **journal (télévisé)** [ʒuʀnal(televize)]	Tagesschau, Fernsehnachrichten
☐ les **informations** *fpl* [ɛ̃fɔʀmasjɔ̃]	Nachrichten
☐ les **infos** *fpl fam* [ɛ̃fo]	Nachrichten
☐ **s'informer sur qc** [sɛ̃fɔʀme]	sich über etw. informieren
☐ un **événement** [evɛnmɑ̃]	Ereignis
☐ une **catastrophe** [katastʀɔf]	Katastrophe
☐ **se passer** [səpɑse]	sich ereignen
☐ **se produire** [səpʀɔdɥiʀ]	sich ereignen
☐ un **envoyé spécial**, une envoyée spéciale [ɑ̃vwajespesjal]	Sonderberichterstatter(in), Sonderkorrespondent(in)
☐ la **météorologie** [meteɔʀɔlɔʒi]	Wetterbericht
☐ la **météo** *fam* [meteo]	Wetterbericht

→ *Ausdrücke zum Wetter findest du Kapitel 18 „Umwelt und Natur" S. 318*

☐ la **publicité** [pyblisite]	Werbung, Werbespot
☐ la **pub** *fam* [pyb]	Werbung

☐ la **télé-réalité** *inv* [teleʀealite]	Reality-TV
☐ un **candidat**, une candidate [kɑ̃dida, at]	Kandidat(in)
☐ un **casting** [kastiŋ]	**Casting**
faire un casting	ein Casting veranstalten
☐ le **public** [pyblik]	Publikum
☐ **voter (pour/ contre qn)** [vɔte]	(für/gegen jdn) wählen
☐ un **jury** [ʒyʀi]	Jury
☐ **éliminer qn** [elimine]	jdn ausscheiden lassen, durchfallen lassen
être éliminé	ausgeschieden sein
☐ une **finale** [final]	Finale

☐ **audiovisuel**, audiovisuelle [odjovizɥɛl]	audiovisuell
☐ un **DVD** [devede]	DVD
☐ un **lecteur de DVD** [lɛktœʀd(ə)devede]	DVD-Player
☐ une **cassette vidéo** [kasɛtvideo]	Vidéokassette
☐ un **magnétoscope** [maɲetɔskɔp]	Videorekorder
☐ **enregistrer** [ɑ̃ʀ(ə)ʒistʀe]	aufnehmen

8.5 Kino, Film und Theater

☐ le **cinéma** [sinema]	Kino, Filmkunst
une salle de cinéma	Kinosaal
aller au cinéma	ins Kino gehen

☐ un **film** [film]	Film
un film d'action	Actionfilm
un film de science-fiction	Science-Fiction-Film
un film policier	Krimi(nalfilm)
un film d'aventures	Abenteuerfilm
un film d'horreur	Horrorfilm
☐ un **western** [wɛstɛʀn]	Western, Wildwestfilm
☐ une **comédie** [kɔmedi]	Komödie
une comédie romantique	Liebesfilm
☐ un **(film) documentaire** [dɔkymɑ̃tɛʀ]	Dokumentarfilm
☐ un **dessin animé** [desɛ̃anime]	Zeichentrickfilm
☐ une **bande-annonce**; des bandes-annonces *pl* [bɑ̃danɔ̃s]	Trailer

☐ le **suspense** [syspɛns]	Spannung
Dans ce film, il y a beaucoup de suspense.	Dieser Film ist sehr spannend.
Dans ce film, il n'y a pas de suspense.	Dieser Film ist nicht spannend.
☐ **faire peur** [fɛʀpœʀ]	Angst machen
☐ **tourner un film** [tuʀneœ̃film]	einen Film drehen
☐ **filmer** [filme]	filmen
☐ une **caméra** [kameʀa]	Kamera
☐ un **caméraman**; des caméramans *pl*; des caméramen *pl* [kameʀaman, mɛn]	Kameramann/-frau
☐ un **studio** [stydjo]	Studio, Aufnahmestudio
☐ **sortir*** [sɔʀtiʀ]	anlaufen, ins Kino kommen
Son nouveau film sort en novembre.	Sein neuer Film kommt im November ins Kino.
☐ un **réalisateur**, une réalisatrice [ʀealizatœʀ, tʀis]	(Film)Regisseur(in)
☐ **réaliser** [ʀealize]	Regie führen, verfilmen
Cette histoire a été réalisée par Louis Malle.	Diese Geschichte wurde von Louis Malle verfilmt.
☐ **porter à l'écran** [pɔʀtealekʀɑ̃]	verfilmen
☐ le **scénario** [senaʀjo]	Drehbuch, Story
☐ un, une **scénariste** [senaʀist]	Drehbuchautor(in)
☐ une **séquence** [sekɑ̃s]	Filmszene, Sequenz
☐ une **adaptation** [adaptasjɔ̃]	Adaptation
Ce film est une adaptation d'un roman célèbre.	Dieser Film ist die Adaptation eines berühmten Romans.
☐ un **producteur**, une productrice [pʀɔdyktœʀ, tʀis]	Produzent(in)
☐ un **court-métrage** [kuʀmetʀaʒ]	Kurzfilm
☐ les **effets spéciaux** *mpl* [efɛspesjo]	Spezialeffekte
☐ un **retour en arrière** [ʀ(ə)tuʀɑ̃naʀjɛʀ]	Rückblende
☐ un **flash-back** *inv* [flaʃbak]	Rückblende
☐ une **image** [imaʒ]	Bild
☐ **en noir et blanc** [ɑ̃nwaʀeblɑ̃]	in schwarz/weiß
☐ **(en) couleurs** [ɑ̃kulœʀ]	farbig, Farb-
☐ un **gros plan** [gʀoplɑ̃]	Nahaufnahme, Großeinstellung
On voit son visage **en gros plan**.	Man sieht sein/ihr Gesicht in einer Großeinstellung.
☐ la **plongée** [plɔ̃ʒe]	Aufnahme von oben
☐ la **contre-plongée** [kɔ̃tʀplɔ̃ʒe]	Aufnahme von unten

☐ une **version** [vɛʀsjɔ̃]	Fassung
en version originale (VO)	in Originalfassung
en version française (VF)	in französischer Fassung
☐ **être sous-titré**, sous-titrée [sutitʀe]	mit Untertiteln versehen sein
☐ un **acteur**, une actrice [aktœʀ, tʀis]	Schauspieler(in)
☐ **jouer** [ʒwe]	spielen
☐ un **rôle** [ʀol]	Rolle
le **rôle principal**	Hauptrolle
un **rôle secondaire**	Nebenrolle
un **petit rôle**	kleine Rolle
☐ **représenter qn/qc** [ʀ(ə)pʀezɑ̃te]	jdn/etw. darstellen, verkörpern
☐ le **personnage principal** [pɛʀsɔnaʒpʀɛ̃sipal]	Hauptperson
☐ un **héros**, une héroïne [ˈeʀo, eʀɔin]	Held(in)
☐ une **vedette** [vədɛt]	Star
☐ une **star** [staʀ]	Star — ! *Une star* ist immer weiblich !
Ce garçon est déjà une star !	Dieser Junge ist schon ein Star!
☐ un **fan** [fan]	Fan
☐ le **talent** [talɑ̃]	Talent, Begabung
avoir du talent	Talent haben
☐ **célèbre** [selɛbʀ]	berühmt
☐ **connu**, connue [kɔny]	bekannt
☐ le **théâtre** [teɑtʀ]	Theater
faire du théâtre	Theater spielen
une **pièce de théâtre**	Theaterstück
☐ **mettre en scène** [mɛtʀɑ̃sɛn]	inszenieren
☐ un **metteur en scène** [mɛtœʀɑ̃sɛn]	Regisseur
☐ une **scène** [sɛn]	Bühne (→ *siehe Infobox S. 152*)
☐ le **décor** [dekɔʀ]	Bühnenbild
☐ les **costumes** *mpl* [kɔstym]	Kostüme
☐ les **coulisses** *fpl* [kulis]	Kulissen
☐ un **spectateur**, une spectatrice [spɛktatœʀ, tʀis]	Zuschauer(in)
☐ le **public** [pyblik]	Publikum
☐ la **salle** [sal]	Saal
☐ la **place** [plas]	Platz, Sitz
☐ le **programme** [pʀɔgʀam]	Programm
☐ la **caisse** [kɛs]	Kasse
☐ un **billet** [bijɛ]	Eintrittskarte

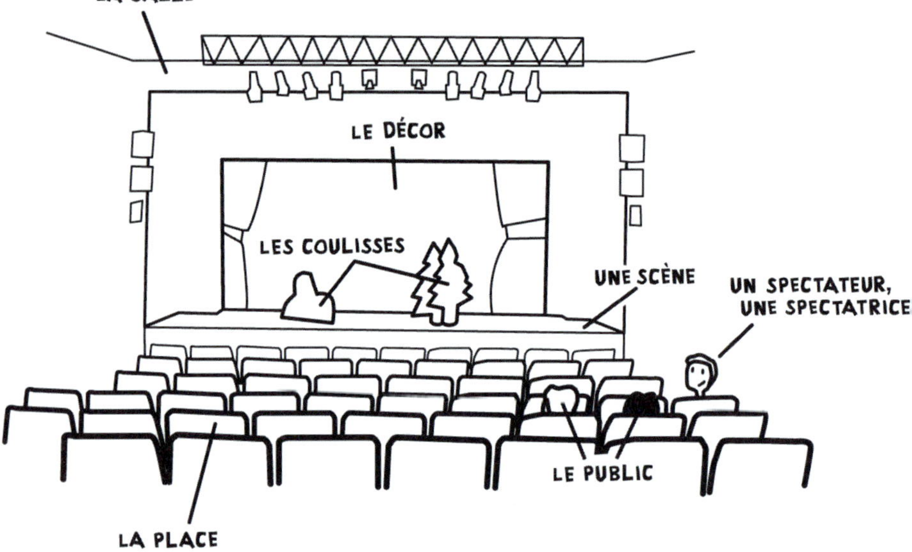

☐ une **représentation** [ʀ(ə)pʀezɑ̃tasjɔ̃]	Aufführung, Vorstellung
☐ la **première** [pʀəmiɛʀ]	Premiere
☐ un **spectacle** [spɛktakl]	Vorstellung, Aufführung

☐ un **acte** [akt]	Akt
une **pièce en trois actes**	Dreiakter
☐ une **scène** [sɛn]	Szene

Das richtige Wort: Bedeutungen von *la scène*

La scène hat im Französischen zwei Bedeutungen: *Bühne* und *Szene*.

Sur la scène, il avait seulement une chaise.	Auf der Bühne stand nur ein Stuhl.
On va rejouer cette scène.	Wir werden diese Szene noch einmal spielen.

☐ **l'action** *f* [aksjɔ̃]	Handlung
☐ **se dérouler** [s(ə)deʀule]	sich abspielen
L'action se déroule à Biarritz.	Die Handlung spielt in Biarritz.

☐ **répéter qc** [ʀepete]	etw. proben
☐ une **répétition** [ʀepetisjɔ̃]	Probe
la (**répétition**) **générale**	Generalprobe

☐ **avoir le trac** [avwaʀlətʀak]	Lampenfieber haben
☐ **comique** [kɔmik]	komisch, lustig
☐ une **comédie** [kɔmedi]	Komödie
☐ **dramatique** [dʀamatik]	dramatisch
☐ un **drame** [dʀam]	Schauspiel, Drama
☐ **tragique** [tʀaʒik]	tragisch
☐ une **tragédie** [tʀaʒedi]	Tragödie

☐ **complet**, complète [kɔ̃plɛ, ɛt]	ausverkauft
☐ une **affiche** [afiʃ]	Plakat
Cette pièce est à l'affiche depuis trois mois.	Dieses Stück wird seit drei Monaten gespielt.

☐ un **succès** [syksɛ]	Erfolg
avoir un succès fou	einen Riesenerfolg haben
☐ **applaudir qn/qc** [aplodiʀ]	etw. beklatschen, jdm applaudieren
Les gens applaudissent longtemps.	Die Leute klatschen lange.
☐ un **échec**	Misserfolg
Cette pièce a été un **échec total**.	Dieses Stück war ein totaler Flop.

8.6 Lesen, Literatur und Presse

☐ **lire** [liʀ]	lesen
J'aime lire.	Ich lese gern.
☐ la **lecture** [lɛktyʀ]	Lesen
☐ un **livre** [livʀ]	Buch
☐ une **librairie** [libʀɛʀi]	Buchhandlung
☐ une **bibliothèque** [bibliɔtɛk]	Bibliothek

☐ **paraître** [paʀɛtʀ]	erscheinen
Ce livre est paru en 2007.	Dieses Buch ist 2007 erschienen.
☐ un **titre** [titʀ]	Titel
☐ un **chapitre** [ʃapitʀ]	Kapitel
☐ une **introduction** [ɛ̃tʀɔdyksjɔ̃]	Einleitung
☐ une **page** [paʒ]	Seite

☐ un **auteur**, une femme auteur [otœʀ, tʀis]	Autor(in), Verfasser(in)
☐ un **écrivain**, une femme écrivain [ekʀivɛ̃]	Schriftsteller(in)
☐ **écrire** [ekʀiʀ]	schreiben

→ siehe Kapitel 7.9 „Texte besprechen", S. 127

☐ **la littérature** [literatyʀ]	Literatur
la littérature de fantasy	Fantasy-Literatur
☐ **un roman** [ʀɔmɑ̃]	Roman
un **roman policier**	Kriminalroman/Krimi
un **roman de science-fiction**	Science-Fiction-Roman
un **roman d'aventures**	Abenteuerroman
☐ **un roman d'amour**	Liebesroman
☐ **un roman de fantasy**	Fantasy-Roman

☐ **une nouvelle** [nuvɛl]	Novelle, Kurzgeschichte
☐ **une légende** [leʒɑ̃d]	Legende, Sage
☐ **une fable** [fabl]	Fabel
☐ **un conte de fées** [kɔ̃tdəfe]	Märchen
☐ **une histoire** [istwaʀ]	Geschichte
☐ **un récit** [ʀesi]	Bericht, Erzählung
☐ **une biographie** [bjɔgʀafi]	Biografie
☐ **un poème** [pɔɛm]	Gedicht

☐ **une bande dessinée (BD)** [bɑ̃ddesine (bede)]	Comic
☐ **un dessin** [desɛ̃]	Zeichnung
☐ **un dessinateur**, une dessinatrice [desinatœʀ, tʀis]	Zeichner(in)
☐ **un album** [albɔm]	Heft
un album de Tintin	ein Album von Tim und Struppi
☐ **une bulle** [byl]	Sprechblase

☐ **la presse** [pʀɛs]	Presse
☐ **un, une journaliste** [ʒuʀnalist]	Journalist(in)
☐ **un journal**; des journaux *pl* [ʒuʀnal, o]	Zeitung
☐ **un magazine** [magazin]	Zeitschrift, Magazin
☐ **un hebdomadaire** [ɛbdɔmadɛʀ]	Wochenzeitschrift
☐ **un mensuel** [mɑ̃sɥɛl]	Monatszeitschrift
☐ **un numéro** [numeʀo]	Nummer

☐ **la une** [layn]	erste Seite, Schlagzeile
faire la une	Schlagzeilen machen
☐ **un article** [aʀtikl]	Artikel
☐ **le courrier des lecteurs** [kuʀjedelɛktœʀ]	Leserbriefe
☐ **un reportage** [ʀ(ə)pɔʀtaʒ]	Reportage
☐ **une annonce** [anɔ̃s]	Anzeige
mettre une annonce dans le journal	eine Anzeige in die Zeitung setzen
☐ **un sondage** [sɔ̃daʒ]	Umfrage
☐ **publier** [pyblije]	veröffentlichen, herausgeben

8.7 Fotographie und Kunst

☐ la **photographie** [fɔtɔgʀafi]	Fotografieren
☐ une **photo** [fɔto]	Foto
prendre une photo	ein Foto machen
prendre qn/qc en photo	jdn/etw. fotografieren
faire de la photo	fotografieren *(als Hobby)*
☐ un, une **photographe** [fɔtɔgʀaf]	Fotograf(in)
☐ un **album** [albɔm]	Album
☐ un **appareil photo** [apaʀɛjfɔto]	Fotoapparat
☐ un **flash** [flaʃ]	Blitzlicht
☐ le **zoom** [zum]	Zoom
☐ un **motif** [mɔtif]	Motiv
☐ un **portrait** [pɔʀtʀɛ]	Porträt
un **autoportrait**	Selbstporträt
☐ un **paysage** [peizaʒ]	Landschaft
☐ le **premier plan** [pʀəmjeplɑ̃]	Vordergrund
au premier plan	im Vordergrund
☐ le **second plan** [s(ə)gɔ̃plɑ̃]	Mittelgrund
au second plan	im Mittelgrund
☐ un **arrière-plan**; des arrière-plans *pl* [aʀjɛʀpl]	Hintergrund
à l'arrière-plan	im Hintergrund
☐ l'**art** *m* [aʀ]	Kunst
une **œuvre d'art**	Kunstwerk
☐ un, une **artiste** [aʀtist]	Künstler(in)
un **artiste peintre**	Kunstmaler, Maler
☐ un **atelier** [atəlje]	Atelier, Werkstatt
☐ **peindre** [pɛ̃dʀ]	malen
☐ un **peintre** [pɛ̃tʀ]	(Kunst)Maler(in)
☐ un **pinceau**; des pinceaux *pl* [pɛ̃so]	Pinsel
☐ un **tableau**; des tableaux *pl* [tablo]	Gemälde, Bild
☐ une **statue** [staty]	Statue, Skulptur
☐ **dessiner** [desine]	zeichnen
☐ un **dessin** [desɛ̃]	Zeichnung
☐ un **dessinateur**, une **dessinatrice** [desinatœʀ, tʀis]	Zeichner(in); Designer(in)
☐ un **bloc à dessin** [blɔkadesɛ̃]	Zeichenblock
☐ un **crayon** [kʀɛjɔ̃]	Bleistift

☐ un **tag** [tag]	Graffito
☐ un **tagueur**, une **tagueuse** [tagœʀ, øz]	Sprayer(in)
☐ **taguer** [tage]	Graffiti sprühen, anbringen
☐ une **affiche** [afiʃ]	Plakat

☐ un **original** [ɔʀiʒinal]	Original
☐ une **copie** [kɔpi]	Kopie
☐ un **faux** [fo]	Fälschung

☐ un **musée** [myze]	Museum
☐ une **exposition** [ɛkspozisjɔ̃]	Ausstellung
☐ un **mécène** [mesɛn]	Mäzen, Förderer
☐ **visiter qc** [vizite]	etw. besuchen, besichtigen *(→ siehe Infobox S. 43)*

☐ une **visite** [vizit]	Besuch, Besichtigung
une **visite guidée**	Führung

☐ le **style** [stil]	Stil
☐ **impressionniste** [ɛ̃pʀesjɔnist]	impressionistisch
un, une impressionniste	Impressionist(in)
☐ l'**impressionnisme** *m* [ɛ̃pʀesjɔnism]	Impressionismus
☐ **contemporain**, contemporaine [kɔ̃tɑ̃pɔʀɛ̃, ɛn]	zeitgenössisch
☐ **moderne** [mɔdɛʀn]	modern
☐ **réaliste** [ʀealist]	realistisch
☐ le **surréalisme** [syʀealism]	Surrealismus
☐ **surrealiste** [syʀʀealist]	surrealistisch
☐ **abstrait**, abstraite [abstʀɛ, ɛt]	abstrakt

8.8 Computer und Internet

☐ un **ordinateur** [ɔʀdinatœʀ]	Computer
jouer sur l'ordinateur	am Computer spielen
☐ un **PC** [pese]	PC, Personalcomputer
☐ un **portable** [pɔʀtabl]	Laptop

☐ un **jeu électronique**; des jeux électroniques *pl* [ʒøelɛktʀɔnik]	Computerspiel
☐ un **jeu vidéo**; des jeux vidéo *pl* [ʒøvideo]	Computerspiel
jouer à un jeu vidéo	ein Computerspiel spielen
☐ une **console de jeux (vidéo)** [kɔ̃sɔldəʒø(video)]	Playstation
jouer sur/ à la console de jeux	Playstation spielen

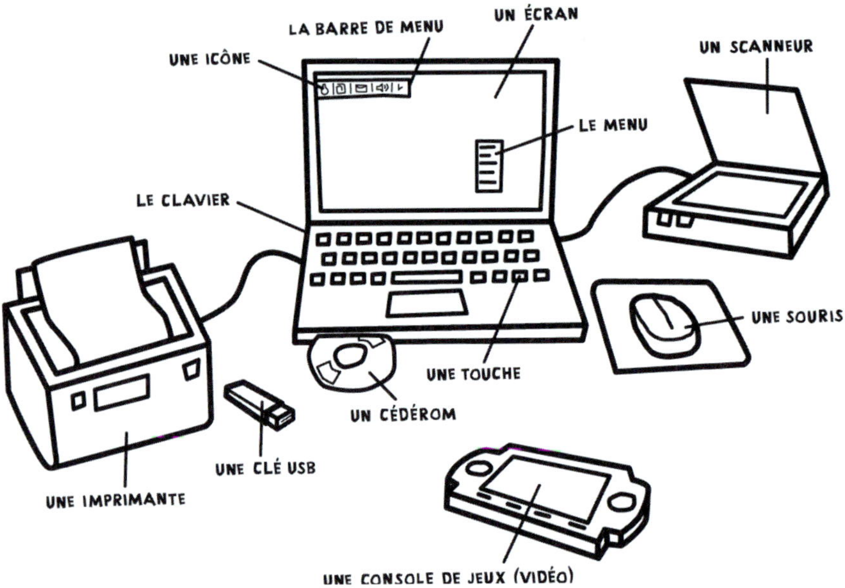

☐ un **écran** [ekʀɑ̃]	Bildschirm
☐ un **clavier** [klavje]	Tastatur
☐ une **touche** [tuʃ]	Taste
☐ une **souris** [suʀi]	Maus
☐ une **icône** [ikon]	Symbol
☐ le **menu** [məny]	Menü
☐ la **barre de menu** [baʀdəməny]	Menüleiste
☐ une **imprimante** [ɛ̃pʀimɑ̃t]	Drucker
☐ un **scanneur** [skanœʀ]	Scanner
☐ un **cédérom (CD-ROM)** [sedeʀɔm]	CD-ROM
☐ une **clé USB** [kleyɛsbe]	USB Stick

☐ **allumer son ordinateur** [alymesɔ̃ɔʀdinatœʀ]	sein Computer anmachen, hochfahren
☐ **ouvrir son ordinateur** [uvʀiʀsɔ̃ɔʀdinatœʀ]	sein Computer anmachen, hochfahren
☐ **arrêter son ordinateur** [aʀetesɔ̃ɔʀdinatœʀ]	seinen PC ausschalten
☐ **éteindre son ordinateur** [etdʀsɔ̃ɔʀdinatœʀ]	seinen PC ausschalten

☐ **taper** [tape]	tippen
☐ **cliquer** [klike]	(mit der Maus) klicken
double-cliquer sur l'icône	auf das Symbol doppelklicken
☐ la **flèche** [flɛʃ]	Pfeil

☐ une **commande** [kɔmɑ̃d]	Befehl
☐ un **fichier** [fiʃje]	Datei
ouvrir/ fermer un fichier	eine Datei öffnen/schließen
☐ le **mot de passe** [modpas]	Passwort
☐ **valider** [valide]	bestätigen, Entertaste drücken
☐ les **données** *fpl* [dɔne]	Daten
☐ **copier** [kɔpje]	kopieren
☐ **couper** [kupe]	ausschneiden
☐ **coller** [kɔle]	einfügen
☐ **effacer** [efase]	löschen
☐ **enregistrer**	speichern
☐ **imprimer** [ɛ̃pʀime]	drucken
☐ **scanner** [skane]	scannen
☐ le **logiciel** [lɔʒisjɛl]	Software, Computerprogramm
☐ **programmer** [pʀɔgʀame]	programmieren
☐ un **programme** [pʀɔgʀam]	Programm
☐ **installer** [ɛ̃stale]	installieren
installer un programme	ein Programm installieren
pirater un programme	von einem Programm eine Raubkopie machen
☐ un **pirate** [piʀat]	Hacker
☐ un **virus** [viʀys]	Virus
☐ le **multimédia** [myltimedja]	Multimedia; Multimedia-
☐ l'**informatique** *f* [ɛ̃fɔʀmatik]	Informatik
☐ un **informaticien**, une informaticienne [ɛ̃fɔʀmatisjɛ̃, jɛn]	Informatiker(in)
☐ **numérique** [nymeʀik]	digital
☐ **Internet** *m*/ le **Net** [(ɛ̃tɛʀ)nɛt]	Internet
☐ un, une **internaute** [ɛ̃tɛʀnot]	Internetsurfer(in)
☐ **surfer (sur Internet)** [sœʀfe]	(im Internet) surfen
☐ **se connecter** [s(ɔ)kɔnɛkte]	sich einloggen, ins Netz gehen
se connecter à Internet	ins Internet gehen
☐ **se déconnecter** [s(ə)dekɔnɛkte]	sich ausloggen
☐ **être connecté**, connectée [kɔnɛkte]	online sein
☐ **être déconnecté**, déconnectée [dekɔnɛkte]	offline sein
☐ un **cybercafé** [sibɛʀkafe]	Internetcafé

☐ une **page d'accueil** [paʒdakœj]	Homepage
☐ un **site** [sit]	Website
☐ un **lien** [ljɛ̃]	Link
☐ **télécharger** [teleʃaʀʒe]	herunterladen, downloaden
☐ **chatter** [tʃate]	chatten
☐ le **chat** [tʃat]	Chat
☐ un **forum de discussion** [fɔʀɔmdədiskysjɔ̃]	Internetforum
☐ un **blog** [blɔg]	Blog

8.9 Feste, Feiern, Gratulieren

☐ **fêter** [fɛte]	feiern
☐ une **fête** [fɛt]	Fest, Feier, Party
faire la fête	feiern
On a fait la fête pendant toute la nuit.	Wir haben die ganze Nacht gefeiert.
Ça se fête !	Das muss gefeiert werden!
un jour de fête	Fest-, Feiertag
la **Fête Nationale (14 juillet)**	französischer Nationalfeiertag

☐ **s'amuser (à)** [samyze]	sich amüsieren (bei, auf), Spaß haben
☐ **s'éclater** *fam* [seklate]	sich amüsieren, Spaß haben
☐ **rire** [ʀiʀ]	lachen
☐ **rigoler** *fam* [ʀigɔle]	lachen
☐ l'**ambiance** *f* [ɑ̃bjɑ̃s]	Stimmung, Atmosphäre
une bonne ambiance	eine gute Stimmung
☐ un **bal** [bal]	Ball
☐ une **boum** *fam* [bum]	Fete, Party
☐ une **soirée** [swaʀe]	Party; Abendgesellschaft
aller à une soirée	zu einer Party gehen
☐ **danser** [dɑ̃se]	tanzen
☐ une **fête de famille** [fɛtdəfamij]	Familienfeier, -fest
☐ un **anniversaire** [anivɛʀsɛʀ]	Geburtstag
Joyeux anniversaire !	Alles Gute zum Geburtstag! Herzlichen Glückwunsch zum Geburtstag!

☐ le **mariage** [maʀjaʒ]	Heirat, Hochzeit
☐ la **fête des mères/ des pères** [fɛtdemɛʀ/pɛʀ]	Mutter-, Vatertag
Bonne fête, maman/ papa !	Alles Gute zum Muttertag/ Vatertag !
☐ **féliciter qn** [felisite]	jdn beglückwünschen
☐ les **félicitations** *fpl* [felisitasjɔ̃]	Glückwünsche
Félicitations !	Glückwunsch! Herzlichen Glückwunsch!
Toutes mes/ nos félicitations !	Herzlichen Glückwunsch!
☐ **féliciter qn de/ pour qc** [felisite]	jdn zu etw. beglückwünschen
☐ **souhaiter qc à qn** [swete]	jdm etw. wünschen
☐ **Noël** [nɔɛl]	Weihnachten
Joyeux Noël !	Frohe Weihnacht(en)!
le **père Noël**	Weihnachtsmann
le sapin de Noël	Weihnachtsbaum
une bûche de Noël	Weihnachstcremerolle *(typisches Weihnachtsdessert)*
☐ le **réveillon** [ʀevɛjɔ̃]	Festessen *(an Heiligabend oder zu Silvester)*
☐ **Bonne année !** [bɔnane]	Gutes Neues Jahr!
☐ **Pâques** *fpl* [pak]	Ostern
Joyeuses Pâques !	Frohe Ostern!
☐ **Joyeuses fêtes !** [ʒwajøzfɛt]	Frohe Feiertage!
☐ (le) **carnaval** [kaʀnaval]	Karneval
☐ **se déguiser** [s(ə)degize]	sich verkleiden
Il **s'est déguisé en** Indien.	Er hat sich als Indianer verkleidet.
☐ le **déguisement** [degizmɑ̃]	Verkleidung
☐ un **défilé** [defile]	Umzug, Parade

Mein Zusatzvokabular

9 Wohnen und Haushalt

9.1 Haus und Wohnen

☐ une **maison** [mɛzɔ̃]	Haus
à la maison	zu Hause, nach Hause
☐ un **appartement** [apaʀtəmɑ̃]	Wohnung
☐ un **studio** [stydjo]	Apartment, Einzimmerwohnung
☐ un **immeuble** [imœbl]	Gebäude; Mietshaus, Wohnblock
☐ la **résidence** [ʀezidɑ̃s]	Wohnanlage, größeres Mehrfamilienhaus

Faux ami : *Une résidence*

Sei nicht enttäuscht bei einem Besuch in Frankreich, wenn dein/e Brieffreund/in dir geschrieben hat, er/sie wohne in einer ***résidence***. Damit ist meist eine ganz normale Wohnanlage mit Mehrfamilienhäusern gemeint!

☐ un **palais** [palɛ]	Palast
☐ une **tour** [tuʀ]	Turm, Hochhaus *(→ siehe Merkbox S.244)*
☐ un/une **H.L.M (habitation à loyer modéré)** [aʃɛlɛm]	Wohnblock mit Sozialwohnungen

☐ un **gratte-ciel** *inv* [gʀatsjɛl]	Wolkenkratzer
☐ un **château** [ʃɑto]	Schloss
☐ une **ferme** [fɛʀm]	Bauernhof
☐ une **maison** [mɛzɔ̃]	Haus
☐ une **cabane** [kaban]	Hütte

☐ **habiter** [abite]	wohnen
☐ **loger** [lɔʒe]	wohnen
loger dans un petit appartement	in einer kleinen Wohnung leben

Vorsicht Fehler! Wohnen: Achte auf die richtige Präposition bei *habiter*!

habiter *dans* une maison	in einem Haus wohnen
habiter *en* ville	in der Stadt wohnen
habiter *à* la campagne	auf dem Land wohnen
habiter *dans* un village	in einem Dorf wohnen
habiter *dans* un quartier	in einem Viertel wohnen
habiter *à* Bonn, *en* Allemagne	in Bonn, in Deutschland wohnen
habiter *en* colocation	in einer Wohngemeinschaft leben

☐ un **habitant**, une habitante [abitɑ̃, ɑ̃t]	Bewohner(in); Einwohner(in)
☐ un **voisin**, une voisine [vwazɛ̃, in]	Nachbar(in)
☐ **voisin**, voisine [vwazɛ̃, in]	benachbart
la maison voisine	das Nachbarhaus
☐ un, une **concierge** [kɔ̃sjɛʀʒ]	Hausmeister(in)
☐ un **gardien**, une gardienne [gaʀdjɛ̃, jɛn]	Hausmeister(in)

☐ un, une **propriétaire** [pʀɔpʀijetɛʀ]	Eigentümer(in)
☐ une **propriété** [pʀɔpʀijete]	Besitz, Eigentum
☐ **louer** [lue]	mieten/ vermieten
☐ le **loyer** [lwaje]	Miete
☐ un, une **locataire** [lɔkatɛʀ]	Mieter(in)

☐ **déménager** [demenaʒe]	umziehen
J'ai déménagé de Biarritz à Paris.	Ich bin von Biarritz nach Paris umgezogen.
☐ le **déménagement** [demenaʒmɑ̃]	Umzug
☐ un **déménageur** [demenaʒœʀ]	Möbelpacker

☐ **s'installer** [sɛ̃stale]	sich einrichten, einziehen; sich niederlassen
Elle s'est installée dans son nouvel appartement.	Sie ist in ihre neue Wohnung eingezogen/ hat sich in ihrer neuen Wohnung eingerichtet.
Elle s'est installée à Bruxelles.	Sie hat sich in Brüssel nieder-gelassen.

☐ un **toit** [twa]	Dach
☐ une **cheminée** [ʃəmine]	Schornstein; Kamin
☐ une **terrasse** [teʀas]	Terrasse
☐ un **balcon** [balkɔ̃]	Balkon
☐ un **garage** [gaʀaʒ]	Garage
☐ un **jardin** [ʒaʀdɛ̃]	Garten
☐ une **piscine** [pisin]	Swimmingpool

LA MAISON

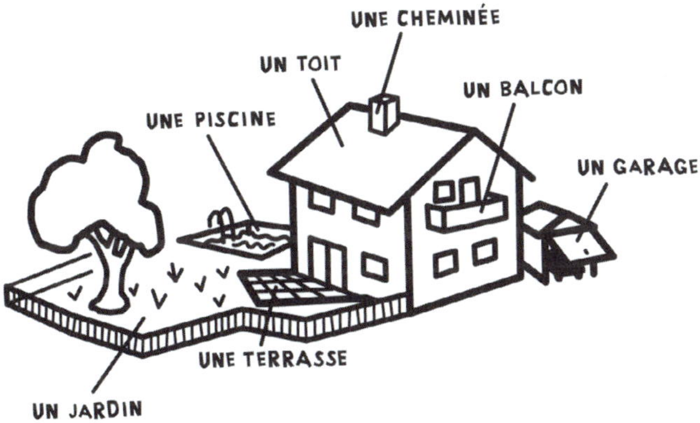

☐ **à l'intérieur** [alɛ̃teʀjœʀ]	innen
☐ **à l'extérieur** [alɛksteʀjœʀ]	außen

☐ **construire** [kɔ̃stʀɥiʀ]	bauen
construire une maison	ein Haus bauen
☐ la **construction** [kɔ̃stʀyksjɔ̃]	Bau, Konstruktion
☐ un **chantier** [ʃɑ̃tje]	Baustelle
☐ une **pierre** [pjɛʀ]	Stein
en pierre	aus Stein
☐ le **bois** [bwa]	Holz
en bois	aus Holz

→ *siehe auch Kapitel 16.4 „Materialien" S. 298*

☐ **transformer** [tʀɑ̃sfɔʀme]	umbauen, umgestalten
☐ l'**architecture** *f* [aʀʃitɛktyʀ]	Architektur
☐ un, une **architecte** [aʀʃitɛkt]	Architekt(in)

9.2 Wohnung und Einrichtung

☐ une **pièce** [pjɛs]	Zimmer, Raum
☐ une **chambre** [ʃɑ̃bʀ]	(Schlaf)Zimmer, Zimmer mit Bett
partager sa chambre avec qn	das Zimmer mit jdm teilen
Je partage ma chambre avec ma sœur.	Ich teile mir mein Zimmer mit meiner Schwester.
☐ la **chambre d'amis** [ʃɑ̃bʀdami]	Gästezimmer
☐ une **salle à manger** [salamɑ̃ʒe]	Esszimmer
☐ une **salle de séjour** [saldəseʒuʀ]	Wohnzimmer
☐ un **salon** [salɔ̃]	Wohnzimmer
☐ un **bureau** ; des bureaux *pl* [byʀo]	Arbeitszimmer

Das richtige Wort: Bedeutungen von *le bureau*

Das Wort ***bureau*** hat im Französischen verschiedene Bedeutungen. Es kann *Arbeitszimmer, Büro* oder auch *Schreibtisch* heißen. Der Sinn ergibt sich aus dem Zusammenhang.

LES PIÈCES

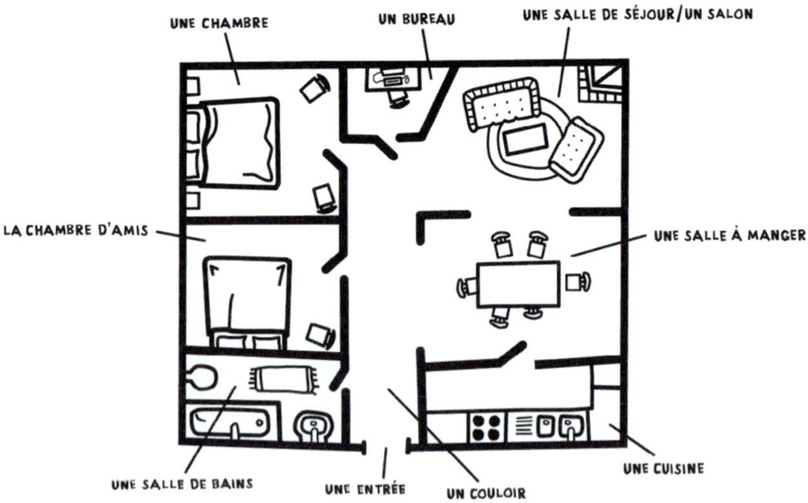

☐ une **cuisine** [kɥizin]	Küche
☐ un **couloir** [kulwaʀ]	Flur, Gang
☐ une **entrée** [ɑ̃tʀe]	Eingang, Diele, Flur

☐ une **salle de bains** [saldəbɛ̃]	Badezimmer
☐ les **W.-C.** *mpl* [vese]	Toilette, WC
Les W.-C. sont occupés.	Die Toilette ist besetzt.
☐ les **toilettes** *fpl* [twalɛt]	Toilette

☐ le **grenier** [gʀənje]	Speicher, Dachboden
au grenier	auf dem Speicher
☐ la **cave** [kav]	Keller

☐ un **étage** [etaʒ]	Stock(werk), Etage
Ma chambre est **au premier étage**.	Mein Zimmer ist im 1. Stock.
☐ le **rez-de-chaussée** *inv* [ʀedʃose]	Erdgeschoss
au rez-de-chaussée	im Erdgeschoss
☐ un **escalier** [eskalje]	Treppe
monter/ descendre un escalier	eine Treppe hinauf-/ hinuntergehen
☐ un **ascenseur** [asɑ̃sœʀ]	Aufzug

! *Un étage* ist im Französischen maskulin !

☐ un **mur** [myʀ]	Mauer, Wand
au mur	an der Wand
☐ le **plafond** [plafɔ̃]	(Zimmer)Decke
☐ le **sol** [sɔl]	Boden, Fußboden
☐ un **coin** [kwɛ̃]	Winkel, Ecke

☐ une **porte** [pɔʀt]	Tür
la **porte d'entrée**	Haus-, Eingangstür
mettre qn **à la porte**	jdn vor die Tür setzen, hinauswerfen
☐ **ouvrir** [uvʀiʀ]	öffnen
☐ **fermer** [fɛʀme]	schließen
☐ **sonner** [sɔne]	klingeln
☐ une **sonnette** [sɔnɛt]	Klingel
☐ une **clé**/ une **clef** [kle]	Schlüssel
fermer à clé	abschließen
☐ une **fenêtre** [f(ə)nɛtʀ]	Fenster
regarder par la fenêtre	aus dem Fenster schauen

☐ un **meuble** [mœbl]	Möbelstück
☐ une **table** [tabl]	Tisch
☐ une **chaise** [ʃɛz]	Stuhl

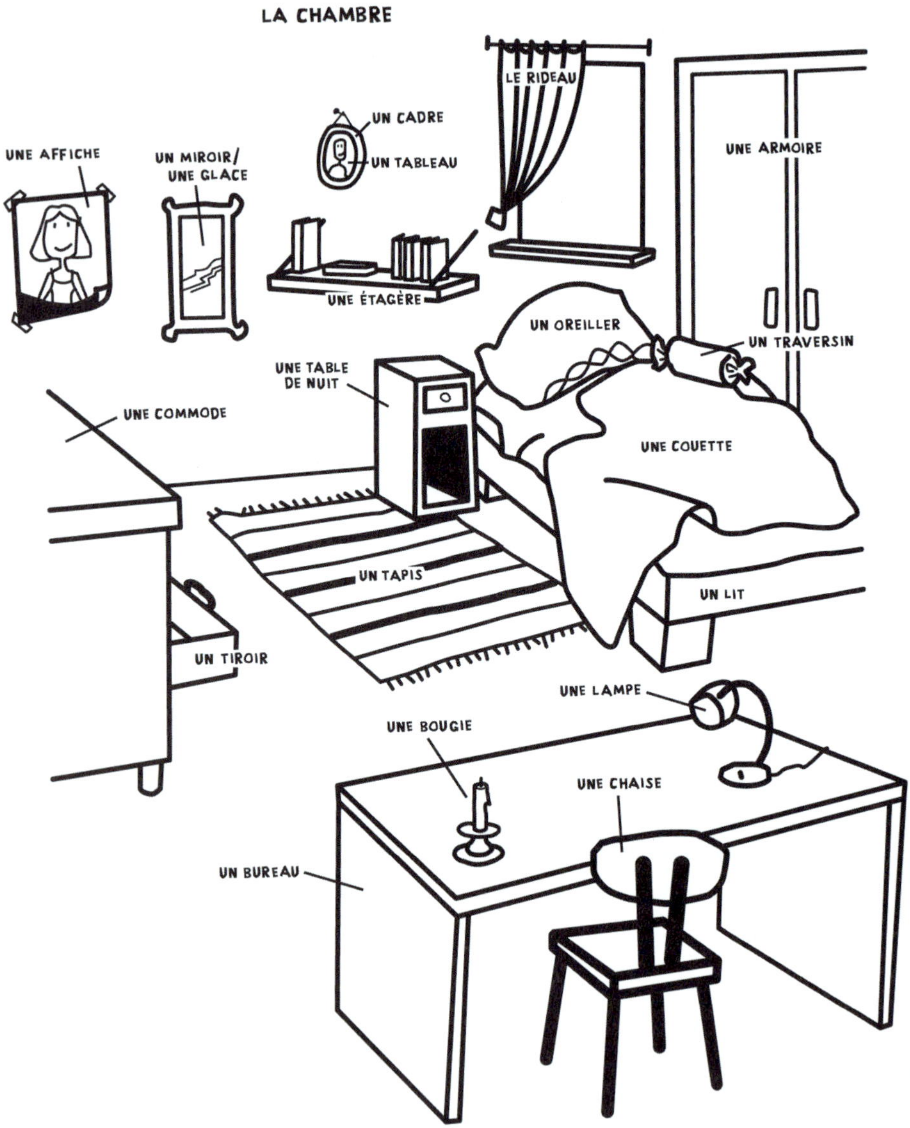
LA CHAMBRE
LE RIDEAU
UN CADRE
UN TABLEAU
UNE AFFICHE
UN MIROIR/
UNE GLACE
UNE ARMOIRE
UNE ÉTAGÈRE
UN OREILLER
UN TRAVERSIN
UNE TABLE
DE NUIT
UNE COMMODE
UNE COUETTE
UN TAPIS
UN LIT
UN TIROIR
UNE LAMPE
UNE BOUGIE
UNE CHAISE
UN BUREAU

☐ une **étagère** [etaʒɛʀ]	Regal(brett)
☐ un **bureau**; des bureaux *pl* [byʀo]	Schreibtisch *(→ siehe Infobox S. 166)*
☐ un **fauteuil** [fotœj]	Sessel
☐ un **canapé** [kanape]	Sofa
☐ un **sofa** [sɔfa]	Sofa
☐ un **lit** [li]	Bett
un **grand lit**	Doppelbett
☐ un **drap** [dʀa]	Betttuch, Laken
☐ une **couverture** [kuvɛʀtyʀ]	Decke
☐ un **oreiller** [ɔʀɛje]	Kopfkissen
☐ une **couette** [kwɛt]	Daunendecke, Steppdecke
☐ un **traversin** [tʀavɛʀsɛ̃]	Nacken-, Schlummerrolle
☐ une **table de nuit** [tabldənɥi]	Nachttisch
☐ une **armoire** [aʀmwaʀ]	Schrank
☐ une **commode** [kɔmɔd]	Kommode
☐ un **tiroir** [tiʀwaʀ]	Schublade
☐ une **baignoire** [bɛɲwaʀ]	Badewanne
☐ un **lavabo** [lavabo]	Waschbecken
☐ une **douche** [duʃ]	Dusche

→ Nützliche Präpositionen zur Beschreibung deiner Wohnung und der Einrichtung findest du in Kapitel 15 „Zeit und Ort" S. 289

☐ un **tapis** [tapi]	Teppich
☐ un **rideau**; des rideaux *pl* [ʀido]	Gardine, Vorhang
☐ un **tableau**; des tableaux *pl* [tablo]	Bild
accrocher un tableau (au mur)	ein Bild aufhängen
☐ un **cadre** [kɑdʀ]	Rahmen
☐ une **affiche** [afiʃ]	Plakat, Poster
☐ une **glace** [glas]	Spiegel
☐ un **miroir** [miʀwaʀ]	Spiegel
☐ une **lampe** [lɑ̃p]	Lampe
allumer/ éteindre une lampe	eine Lampe ein-/ ausschalten
☐ une **bougie** [buʒi]	Kerze
☐ un **vase** [vaz]	Vase
☐ **installer qc** [ɛ̃stale]	etw. installieren, einbauen, anbringen
installer une lampe	eine Lampe anbringen

! *Un vase* ist Maskulinum !

☐ le **chauffage** [ʃofaʒ]	Heizung
☐ **chauffer** [ʃofe]	heizen
☐ l'**électricité** *f* [elɛktʀisite]	Strom
☐ **électrique** [elɛktʀik]	elektrisch
☐ le **gaz** [gaz]	Gas
☐ la **lumière** [lymjɛʀ]	Licht

☐ **confortable** [kɔ̃fɔʀtabl]	komfortabel, bequem
☐ le **confort** [kɔ̃fɔʀ]	Komfort
☐ le **luxe** [lyks]	Luxus
☐ **équiper** [ekipe]	ausstatten, ausrüsten
être bien équipé	gut ausgestattet sein
☐ un **équipement** [ekipmɑ̃]	Ausstattung, Einrichtung, Ausrüstung
☐ la **place** [plas]	Platz
manquer de place	nicht genug Platz haben
On manque de place, il faut déménager !	Wir haben zu wenig Platz, wir müssen umziehen!
☐ l'**espace** *m* [ɛspas]	Platz, Raum
avoir beaucoup d'espace	viel Raum, Platz haben

9.3 Haushalt und Hausarbeiten

☐ le **ménage** [menaʒ]	Haushalt
faire le ménage	(Wohnung) aufräumen und putzen
une **femme de ménage**	Putzfrau
☐ **une femme au foyer** [famofwaje]	Hausfrau
☐ **un homme au foyer** [ɔmofwaje]	Hausmann

☐ l'**ordre** *m* [ɔʀdʀ]	Ordnung
☐ le **désordre** [dezɔʀdʀ]	Unordnung
être en désordre	unordentlich sein
☐ **ranger** [ʀɑ̃ʒe]	aufräumen
Range ta chambre, s'il te plaît !	Räum bitte dein Zimmer auf!

☐ **nettoyer** [netwaje]	putzen, reinigen
☐ un **chiffon** [ʃifɔ̃]	Lappen
☐ **balayer** [baleje]	fegen, kehren

☐ un **aspirateur** [aspiʀatœʀ]	Staubsauger
passer l'aspirateur	Staub saugen
☐ **brosser** [bʀɔse]	bürsten
☐ une **brosse** [bʀɔs]	Bürste
☐ **faire le lit** [fɛʀləli]	das Bett machen
☐ **changer les draps** [ʃʒeledʀa]	die Bettwäsche wechseln
☐ **aérer** [aeʀe]	lüften

☐ **laver** [lave]	waschen
☐ la **lessive** [lɛsiv]	Waschmittel; Wäsche
faire la lessive	Wäsche waschen
☐ une **tache** [taʃ]	Fleck
☐ le **linge** [lɛ̃ʒ]	Wäsche
☐ **repasser** [ʀ(ə)pase]	bügeln

☐ un **appareil** [apaʀɛj]	Apparat
☐ une **machine** [maʃin]	Maschine
☐ une **machine à laver** [maʃinalave]	Waschmaschine
☐ un **sèche-linge** [sɛʃlɛ̃ʒ]	Wäschetrockner
☐ **fonctionner** [fɔ̃ksjɔne]	funktionieren
☐ **allumer** [alyme]	einschalten
☐ **éteindre** [etɛ̃dʀ]	ausschalten

☐ **salir** [saliʀ]	schmutzig, dreckig machen
☐ **sale** [sal]	schmutzig, dreckig
☐ **crade** *fam* [kʀɑd]	schmutzig, dreckig
☐ la **saleté** [salte]	Dreck, Schmutz
☐ **propre** [pʀɔpʀ]	sauber (*→ siehe Infobox S. 86*)
☐ la **propreté** [pʀɔpʀəte]	Sauberkeit

☐ **enlever** [ɑ̃l(ə)ve]	abräumen, wegnehmen
☐ la **poubelle** [pubɛl]	Müll-/Abfalleimer
☐ **vider** [vide]	leeren
☐ les **ordures** *fpl* [ɔʀdyʀ]	Müll, Abfälle
☐ les **déchets** *mpl* [deʃɛ]	Abfall

9.4 In der Küche

☐ un **four** [fuʀ]	Backofen
☐ un **four (à) micro-ondes** [fuʀ(ɑ)mikʀoɔ̃d]	Mikrowelle
☐ un **frigidaire®** [fʀiʒidɛʀ]	Kühlschrank

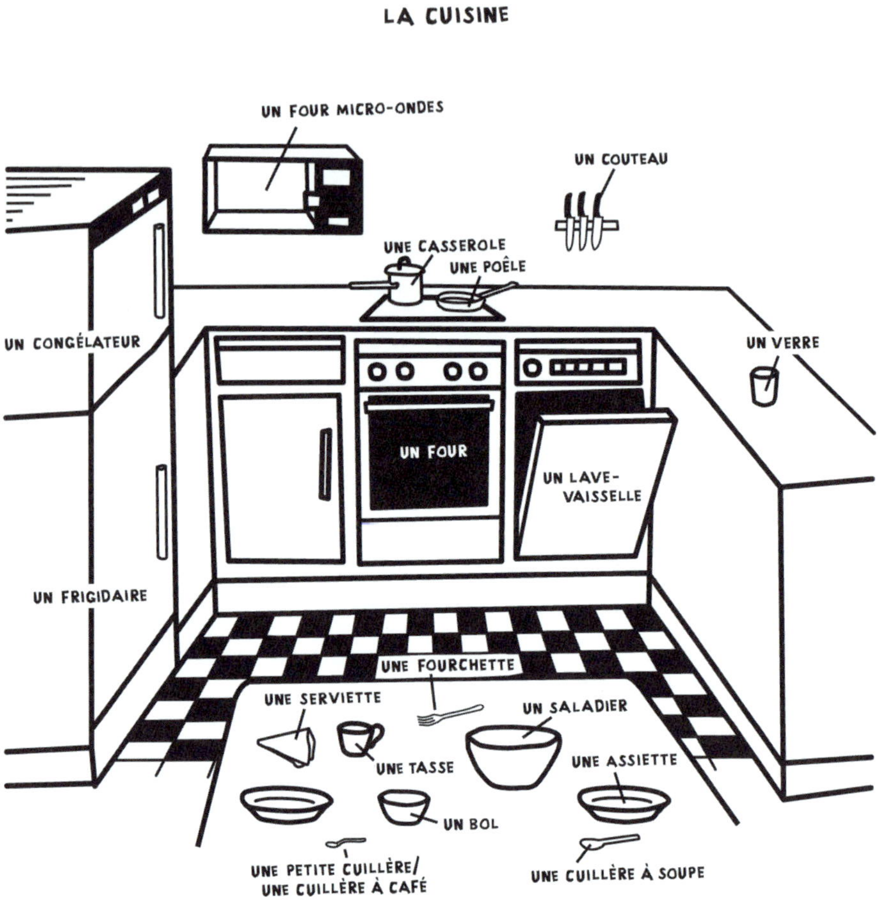

☐ **un frigo** *fam* [fʀigo]	Kühlschrank
mettre qc au frigo	etw. in den Kühlschrank stellen
sortir qc du frigo	etw. aus dem Kühlschrank holen, nehmen
☐ **un congélateur** [kɔ̃ʒelatœʀ]	Tiefkühltruhe
☐ **un lave-vaisselle** [lavvɛsɛl]	Spülmaschine

☐ **la vaisselle** [vɛsɛl]	Geschirr
☐ **un verre** [vɛʀ]	Glas
☐ **une tasse** [tas]	Tasse
☐ **un bol** [bɔl]	Bol, (Trink)Schale
☐ **une assiette** [asjɛt]	Teller
☐ **un saladier** [saladje]	(Salat)Schüssel

- une **carafe** [kaʀaf] — Karaffe
  - une **carafe d'eau** — eine Karaffe Wasser *(→ siehe Infobox S. 191)*
- une **casserole** [kasʀɔl] — Kochtopf
- une **poêle** [pwal] — Pfanne
- un **plat** [pla] — Teller, flache Schüssel, Schale; Gericht

Das richtige Wort: Bedeutungen von *le plat*

Das Wort kann *Teller, Schüssel* bedeuten oder auch das, was sich auf dem Teller befindet: *eine Speise, ein Gericht.*

Je laisse les pommes de terre dans la casserole ou je les mets dans un plat ?	Soll ich die Kartoffeln im Kochtopf lassen oder in eine Schüssel geben?
Quels plats est-ce que tu aimes ?	Welche Gerichte magst du gerne?
Mon plat préféré, c'est la pizza.	Mein Lieblingsessen ist Pizza.

- le **couvert** [kuvɛʀ] — Besteck, Gedeck
- une **cuillère à soupe** [kɥijɛʀ] — Suppen-, Esslöffel
- une **petite cuillère**/une **cuillère à café** [kɥijɛʀ] — Tee-, Kaffeelöffel
- une **fourchette** [fuʀʃɛt] — Gabel
- un **couteau**; des **couteaux** *pl* [kuto] — Messer
- une **serviette** [sɛʀvjɛt] — Serviette
- un **plateau**; des **plateaux** *pl* [plato] — Tablett
  - un **plateau de fromage** — Käseplatte

- **faire la cuisine** [fɛʀlakɥizin] — kochen *(→ siehe Infobox S. 184)*
  - J'adore faire la cuisine ! — Ich koche (sehr) gern!
- **faire à manger** [fɛʀamɑ̃ʒe] — Essen kochen/machen
- **mettre la table** [mɛtʀ(ə)latabl] — den Tisch decken
- **mettre le couvert** [mɛtʀələkuvɛʀ] — den Tisch decken
- **débarrasser (la table)** [debaʀase] — abräumen
- **faire la vaisselle** [fɛʀlavɛsɛl] — Geschirr spülen, abwaschen

Mein Zusatzvokabular

10 Essen, Trinken, Einkaufen und Restaurant

10.1 Essen, Trinken und Geschmack

☐ **manger** [mɑ̃ʒe]	essen
☐ l'**appétit** *m* [apeti]	Appetit
Bon appétit !	Guten Appetit!
☐ la **faim** [fɛ̃]	Hunger
avoir faim	Hunger haben
avoir une faim de loup *loc*	einen Bärenhunger haben
mourir* de faim	vor Hunger sterben
Je meurs de faim !	Ich sterbe vor Hunger!
manger à sa faim	sich satt essen
☐ **avoir envie de qc** [avwaʀɑ̃vi]	Lust auf etw. haben

☐ **boire** [bwaʀ]	trinken
boire à qc	auf etw. trinken, anstoßen
☐ une **boisson** [bwasɔ̃]	Getränk
☐ **À votre santé !** [avɔtʀəsɑ̃te]	Auf Ihr Wohl! Zum Wohl!
☐ **À la vôtre !** *fam* [alavotʀ]	Prost!
☐ la **soif** [swaf]	Durst
avoir soif	Durst haben

À votre santé !

☐ un **aliment** [alimɑ̃]	Nahrungsmittel
☐ l'**alimentation** *f* [alimɑ̃tasjɔ̃]	Ernährung
☐ **se nourrir (de)** [s(ə)nuʀiʀ]	sich ernähren (von)
☐ la **nourriture** [nuʀityʀ]	Nahrung, das Essen
☐ les **provisions** *fpl* [pʀɔvizjɔ̃]	Vorräte, Proviant
☐ **avaler** [avale]	(hinunter)schlucken
☐ **goûter** [gute]	kosten, probieren
☐ une **spécialité** [spesjalite]	Spezialität
☐ le **goût** [gu]	Geschmack
☐ **bon**, bonne [bɔ̃, bɔn]	gut, lecker
☐ **délicieux**, délicieuse [delisjø, -jøz]	köstlich, lecker, delikat
☐ **Beurk !** *fam* [bœʀk]	igitt

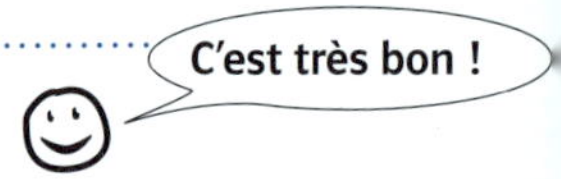

☐ **gourmand**, gourmande [guʀmɑ̃, ɑ̃d]	esslustig
un gourmand, une gourmande	Naschkatze
Elle très gourmande.	Sie ist eine Naschkatze.
☐ un **gourmet** [guʀmɛ]	Feinschmecker(in)
☐ **sucré**, sucrée [sykʀe]	süß
☐ **salé**, salée [sale]	salzig
☐ **amer**, amère [amɛʀ]	bitter
☐ **acide** [asid]	sauer
☐ **gras**, grasse [gʀɑ, gʀɑs]	fett(haltig), fettig
☐ **lourd**, lourde [luʀ, luʀd]	schwer verdaulich, mächtig
☐ **maigre** [mɛgʀ]	mager
☐ **sec**, sèche [sɛk, sɛʃ]	trocken
☐ **frais**, fraîche [fʀɛ, fʀɛʃ]	frisch
☐ la **fraîcheur** [fʀɛʃœʀ]	Frische

10.2 Mahlzeiten und bei Tisch

☐ un **repas** [ʀ(ə)pɑ]	Essen, Mahlzeit
☐ le **petit déjeuner** [p(ə)tideʒœne]	Frühstück
prendre le petit déjeuner	frühstücken
☐ le **déjeuner** [deʒœne]	Mittagessen
déjeuner	zu Mittag essen
☐ le **goûter** [gute]	kleiner (süßer) Nachmittagsimbiss
prendre le goûter	einen kleinen Nachmittagsimbiss nehmen

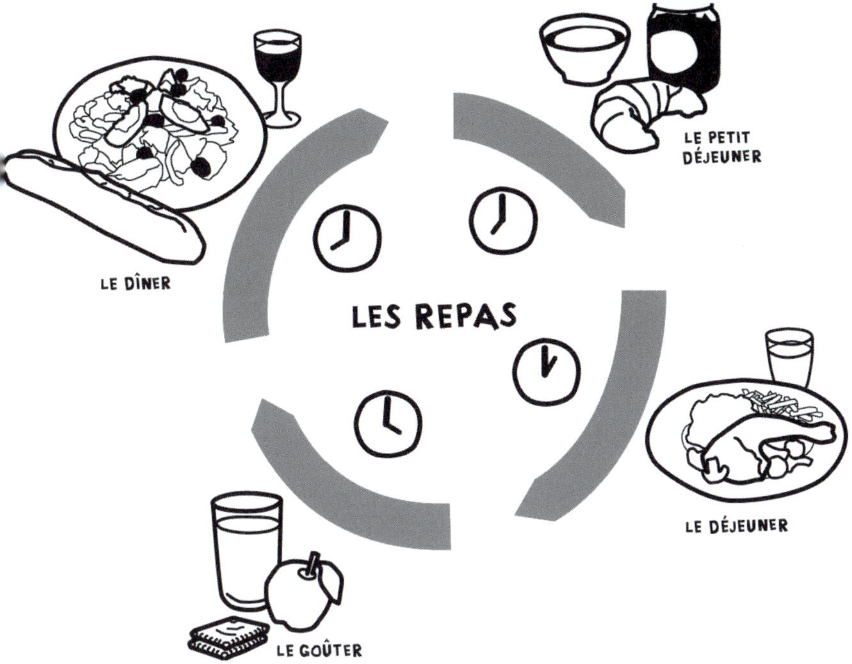

☐ **le dîner** [dine]	Abendessen
dîner	zu Abend essen
☐ un **pique-nique**; des pique-niques *pl* [piknik]	Picknick
faire un pique-nique	picknicken
☐ **faire des grillades** *fpl* [fɛʀdegʀijad]	grillen (an der frischen Luft)
En été, j'adore faire des grillades.	Im Sommer grille ich gerne.

☐ **se mettre à table** [s(ə)mɛtʀatabl]	sich zu Tisch setzen (zum Essen)
☐ **être à table** [ɛtʀatabl]	zu Mittag/ Abend essen, am Tisch sitzen

Vorsicht Fehler! Der Gebrauch von *manger*

Das Verb ***manger*** kann nicht als Nomen benutzt werden. Das Essen kannst du mit ***la nourriture*** oder ***le repas*** übersetzen:

Dans ma famille d'accueil, les repas étaient très bons.	In meiner Gastfamilie hat das Essen sehr gut geschmeckt.
Dans cette auberge de jeunesse, la nourriture est bonne.	In dieser Jugendherberge ist das Essen gut.
À l'étranger, la nourriture est différente.	Im Ausland ist das Essen anders.

☐ **À table !** [atabl]	Zu Tisch! Das Essen ist fertig!
☐ **sortir* de table** [sɔʀtiʀdətabl]	vom Tisch aufstehen
Je peux sortir de table ?	Darf ich aufstehen?
☐ **servir qc (à qn)** [sɛʀviʀ]	(jdm) etw. servieren, reichen, einschenken
Je vous sers encore un peu de gratin ?	Darf ich Ihnen noch etwas Gratin reichen?
Je te sers un peu d'eau ?	Soll ich dir etwas Wasser einschenken?
☐ **se servir** [s(ə)sɛʀviʀ]	sich bedienen, zugreifen
Servez-vous, s'il vous plaît.	Bitte, greifen Sie zu.
☐ **passer qc à qn** [pase]	jdm etw. anreichen, geben
Tu peux me passer le pain, s'il te plaît ?	Kannst du mir bitte das Brot reichen?
☐ **prendre qc** [pʀɑ̃dʀ]	nehmen
Tu prends encore un peu de pain ?	Nimmst du noch etwas Brot?

10.3 Lebensmittel

☐ le **pain** [pɛ̃]	Brot
☐ une **baguette** [bagɛt]	Baguette
☐ un **croissant** [kʀwasɑ̃]	Croissant, Hörnchen
☐ un **pain au chocolat** [pɛ̃oʃɔkɔla]	Schokoladencroissant
☐ le **fromage** [fʀɔmaʒ]	Käse
le **fromage blanc**	Quark
☐ le **camembert** [kamɑ̃bɛʀ]	Camembert
☐ le **gruyère** [gʀyjɛʀ]	Greyerzer (Löcherkäse)
☐ le **yaourt** [jauʀt]	Jogurt
☐ le **yog(h)ourt** [jɔguʀt]	Jogurt
☐ la **crème** [kʀɛm]	Sahne, Creme
☐ le **riz** [ʀi]	Reis
☐ les **nouilles** *fpl* [nuj]	Nudeln
☐ les **pâtes** *fpl* [pɑt]	Teigwaren, Nudeln
☐ le **chocolat** [ʃɔkɔla]	Schokolade
les truffes au chocolat	Schokoladentruffel
☐ un **bonbon** [bɔ̃bɔ̃]	Bonbon
☐ la **confiture** [kɔ̃fityʀ]	Marmelade
☐ le **miel** [mjɛl]	Honig

LES ALIMENTS

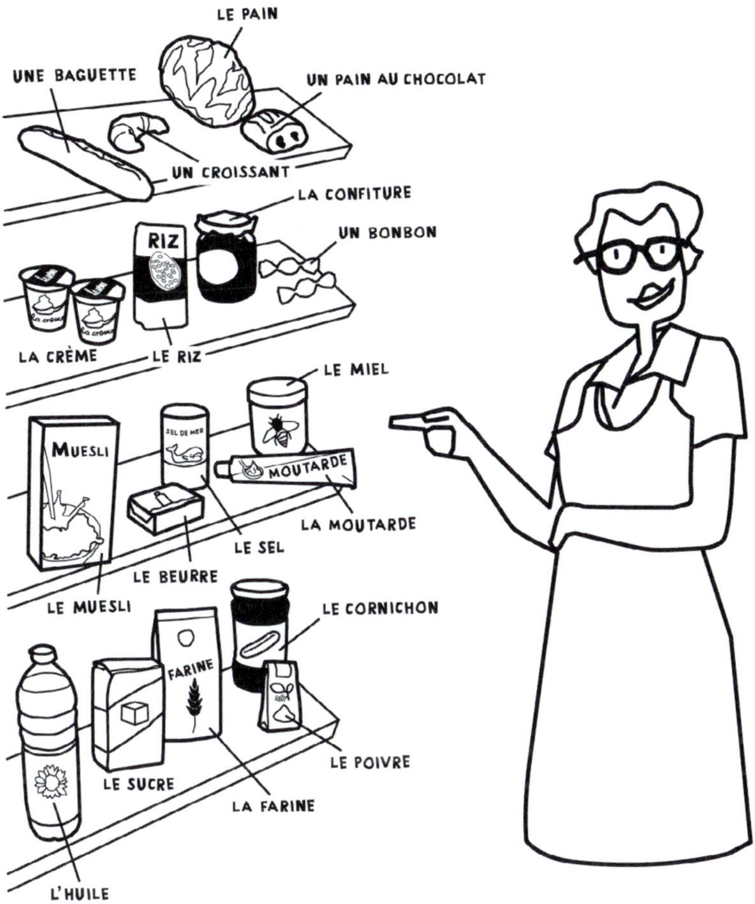

- ☐ le **muesli** [mysli] — Müsli
- ☐ un **œuf**; des œufs *pl* [œf, ø] — Ei
- ☐ l'**huile** *f* [ɥil] — Öl
- ☐ le **beurre** [bœʀ] — Butter
  - **avec <u>du</u> beurre** — mit Butter
  - **sans beurre** — ohne Butter — ! kein Artikel !
- ☐ la **farine** [faʀin] — Mehl

- ☐ le **sucre** [sykʀ] — Zucker
- ☐ le **sel** [sɛl] — Salz
- ☐ le **poivre** [pwavʀ] — Pfeffer

☐ la **moutarde** [mutaʀd]	Senf
☐ un **cornichon** [kɔʀniʃɔ̃]	saure Gurke
☐ la **charcuterie** [ʃaʀkytʀi]	Wurstwaren, Aufschnitt
☐ un **pâté** [pɑte]	Pastete
☐ le **jambon** [ʒɑ̃bɔ̃]	Schinken
☐ le **saucisson** [sosisɔ̃]	Salami
☐ une **saucisse** [sosis]	Würstchen
☐ le **poisson** [pwasɔ̃]	Fisch
☐ le **thon** [tɔ̃]	Thunfisch
☐ la **viande** [vjɑ̃d]	Fleisch
☐ le **bœuf** [bøf]	Rind(fleisch)
☐ le **veau** [vo]	Kalb(fleisch)
☐ le **porc** [pɔʀ]	Schwein(efleisch)
☐ le **poulet** [pulɛ]	Hähnchen(fleisch)
☐ la **dinde** [dɛ̃d]	Pute(nfleisch)
☐ le **steak** [stɛk]	Steak
☐ une **côtelette** [kotlɛt/kɔtlɛt]	Kotelett
☐ un **filet** [filɛ]	Filet
☐ un **légume** [legym]	Gemüse(sorte)
les légumes	das Gemüse
☐ la **pomme de terre**; les pommes de terre *pl* [pɔmdətɛʀ]	Kartoffel
☐ la **carotte** [kaʀɔt]	Möhre, Karotte
☐ la **tomate** [tɔmat]	Tomate
☐ les **haricots verts** *mpl* [ˈaʀikovɛʀ]	grüne Bohnen
☐ les **petits pois** *mpl* [p(ə)tipwa]	Erbsen
☐ le **champignon** [ʃɑ̃piɲɔ̃]	Pilz
☐ l'**aubergine** *f* [obɛʀʒin]	Aubergine
☐ le **brocoli** [bʀɔkɔli]	Brokkoli
☐ le **maïs** [mais]	Mais
☐ un **avocat** [avɔka]	Avokado
☐ le **concombre** [kɔ̃kɔ̃bʀ]	Salatgurke
☐ le **poivron** [pwavʀɔ̃]	Paprika(schote)
☐ les **épinards** *mpl* [epinaʀ]	Spinat
☐ l'**artichaut** *m* [aʀtiʃo]	Artischocke
☐ les **asperges** *fpl* [aspɛʀʒ]	Spargel
☐ l'**oignon** *m* [ɔɲɔ̃]	Zwiebel
☐ la **salade** [salad]	Salat
☐ le **chou**; les choux *pl* [ʃu]	Kraut, Kohl
☐ le **chou-fleur**; les choux-fleurs *pl* [ʃuflœʀ]	Blumenkohl

LES LÉGUMES

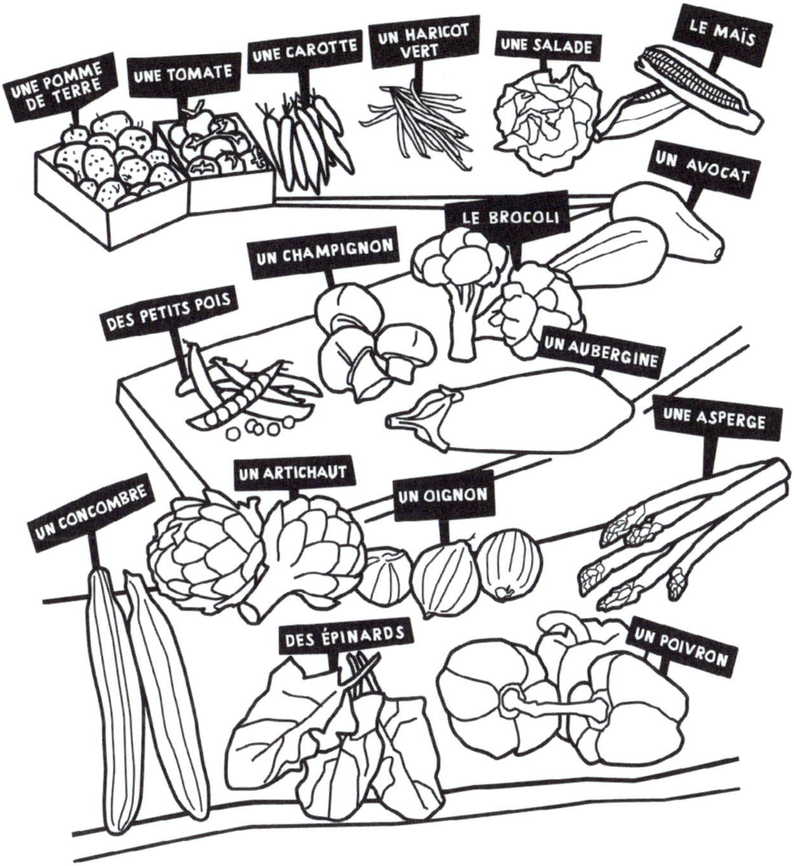

☐ **l'ail** *m;* les ails *mpl* [aj]	Knoblauch

☐ un **fruit** [fʀɥi]	Frucht, ein Stück Obst
les fruits	das Obst, die Früchte
☐ une **pomme** [pɔm]	Apfel
☐ une **poire** [pwaʀ]	Birne
☐ une **pêche** [pɛʃ]	Pfirsich
☐ un **abricot** [abʀiko]	Aprikose
☐ une **banane** [banan]	Banane
☐ une **orange** [ɔʀɑ̃ʒ]	Orange
☐ un **ananas** [anana(s)]	Ananas
☐ un **melon** [m(ə)lɔ̃]	Melone
☐ du **raisin** [ʀɛzɛ̃]	Traube

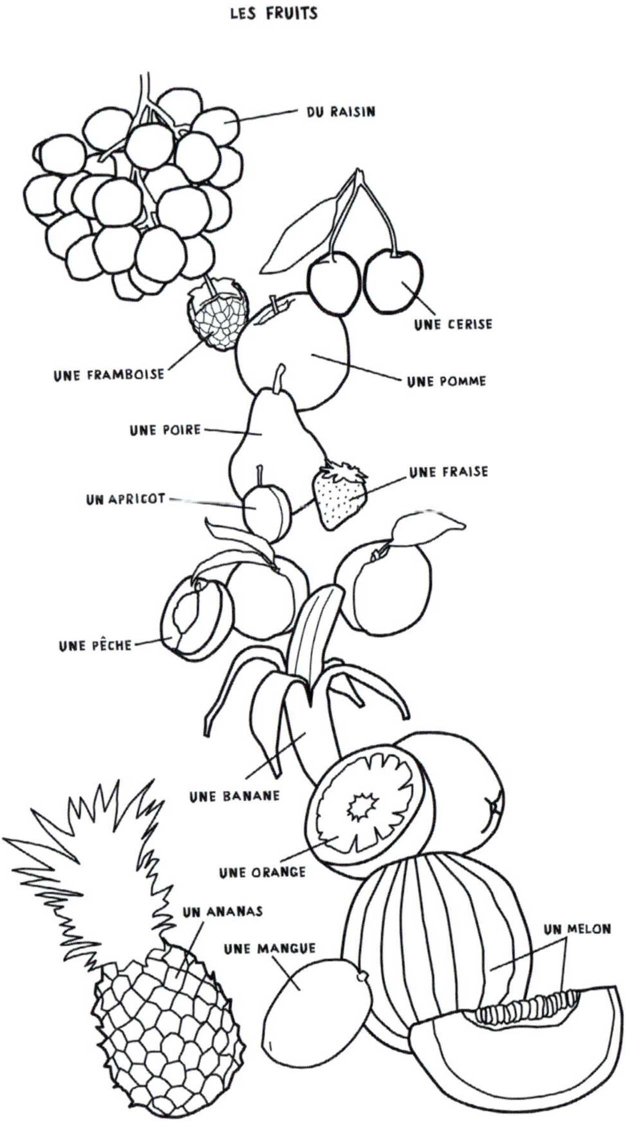

- ☐ une **cerise** [s(ə)ʀiz] — Kirsche
- ☐ une **prune** [pʀyn] — Pflaume
- ☐ une **fraise** [fʀɛz] — Erdbeere
- ☐ une **framboise** [fʀɑ̃bwaz] — Himbeere
- ☐ une **mangue** [mɑ̃g] — Mango

☐ le **thé** [te]	Tee
☐ une **tisane** [tizan]	Kräutertee
☐ le **café** [kafe]	Kaffee
☐ le **lait** [lɛ]	Milch
☐ le **café au lait** [kafeolɛ]	Milchkaffee
☐ un **chocolat chaud** [ʃɔkɔlaʃo]	heiße Schokolade, Kakao
☐ l'**eau** *f* [o]	Wasser
☐ un **jus (de fruits)** [ʒy(d(ə)fʀɥi)]	(Obst)Saft
☐ un **jus d'orange** [ʒydɔʀɑ̃ʒ]	Orangensaft
☐ une **limonade** [limɔnad]	Limonade
☐ un **sirop** [siʀo]	Sirup
☐ un **coca** [kɔka]	Cola
☐ l'**alcool** *m* [alkɔl]	Alkohol
☐ la **bière** [bjɛʀ]	Bier
☐ le **vin** [vɛ̃]	Wein
☐ le **champagne** [ʃɑ̃paɲ]	Champagner
☐ le **cidre** [sidʀ]	Cidre, Apfelwein
☐ une **épice** [epis]	Gewürz
☐ le **thym** [tɛ̃]	Thymian
☐ les **herbes de Provence** *fpl* [ɛʀbdəpʀɔvɑ̃s]	Kräuter der Provence
☐ la **vanille** [vanij]	Vanille

10.4 Kochen, Backen und Rezepte

☐ un **cuisinier**, une cuisinière [kɥizinje, jɛʀ]	Koch, Köchin
☐ une **recette** [ʀəsɛt]	Kochrezept
☐ un **livre de cuisine** [livʀdəkɥizin]	Kochbuch
☐ un **plat** [pla]	Gericht *(→ siehe Infobox S. 173)*
☐ **mettre au four** [mɛtʀofuʀ]	in den Backofen schieben
☐ **griller** [gʀije]	grillen
☐ **faire chauffer** [fɛʀʃofe]	erwärmen, erhitzen
☐ **réchauffer** [ʀeʃofe]	aufwärmen
☐ **refroidir** [ʀəfʀwadiʀ]	abkühlen
☐ **chaud**, chaude [ʃo, ʃod]	heiß, warm
☐ **froid**, froide [fʀwa, fʀwad]	kalt
☐ **préparer** [pʀepaʀe]	zubereiten
☐ **couper** [kupe]	schneiden

Das richtige Wort: Kochen und backen

Kochen: Bei der Aktivität von Personen benutzt man ***faire la cuisine***:

Il adore faire la cuisine.	Er kocht sehr gerne.

Bei Speisen benutzt man ***cuire*** *(kochen):*

Les haricots doivent être cuits avant de les manger.	Die Bohnen müssen gekocht werden, bevor man sie isst.
faire cuire	kochen lassen, zum Kochen bringen:
Faites cuire les légumes pendant 20 minutes.	Lassen Sie das Gemüse 20 Minuten kochen.
faire cuire à feu doux	bei schwacher Hitze/auf kleiner Flamme kochen lassen, köcheln

Backen: Wenn du gerne backst, sagst du:

J'aime faire des gâteaux.	Ich backe gern.

Für den Backvorgang benutzt man ***faire cuire au four*** *(backen):*

Préparez la pâte. Faites cuire au four pendant 40 minutes.	Bereiten Sie den Teig zu. 40 Minuten backen lassen.

□ la **pâte** [pɑt]	Teig
□ **mélanger** [melɑ̃ʒe]	(ver)mischen
□ **remuer** [ʀəmɥe]	(um)rühren
□ **battre** [batʀ]	schlagen
battre les œufs **en neige**	Eier zu Schnee schlagen

□ **saler** [sale]	salzen
□ **poivrer** [pwavʀe]	pfeffern
□ **épicer** [epise]	würzen

10.5 Einkaufen

□ un **magasin** [magazɛ̃]	Laden, Geschäft
un magasin d'alimentation	Lebensmittelgeschäft
□ un **marché** [maʀʃe]	Markt
faire son marché	auf den Markt gehen
aller <u>au</u> marché	auf den Markt gehen

☐ un **supermarché** [sypɛʀmaʀʃe]	Supermarkt
☐ un **centre commercial** [sɑ̃tʀəkɔmɛʀsjal]	Einkaufszentrum

→ *Weitere Geschäfte findest du in Kapitel 13.6 „In der Stadt" S. 245*

☐ une **boulangerie** [bulɑ̃ʒʀi]	Bäckerei
aller à la boulangerie	zur Bäckerei/ zum Bäcker gehen
☐ un **boulanger**, une boulangère [bulɑ̃ʒe, ɛʀ]	Bäcker(in)
☐ une **pâtisserie** [pɑtisʀi]	Konditorei
☐ un **pâtissier**, une pâtissière [pɑtisje, jɛʀ]	Konditor(in)
☐ une **épicerie** [episʀi]	Lebensmittelgeschäft
☐ un **épicier**, une épicière [episje, jɛʀ]	Lebensmittelhändler(in)

☐ une **boucherie** [buʃʀi]	Metzgerei
☐ un **boucher**, une bouchère [buʃe, ɛʀ]	Metzger(in)
☐ une **charcuterie** [ʃaʀkytʀi]	Metzgerei
☐ un **charcutier**, une charcutière [ʃaʀkytje, ɛʀ]	Metzger(in)

☐ être **ouvert**, ouverte [ɛtʀuvɛʀ, ɛʀt]	geöffnet haben
ouvert le dimanche	Sonntags geöffnet
☐ être **fermé**, fermée [ɛtʀfɛʀme]	geschlossen haben

☐ **acheter qc** [aʃte]	kaufen
☐ **faire les courses** *fpl* [fɛʀlekuʀs]	einkaufen
☐ une **liste** [list]	Einkaufs(Liste)
☐ un **client**, une cliente [klijɑ̃, ɑ̃t]	Kunde/Kundin

Qu'est-ce que tu achètes ?

Das richtige Wort: *acheter – faire les courses*

Nach ***acheter*** steht in der Regel ein Objekt:

acheter qc	etw. kaufen
Tu achètes une baguette, s'il te plaît ?	Kaufst du bitte ein Baguette?

Aber:

faire les courses	einkaufen
Je vais faire les courses.	Ich gehe einkaufen.
Qui fait les courses aujourd'hui ?	Wer kauft heute ein?

☐ **vendre** [vɑ̃dʀ]	verkaufen
☐ un **vendeur**, une vendeuse [vɑ̃dœʀ, øz]	Verkäufer(in)
☐ la **vente par correspondance** [vɑ̃tpaʀkɔʀɛspɔ̃dɑ̃s]	Versandhandel
☐ un **marchand**, une marchande [maʀʃɑ̃, ɑ̃d]	Händler(in), Verkäufer

☐ **désirer** [deziʀe]	wünschen
☐ **avoir besoin de qc** [avwaʀbəzwɛ̃]	etw. brauchen
☐ **il me faut** [ilməfo]	ich brauche
Il me faut du beurre.	Ich brauche Butter.
Il te faut quelque chose ?	Brauchst du etwas?
☐ **choisir** [ʃwaziʀ]	(aus)wählen

! Immer 3. Person Singular !

☐ **Combien ?** [kɔ̃bjɛ̃]	wie viel?
☐ un **kilo(gramme) de** [kilo(gʀam)]	ein Kilo …
☐ un **gramme de** [gʀam]	ein Gramm …
☐ un **litre de** [litʀ]	ein Liter …

☐ une **bouteille de** [butɛj]	eine Flasche …
☐ une **tranche de** [tʀɑ̃ʃ]	eine Scheibe …
trois tranches de jambon	drei Scheiben Schinken
☐ un **morceau de**; des morceaux de *pl* [mɔʀso]	ein Stück …
☐ une **boîte de** [bwat]	eine Dose/ Schachtel …
une boîte de conserve	Konservendose

Vorsicht Fehler! Mengenangaben mit *de*

Bei konkreten Mengenangaben steht unveränderliches ***de***:

un kilo de tomates	ein Kilo Tomaten
une tranche de jambon	eine Scheibe Schinken
une bouteille d'eau	eine Flasche Wasser

Ausnahme:

la moitié (de qc)	die Hälfte (von etw.)
la moitié d'un pain	ein halbes Brot
la moitié d'une pomme	ein halber Apfel

Bei unbestimmten Mengen im Singular steht der Teilungsartikel ***(du, de la, de l')***:

Achète *du* pain, *de la* confiture et *de l'*eau, s'il te plaît !	Kaufe bitte Brot, Marmelade und Wasser!

→ *siehe auch Infobox Kapitel 17 „Mengen und Zahlen" S. 306*

☐ un **pot de** [po]	ein Topf/ Glas …
☐ un **paquet de** [pakɛ]	ein Paket, Päckchen …
un paquet de beurre	ein Päckchen Butter
☐ une **tablette de** [tablɛt]	eine Tafel …
une tablette de chocolat	Eine Tafel Schokoloade
☐ la **moitié de** [mwatje]	die Hälfte von, halb
☐ la **caisse** [kɛs]	Kasse
☐ un **caissier**, une caissière [kɛsje, jɛʀ]	Kassierer(in)
☐ la **queue** [kø]	Schlange
faire la queue	Schlange stehen
Il faut faire la queue à la caisse.	An der Kasse muss man Schlange stehen.
☐ un **sac** [sak]	Tasche
un sac en papier/ en plastique	Papier-/ Plastiktüte
☐ un **chariot** [ʃaʀjo]	Einkaufwagen
☐ l'**argent** *m* [aʀʒɑ̃]	Geld
☐ **dépenser** [depɑ̃se]	ausgeben
dépenser de l'argent	Geld ausgeben
☐ l'**euro** *m* [øʀo]	Euro — *! des euros !*
☐ un **centime (d'euro)** [sɑ̃tim(døʀo)]	Cent
☐ un **billet (de banque)** [bijɛ(d(ə)bɑ̃k)]	Banknote, Geldschein
☐ la **monnaie** [mɔnɛ]	Kleingeld
rendre la monnaie	Geld herausgeben
une **pièce de monnaie**	Geldstück
le **porte-monnaie**	Portemonnaie, Geldbörse
☐ une **carte de crédit** [kaʀtdəkʀedi]	Kreditkarte
☐ une **carte bancaire** [kaʀt(ə)bɑ̃kɛʀ]	Bankkarte
☐ un **portefeuille** [pɔʀtəfœj]	Brieftasche
☐ le **prix** [pʀi]	Preis
☐ **payer** [peje]	bezahlen
☐ **cher**, chère *adj* [ʃɛʀ]	teuer
☐ **coûter** [kute]	kosten
☐ **coûter cher** *inv* [ʃɛʀ]	teuer sein
Ça **coûte** trop **cher**.	Das ist zu teuer.
☐ **être bon marché** *inv* [bɔ̃maʀʃe]	günstig, billig sein
☐ **être meilleur marché** *inv* [mɛjœʀ maʀʃe]	billiger sein
☐ **gratuit**, gratuite [gʀatɥi, ɥit]	gratis, kostenlos
☐ une **réduction** [ʀedyksjɔ̃]	Preisnachlass, Rabatt
☐ une **offre spéciale** [ɔfʀ(ə)spesjal]	Sonderangebot

☐ une **promotion** [pʀɔmosjɔ̃]	Sonderangebot
en promotion	im Sonderangebot
☐ une **promo** *fam* [pʀɔmo]	Sonderangebot
☐ **faire un prix à qn** [fɛʀœ̃pʀi]	jdm einen Preisnachlass gewähren/ einen Sonderpreis machen
Je te fais un prix !	Für dich mache ich es billiger/ mache ich einen Sonderpreis!

→ *Zum Einkaufen ist es wichtig, dass du die Zahlen gut kennst. Du findest sie Kapitel 17.2 „Zahlen und Zahlwörter" S. 310*

Faire les courses – Einkaufsgespräch

Le vendeur, la vendeuse	***Le client, la cliente***
À qui le tour ?	**C'est à moi !**
Wer ist dran?	Ich bin dran!
Vous désirez ?	**Je voudrais…**
Was wünschen Sie?	Ich hätte gern …
Qu'est-ce qu'il vous faut?	**Il me faut une salade.**
Was wünschen Sie?	Ich brauche einen Salat.
Et avec ça ?	**Je prends aussi…**
Und sonst noch was?	Ich nehme noch …
	C'est trop.
	Das ist zuviel.
	Merci, ça suffit.
	Danke, das reicht.
	Encore un peu/ deux tranches, s'il vous plaît.
	Noch ein wenig/ 2 Scheiben bitte.
Vous désirez autre chose ?	**Non merci, c'est tout.**
Und sonst noch was?	Nein danke, das ist alles.
Wünschen sie sonst noch etwas?	
	Ça coûte combien ?
	Wie viel kostet das?
	Ça fait combien ?
	Wie viel kostet das?
Ça fait 5 euros.	**C'est trop cher.**
Das macht/ kostet 5 Euros.	Das ist zu teuer.
	Je n'ai pas assez d'argent avec moi.
	Ich habe nicht genug Geld dabei.

10.6 Speisekarte, Gerichte und Gaststätten

☐ la **carte** [kaʀt]	Karte
choisir un plat **à la carte**	ein Gericht à la carte (nach freier Wahl) (aus)wählen
la **carte des vins**	Weinkarte
☐ le **menu** [məny]	Menü; Speisekarte
☐ un **apéritif** [apeʀitif]	Aperitif
☐ **au choix** [oʃwa]	wahlweise, zur Auswahl
☐ un **plat** [pla]	Gericht, Speise, Gang *(→ siehe Infobox S. 173)*
le **plat du jour**	Tagesgericht

Un menu – à la carte

Viele Restaurants schlagen mehrere Menüs zu Festpreisen vor.
Ein klassisches Menu besteht aus:

une entrée [ɑ̃tʀ]	Vorspeise, erster Gang
le plat principal [plapʀɛ̃sipal]	Hauptgericht
le plateau de fromages [platod(ə)fʀɔmaʒ]	Käseplatte
un dessert [desɛʀ]	Nachspeise, Dessert

In einem Menü hat man manchmal die Wahl zwischen zwei oder mehreren Vorschlägen.
Wählt man die Speisen frei, d.h ***à la carte*** aus, ist es meist etwas teurer.
Vor dem Essen nimmt man häufig einen ***apéritif***, meist ein alkoholisches Getränk als Appetitanreger, am Ende einen ***café***. In Frankreich gibt es eine große Auswahl an Käse. Man isst ihn häufig nach einer warmen Mahlzeit, vor dem Dessert oder an Stelle des Desserts.

☐ les **crudités** *fpl* [kʀydite]	Rohkost
☐ la **salade composée** [saladkɔ̃poze]	gemischter Salat
☐ le **potage** [pɔtaʒ]	Suppe
☐ une **soupe** [sup]	Suppe

☐ une **choucroute** [ʃukʀut]	Sauerkraut mit Speck und Würstchen
☐ un **cassoulet** [kasulɛ]	Cassoulet *(südwestfranzösisches Eintopfgericht)*
☐ les **spaghettis** *mpl* [spageti]	Spaghetti
☐ une **pizza** [pidza]	Pizza

Un steak

Steak wird in Frankreich meist nur kurz angebraten. Es empfiehlt sich deshalb, die Garzeit zu präzisieren!

Le serveur : Vous prenez votre steak comment ?
Le 1er client : Saignant ! (blutig, nicht durchgebraten)
Le 2[e] client : À point ! (rosagebraten, medium)
Le 3[e] client : Bien cuit ! (gut durchgebraten)

☐ un **steak** [stɛk]	Steak
☐ une **merguez** [mɛʀgɛz]	scharf gewürzte Bratwurst
☐ une **brochette** [bʀɔʃɛt]	Spieß
☐ les **(pommes) frites** *fpl* [(pɔm)fʀit]	Pommes frites
☐ la **purée** [pyʀe]	Püree, Brei
☐ le **gratin** [gʀat]	Gratin
☐ une **bouillabaisse** [bujabɛs]	Fischeintopf
☐ les **coquillages** *mpl* [kɔkijaʒ]	Muscheln
☐ les **crustacés** *mpl* [kʀystase]	Krustentiere *(Garnelen, Krabben usw.)*
☐ une **huître** [ɥitʀ]	Auster
☐ un **gâteau**; des **gâteaux** *pl* [gɑto]	Kuchen
☐ une **tarte** [taʀt]	flacher Obstkuchen
☐ une **crêpe** [kʀɛp]	eine Crêpe
☐ une **glace** [glas]	Eis
une **glace à la vanille**	Vanilleeis
☐ une **mousse au chocolat** [musoʃɔkɔla]	Mousse au chocolat
☐ un **snack** [snak]	Imbiss, Zwischenmahlzeit; Snackbar
☐ un **sandwich**; des **sandwich(e)s** *pl* [sɑ̃dwitʃ]	Sandwich

Das richtige Wort: *un sandwich – une tartine*

Un sandwich ist ein mit Käse, Schinken, Wurst etc. belegtes Baguette, meist mit Salat garniert. ***Une tartine*** [taʀtin] ist ein süß bestrichenes Brot, das man zum Frühstück oder zum ***goûter*** *(→ siehe S.176)* nimmt.

☐ une **spécialité** [spesjalite]	Spezialität
☐ **typique de** [tipik]	typisch für
C'est un plat typique de la région.	Dieses Gericht ist typisch für die Gegend.
☐ une **carafe** [kaʀaf]	Karaffe
une **carafe d'eau**	eine Karaffe Wasser

Une carafe d'eau

In Frankreich ist es üblich, zum Essen kostenlos eine Karaffe einfaches Leitungswasser zu bestellen.

☐ **commander** [kɔmɑ̃de]	bestellen
☐ **proposer** [pʀɔpoze]	vorschlagen
☐ **conseiller** [kɔ̃seje]	raten, empfehlen
☐ l'**addition** *f* [adisjɔ̃]	Rechnung
☐ **service compris** [sɛʀviskɔ̃pʀi]	mit Bedienung, einschließlich Bedienung
☐ une **réclamation** [ʀeklamasjɔ̃]	Beschwerde
faire une réclamation	sich beschweren
☐ un **patron**, une **patronne** [patʀɔ̃, ɔn]	Chef(in)
☐ un, une **chef** [ʃɛf]	Chef(in)
☐ un **cuisinier**, une **cuisinière** [kɥizinje, jɛʀ]	Koch, Köchin
☐ un **garçon** [gaʀsɔ̃]	Kellner, Ober
☐ un **serveur**, une **serveuse** [sɛʀvœʀ, øz]	Bedienung, Kellner(in)

Au restaurant – Im Restaurant

Le client, la cliente

Madame ! Mademoiselle ! Monsieur !
Garçon, s'il vous plaît !
On peut commander, s'il vous plaît ?
Können wir bitte bestellen?
Quelle est la spécialité de la région ?
Was ist die Spezialität dieser Gegend?
Vous pouvez nous conseiller qc ?
Können Sie etwas empfehlen?
Je vais prendre le menu numéro 1.
Ich nehme das Menu 1.

Je voudrais une pizza.
Ich nehme eine Pizza.
Je prends le plat du jour.
Ich nehme das Tagesmenü.
Je peux prendre des frites à la place du riz ?
Kann ich Pommes Frites statt Reis nehmen?
Excusez-moi, la viande n'est pas assez cuite pour moi.
Entschuldigen Sie bitte, das Fleisch ist nicht genügend durchgebraten für mich.
Qu'est-ce que vous avez comme dessert ?
Was haben Sie als Dessert?

Je prends de l'eau.
Ich nehme ein Wasser.
Je peux avoir l'addition, s'il vous plaît ?
Kann ich bitte die Rechnung haben?
L'addition, s'il vous plaît !
Die Rechnung bitte!

Le serveur, la serveuse

On vous sert ?
Werden Sie schon bedient?
Vous avez choisi ?
Haben Sie gewählt?

Qu'est-ce que vous prenez comme entrée ?
Was nehmen Sie als Vorspeise?
Et ensuite ?

Et comme boisson ?
Und als Getränk?

☐ un **restaurant** [ʀɛstɔʀɑ̃]	Gaststätte, Restaurant
aller manger au restaurant	im Restaurant essen gehen
☐ une **brasserie** [bʀasʀi]	(Groß)Gaststätte
☐ un **self** *fam* [sɛlf]	Selbstbedienungsrestaurant
☐ un **fast-food**; des fast-foods *pl* [fastfud]	Schnellimbiss, Fastfood

☐ un **bistro(t)** [bistʀo]	Bistro, Lokal, Kneipe,
☐ un **bar** [baʀ]	(Hotel)Bar, Stehkneipe
☐ une **crêperie** [kʀɛpʀi]	Crêperie
☐ un **café** [kafe]	Lokal , Kneipe, Bar
☐ un **salon de thé** [salɔ̃d(ə)te]	Café

Le café – le salon de thé

Dem traditionellen deutschen Café entspricht am ehesten der ***salon de thé***. Dort trifft man sich nachmittags zu Kaffee oder Tee mit Kuchen.

Mein Zusatzvokabular

11 Kleidung und Shoppen

11.1 Kleidung

☐ un **vêtement** [vɛtmɑ̃]	Kleidungsstück
les vêtements *mpl*	die Kleidung
☐ les **fringues** *fpl fam* [fʀɛ̃g]	Klamotten

☐ un **pantalon** [pɑ̃talɔ̃]	Hose
☐ un **jean** [dʒin]	Jeans
☐ une **poche** [pɔʃ]	Tasche *(an Kleidung)*

! Eine Tasche an Kleidungsstücken heißt *une poche*, sonst heißt es *un sac* !

☐ un **tee-shirt**; des tee-shirts *pl* [tiʃœʀt]	T-Shirt
☐ un **t-shirt**; des t-shirts *pl* [tiʃœʀt]	T-Shirt
☐ un **sweat-shirt**; des sweat-shirts *pl* [switʃœʀt]	Sweatshirt
☐ un **sweat** [swit]	Sweatshirt
☐ un **pull** [pyl]	Pullover
☐ un **gilet** [ʒilɛ]	Strickjacke
☐ un **short** [ʃɔʀt]	Shorts
☐ un **survêtement** [syʀvɛtmɑ̃]	Trainingsanzug
☐ un **jogging** [dʒɔgiŋ]	Jogginganzug

LES VÊTEMENTS

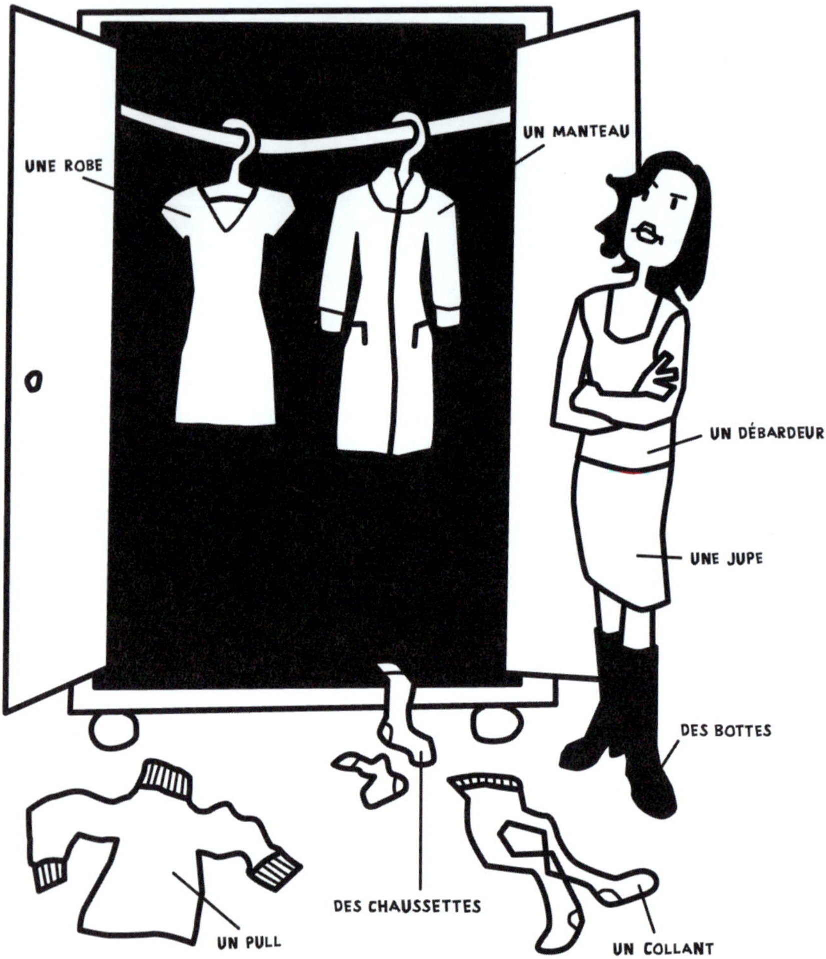

☐ un **costume** [kɔstym]	(Herren-)Anzug
☐ une **chemise** [ʃ(ə)miz]	Hemd
☐ une **cravate** [kʀavat]	Krawatte

☐ une **robe** [ʀɔb]	Kleid
une **robe du soir**	Abendkleid

☐ une **jupe** [ʒyp]	Rock
une **mini jupe**	Minirock
☐ un **tailleur** [tajœʀ]	(Damen-)Kostüm
☐ un **chemisier** [ʃ(ə)mizje]	Bluse
☐ un **débardeur** [debaʀdœʀ]	Top

Faux ami : *un costume*

Un costume bezeichnet einen Herrenanzug. Ein Damenkostüm wird ***un tailleur*** genannt.

☐ un **manteau**; des manteaux *pl* [mɑ̃to]	Mantel
☐ un **imperméable** [ɛ̃pɛʀmeabl]	Regenmantel

☐ un **imper** *fam* [ɛ̃pɛʀ]	Regenmantel
☐ un **blouson** [bluzɔ̃]	Jacke, Blouson
☐ un **anorak** [anɔʀak]	Anorak

☐ des **sous-vêtements** *mpl* [suvɛtmɑ̃]	Unterwäsche
☐ les **dessous** *mpl inv* [d(ə)su]	Damenunterwäsche
☐ un **soutien-gorge**; des soutiens-gorge(s) *pl* [sutjɛ̃gɔʀʒ]	BH
☐ un **slip** [slip]	Slip
☐ une **culotte** [kylɔt]	Slip, Unterhose
☐ une **chaussette** [ʃosɛt]	Socke
☐ un **collant** [kɔlɑ̃]	Strumpfhose

☐ un **maillot de bain** [majodbɛ̃]	Badeanzug, Badehose
☐ un **(maillot) deux-pièces** [(mɑjo) døpjɛs]	Bikini
☐ un **bikini** [bikini]	Bikini
☐ un **slip de bain** [slipdəbɛ̃]	Badehose

☐ un **pyjama** [piʒama]	Schlafanzug; Pyjama
☐ une **chemise de nuit** [ʃ(ə)mizdənɥi]	Nachthemd
☐ une **robe de chambre** [ʀɔbdəʃɑ̃bʀ]	Morgenrock

☐ des **chaussures** *fpl* [ʃosyʀ]	Schuhe
☐ une **paire** [pɛʀ]	Paar
une **paire de chaussures**	Paar Schuhe
☐ **à talons hauts/ plats** [atalɔ̃/pla]	hochhackig/ flach
des chaussures à talons (hauts)	hochhackige Schuhe
☐ des **tennis** *fpl* [tenis]	Turnschuhe
☐ des **baskets** *fpl* [baskɛt]	Turnschuhe
☐ des **bottes** *fpl* [bɔt]	Stiefel
☐ des **sandales** *fpl* [sɑ̃dal]	Sandalen
☐ des **pantoufles** *fpl* [pɑ̃tufl]	Pantoffeln
☐ des **chaussons** *mpl* [ʃosɔ̃]	Hausschuhe
des **chaussons de danse**	Ballettschuhe

! *Une paire* wird nur bei Gegenständen benutzt, bei Personen sagst du *un couple* !

11.2 Zubehör und Schmuck

☐ un **accessoire** [akseswaʀ]	Accessoire
☐ un **chapeau**; des chapeaux *pl* [ʃapo]	Hut
☐ une **casquette** [kaskɛt]	Kappe, Mütze
une **casquette de base-ball**	Baseballmütze

☐ un **bonnet** [bɔnɛ]	Strickmütze
☐ un **béret (basque)** [beʀɛ(bask)]	Baskenmütze
☐ un **foulard** [fulaʀ]	Halstuch, Kopftuch
☐ une **écharpe** [eʃaʀp]	Schal
☐ un **nœud** [nø]	Knoten
faire un nœud (de cravate)	einen (Krawatten)Knoten binden
☐ un **nœud papillon** [nøpapijɔ̃]	Fliege
☐ un **ruban** [ʀybɑ̃]	Band
☐ un **bouton** [butɔ̃]	Knopf
☐ une **ceinture** [sɛ̃tyʀ]	Gurt
☐ un **sac** [sak]	Tasche
un **sac à main**	Handtasche
un **sac à dos**	Rucksack
☐ un **mouchoir** [muʃwaʀ]	Taschentuch
☐ un **gant** [gɑ̃]	Handschuh
Cela lui **va comme un gant**. *loc*	Das passt ihm/ihr wie angegossen.
☐ les **lunettes** *fpl* [lynɛt]	Brille
porter des lunettes	eine Brille tragen
les **lunettes de soleil**	Sonnenbrille
les **lunettes noires**	Sonnenbrille
☐ un **parapluie** [paʀaplɥi]	Regenschirm
☐ un **bijou**; des **bijoux** *pl* [biʒu]	Schmuckstück
☐ une **chaîne** [ʃɛn]	Kette
☐ une **montre** [mɔ̃tʀ]	Uhr, Armbanduhr
☐ une **bague** [bag]	Ring
☐ un **bracelet** [bʀaslɛ]	Armband
☐ un **collier** [kɔlje]	Halskette
☐ une **boucle d'oreille** [bukl(ə)dɔʀɛj]	Ohrring
☐ une **broche** [bʀɔʃ]	Brosche
☐ **en or** [ɑ̃nɔʀ]	aus Gold, golden
un bracelet en or	goldenes Armband
☐ **doré**, **dorée** [dɔʀe]	vergoldet, golden
☐ **en argent** [ɑ̃naʀʒɑ̃]	aus Silber, silbern
☐ **argenté**, **argentée** [aʀʒɑ̃te]	versilbert, silbern
☐ un **diamant** [djamɑ̃]	Diamant
☐ une **perle** [pɛʀl]	Perle
☐ un **bijou fantaisie** [biʒufɑ̃tɛzi]	Modeschmuck
☐ un **piercing** [piʀsiŋ]	Piercing
☐ un **tatouage** [tatwaʒ]	Tätowierung

11.3 An- und Ausziehen

☐ **porter** [pɔʀte]	tragen, anhaben
Elle porte toujours des jeans.	Sie trägt immer Jeans.
☐ **s'habiller** [sabije]	sich anziehen
Habille-toi vite, on va sortir !	Zieh dich schnell an, wir gehen raus!
être bien/ mal habillé, habillée	gut/ schlecht angezogen sein
☐ **mettre** [mɛtʀ]	anziehen
Mets ton anorak.	Zieh deinen Anorak an.
Je n'ai rien à me mettre !	Ich habe nichts zum Anziehen!
☐ **se couvrir** [s(ə)kuvʀiʀ]	sich warm anziehen
Couvre-toi, c'est l'hiver !	Zieh dich warm an, es ist Winter!
☐ **enlever** [ɑ̃l(ə)ve]	ausziehen, abnehmen
enlever sa chemise	das Hemd ausziehen
☐ **se changer** [s(ə)ʃɑ̃ʒe]	sich umziehen
Elle s'est changée.	Sie hat sich umgezogen.
☐ **changer de qc** [ʃɑ̃ʒe]	etw. wechseln
Il a changé de chaussures.	Er hat die Schuhe gewechselt.
☐ **se déshabiller** [s(ə)dezabije]	sich ausziehen

11.4 Mode, Muster, Materialien

☐ la **mode** [mɔd]	Mode
être à la mode	modisch, modern sein
☐ **démodé, démodée** [demɔde]	altmodisch
☐ **chic** *inv* [ʃik]	schick
☐ **cool** *inv* [kul]	cool
☐ le **look** *fam* [luk]	Aussehen, Look, Style
avoir un **look d'enfer**	megacool, geil aussehen
☐ **gothique** *adj* [gɔtik]	„gothic", im Grufti-Stil
☐ **branché, branchée** *fam* [bʀʃe]	„in", angesagt, modern
☐ **ringard, ringarde** *fam* [ʀgaʀ, aʀd]	altmodisch
☐ **être tendance** *adj fam* [tds]	modern sein, „in"sein
Cette couleur est très tendance cet été.	Diese Farbe ist in diesem Sommer sehr in.
☐ **élégant, élégante** [elegɑ̃, ɑ̃t]	elegant
☐ **aller à qn** [alea]	jdm stehen
Cette robe lui va **très bien.**	Dieses Kleid steht ihr sehr gut.

! *chic* und *cool* sind unveränderlich: *Elles sont chic et cool* !

☐ **aller avec qc** [aleavɛk]	zu etw. passen
Ce pull ne va pas avec ton pantalon rouge.	Dieser Pulli passt nicht zu deiner roten Hose.
☐ **le goût** [gu]	Geschmack
avoir du goût	einen guten Geschmack haben
s'habiller **avec goût**	sich geschmackvoll anziehen

☐ **un couturier** [kutyʀje]	Modeschöpfer
☐ **la haute couture** [ˈotkutyʀ]	Haute Couture
☐ **le prêt-à-porter** *sans pl* [pʀɛtapɔʀte]	Konfektionskleidung, Kleidung von der Stange
☐ **une collection** [kɔlɛksjɔ̃]	Kollektion
la collection d'été	Sommerkollektion
☐ **un modèle** [mɔdɛl]	Modell *(Kleidungsstück)*
☐ **créer** [kʀee]	schaffen, kreieren
créer une nouvelle collection de mode	eine neue Modekollektion kreieren
☐ **une création** [kʀeasjɔ̃]	Kreation
☐ **un mannequin** [mank]	Model *(Person)*
un mannequin homme	männliches Model
☐ **un défilé (de mode)** [defiledəmɔd]	Modedefilé, Modenschau
☐ **défiler** [defile]	(auf dem Laufsteg) laufen

Das richtige Wort: *un top model – un mannequin*

Männliche und weibliche Models werden ***mannequin*** genannt. Nur für ein Topmodel hat sich die Wortverbindung ***top model*** durchgesetzt.

☐ **court**, courte [kuʀ, kuʀt]	kurz
☐ **long**, longue [lɔ̃, lɔ̃g]	lang
☐ **large** [laʀʒ]	breit
☐ **étroit**, étroite [etʀwa, etʀwat]	eng
☐ **serré**, serrée [seʀe]	eng

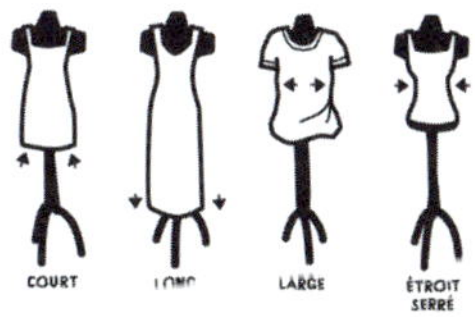

☐ **chaud**, chaude [ʃo, ʃod]	warm
un vêtement chaud pour l'hiver	warme Winterkleidung
☐ **confortable** [kɔ̃fɔʀtabl]	bequem
☐ **léger**, légère [leʒe, ʒɛʀ]	leicht, luftig

☐ **nouveau**, nouvel, nouvelle; nouveaux *mpl* [nuvo, nuvɛl]	neu (→ *siehe Infobox S. 202*)
un nouvel anorak	ein neuer Anorak

☐ **neuf**, neuve [nœf, nœv]	neu
☐ **usé**, usée [yze]	abgenutzt, abgewetzt

Das richtige Wort: *neuf – nouveau*

In Französischen gibt es zwei Wörter für neu: man unterscheidet zwischen ***neuf*** und ***nouveau***. ***Neuf, neuve*** benutzt du, wenn du betonen willst, dass etwas *neuwertig* und *unbenutzt* ist
Beachte den Unterschied zwischen:

une robe neuve	ein neues (neuwertiges, unbenutztes) Kleid
Cette robe et comme neuve. Je ne la mets jamais.	Dieses Kleid ist wie neu. Ich ziehe es nie an.
Aber:	
une nouvelle robe	eine neues (anderes) Kleid
Ce soir, je vais porter ma nouvelle robe.	Heute Abend werde ich mein neues Kleid anziehen.

☐ **uni**, unie [yni]	ungemustert, einfarbig, uni
☐ **en couleurs** [ɑ̃kulœʀ]	farbig
☐ **rayé**, rayée [ʀeje]	gestreift
☐ **à rayures** [aʀejyʀ]	gestreift
☐ **à pois** [apwa]	gepunktet
☐ **à carreaux** [akaʀo]	kariert
☐ **multicolore** [myltikɔlɔʀ]	bunt

→ Die Namen der Farben findest du in Kapitel 16.2 „Farben" S. 296

☐ un **tissu** [tisy]	Stoff
un tissu léger	leichter Stoff
☐ le **cuir** [kɥiʀ]	Leder
un blouson **en cuir**	Lederjacke
☐ le **coton** [kɔtɔ̃]	Baumwolle
en coton	aus Baumwolle
☐ la **laine** [lɛn]	Wolle
un pullover **en laine**	Wollpullover
☐ la **soie** [swa]	Seide
☐ la **dentelle** [dɑ̃tɛl]	Spitze
☐ le **velours** [v(ə)luʀ]	Velours, Samt

11.5 Shoppen

☐ **faire du shopping** [fɛʀdyʃɔpiŋ]	shoppen, shopen gehen
J'aime faire du shopping.	Ich gehe gerne shoppen, bummeln.
☐ **faire les magasins** [fɛʀlemagaz]	shopppen, shopen gehen, die Geschäfte abklappern *(→ siehe Infobox S. 204)*
☐ une **vitrine** [vitʀin]	Schaufenster
faire du lèche-vitrine(s)	einen Schaufensterbummel machen
☐ un **magasin** [magazɛ̃]	Laden, Geschäft
un **grand magasin**	Kaufhaus
☐ une **boutique** [butik]	Boutique, Laden
☐ une **cabine** [kabin]	Umkleidekabine
☐ la **taille** [taj]	Größe, Taille
☐ la **pointure** [pwɛ̃tyʀ]	Schuhgröße
Quelle pointure fais-tu ?	Welche Schuhgröße hast du?
☐ **chausser** [ʃose]	Schuhgröße … haben
Je **chausse du 40**.	Ich habe Schuhgröße 40.
☐ **essayer** [eseje]	anprobieren
☐ **réserver** [ʀezɛʀve]	reservieren
☐ les **soldes** *mpl* [sɔld]	Schlussverkauf, Sonderangebote
acheter qc **en solde**	etw. als Sonderangebot/im Schlussverkauf kaufen
☐ **en promotion** [ɑ̃pʀɔmosjɔ̃]	im Sonderangebot
☐ une **promo** *fam* [pʀɔmõ]	Sonderangebot

→ *Zum Thema Bezahlen siehe auch Kapitel 10.5 „Einkaufen" S. 187*

☐ un **paquet-cadeau**; des **paquets-cadeaux** *pl* [pakɛkado]	Geschenkpackung
☐ la **vente par correspondance** [vɑ̃tpaʀkɔʀɛspɔ̃dɑ̃s]	Versandhandel
☐ un **catalogue** [katalog]	Katalog
☐ **commander** [kɔmɑ̃de]	bestellen

Faire les magasins – Ich gehe shoppen!

Le vendeur/ la vendeuse

Le client/ la cliente

Je peux vous aider ?
Kann ich Ihnen helfen?

Merci, je voudrais d'abord regarder.
Danke, ich möchte mich erst einmal umsehen.

Bien sûr, je vous laisse regarder.
Natürlich, ich lasse Sie mal durchschauen.
Je peux vous renseigner ?
Kann ich Ihnen weiterhelfen?

Je cherche un modèle que vous avez en vitrine.
Ich suche ein Modell aus dem Schaufenster.

Vous voulez essayer ce t-shirt ?
Möchten Sie dieses T-Shirt anprobieren?

Non, je voudrais essayer ce pantalon.
Nein, ich möchte diese Hose anprobieren.
Où sont les cabines s'il vous plaît ?
Wo sind bitte die Umkleidekabinen?

Quelle taille faites-vous ? Quelle est votre taille ?
Welche Größe haben Sie?

Je fais du 38.
Ich trage Größe 38.

Est-ce que vous avez ce modèle dans ma taille/ en 38 ?
Haben Sie dieses Modell in meiner Größe/ in Größe 38?

Je suis désolé, je n'ai plus ce modèle dans votre taille.
Es tut mit leid, ich habe dieses Modell nicht mehr in Ihrer Größe.

Est-ce que ce modèle existe aussi en noir ou en plus grand ?
Gibt es dieses Modell auch in Schwarz oder größer?

Regardez, c'est le même modèle mais en rouge.
Schauen Sie, das ist das gleiche Modell, aber in Rot.

Ce n'est pas mal, je vais y réfléchir…
Es ist nicht schlecht, ich werde es mir überlegen…

Ça va ?
Passt es?

C'est trop grand/ petit/ court/ long/ large/ étroit.
Es ist zu groß/ klein/ kurz/ lang/ weit/ eng.
La couleur et la forme ne me vont pas.
Die Farbe und die Form stehen mir nicht.

Ça vous plaît ?
Gefällt es Ihnen?

C'est très joli/ bien.
Es ist sehr hübsch/ gut.
Ça me plaît. Es gefällt mir.
Je le/ la prends. Ich nehme es/ ihn/ sie.
Vous pouvez me réserver/ mettre de côté ce pantalon pendant une heure ?
Können Sie mir diese Hose eine Stunde zurücklegen?

12 Schule und Bildung

12.1 Schule und Schulformen

□ une **école** [ekɔl]	Schule
une **école publique**	öffentliche, staatliche Schule
une **école privée**	Privatschule
une **école mixte**	gemischte Schule
aller à l'école	zur Schule gehen, in die Schule gehen
□ **obligatoire** [ɔbligatwaʀ]	verpflichtend
□ **scolaire** [skɔlɛʀ]	schulisch, die Schule betreffend, Schul- *(+ Nomen)*
□ une **année scolaire** [aneskɔlɛʀ]	Schuljahr
□ le **système scolaire** [sistɛmskɔlɛʀ]	Schulsystem
□ la **scolarité** [skɔlaʀite]	Schulzeit
□ **scolariser qn** [skɔlaʀize]	jdn einschulen
□ un **trimestre** [tʀimɛstʀ]	Trimester, Vierteljahr

Un trimestre

In Frankreich ist das Schuljahr in drei Abschnitte (Trimester) eingeteilt. Nach jedem ***trimestre*** gibt es Zeugnisse!

☐ **les vacances** *fpl* [vakɑ̃s]	Ferien
Bonnes vacances !	Schöne Ferien! (→ *siehe Infobox S. 234)*
☐ **la rentrée (des classes)** [ʀɑ̃tʀ(deklas)]	Schuljahresbeginn; Schulbeginn

☐ **l'école maternelle/** la **maternelle** [(ekɔl) matɛʀnɛl]	Kindergarten
☐ le **jardin d'enfants** [ʒaʀdɛ̃dɑ̃fɑ̃]	Kindergarten
☐ une **école primaire/ élémentaire** [ekɔlpʀimɛʀ/elemɑ̃tɛʀ]	Grundschule
☐ le **collège** [kɔlɛʒ]	Collège *(nur Sek.I-Bereich)*
☐ le **lycée** [lise]	Gymnasium *(nur Sek.II-Bereich, Oberstufe)*
le **lycée (d'enseignement) général**	allgemeinbildendes Gymnasium
le **lycée (d'enseignement) professionnel (L.E.P)**	Berufsschule in Frankreich

! *Je suis au collège en cinquième* !

! *Je suis au lycée en seconde* !

☐ une **section** [sɛksjɔ̃]	Zweig, Fachrichtung
une section musique	Musikzweig
☐ un **internat** [ɛ̃tɛʀna]	Internat
☐ une **classe** [klɑs]	Klasse

Klassen und Schulformen

In Frankreich dauert die Grundschule 5 Jahre. Vom 6. bis zum 9. Schuljahr besuchen alle Schüler das ***collège***. Am Ende der Schulzeit auf dem ***collège*** legen die Schüler eine Prüfung ab, das ***brevet des collèges***. Danach gibt es je nach Leistung die Wahl zwischen verschiedenen Schultypen. Die meisten Schüler besuchen ab der Klasse 10 das ***lycée***.

Vorsicht! Das ***collège*** beginnt mit der 6. Klasse. Von da an musst du rückwärts zählen, wenn du deine Klasse angibst, sonst kommt es schnell zu Missverständnissen!

le lycée général **ou** **le lycée professionnel**	**la terminale** [tɛʀminal] **la première** [pʀəmjɛʀ] **la seconde** [səgɔ̃d]	**12. Klasse** **11. Klasse** **10. Klasse**
le collège	**la troisième** [tʀwɑzjɛm] **la quatrième** [katʀijɛm] **la cinquième** [sɛ̃kjɛm] **la sixième** [sizjɛm]	**9. Klasse** **8. Klasse** **7. Klasse** **6. Klasse**
l'école primaire	**5 années scolaires**	

□ **l'enseignement** *m* [ɑ̃sɛɲ(ə)mɑ̃]	Unterricht; Schuldienst, -wesen
l'**enseignement primaire**	Primarstufe
l'**enseignement secondaire**	Sekundarstufe
l'**enseignement supérieur**	Hochschule, Hochschulwesen

12.2 Schulgebäude und Personen

□ une **salle** [sal]	Raum
une **salle de classe**	Klassenzimmer
la **salle des professeurs**	Lehrerzimmer
□ un **CDI (centre de documentation et d'information)** [sedei]	Schulbibliothek *(Dokumentations- und Informationsstelle einer Schule)*
□ une **bibliothèque** [biblijɔtɛk]	Bibliothek
□ une **médiathèque** [medjatɛk]	Mediathek, (multimediale) Schulbibliothek
□ un **gymnase** [ʒymnaz]	Turnhalle
□ la **cantine** [kɑ̃tin]	Mensa, Kantine
□ le **self** *fam* [sɛlf]	(Schul)Kantine
□ une **cour (de récréation)** [kuʀ(də)ʀekʀeasjɔ̃]	Schulhof
□ le **hall** ['ol]	Eingangshalle, Pausenhalle
□ un **secrétariat** [s(ə)kʀetaʀja]	Sekretariat
□ un **bureau**; des **bureaux** *pl* [byʀo]	Büro *(siehe Infobox S. 166)*
□ une **infirmerie** [fiʀməʀi]	Sanitätsraum, Krankenstation

☐ un, une **élève** [elɛv]	Schüler(in)
☐ un **lycéen**, une lycéenne [liseɛ̃, ɛn]	Gymnasiast(in), Schulerin des Gymnasiums
☐ un **collégien**, une collégienne [kɔleʒjɛ̃, jɛn]	Schüler(in) des Collèges
☐ un **délégué**, une déléguée **de classe** [delegedəklɑs]	Klassensprecher(in)
☐ un, une **professeur** [pʀɔfesœʀ]	Lehrer(in), Professor(in)
le professeur principal	Klassenlehrer(in)
☐ un, une **prof** *fam* [pʀɔf]	Lehrer(in), Professor(in)
☐ un **enseignant**, une enseignante [ɑ̃sɛɲɑ̃, ɑ̃t]	Lehrer(in), Lehrkraft
☐ un, une **professeur des écoles** [pʀɔfesœʀdezekɔl]	Kindergarten-/Grundschullehrer(in)
☐ un **instituteur**, une institutrice *vx* [ɛ̃stitytœʀ, tʀis]	Kindergarten-/Grundschullehrer(in)
☐ un, une **instit** *vx, fam* [ɛ̃stit]	Kindergarten-/Grundschullehrer(in)
☐ un **maître**, une maîtresse [mɛtʀ, mɛtʀɛs]	Kindergarten-/Grundschullehrer(in)
☐ un **surveillant**, une surveillante [syʀvɛjɑ̃, jɑ̃t]	Aufsichtsperson
☐ **surveiller** [syʀvɛje]	beaufsichtigen
☐ un **pion**, une pionne *fam* [pjɔ̃, pjɔn]	Aufsichtsperson
☐ un **tuteur**, une tutrice [tytœʀ, tʀis]	Tutor(in), Lernpate/ -patin
☐ le **tutorat** [tytɔʀa]	Lernpatenschaft
☐ un **directeur**, une directrice [diʀɛktœʀ, tʀis]	Direktor(in)
☐ un **proviseur** [pʀɔvizœʀ]	Schuldirektor(in) (im Lycée)
☐ un **principal**, une principale [pʀɛ̃sipal]	Schuldirektor(in) (im Collège)
☐ un, une **documentaliste** [dɔkymtalist]	Schulbibliothekar(in)
☐ un, une **secrétaire** [səkʀetɛʀ]	Sekretär(in)
☐ un, une **concierge** [kɔ̃sjɛʀʒ]	Hausmeister(in)

12.3 Schultasche und Klassenzimmer

☐ un **cartable** [kaʀtabl]	Schultasche
☐ un **sac à dos** [sakado]	Rucksack
☐ un **livre** [livʀ]	Buch
☐ un **atlas** [atlɑs]	Atlas
☐ un **cahier** [kaje]	Heft
☐ un **cahier de textes** [kajedətɛkst]	Hausaufgabenheft
☐ un **agenda** [aʒɛ̃da]	Terminplaner, Taschenkalender

☐ un **classeur** [klasœʀ]	Ordner
☐ une **feuille** [fœj]	Blatt
une **feuille de papier**	ein Blatt Papier
☐ une **photocopie** [fɔtɔkɔpi]	Fotokopie

LE SAC À DOS

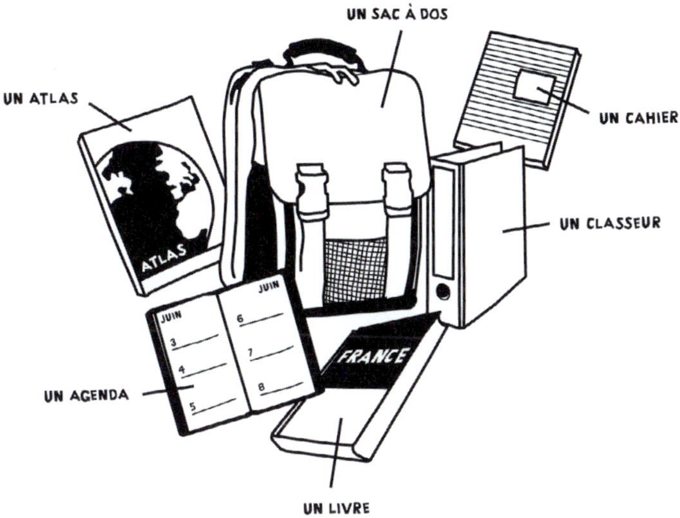

☐ une **trousse** [tʀus]	Mäppchen
☐ un **stylo** [stilo]	Füller, Kuli
☐ une **cartouche** [kaʀtuʃ]	Patrone
☐ un **crayon** [kʀɛjɔ̃]	Stift, Bleistift
des **crayons de couleur**	Farbstifte
☐ un **taille-crayon** [tajkʀɛjɔ̃]	Spitzer
☐ une **gomme** [gɔm]	Radiergummi
☐ une **règle** [ʀɛgl]	Lineal
☐ les **ciseaux** *mpl* [sizo]	Schere
☐ le **scotch**® [skɔtʃ]	Tesafilm®
☐ la **colle** [kɔl]	Kleber, Klebstoff
☐ le **matériel** [mateʀjɛl]	Material
avoir son matériel	sein Material dabei haben

☐ un **tableau**; des **tableaux** *pl* [tablo]	Tafel
effacer le tableau	die Tafel (ab)wischen
☐ la **craie** [kʀɛ]	Kreide
☐ une **éponge** [epɔ̃ʒ]	Schwamm

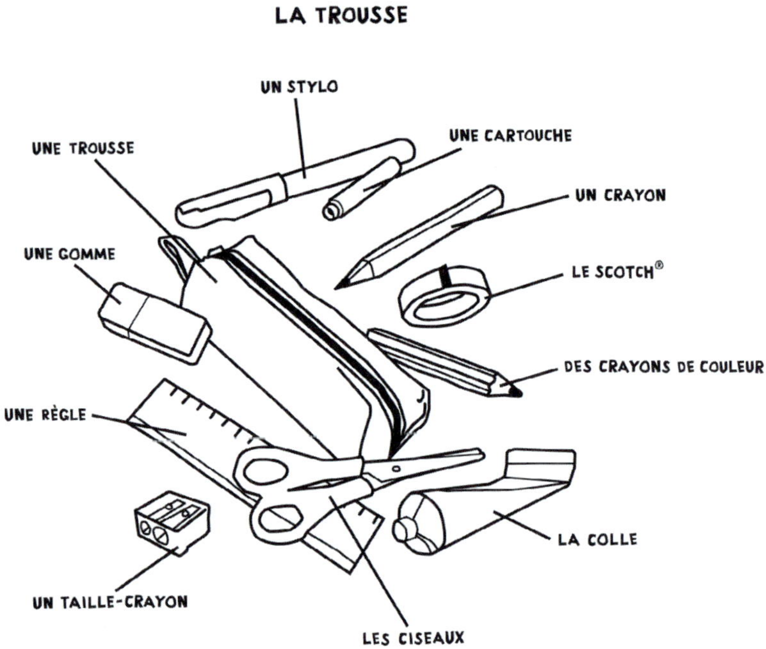

☐ un **rétroprojecteur** [ʀetʀopʀɔʒɛktœʀ]	Overheadprojektor
☐ un **transparent** [tʀɑ̃spaʀɑ̃]	OHP-Folie
☐ un **vidéoprojecteur** [videopʀɔʒɛktœʀ]	Beamer
☐ un **lecteur de CD** [lɛktœʀd(ə)sede]	CD-Player
☐ un **lecteur de DVD** [lɛktœʀd(ə)devede]	DVD-Player

☐ un **bureau**; des bureaux *pl* [byʀo]	Schreibtisch *(siehe Infobox S. 166)*
☐ une **étagère** [etaʒɛʀ]	Regal
☐ une **armoire** [aʀmwaʀ]	Schrank
☐ une **table** [tabl]	Tisch
☐ une **chaise** [ʃɛz]	Stuhl
☐ une **carte** [kaʀt]	Karte
☐ une **affiche** [afiʃ]	Plakat
☐ une **poubelle** [pubɛl]	Mülleimer
☐ l'**équipement** *m* [ekipmɑ̃]	Ausrüstung, Einrichtung
☐ **équipé**, équipée [ekipe]	ausgestattet
Notre école est bien équipée.	Unsere Schule ist gut ausgestattet.

LA CLASSE

12.4 Stundenplan, Unterrichtsfächer und Aktivitäten

☐ **l'emploi du temps** *m* [ɑ̃plwadytɑ̃]	Stundenplan
☐ une **matière** [matjɛʀ]	Fach
une matière principale	Hauptfach
une matière en option, une option	Wahlfach
une matière préférée	Lieblingsfach
☐ une **discipline** [disiplin]	Lehr-/Unterrichtsfach, Fachrichtung

L'EMPLOI DU TEMPS

UNE MATIÈRE

	LUNDI	MARDI	MERCREDI	JEUDI	VENDREDI
8H15 – 9H10	histoire-géo	latin	histoire-géo	allemand	français
9H15 – 10H10	maths	allemand	permanence	physique-chimie	maths
10H20 – 11H15	allemand	SVT	français	EPS	
11H20 – 12H15	français	latin	physique-chimie		histoire-géo
13H45 – 14H40	anglais	technologie		musique	latin
14H45 – 15H40	musique			anglais	arts plastiques
15H50 – 16H45	français	éducation civique		maths	anglais
16H50 – 17H45				SVT	

☐ **les mathématiques** *fpl* [matematik]	Mathematik
☐ **les maths** *fpl fam* [mat]	Mathe
☐ **l'informatique** *f* [ɛ̃fɔʀmatik]	Informatik

☐ **la physique** [fizik]	Physik
☐ **la chimie** [ʃimi]	Chemie
☐ **les SVT (Sciences de la Vie et de la Terre)** *fpl* [ɛsvete]	*etwa:* Biologie und Naturkunde
☐ **la biologie** [bjɔlɔʒi]	Biologie
☐ **la bio** *fam* [bjo]	Biologie
☐ **la technologie** [tɛknɔlɔʒi]	Technologie, technisch-naturwissenschaftlicher Unterricht

---

☐ **une langue** [lɑ̃g]	Sprache
la **langue maternelle**	Muttersprache
une **langue étrangère**	Fremdsprache
☐ **le français** [fʀɑ̃sɛ]	Französisch
☐ **l'anglais** *m* [ɑ̃glɛ]	Englisch
☐ **l'allemand** *m* [almɑ̃]	Deutsch
☐ **l'espagnol** *m* [ɛspaɲɔl]	Spanisch
☐ **l'italien** *m* [italjɛ̃]	Italienisch
☐ **le latin** [latɛ̃]	Latein
☐ **le grec** [gʀɛk]	Griechisch

☐ l'**histoire** *f* [istwaʀ]	Geschichte
☐ la **géographie** [ʒeɔgʀafi]	Geographie
☐ l'**histoire-géo** *f fam* [istwaʀʒeo]	Geschichte-Erdkunde (als Fach)
☐ l'**éducation civique** *f* [edykasjɔ̃sivik]	Sozial-, Gemeinschaftskunde
☐ la **philosophie** [filɔzɔfi]	Philosophie

Religionsunterricht

Das Schulfach Religion gibt es nicht an staatlichen französischen Schulen. Religion heißt auf Französisch ***(la) religion***.

→ *siehe Kapitel 20 „Religion und Philosophie" S. 347*

☐ la **musique** [myzik]	Musik
☐ les **arts plastiques** *mpl* [aʀplastik]	bildende Künste, Kunstunterricht
☐ le **dessin** [desɛ̃]	Zeichnen, Kunstunterricht
☐ le **travail manuel** [tʀavajmanɥɛl]	Handarbeit

☐ le **sport** [spɔʀ]	Sport
☐ l'**EPS (éducation physique et sportive)** *f* [əpeɛs]	Sport
☐ la **gymnastique** [ʒimnastik]	Gymnastik
☐ la **gym** *fam* [ʒim]	Gymnastik

Vorsicht Fehler! Stundenplan und Zeitangaben

Um über deinen Stundenplan und deinen Schulalltag zu sprechen, benötigst du einige Zeitangaben, zum Beispiel :

Ce matin, j'ai allemand, biologie et EPS.	Heute Morgen habe ich Deutsch, Biologie und Sport.
Cet après-midi, j'ai cours de 1 heure à 4 heures.	Heute Nachmittag habe ich von 1 bis 4 Uhr Schule.
La récréation dure de 9 heures et demie jusqu'à 10 heures 50.	Die Pause dauert von 9 Uhr bis 9.50 Uhr.
J'ai quatre heures de français par semaine.	Ich habe vier Stunden Französisch in der Woche

→ *Zum richtigen Gebrauch der Zeitangaben findest du weitere Informationen in Kapitel 15 S. 275*

Vorsicht Fehler! Angabe von Wochentagen

Bei Wochentagen steht niemals die Präposition ***à***!

Le mercredi, j'ai un cours de natation. *(regelmäßig)*	Mittwochs habe ich Schwimmunterricht.
Le lundi, j'ai 2 heures de musique.	Montags habe ich zwei Stunden Musik.
Aber:	
Lundi, je n'ai pas anglais : le prof est malade.	Am Montag fällt die Englischstunde aus: der Lehrer ist krank.

☐ la **permanence** [pɛʀmanɑ̃s]	beaufsichtigte Stillarbeit, Freiarbeit
une salle de permanence	Beaufsichtigter Raum für die Erledigung von Aufgaben in Freistunden
☐ les **études dirigées** *fpl* [etyddiʀiʒe]	Anfertigen von Aufgaben unter Anleitung und Aufsicht

☐ **être bon**, bonne **(en)** [ɛtʀbɔ̃, bɔn]	gut sein (in)
☐ **être mauvais**, mauvaise **(en)** [ɛtʀmovɛ, ɛz]	schlecht sein (in)
☐ **être nul**, nulle **(en)** [nyl]	sehr schlecht sein (in), eine Niete sein (in)
☐ **être excellent**, excellente **(en)** [ɛkselɑ̃, ɑ̃t]	ausgezeichnet sein (in)
☐ le **niveau**; les niveaux *pl* [nivo]	Niveau
avoir un bon niveau en	ein gutes Niveau, gute Leistungen haben in

être bon/ mauvais en

Wenn du angeben willst, ob du in einem Fach gut bist oder ob du ein Fach magst, kannst du folgende Ausdrücke benutzen:

Je suis bon/ bonne en maths.	Ich bin gut in Mathe.
Je suis mauvais/ mauvaise en chimie.	Ich bin schlecht in Chemie.
J'ai un bon niveau en langues mais je suis nul/ nulle en maths.	Ich bin gut in den Sprachen, aber in Mathe bin ich eine Niete.
J'adore le français/ l'histoire.	Ich finde Französisch/ Geschichte toll.
Ma matière préférée est la musique.	Mein Lieblingsfach ist Musik.

! Nach *adorer* steht der bestimmte Artikel !

→ *siehe Infobox S. 90*

☐ **se débrouiller (en)** *fam* [s(ə)debʀuje]	zurechtkommen, sich durchwursteln, sich durchschlagen

☐ **un club** [klœb]	AG
un club de théâtre	Theater-AG
☐ **la chorale** [kɔʀal]	Chor
☐ **l'orchestre** *m* [ɔʀkɛstʀ]	Orchester
☐ **le secourisme** [s(ə)kuʀism]	Sanitätsdienst, erste Hilfe
☐ **être membre de qc** [ɛtʀmɑ̃bʀ]	Mitglied sein in etw.
☐ **participer à qc** [paʀtisipe]	an etw. teilnehmen

Teilnahme an einer Schul-AG ausdrücken

Je suis dans le club de théâtre.	Ich bin in einer Theater-AG.
Je chante dans la chorale du collège.	Ich singe im Schulchor mit.
Je suis membre de l'orchestre.	Ich bin Mitglied des Orchesters.
Je participe à un groupe de secourisme.	Ich mache beim Sanitätsdienst mit.

12.5 Unterricht

☐ **le cours** [kuʀ]	Unterricht; Kurs; Unterrichtsstunde
un **cours de** français	Französischunterricht, Französischstunde
avoir un cours de français	Französischunterricht, eine Stunde Französisch haben
une **heure de cours**	Unterrichtsstunde
avoir cours	Unterricht haben
☐ **durer (de… à)** [dyʀe]	dauern (von… bis)

Le cours : Ausdrücke zum Unterricht

Après la récré, j'ai (un) cours de français/ une heure de français.	Nach der Pause habe ich Französisch / eine Stunde Französisch.
En France, une heure de cours dure 55 minutes.	In Frankreich dauert eine Unterrichtstunde 55 Minuten.
Le mercredi, j'ai cinq heures de cours.	Mittwochs habe ich 5 Stunden Unterricht.

Vorsicht Fehler! *Cour, cours* oder *courses*?

Achte darauf, dass du folgende Wörter nicht verwechselst:

la cour	der (Schul)Hof
le cours	der Unterricht, die Unterrichtsstunde
les courses *fpl*	die Einkäufe

☐ la **récréation** [ʀekʀeasjɔ̃]	Pause
☐ la **récré** *fam* [ʀekʀe]	Pause
☐ la **fin** [fɛ̃]	Ende
☐ le **début** [deby]	Beginn, Anfang
☐ **libre** [libʀ]	frei
être libre	frei haben, Schulschluss haben
Le mercredi après-midi, je suis libre.	Am Mittwochnachmittag habe ich frei

Unterrichtsfrei

Alle französischen Schulen sind Ganztagsschulen. Nur am Mittwoch findet kein Nachmittagsunterricht statt.

☐ **présent**, présente [pʀezɑ̃, ɑ̃t]	anwesend
☐ **absent**, absente [absɑ̃, ɑ̃t]	abwesend
☐ **sécher un cours** *fam* [seʃeɛ̃kuʀ]	Unterricht schwänzen
☐ **être à l'heure** [ɛtʀalœʀ]	pünktlich sein, kommen
☐ **être en retard** [ɛtʀɑ̃ʀ(ə)taʀ]	zu spät kommen

☐ **apprendre qc à qn** [apʀɑ̃dʀ]	jdm etw. beibringen
La prof apprend le français aux élèves.	Die Lehrerin bringt den Schülern Französisch bei.
☐ **enseigner qc** [ɑ̃seɲe]	etw. unterrichten
Elle enseigne les maths.	Sie unterrichtet Mathe.
☐ **encourager qn à faire qc** [ɑ̃kuʀaʒe]	jdn ermutigen etw. zu tun
☐ **aider qn** [ede]	jdm helfen
☐ **motiver qn** [mɔtive]	jdn motivieren
☐ la **motivation** [mɔtivasjɔ̃]	Motivation
☐ **être motivé**, motivée [mɔtive]	motiviert sein
☐ un **conseil** [kɔ̃sɛj]	Rat(schlag)
donner des conseils à qn	jdm Ratschläge geben

- □ **apprendre qc** [apʀɑ̃dʀ] – etw. lernen
- □ **travailler** [tʀavaje] – lernen, arbeiten
- □ **travailleur**, travailleuse [tʀavajœʀ, jøz] – fleißig
- □ **appliqué**, appliquée [aplike] – fleißig, sorgfältig
- □ **faire attention (à)** [fɛʀatɑ̃sjɔ̃] – aufpassen (auf)
- □ **se concentrer** [s(ə)kɔ̃sɑ̃tʀe] – sich konzentrieren
- □ la **concentration** [kɔ̃sɑ̃tʀasjɔ̃] – Konzentration
- □ **s'entraîner** [sɑ̃tʀɛne] – üben
- □ **faire des efforts** *mpl* [fɛʀdezefɔʀ] – sich anstrengen
- □ **faire des progrès** *mpl* [fɛʀdepʀɔgʀɛ] – Fortschritte machen
  Il a fait des progrès en français. – Er hat Fortschritte in Französisch gemacht.

Das richtige Wort: lernen: *travailler – apprendre*

Für die Schule lernen wird im Französischen als Arbeit betrachtet. Man sagt daher:

Cet après-midi, je dois travailler. J'ai un contrôle demain. – Heute Nachmittag muss ich lernen. Ich schreibe morgen eine Arbeit.

Apprendre benutzt man mit einem Objekt oder einem Mengenadverb:

Je dois apprendre le vocabulaire de cette leçon. – Ich muss die Vokabeln dieser Lektion lernen.

Dans ce cours, j'ai beaucoup appris. – In diese Unterrichtsstunde habe ich viel gelernt.

- □ **s'intéresser à** [sɛ̃teʀese] – sich interessieren für
- □ **l'intérêt** *m* **(pour)** [ɛ̃teʀɛ] – Interesse (für)
- □ **connaître** [kɔnɛtʀ] – kennen
- □ les **connaissances** *fpl* [kɔnɛsɑ̃s] – Kenntnisse
  avoir de bonnes connaissances en – gute Kenntnisse haben in
- □ **savoir** [savwaʀ] – wissen, können
- □ **oublier** [ublije] – vergessen

- □ **paresseux**, paresseuse [paʀesø, øz] – faul
- □ **s'ennuyer** [sɑ̃nɥije] – sich langweilen
- □ **ennuyeux**, ennuyeuse [ɑ̃nɥijø, jøz] – langweilig
- □ **bavarder** [bavaʀde] – reden, schwatzen
- □ **déranger le cours** [deʀɑ̃ʒeləkuʀ] – den Unterricht stören
- □ le **bruit** [bʀɥi] – Lärm
- □ le **silence** [silɑ̃s] – Stille
  Silence ! – Ruhe!
- □ **Chut !** [ʃyt] – Pst!/ Leise!

☐ **copier sur qn** [kɔpje]	bei jdm abschreiben
copier sur son voisin	bei seinem Nachbarn abschreiben

☐ **autoritaire** [ɔtɔʀitɛʀ]	autoritär
☐ l'**autorité** *f* [ɔtɔʀite]	Autorität
☐ **sévère** [sevɛʀ]	streng
☐ la **discipline** [disiplin]	Disziplin
☐ **discipliné**, disciplinée [disipline]	diszipliniert
☐ **s'énerver** [senɛʀve]	sich aufregen
☐ **punir** [pyniʀ]	(be)strafen
☐ une **punition** [pynisjɔ̃]	Strafarbeit, Strafe, Bestrafung
Ce prof donne beaucoup de punitions.	Dieser Lehrer gibt oft Strafarbeiten auf.
☐ un **conseil de classe** [kɔ̃sɛjdəklɑs]	Klassenkonferenz
☐ une **colle** [kɔl]	Nachsitzen
une heure de colle	eine Stunde Nachsitzen
J'ai une heure de colle.	Ich muss eine Stunde nachsitzen.

☐ **comprendre** [kɔ̃pʀɑ̃dʀ]	verstehen
☐ la **compréhension** [kɔ̃pʀeɑ̃sjɔ̃]	Verständnis
☐ une **difficulté** [difikylte]	Schwierigkeit
☐ **difficile** [difisil]	schwierig, schwer
☐ **facile** [fasil]	einfach, leicht

☐ l'**ambiance** *f* [ɑ̃bjɑ̃s]	Stimmung, Atmosphäre
Il y a une bonne ambiance dans la classe.	In der Klasse herrscht eine gute Atmosphäre.
☐ le **mobbing** [mɔbiŋ]	Mobbing
☐ le **respect** [ʀɛspɛ]	Respekt
☐ **respecter** [ʀɛspɛkte]	respektieren, achten
☐ le **racket** [ʀakɛt]	(Schutzgeld)Erpressung
☐ **raquetter qn** [ʀakɛtete]	von jdm Schutzgeld erpressen

12.6 Klassensprache und Übungsanweisungen

☐ **regarder** [ʀ(ə)gaʀde]	anschauen
☐ **écouter** [ekute]	zuhören
☐ **répéter** [ʀepete]	wiederholen
☐ **continuer à/ de** [kɔ̃tinye]	weitermachen, fortfahren
☐ **raconter qc à qn** [ʀakɔ̃te]	jdm etw. erzählen
☐ **résumer** [ʀezyme]	zusammenfassen

☐ un **résumé** [ʀezyme]	Zusammenfassung, Resümee
☐ une **activité** [aktivite]	Tätigkeit, Übung
☐ un **carnet d'activités** [kaʀnɛdaktivite]	Übungsheft
☐ **réviser** [ʀevize]	wiederholen
☐ la **révision** [ʀevizjɔ̃]	Wiederholung
☐ **préparer qc** [pʀepaʀe]	etw. vorbereiten
☐ les **devoirs** *mpl* [dəvwaʀ]	Hausaufgaben
faire ses devoirs	seine Hausaufgaben machen
☐ **contrôler** [kɔ̃tʀole]	kontrollieren, überprüfen
Ce prof ne contrôle jamais les devoirs.	Dieser Lehrer überprüft niemals die Hausaufgaben.
☐ **corriger** [kɔʀiʒe]	korrigieren
☐ **parler** [paʀle]	sprechen
parler vite	schnell sprechen
parler lentement	langsam sprechen
parler doucement	leise sprechen
parler fort	laut sprechen
☐ un **dialogue** [djalɔg]	Dialog
☐ **faire une interview** [fɛʀynɛ̃tɛʀvju]	ein Interview machen
☐ **faire un sondage** [fɛʀœ̃sɔ̃daʒ]	eine Umfrage machen
☐ **l'oral** *m* [ɔʀal]	das Mündliche
Elle est bonne **à l'oral**.	Im Mündlichen ist sie gut.

DELF

Bei den DELF-Prüfungen wird nur Französisch gesprochen. Auch alle Arbeitsanweisungen im schriftlichen und mündlichen Prüfungsteil werden ausschließlich auf Französisch erteilt. Um die Aufgaben zu verstehen und richtig bearbeiten zu können, ist es daher sehr wichtig, dass du das entsprechende Vokabular gut beherrschst!
Bonne chance !

☐ **ouvrir** [uvʀiʀ]	öffnen, aufmachen
Ouvrez les livres !	Schlagt die Bücher auf!
☐ **fermer** [fɛʀme]	zumachen, schließen
☐ une **page** [paʒ]	Seite
☐ une **unité** [ynite]	Lektion
☐ une **leçon** [l(ə)sɔ̃]	Lektion
☐ une **séquence** [sekɑ̃s]	Sequenz; Unterkapitel
☐ un **titre** [titʀ]	Titel
☐ un **dossier** [dosje]	Dossier; Mappe

☐ **un chapitre** [ʃapitʀ]	Kapitel
☐ **la table des matières** [tabl(ə)dematjɛʀ]	Inhaltsverzeichnis
☐ **une annexe** [anɛks]	Anhang
☐ **supplémentaire** [syplemɑ̃tɛʀ]	zusätzlich
un texte supplémentaire	Zusatztext
☐ **écrire** [ekʀiʀ]	schreiben
Tu écris comme un chat !	Du schreibst unsauber!
☐ **l'écrit** *m* [ekʀi]	das Schriftliche
Il a des problèmes **à l'écrit**.	Im Schriftlichen hat er Probleme.
☐ **un texte** [tɛkst]	Text
☐ **une histoire** [istwaʀ]	Geschichte
☐ **recopier qc** [ʀ(ə)kɔpje]	etw. abschreiben
☐ **marquer** [maʀke]	markieren; schreiben
☐ **noter** [nɔte]	notieren
☐ **prendre des notes** *fpl* [pʀɑ̃dʀdenɔt]	(sich) Notizen machen
☐ **une dictée** [dikte]	Diktat
☐ **un point** [pwɛ̃]	Punkt
☐ **une virgule** [viʀgyl]	Komma
mettre une virgule	ein Komma setzen
☐ **une parenthèse** [paʀɑ̃tɛz]	Klammer
mettre qc **entre parenthèses**	etw. in Klammern setzen
☐ **lire** [liʀ]	lesen
☐ **la lecture** [lɛktyʀ]	Lesen; Lektüre
☐ **une bulle** [byl]	Sprech-, Textblase
☐ **épeler** [ep(ə)le]	buchstabieren
Épèle ton nom, s'il te plaît !	Buchstabiere bitte deinen Namen!
☐ **une lettre** [lɛtʀ]	Buchstabe; Brief
☐ **un exercice** [ɛgzɛʀsis]	Übung
☐ **un exemple** [ɛgzɑ̃pl]	Beispiel
☐ **une solution** [sɔlysjɔ̃]	Lösung
☐ **compléter** [kɔ̃plete]	ergänzen, vervollständigen
☐ **remplir** [ʀɑ̃pliʀ]	(aus)füllen
☐ **chercher** [ʃɛʀʃe]	suchen
☐ **ajouter qc (à qc)** [aʒute]	(einer Sache) etw. hinzufügen
☐ **employer** [ɑ̃plwaje]	benutzen
☐ **utiliser** [ytilize]	benutzen
☐ **former** [fɔʀme]	bilden

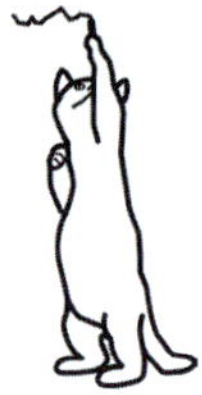

☐ **trouver** [tʀuve]	finden
☐ **choisir** [ʃwaziʀ]	wählen
☐ **souligner** [suliɲe]	unterstreichen
☐ **remplacer** [ʀɑ̃plase]	ersetzen
☐ **rimer** [ʀime]	sich reimen
rimer avec qc	(sich) auf etw. reimen
☐ **classer** [klase]	sortieren
☐ **mettre dans l'ordre** [mɛtʀdlɔʀdʀ]	in die richtige Reihenfolge bringen
☐ **comparer à** [kɔ̃paʀe]	vergleichen mit
☐ **indiquer** [ɛ̃dike]	erklären, zeigen
☐ **cocher** [kɔʃe]	ankreuzen
☐ **relever** [ʀəl(ə)ve, ʀ(ə)ləve]	herausschreiben, auflisten
Relevez les adjectifs dans ce texte.	Schreibt die Adjektive aus diesem Text heraus.
☐ **relier** [ʀəlje]	verbinden
relier des mots	Wörter verbinden
☐ **justifier** [ʒystifje]	begründen
justifier une réponse	eine Antwort begründen

CLASSER

COCHER

RELIER

☐ **jouer** [ʒwe]	spielen
☐ une **scène** [sɛn]	Szene *(→ siehe Infobox S. 152)*
☐ un **rôle** [ʀol]	Rolle
☐ **par cœur** [paʀkœʀ]	auswendig
apprendre qc par cœur	etw. auswendig lernen
☐ **inventer** [ɛ̃vɑ̃te]	erfinden
☐ **imaginer qc** [imaʒine]	sich etwas vorstellen
Imaginez une suite de l'histoire !	Erfindet eine Fortsetzung zu dieser Geschichte!
☐ **chanter** [ʃɑ̃te]	singen
☐ **deviner** [d(ə)vine]	raten, erraten
☐ une **devinette** [dəvinɛt]	Rätsel

☐ **dessiner** [desine]	zeichnen
☐ un **dessin** [desɛ̃]	Zeichnung
☐ une **image** [imaʒ]	Bild
sur l'image	auf dem Bild
☐ une **photo** [fɔto]	Foto
sur la photo	auf dem Foto
☐ un **tableau**; des **tableaux** *pl* [tablo]	Tabelle
faire un tableau	eine Tabelle erstellen
☐ un **graphique** [gʀafik]	Grafik
☐ un **associogramme** [asɔsjogʀam]	Mind-Map

DESSINER

☐ **compter** [kɔ̃te]	zählen
compter jusqu'à 100	bis hundert zählen
☐ **calculer** [kalkyle]	rechnen; kalkulieren
☐ **faire des calculs** [fɛʀdekalkyl]	rechnen
☐ un **chiffre** [ʃifʀ]	Ziffer
☐ un **nombre** [nɔ̃bʀ]	Zahl

→ *Die Zahlen findest du in Kapitel 17.2 S. 310, „Zahlen und Zahlwörter"*

☐ une **addition** [adisjɔ̃]	Addition
☐ **multiplier qc par qc** [myltiplije]	etw. mit etw. multiplizieren

☐ une **question** [kɛstjɔ̃]	Frage
poser une question à qn	jdm eine Frage stellen
☐ **répondre à qn/qc** [ʀepɔ̃dʀ]	jdm/ auf etw. antworten
répondre à une question	eine Frage beantworten
☐ une **réponse** [ʀepɔ̃s]	Antwort
☐ **interroger qn** [inteʀɔʒe]	jdm fragen, jdn abfragen/ befragen

Nicht verstanden!

Wenn du etwas nicht verstanden hast, kannst du sagen:

J'ai une question.	Ich habe eine Frage.
Pardon, je n'ai pas compris.	Entschuldigung, ich habe nicht verstanden.
Pouvez-vous répéter, s'il vous plaît ?	Können Sie bitte wiederholen?
Pouvez vous parler plus lentement, s'il vous plaît ?	Können Sie bitte langsamer sprechen?
Qu'est-ce que cela veut dire ?	Was heißt/bedeutet das?
Que signifie « Frieden » en français ?	Was heißt „Frieden" auf Französisch?
Comment est-ce qu'on dit « Schultasche » en français ?	Wie sagt man „Schultasche" auf Französisch?
Comment est-ce qu'on écrit ce mot ?	Wie schreibt man dieses Wort?
Comment est-ce qu'on prononce ce mot ?	Wie spricht man dieses Wort aus?
Est-ce que vous pouvez m'aider ?	Können Sie mir helfen?
Est-ce que vous pouvez expliquer … encore une fois ?	Können Sie noch einmal … erklären?
Pouvez-vous épeler, s'il vous plaît ?	Können Sie bitte buchstabieren?

☐ **expliquer** [ɛksplike]	erklären
☐ une **explication** [ɛksplikasjɔ̃]	Erklärung
☐ **décrire qc** [dekʀiʀ]	etw. beschreiben
☐ une **description** [dɛskʀipsjɔ̃]	Beschreibung
faire une description de qc	etw. beschreiben
☐ **définir** [definiʀ]	definieren
☐ une **définition** [definisjɔ̃]	Definition

→ *Wie du Gegenstände beschreiben kannst findest du in Kapitel 16 ab S. 295*

☐ le **vocabulaire** [vɔkabylɛʀ]	Wortschatz, Vokabular
☐ un **mot** [mo]	Wort
le mot suivant	das folgende Wort
un filet à mots	Vokabelnetz
☐ une **expression** [ɛkspʀesjɔ̃]	Ausdruck
☐ **familier**, familière [familje, ljɛʀ]	umgangssprachlich
☐ **traduire** [tʀadɥiʀ]	übersetzen
traduire en français	ins Französische übersetzen
☐ une **traduction** [tʀadyksjɔ̃]	Übersetzung
☐ un **dictionnaire** [diksjɔnɛʀ]	Wörterbuch
☐ **signifier** [siɲifje]	bedeuten, heißen
☐ la **signification** [siɲifikasjɔ̃]	Bedeutung
☐ le **contraire** [kɔ̃tʀɛʀ]	Gegenteil
☐ la **différence** [difeʀɑ̃s]	Unterschied
☐ **correspondre à qc** [kɔʀɛspɔ̃dʀa]	etw. entsprechen

☐ la **grammaire** [gʀamɛʀ]	Grammatik
☐ une **règle** [ʀɛgl]	Regel
☐ une **phrase** [fʀaz]	Satz
former une phrase	einen Satz bilden
☐ le **verbe** [vɛʀb]	Verb
☐ **conjuguer** [kɔ̃ʒyge]	konjugieren
☐ la **conjugaison** [kɔ̃ʒygɛzɔ̃]	Konjugation
☐ **accorder qc avec qc** [akɔʀde]	etw. an etw. angleichen
☐ l'**accord** *m* [akɔʀ]	Angleichung

☐ la **prononciation** [pʀɔnɔ̃sjasjɔ̃]	Aussprache
☐ **prononcer** [pʀɔnɔ̃se]	aussprechen
☐ la **liaison** [ljɛzɔ̃]	Wortbindung
☐ une **apostrophe** [apɔstʀɔf]	Apostroph, Auslassungszeichen

Les_amis spricht man [lezami] aus !

☐ l'**accent** *m* [aksɑ̃]	Akzent
l'**accent aigu** (é)	Accent aigu
l'**accent grave** (è)	Accent grave
l'**accent circonflexe** (ê)	Accent circonflexe
☐ le **tréma** (ë) [tʀema]	Trema
☐ la **cédille** [sedij]	Cédille
c-cédille (ç)	c mit Cédille *(wie in le garçon)*

! *Mais* [mɛ] ≠ *le maïs* [mais] !

Auf einen Blick: Einige Arbeitsanweisungen

Sortez vos affaires, s'il vous plaît !	Packt bitte eure Sachen aus!
Apprenez ce dialogue par cœur !	Lernt diesen Dialog auswendig!
Parle plus fort, s'il te plaît !	Sprich bitte lauter!
Silence s'il vous plaît !	Ruhe bitte!
Vrai ou faux ?	Richtig oder falsch?
Trouvez l'intrus !	Findet das Wort, das nicht passt!
Corrigez les fautes à l'aide du texte.	Korrigiert die Fehler mit Hilfe des Textes.
Mettez les accents.	Setzt die Akzente.
Marquez les liaisons.	Markiert die Wortbindungen.
Présentez vos résultats à vos camerades.	Tragt euren Klassenkameraden eure Ergebnisse vor.
Cocher la bonne réponse.	Kreuzt die richtige Antwort an.
Cochez les phrases qui correspondent au texte.	Kreuzt die Sätze an, die dem Text entsprechen.
Quel dessin correspond à l'histoire ?	Welche Zeichnung passt zu der Geschichte/ entspricht der Geschichte?
Faites l'interprète !	Spielt den Dolmetscher!
Relevez les verbes en *-ir* dans ce texte.	Sucht die Verben auf *-ir* aus dem Text heraus.
Faites un bref résumé de l'action.	Fasst die Handlung knapp zusammenfassen.
Justifiez votre réponse à l'aide du texte.	Begründet eure Aussage mit Hilfe des Textes.
Visitez le site.	Besucht die Webseite.

☐ **penser à** [pɑ̃se]	denken an
☐ **prendre position** [pʀɑ̃dʀpozisjɔ]	Stellung nehmen
☐ **donner son avis** [dɔnesɔ̃navi]	seine Meinung abgeben

☐ **commenter** [kɔmɑ̃te]	kommentieren
☐ un **commentaire** [kɔmɑ̃tɛʀ]	Kommentar
☐ **discuter de qc** [diskyte]	über etw. diskutieren
☐ **comparer qn/qc à qn/qc** [kɔ̃paʀe]	jdn/etw. mit jdm/etw. vergleichen
☐ **peser le pour et le contre** [pəzel(ə)puʀel(ə)kɔ̃tʀ]	das Für und Wider abwägen

Auf einen Blick : Einige Ausdrücke zu Textanalyse

le sujet [syʒɛ]	Thema
le contenu [kɔ̃t(ə)ny]	Inhalt
une dissertation [disɛʀtasjɔ̃]	Aufsatz
rédiger une dissertation	einen Aufsatz schreiben
étudier un problème [etydjeœ̃pʀɔblɛm]	ein Problem untersuchen
formuler une idée [fɔʀmyleynide]	eine Idee formulieren
mettre en relief [mɛtʀɑ̃ʀəljɛf]	hervorheben
analyser [analize]	analysieren
interpréter [ɛ̃tɛʀpʀete]	interpretieren
une explication de texte [ɛksplikasjɔ̃d(ə)tɛkst]	Textinterpretation
citer [site]	zitieren
une citation [sitasjɔ̃]	Zitat
une annotation [anɔtasjɔ̃]	Anmerkung

→ *Weitere Ausdrücke findest du Kapitel 7.9 „Texte besprechen" S. 127*

☐ **présenter** [pʀezɑ̃te]	vortragen
présenter un résultat	ein Ergebnis vortragen
☐ un **exposé** [ɛkspoze]	Referat
présenter un exposé	ein Referat vortragen

☐ une **fiche** [fiʃ]	(Kartei)Karte, Zettel, Blatt
une **fiche portrait**	Steckbrief
☐ un **brouillon** [bʀujɔ̃]	Konzeptpapier
☐ une **approche** [apʀɔʃ]	Herangehensweise
☐ un **projet** [pʀɔʒɛ]	Projekt

12.7 Klassenarbeiten und Prüfungen

☐ une **interrogation écrite** [inteʀɔgasjɔ̃(ekʀit)]	Klassenarbeit, Test
☐ une **interro** *fam* [ɛ̃teʀo]	Klassenarbeit, Test
☐ un **contrôle** [kɔ̃tʀol]	Klassenarbeit
☐ la **copie** [kɔpi]	Klassenarbeit (Heft); Kopie
ramasser/ rendre les copies	die Arbeiten einsammeln/ zurückgeben

☐ une **faute** [fot]	Fehler
☐ **faux**, **fausse** [fo, fos]	falsch
☐ l'**orthographe** *f* [ɔʀtɔgʀaf]	Rechtschreibung
Ta dictée est pleine de **fautes d'orthographe**.	Dein Diktat ist voller Rechtschreibfehler.
☐ **correct**, **correcte** [kɔʀɛkt]	korrekt, richtig
☐ **corriger** [kɔʀiʒe]	berichtigen, korrigieren
☐ le **corrigé** [kɔʀiʒe]	(Muster)Lösung; Verbesserung, Berichtigung

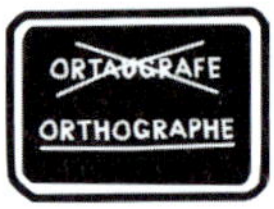

☐ **réussir (à faire) qc** [ʀeysiʀ]	Erfolg haben bei/mit etw.; etw. erfolgreich tun
réussir un contrôle	eine gute Klassenarbeit schreiben
☐ un **échec** [eʃɛk]	Misserfolg
☐ **rater qc** *fam* [ʀate]	bei etw. durchfallen, etw. nicht schaffen, eine Arbeit verhauen
J'ai raté l'interro d'anglais.	Ich habe die Englischarbeit verhauen.

☐ une **note** [nɔt]	Note, Zenzur
☐ un **résultat** [ʀezylta]	Ergebnis
☐ la **moyenne** [mwajɛn]	Durchschnitt
Il n'a pas **la moyenne en** anglais.	Er hat in Englisch kein „ausreichend" bekommen.
☐ le **bulletin scolaire** [byltɛ̃skɔlɛʀ]	(Schul)Zeugnis

Schulnoten

Die französischen Schulnoten entsprechen einem Punktesystem von 0–20 Punkten. 20 Punkte bekommt man sehr selten bei hervorragenden Leistungen. 10 Punkte entsprechen der Note „ausreichend". Mit 10 Punkten hat man ***la moyenne***, den Durchschnitt, erreicht und ist versetzt. Es kann also leicht zu Missverständnissen kommen, wenn du stolz erzählst, dass du in einem Fach eine 1 hast!
Man sagt:

J'ai un 15 en allemand.	Ich habe 15 Punkte in Deutsch.
Il a 18 sur 20.	Er hat 18 von 20 Punkten.

☐ **passer (en)** [pase]	versetzt werden (in)
☐ **redoubler** [ʀ(ə)duble]	sitzen bleiben
redoubler une classe	eine Klasse wiederholen
☐ **sauter une classe** [soteynklɑs]	eine Klasse überspringen

Versetzt werden und sitzen bleiben

Elle passe en troisième.	Sie wird in die 7. Klasse versetzt.
Il passe dans la classe supérieure.	Er wird in die nächste Klasse versetzt.
J'ai redoublé la quatrième.	Ich habe die achte Klasse wiederholt.

☐ le **brevet (des collèges)** [bʀəvɛ (dekɔlɛʒ)]	Abschlusszeugnis im Collège, *etwa*: Mittlere Reife
Elle a **eu/ réussi le brevet**.	Sie hat den Abschluss im Collège geschafft.
☐ le **baccalauréat** [bakalɔʀea]	Abitur
☐ le **bac** *fam* [bak]	Abitur
le **bac pro**	Fachabitur
passer le bac	das Abitur ablegen, machen
☐ un **bachelier**, une bachelière [baʃəlje, jɛʀ]	Abiturient(in)
☐ le **BEP (brevet d'études professionnelles)** [beəpe]	*Abschlusszeugnis nach 2 Ausbildungsjahren an einer Berufsschule (lycée professionnel)*

☐ le **CAP (certificat d'aptitude professionnelle)** [seape]	*Abschlusszeugnis nach zwei Ausbildungsjahren an einer Berufsschule (lycée professionnel) oder nach einer Lehre, praxisorientierter und leichter als das BEP*

12.8 Schüleraustausch

☐ un **échange (scolaire)** [eʃɑ̃ʒ(skɔlɛʀ)]	Schüleraustausch
participer à un échange	an einem Schüleraustausch teilnehmen
☐ un **voyage scolaire** [vwajaʒskɔlɛʀ]	Klassenfahrt
☐ un **jumelage** [ʒymlaʒ]	(Städte)Partnerschaft
☐ **être jumelé,** jumelée **(à/ avec)** [ʒymle]	eine Städtepartnerschaft haben (mit)
☐ **arriver* (à)** [aʀive]	ankommen (in)
☐ **partir* (de)** [paʀtiʀ]	(weg-, fort)gehen (von/aus)

☐ un **correspondant,** une correspondante [kɔʀɛspɔ̃dɑ̃, ɑ̃t]	Austauschschüler(in), Brieffreund(in)
recevoir un correspondant	einen Austauschschüler aufnehmen, empfangen
☐ **prendre contact avec qn** [pʀɑ̃dʀkɔ̃takt]	mit jdm Kontakt aufnehmen
☐ **être en contact avec** [ɛtʀɑ̃kɔ̃takt]	in Verbindung stehen mit, Kontakt haben zu
☐ **rester* en contact (avec qn)** [ʀɛsteɑ̃kɔ̃takt]	in Kontakt bleiben (mit jdm)

! Städtepartnerschaft und Austausch

Notre ville est jumelée avec une ville en France.	Unsere Stadt hat eine Partnerschaft mit einer Stadt in Frankreich.
Nous allons voir nos correspondants en mars.	Wir werden unsere Austauschschüler im März besuchen.
Nos correspondants vont venir nous voir en mai.	Unsere Austauschschüler kommen uns im Mai besuchen.

accueillir qn [akœjiʀ]	jdn empfangen, aufnehmen
une **famille d'accueil** [akœj]	Gastfamilie
hospitalier, hospitalière [ɔspitalje, jɛʀ]	gastfreundlich
l'**hospitalité** *f* [ɔspitalite]	Gastfreundschaft
s'occuper de qn [sɔkype]	sich um jdn kümmern

inviter qn [ɛ̃vite]	jdn einladen
rendre visite à qn [ʀɑ̃dʀvizit]	jdn besuchen
aller* voir qn [alevwaʀ]	jdn besuchen, jdn besuchen gehen/fahren

! Benutze bei Personen nicht *visiter* ! Siehe unten.

→ *Zum Thema Einladung siehe Kapitel 2.5 S. 42*

venir* voir qn [v(ə)niʀwaʀ]	jdn besuchen kommen
un **séjour** [seʒuʀ]	Aufenthalt
passer [pase]	verbringen
passer deux semaines en France	zwei Wochen in Frankreich verbringen

accompagner qn [akɔ̃paɲe]	jdn begleiten
un **groupe** [gʀup]	Gruppe
ensemble [ɑ̃sɑ̃bl]	zusammen

montrer qc à qn [mɔ̃tʀe]	jdm etw. zeigen
faire un rallye [fɛʀœ̃ʀali]	eine Rallye machen
faire une promenade [fɛʀynpʀɔm(ə)nad]	einen Spaziergang machen, spazieren gehen
se promener [s(ə)pʀɔm(ə)ne]	spazieren gehen
une **excursion** [ɛkskyʀsjɔ̃]	Ausflug
faire une excusion	einen Ausflug unternehmen, machen
visiter qc [vizite]	etw. besichtigen, besuchen

découvrir [dekuvʀiʀ]	entdecken
connaître [kɔnɛtʀ]	kennen lernen
faire la connaissance de qn [fɛʀlakɔnɛsɑ̃s]	jdn kennenlernen
l'**étranger** *m* [etʀɑ̃ʒe]	Ausland
étranger, étrangère [etʀɑ̃ʒe, ɛʀ]	fremd
une famille étrangère	fremde Familie

l'**expérience** *f* [ɛkspeʀjɑ̃s]	Erfahrung
faire une expérience	eine Erfahrung machen
s'habituer à [sabitɥe]	sich gewöhnen an
Il faut s'habituer à la nourriture.	Man muss sich an das Essen gewöhnen.
se débrouiller *fam* [s(ə)debʀuje]	zurecht kommen, klar kommen

☐ **manquer à qn** [mɑ̃ke]	fehlen
Ma famille me manque.	Meine Familie fehlt mir.
Sa famille manque à Emma.	Ihre Familie fehlt Emma.
☐ **avoir le mal du pays** [avwaʀləmaldypei]	Heimweh haben
☐ **avoir le cafard** *fam* [avwaʀləkafaʀ]	deprimiert sein; Heimweh haben
☐ **faire des progrès (en)** [fɛʀdepʀɔgʀɛ]	Fortschritte machen (in)
☐ **améliorer** [ameljɔʀe]	verbessern
améliorer son français	seine Französischkenntnisse verbessern

12.9 Erziehung und Bildung

☐ **élever qn** [el(ə)ve]	jdn großziehen, erziehen
être bien élevé, élevée	gut erzogen sein, gute Manieren haben
☐ l'**éducation** *f* [edykasjɔ̃]	Erziehung
☐ un **éducateur**, une éducatrice [edykatœʀ, tʀis]	Erzieher(in)
☐ le **Ministère de l'Éducation nationale** [ministɛʀdəledykasjɔ̃nasjɔnal]	Erziehungsministerium
☐ **cultivé**, cultivée [kyltive]	gebildet
☐ la **culture** [kyltyʀ]	Bildung, Kultur
la **culture générale**	Allgemeinbildung
☐ **s'instruire** [sɛ̃stʀɥiʀ]	sich Kenntnisse aneignen, sich bilden
☐ **former qn** [fɔʀme]	jdn ausbilden
☐ la **formation** [fɔʀmasjɔ̃]	Ausbildung

12.10 Universität, Wissenschaft und Forschung

☐ l'**université** *f* [ynivɛʀsite]	Universität
☐ la **faculté** [fakylte]	Fakultät, Universität
☐ la **fac** *fam* [fak]	Fakultät, Universität
☐ une **grande école** [gʀɑ̃dekɔl]	Elitehochschule
☐ une **classe préparatoire** [klaspʀepaʀatwaʀ]	Vorbereitungsklasse zu einer Elitehochschule
☐ une **prépa** *fam* [pʀepa]	Vorbereitungsklasse zu einer Elitehochschule

☐ **s'inscrire** [sɛ̃skʀiʀ]	sich einschreiben, sich immatrikulieren
Julien s'est inscrit en fac(ulté) de médecine.	Julien hat sich in der medizinischen Fakultät eingeschrieben/ immatrikuliert.
☐ **l'inscription** *f* [ɛ̃skʀipsjɔ̃]	Einschreibung, Immatrikulation
☐ **scientifique** [sjɑ̃tifik]	wissenschaftlich
un, une scientifique	Wissenschaftler(in)
☐ **la science** [sjɑ̃s]	Wissenschaft
☐ **la recherche** [ʀəʃɛʀʃ]	Forschung
faire de la recherche	forschen, in der Forschung tätig sein
un **centre de recherche**	Forschungszentrum
☐ **un chercheur, une chercheuse** [ʃɛʀʃœʀ, øz]	Forscher(in)

☐ **les études** *fpl* [etyd]	Studium
faire des études	studieren
faire des études de médecine	Medizin studieren
les **études supérieures**	Hochschulstudium
☐ **un étudiant, une étudiante** [etydjɑ̃, jɑ̃t]	Student(in)

☐ **un candidat, une candidate** [kɑ̃dida, at]	Kandidat(in)
être candidat à un examen	Examenskandidat sein
☐ **un examen** [ɛgzamɛ̃]	Prüfung, Examen
passer/ réussir un examen	eine Prüfung ablegen/ bestehen
☐ **un concours (d'entrée)** [kɔ̃kuʀ]	Aufnahmeprüfung, -wettbewerb
préparer un concours	sich auf eine Aufnahmeprüfung vorbereiten
☐ **un certificat** [sɛʀtifika]	Zeugnis; Bescheinigung
☐ **un diplôme** [diplom]	Diplom

Mein Zusatzvokabular

13 Ferien und Verreisen

13.1 Ferien und Verreisen allgemein

☐ un **voyage** [vwajaʒ]	Reise
partir* **en voyage**	verreisen, auf die Reise gehen
faire un voyage	eine Reise unternehmen, reisen
Bon voyage !	Gute Reise!/ Gute Fahrt!
☐ un **voyageur**, une voyageuse [vwajaʒœʀ, øz]	Reisende(r)
☐ **voyager** [vwajaʒe]	reisen, umher reisen
voyager en France	in Frankreich umher reisen
voyager à travers la Provence	quer durch die Provence reisen
J'aime voyager.	Ich reise gerne.
☐ les **vacances** *fpl* [vakɑ̃s]	Ferien, Urlaub
Bonnes vacances !	Schöne Ferien!/Schönen Urlaub!
passer ses vacances en Espagne	seinen Urlaub/ seine Ferien in Spanien verbringen

Ferienarten

In Frankreich gibt es folgende Ferien:
les vacances d'été
Sommerferien
les vacances de la Toussaint
Herbstferien
les vacances de Noël
Weihnachtsferien
les vacances d'hiver
Winterferien
les vacances de Pâques/ de printemps
Osterferien

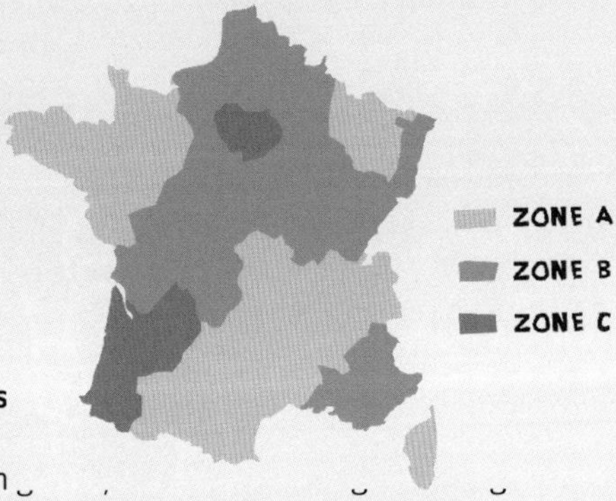

Frankreich ist für die Ferien in 3 Zonen ... Winter- und Osterferien wegfahren. Dafür gibt es einen Kalender, der genau beschreibt, wer wann Ferien hat:
zone A: Caen, Clermont-Ferrand, Grenoble, Lyon, Montpellier, Nancy-Metz, Nantes, Rennes, Toulouse.
zone B: Aix-Marseille, Amiens, Besançon, Dijon, Lille, Limoges, Nice, Orléans-Tours, Poitiers, Reims, Rouen, Strasbourg.
zone C: Bordeaux, Créteil, Paris, Versailles.

Vorsicht Fehler! Ferien: Ausdrücke mit *les vacances*

être en vacances	Ferien haben
Je suis en vacances.	Ich habe Ferien.
Pendant les vacances, je rends visite à mes grands-parents.	In den Ferien besuche ich meine Großeltern.

☐ **aller*** **à/ en** [ale]	reisen nach, fahren nach, fliegen nach
☐ **partir*** [paʀtiʀ]	verreisen, abreisen
Tu pars cet été ?	Fährst du diesen Sommer weg?
On part le 17 août.	Wir fahren am 17. August weg/ los.
partir en vacances	verreisen, wegfahren
☐ **arriver*** [aʀive]	ankommen
☐ l'**arrivée** *f* [aʀive]	Ankunft
à notre arrivée	bei unserer Ankunft
☐ **rester*** [ʀɛste]	bleiben
J'y suis resté(e) trois semaines.	Ich bin drei Wochen dort geblieben.
☐ **revenir*** **(de)** [ʀəv(ə)niʀ, ʀ(ə)vəniʀ]	zurückkommen (aus)

On revient le 30 juillet.	Wir kommen am 30. Juli zurück.
On revient d'Espagne.	Wir kommen aus Spanien (zurück).
☐ **rentrer* de** [ʀɑ̃tʀe]	zurückkommen aus
Je rentre d'Italie.	Ich komme (gerade) aus Italien.

Vorsicht Fehler! Reisen + Ortsangaben

Wenn du erzählen willst, wohin du in den Ferien reist oder wo du deine Ferien verbracht hast, benutzt du nicht das Wort ***voyager*** sondern das Verb ***aller***:

Où est-ce que tu vas aller pendant les vacances ?	Wohin fährst du in den Ferien?
Pendant les vacances, je vais aller en France.	In den Ferien werde ich nach Frankreich fahren.
Où est-ce que tu es allé(e) pendant les vacances ?	Wo bist du in den Ferien gewesen?
Pendant les vacances, je suis allé(e) en Bretagne.	In den Ferien war ich in der Bretagne.

Du kannst auch den Ausdruck ***passer les vacances en*** benutzen:

Où est-ce que tu as passé tes vacances ?	Wo hast du deine Ferien verbracht?/ Wo warst du in den Ferien?
J'ai passé mes vacances en France.	Ich habe meine Ferien in Frankreich verbracht.

☐ l'**avion** *m* [avjɔ̃]	Flugzeug
partir en avion	mit dem Flugzeug verreisen
☐ le **train** [tʀɛ̃]	Zug
partir en train	mit dem Zug verreisen
☐ le **car** [kaʀ]	Bus
partir en car	mit dem Bus verreisen
☐ la **voiture** [vwatyʀ]	Auto
partir en voiture	mit dem Auto verreisen

Faux ami: *le car*

Anders als im Englischen bedeutet ***le car*** im Französischen *Reisebus, Bus:*

la voiture	das Auto
Nous avons pris la voiture.	Wir haben das Auto genommen.
le car	der Reisebus, Bus
Nous avons voyagé en car.	Wir sind mit dem Bus gereist.

☐ une **colonie de vacances** [kɔlɔnid(ə)vakɑ̃s]	Ferienlager
☐ une **colo** *fam* [kolo]	Ferienlager
partir en colo	in ein Ferienlager fahren
☐ un **camp de vacances** [kɑ̃dəvakɑ̃s]	Ferienlager
☐ un **animateur**, une animatrice [animatœʀ, tʀis]	Animateur(in), Freizeitpädagoge/-pädagogin, Betreuer(in)

☐ un **pays** [pei]	Land
☐ **exotique** [ɛgzɔtik]	exotisch
☐ une **région** [ʀeʒjɔ̃]	Region
une **région touristique**	Touristengebiet
☐ l'**étranger** *m* [etʀɑ̃ʒe]	Ausland
J'habite à l'étranger.	Ich wohne im Ausland.
Je vais à l'étranger.	Ich fahre ins Ausland.
☐ **étranger**, étrangère [etʀɑ̃ʒe, ɛʀ]	fremd, ausländisch
un étranger, une étrangère	Ausländer(in)
☐ une **frontière** [fʀɔ̃tjɛʀ]	Grenze
passer une frontière	eine Grenze überqueren, passieren
☐ **international**, internationale; internationaux *mpl* [ɛ̃tɛʀnasjɔnal]	international

☐ **découvrir** [dekuvʀiʀ]	entdecken
☐ une **découverte** [dekuvɛʀt]	Entdeckung
☐ une **aventure** [avɑ̃tyʀ]	Abenteuer
vivre une aventure	ein Abenteuer erleben
partir à l'aventure	auf gut Glück, ins Blaue hinein aufbrechen

☐ un, une **touriste** [tuʀist]	Tourist(in)
☐ le **tourisme** [tuʀism]	Tourismus
☐ un **séjour** [seʒuʀ]	Aufenthalt
Bon séjour !	Angenehmen Aufenthalt!

13.2 Reisevorbereitungen

☐ une **agence de voyage** [aʒɑ̃sdəvwajaʒ]	Reiseagentur, -büro
☐ un **office de/ du tourisme** [ɔfisdə/dytuʀism]	Fremdenverkehrsamt, Touristeninformation
☐ un **syndicat d'initiative** [sɛ̃dikadinisjativ]	Fremdenverkehrsamt, Touristeninformation
☐ **se renseigner sur qc** [s(ə)ʀɑ̃sɛɲe]	sich über etw. erkundigen

☐ un **renseignement** [ʀɑ̃sɛɲmɑ̃]	Auskunft
J'aimerais avoir un renseignement.	Ich hätte gerne eine Auskunft.
☐ **s'informer sur** [sɛ̃fɔʀme]	sich informieren über
☐ une **information** [ɛ̃fɔʀmasjɔ̃]	Auskunft
☐ un **catalogue** [katalɔg]	Katalog
☐ un **prospectus** [pʀɔspɛktys]	Prospekt
☐ **recommander qc à qn** [ʀ(ə)kɔmɑ̃de]	jdm etw. empfehlen

☐ une **valise** [valiz]	Koffer
faire sa valise	seinen/ihren Koffer packen
☐ un **sac** [sak]	Tasche, Sack
un **sac à dos**	Rucksack
☐ les **bagages** *mpl* [bagaʒ]	Gepäck
☐ **préparer** [pʀepaʀe]	vorbereiten, zurechtlegen
préparer ses affaires	seine Sachen zurechtlegen, packen
☐ **prendre qc** [pʀɑ̃dʀ]	etw. mitnehmen
Combien de t-shirts est-ce que tu prends ?	Wie viel T-Shirts nimmst du mit?
☐ **emporter qc** [ɑ̃pɔʀte]	etw. mitnehmen
Je prends mon parapluie ?	Soll ich meinen Schirm mitnehmen?
☐ une **liste** [list]	Liste

☐ un **guide** [gid]	Reiseführer (Buch)
☐ une **carte** [kaʀt]	Karte

☐ une **carte d'identité** [kaʀtdidɑ̃tite]	Personalausweis
☐ une **pièce d'identité** [pjɛsdidɑ̃tite]	Ausweis
présenter une pièce d'identité	einen Ausweis vorzeigen
☐ un **passeport** [paspɔʀ]	Reisepass
☐ un **visa** [viza]	Visum

13.3 Unterkunft

☐ un **hôtel** [ɔ/otɛl]	Hotel
☐ une **pension (de famille)** [pɑ̃sjɔ̃ (dəfamij)]	Pension
☐ une **chambre d'hôte** [ʃɑ̃bʀədot]	Gästezimmer, Zimmer mit Frühstück
☐ un **gîte rural** [ʒitʀyʀal]	Ferienquartier in einem Landhaus
☐ une **auberge de jeunesse** [obɛʀʒdəʒœnɛs]	Jugendherberge
☐ un **club de vacances** [klœb (dəvakɑ̃s)]	Ferienklub
☐ un **appartement/** une **maison de vacances** [apaʀtəmɑ̃/mɛzɔ̃dəvakɑ̃s]	Ferienwohnung, -haus

Un gîte rural und *une chambre d'hôte*

Un ***gîte rural*** oder eine ***chambre d'hôte*** wird von Privatleuten vermietet. Infos hierzu findest du im Internet unter dem Stichwort „Gites de Frances".

☐ une **étoile** [etwal]	Stern
un **hôtel 3 étoiles**	ein Drei-Sterne-Hotel
☐ **confortable** [kɔ̃fɔʀtabl]	bequem, behaglich, komfortabel
☐ le **confort** [kɔ̃fɔʀ]	Komfort
☐ le **luxe** [lyks]	Luxus
un **hôtel de luxe**	Luxushotel

☐ une **chambre** [ʃɑ̃bʀ]	Zimmer
une **chambre simple/ pour une personne**	Einzelzimmer
une **chambre double/ pour deux personnes**	Doppelzimmer
une chambre avec vue sur la mer	Zimmer mit Meerblick
☐ le **lit** [li]	Bett
un **grand lit**	französisches Bett, Doppelbett
un lit supplémentaire	Zusatzbett

☐ une **salle de bains** [saldəbɛ̃]	Bad(ezimmer)
☐ une **douche** [duʃ]	Dusche
☐ un **lavabo** [lavabo]	Waschbecken
☐ les **W.-C.** *mpl* [vese]	Toilette

☐ une **terrasse** [teʀas]	Terrasse
☐ un **balcon** [balkɔ̃]	Balkon
☐ une **piscine** [pisin]	Schwimmbad

☐ **calme** [kalm]	ruhig
☐ **bruyant**, **bruyante** [bʀɥjɑ̃, jɑ̃t]	laut
☐ **donner sur** [dɔne]	gehen/liegen zu
Ma chambre donne sur la cour.	Mein Zimmer geht/liegt zum Innenhof hin.

☐ **en demi-pension** [ɑ̃d(ə)mipɑ̃sjɔ̃]	mit Halbpension
une chambre en demi-pension	Zimmer mit Halbpension
☐ **en pension complète** [ɑ̃pɑ̃sjɔ̃kɔ̃plɛt]	mit Vollpension
☐ le **petit déjeuner** [p(ə)tideʒœne]	Frühstück
Le petit déjeuner est compris.	Frühstück ist im Preis inbegriffen.

☐ la **réception** [ʀesɛpsjɔ̃]	Empfang
☐ la **clé/ clef** [kle]	Schlüssel
☐ le **hall** ['ol]	Empfangshalle
☐ l'**ascenseur** *m* [asɑ̃sœʀ]	Aufzug
☐ **louer** [lwe]	mieten; vermieten
chambre à louer	Zimmer zu vermieten
☐ **libre** [libʀ]	frei
☐ **complet**, complète [kɔ̃plɛ, ɛt]	ausgebucht
L'hôtel est complet.	Das Hotel ist ausgebucht/ belegt.

☐ **réserver** [ʀezɛʀve]	reservieren
(faire) réserver une chambre	ein Zimmer reservieren (lassen)
☐ une **réservation** [ʀezɛʀvasjɔ̃]	Reservierung
confirmer une réservation	eine Reservierung bestätigen
☐ **annuler** [anyle]	stornieren, annulieren
☐ la **nuit** [nɥi(te)]	Nacht
Combien coûte la nuit pour une personne ?	Wie viel kostet eine Nacht im Einzelzimmer?
☐ la **note** [nɔt]	Rechnung
☐ le **camping** [kɑ̃piŋ]	Campen; Campingplatz
un **terrain de camping**	Campingplatz
faire du camping	campen, zelten
☐ **camper** [kɑ̃pe]	campen, zelten
☐ une **tente** [tɑ̃t]	Zelt
monter la tente	das Zelt aufschlagen
☐ un **camping-car** [kɑ̃piŋkaʀ]	Wohnmobil
partir en camping-car	mit dem Wohnmobil verreisen

13.4 Am Meer und im Gebirge

☐ la **mer** [mɛʀ]	Meer
au bord de la mer	am Meer
☐ la **côte** [kot]	Küste
sur la côte	an der Küste
sur la Côte d'Azur	an der Côte d'Azur
☐ la **plage** [plaʒ]	Strand
à la plage	am Strand
☐ le **sable** [sabl]	Sand

☐ **un rocher** [ʀɔʃe]	Fels
☐ **une vague** [vag]	Welle
☐ **le soleil** [sɔlɛj]	Sonne
se mettre au soleil	sich in die Sonne legen
☐ **un bain de soleil** [bɛ̃dsɔlɛj]	Sonnenbad
prendre un bain de soleil	sich sonnen
☐ **un coup de soleil** [kudsɔlɛj]	Sonnenbrand
attraper un coup de soleil	einen Sonnenbrand bekommen
☐ **les lunettes de soleil** *fpl* [lynɛtdəsɔlɛj]	Sonnenbrille
☐ **bronzer** [bʀɔ̃ze]	braun werden, sich sonnen
Tu as beaucoup bronzé !	Du bist aber braun geworden!

! *bronzer* wird mit *avoir* konjugiert !

☐ **se reposer** [səʀ(ə)poze]	sich ausruhen, sich erholen
☐ **se détendre** [s(ə)detɑ̃dʀ]	sich entspannen
☐ **se relaxer** [s(ə)ʀ(ə)lakse]	sich entspannen, relaxen
☐ **se baigner** [s(ə)beɲe]	baden
☐ **la baignade** [bɛɲad]	Badeplatz; Baden
Baignade interdite.	Baden verboten.
☐ **plonger** [plɔ̃ʒe]	tauchen
☐ **la plongée (sous-marine)** [plɔ̃ʒe (sumaʀin)]	Sporttauchen
faire de la plongée (sous-marine)	tauchen
☐ **un bateau; des bateaux** *pl* [bato]	Boot, Schiff
faire du bateau	Boot fahren
☐ **faire du surf** [sœʀf]	surfen, wellenreiten
☐ **faire de la planche à voile** [plɑ̃ʃavwal]	windsurfen
☐ **faire de la voile** [vwal]	segeln

→ *Die Meere und Ozeane findest du in Kapitel 18 S. 330*

☐ **un port** [pɔʀ]	Hafen
☐ **un quai**[kɛ]	Quai
☐ **une jetée** [ʒ(ə)te]	Hafenmole, Pier
☐ **un phare** [faʀ]	Leuchtturm
☐ **la montagne** [mɔ̃taɲ]	Berg, Berge, Gebirge
à la montagne	in den Bergen, im Gebirge

→ *Die französische Berge findest du in Kapitel 18 S. 329*

☐ **un sommet** [sɔmɛt]	Gipfel
monter* au sommet	den Gipfel besteigen, auf den Gipfel steigen
☐ **escalader** [ɛskalade]	besteigen, erklimmen
escalader une montagne	auf einen Berg steigen

☐ **faire de l'escalade** [ɛskalad]	klettern

☐ un **lac** [lak]	See
☐ un **refuge** [ʀ(ə)fyʒ]	(Schutz)Hütte
☐ un **chalet** [ʃalɛ]	Chalet, (Berg)Hütte

☐ une **excursion** [ɛkskyʀsjɔ̃]	Ausflug, Wanderung
faire une **excursion en montagne**	eine Bergwanderung machen
☐ une **randonnée** [ʀɑ̃dɔne]	Wanderung
faire une randonnée	wandern
faire une randonnée en vélo	eine Radtour machen
☐ un **VTT (vélo tout-terrain)** [vetete]	Mountainbike

☐ un **parc naturel** [paʀknatyʀɛl]	Naturschutzgebiet
☐ un **parc national** [paʀknasjɔnal]	Nationalpark
☐ **dehors** [dəɔʀ]	draußen
☐ **en plein air** [ɑ̃plɛnɛʀ]	im Freien
passer ses journées dehors/ en plein air	seine Tage draußen/ im Freien verbringen

→ *Das Vokabular zu Landschaftsformen und Ferien auf dem Land findest du Kapitel 18 S. 328*

☐ une **station de ski** [stasjɔ̃dəski]	Skiort, Wintersportort
☐ **faire du ski** [ski]	Ski fahren
☐ **faire du snowboard** [snobɔʀd]	Snowboard fahren

☐ **faire de la luge** [lyʒ]	Schlitten fahren
☐ **faire du patin à glace** [patɛ̃aglas]	Schlittschuh laufen
☐ la **neige** [nɛʒ]	Schnee
☐ la **glace** [glas]	Eis

13.5 Besichtigung und Sehenswürdigkeiten

☐ **visiter qc** [vizite]	etw. besichtigen, besuchen
☐ un **visiteur**, une visiteuse [vizitœʀ, øz]	Besucher(in)
☐ une **visite** [vizit]	Besuch; Besichtigung
☐ une **visite guidée** [vizit(gide)]	Führung
☐ un, une **guide** [gid]	Fremdenführer(in), Reiseführer(in)
☐ un **tour (de la ville)** [tuʀ(d(ə)lavil)]	(Stadt)Rundgang/-fahrt
☐ **montrer qc à qn** [mɔ̃tʀe]	jdm etw. zeigen

☐ **touristique** [tuʀistik]	touristisch
une ville touristique	eine vom Tourismus geprägte Stadt
☐ une **curiosité (touristique)** [kyʀjozite(tuʀistik)]	Sehenswürdigkeit
☐ un **site** [sit]	sehenswerte Landschaft, Gegend, Stätte
☐ une **attraction** [atʀaksjɔ̃]	Attraktion
La tour Eiffel est une attraction touristique.	Der Eiffelturm ist eine Touristenattraktion.
☐ un **parc d'attractions** [paʀkdatʀaksjɔ̃]	Vergnügungspark
☐ **pittoresque** [pitɔʀɛsk]	malerisch
☐ une **vue** [vy]	Aussicht, Ausblick
☐ un **monument** [mɔnymɑ̃]	Denkmal

☐ un **château**; des châteaux *pl* [ʃɑto]	Schloss
un **château fort**	Burg
☐ des **ruines** *fpl* [ʀɥin]	Ruinen
un château **en ruines**	verfallenes Schloss
☐ un **palais** [palɛ]	Palast
☐ un **hôtel particulier** [ɔ/otɛlpaʀtikylje]	Stadtpalast, herrschaftliches Stadthaus
☐ une **forteresse** [fɔʀtəʀɛs]	Festung
☐ des **remparts** *mpl* [ʀɑ̃paʀ]	Stadt-/ Befestigungsmauern

☐ une **église** [egliz]	Kirche
l'Église Saint Pierre	Sankt Petrus Kirche

! *Saint* wird meist abgekürzt zu *St.* Du siehst dann *l'Église St. Pierre* !

☐ une **cathédrale** [katedʀal]	Dom, Münster, Kathedrale
☐ une **chapelle** [ʃapɛl]	Kapelle
☐ une **basilique** [bazilik]	Basilika
☐ les **catacombes** *fpl* [katakɔ̃b]	Katakomben
☐ un **arc** [aʀk]	Bogen
un **Arc de Triomphe**	Triumphbogen
☐ une **colonne** [kɔlɔn]	Säule
☐ une **statue** [staty]	Statue
☐ **construit**, **construite** [kɔ̃stʀɥi, te]	gebaut, erbaut
☐ le **siècle** [sjɛkl]	Jahrhundert
Cette cathédrale a été construite au $15^{\text{ème}}$ siècle.	Diese Kathedrale wurde im 15. Jahrhundert erbaut.
☐ **dater de** [date]	stammen aus
Cette forteresse date du $12^{\text{ème}}$ siècle.	Diese Festung stammt aus dem 12. Jahrhundert.

→ Zur genaueren Beschreibung von Sehenswürdigkeiten findest du auch Informationen Kapitel 16.5 „Größe, Maße und Gewichte“ S. 298

☐ un **musée** [myze]	Museum
un **musée d'art moderne**	Museum für moderne Kunst
visiter un musée	ein Museum besichtigen/ besuchen
☐ un **planétarium** [planetaʀjɔm]	Planetarium
☐ l'**entrée** *f* [ɑ̃tʀe]	Eintritt
☐ **gratuit**, **gratuite** [gʀatɥi, ɥit]	kostenlos, umsonst
L'entrée est gratuite pour les enfants.	Der Eintritt ist für Kinder kostenlos.
☐ les **heures d'ouverture** *fpl* [œʀduvɛʀtyʀ]	Öffnungszeiten
☐ la **fermeture hebdomadaire** [fɛʀmətyʀɛbdɔmadɛʀ]	Ruhetag
☐ un **souvenir** [suv(ə)niʀ]	Andenken, Souvenir
acheter un souvenir	ein Souvenir kaufen

13.6 In der Stadt

☐ une **ville** [vil]	Stadt
la **ville de** Toulouse	die Stadt Toulouse
la **vieille ville**	Altstadt
☐ un **habitant**, une **habitante** [abitɑ̃, ɑ̃t]	Einwohner(in), Bewohner(in)
☐ **habiter** [abite]	wohnen
habiter dans une ville	in einer Stadt wohnen

LA VILLE

☐ une **capitale** [kapital]	Hauptstadt
☐ une **métropole** [metʀɔpɔl]	Weltstadt

☐ le **centre** [sɑ̃tʀ]	Zentrum
le **centre-ville**	Innenstadt, Stadtzentrum
la vieille ville	Altstadt
☐ un **quartier** [kaʀtje]	(Wohn)Viertel
un **quartier chic/ populaire**	vornehmes/ einfaches Viertel

☐ la **banlieue** [bɑ̃ljø]	Vorort
☐ une **cité** [site]	Vorstadt, Hochhaussiedlung am Stadtrand
☐ les **environs** *mpl* [ɑ̃viʀɔ̃]	Umgebung

☐ un **bâtiment** [bɑtimɑ̃]	Gebäude
un bâtiment ancien	altes Bauwerk, Gebäude
☐ une **maison** [mɛzɔ̃]	Haus
☐ un **immeuble** [imœbl]	(Wohn)Haus, (Wohn)Gebäude
☐ une **tour** [tuʀ]	Turm; Hochhaus
☐ un **gratte-ciel** *inv* [gʀatsjɛl]	Wolkenkratzer

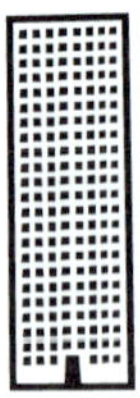

! ***Un tour*** ist ein Rundgang, ein Spaziergang. Aber ***une tour*** ist ein Turm oder ein Hochhaus !

☐ une **rue** [ʀy]	Straße
☐ une **avenue** [av(ə)ny]	Avenue
☐ un **boulevard** [bulvaʀ]	Boulevard
☐ une **allée** [ale]	Allee, von Bäumen gesäumte Straße
☐ un **chemin** [ʃ(ə)mɛ̃]	Weg
☐ une **voie** [vwa]	Weg, Straße
☐ un **passage** [pasaʒ]	Weg, Durchgang, Durchfahrt
☐ un **trottoir** [tʀɔtwaʀ]	Bürgersteig, Gehweg
☐ un **pont** [pɔ̃]	Brücke
☐ une **passerelle** [pɑsʀɛl]	Fußgängerbrücke

☐ une **place** [plas]	Platz
☐ un **parc** [paʀk]	Park
☐ un **banc** [bɑ̃]	(Sitz)Bank *(→ siehe Infobox S. 246)*
☐ un **jardin public** [ʒaʀdɛ̃pyblik]	öffentliche (Park)Anlage
☐ un **square** [skwaʀ]	kleine Grünanlage in der Stadt
☐ un **espace vert** [ɛspasvɛʀ]	Grünfläche
☐ un **zoo** [z(o)o]	Zoo

☐ un **magasin** [magazɛ̃]	Laden, Geschäft
un **grand magasin**	Kaufhaus
☐ une **boutique** [butik]	Boutique, (Mode)Laden
☐ une **librairie** [libʀɛʀi]	Buchhandlung
☐ une **papeterie** [papɛtʀi/pap(ə)tʀi]	Schreibwarenladen
☐ une **parfumerie** [paʀfymʀi]	Parfümerie
☐ un **supermarché** [sypɛʀmaʀʃe]	Supermarkt
☐ un **marché** [maʀʃe]	Markt
☐ un **marché aux puces** [maʀʃeopys]	Flohmarkt

☐ un **théâtre** [teɑtʀ]	Theater
☐ un **centre culturel** [sɑ̃tʀ(ə)kyltyʀɛl]	Kulturzentrum
☐ un **cinéma** [sinema]	Kino
☐ une **bibliothèque** [bibliɔtɛk]	Bibliothek
☐ une **université** [ynivɛʀsite]	Universität

→ Weitere Begiffe zu Orten in der Stadt findest du in Kapitel 13.5 „Sehenswürdigkeiten" S. 242

☐ un **hôpital** [ɔpital]	Krankenhaus
☐ une **clinique** [klinik]	Klinik
☐ un **cimetière** [simtjɛʀ]	Friedhof

☐ une **mairie** [mɛʀi]	Rathaus
☐ un **hôtel de ville** [ɔ/otɛldəvil]	Rathaus *(in einer größeren Stadt)*
☐ un **commissariat** [kɔmisaʀja]	Polizeidienststelle

☐ la **poste** [pɔst]	Post
☐ une **banque** [bɑ̃k]	Bank
☐ une **gare** [gaʀ]	Bahnhof
☐ un **stade** [stad]	Stadion
☐ une **piscine** [pisin]	Schwimmbad
☐ une **salle de sport** [sald(ə)spɔʀ]	Sporthalle
☐ un **chantier** [ʃɑ̃tje]	Baustelle
☐ **démolir** [demɔliʀ]	abreißen
☐ **construire** [kɔ̃stʀɥiʀ]	bauen
☐ une **construction** [kɔ̃stʀyksjɔ̃]	Bau, Bauwerk
☐ **transformer** [tʀɑ̃sfɔʀme]	verwandeln, umgestalten
☐ une **transformation** [tʀɑ̃sfɔʀmasjɔ̃]	Umgestaltung, -bau, -wandlung
☐ **restaurer** [ʀɛstɔʀe]	restaurieren
☐ **rénover** [ʀenɔve]	renovieren, in Stand setzen
rénover un vieux quartier	ein altes Stadtviertel renovieren

! *Un banc* ist eine Bank, also ein Sitzmöbel. *Une banque* ist eine Bank, wo ich Geld abheben kann !

13.7 Verkehr

☐ le **trafic** [tʀafik]	Verkehr
☐ la **circulation** [siʀkylasjɔ̃]	Verkehr
Il y a beaucoup de circulation.	Es herrscht viel Verkehr.
☐ **circuler** [siʀkyle]	(herum)fahren, sich fortbewegen
L'après-midi, on ne peut pas circuler dans le centre-ville !	Nachmittags kommt man in der Innenstadt nicht vorwärts!
☐ un **bouchon** [buʃɔ̃]	Stau
☐ un **embouteillage** [ɑ̃butɛjaʒ]	Stau
☐ **bloquer** [blɔke]	blockieren; sperren
La police a bloqué la rue à cause d'une manif.	Die Polizei hat die Straße wegen einer Demo gesperrt.
☐ **bloqué**, **bloquée** [blɔke]	blockiert, verstopft ; gesperrt
Il y a un bouchon. Tout est bloqué.	Es ist Stau. Alles ist blockiert, verstopft.
☐ un **piéton**, une **piétonne** [pjetɔ̃, ɔn]	Fußgänger(in)
une zone piétonne	Fußgängerzone
une rue piétonne	Fußgängerstraße

un **trottoir** [tʀɔtwaʀ]	Bürgersteig, Gehweg
marcher [maʀʃe]	gehen *(→ siehe Infobox S. 80)*

une **voiture** [vwatyʀ]	Auto
aller* **en voiture (à)**	mit dem Auto fahren (nach)
J'y vais en voiture.	Ich fahre mit dem Auto dorthin.
une **auto(mobile)** [oto(mɔbil)]	Auto
un, une **automobiliste** [oto/ɔtɔmɔbilist]	Autofahrer(in)
une **moto** [moto]	Motorrad
un **motard** [mɔtaʀ]	Motorradfahrer(in)
une **mobylette** [mɔb(ilɛt)]	Mofa
un **scooter** [skutœʀ/skutɛʀ]	Motorroller

un **vélo** [velo]	(Fahr)Rad
aller* à vélo	mit dem Rad fahren
Je vais à vélo à l'école.	Ich fahre mit dem Fahrrad in die Schule.
faire du vélo	Rad fahren *(Zeitvertreib)*
J'aime faire du vélo.	Ich fahre gerne Rad.
une **bicyclette** [bisiklɛt]	Fahrrad
une **piste cyclable** [pist(ə)siklabl]	Radweg

un **camion** [kamjɔ̃]	Lastwagen
une **camionnette** [kamjɔnɛt]	Kleintransporter, Lieferwagen

un **carrefour** [kaʀfuʀ]	Kreuzung
un **feu (rouge)**; des feux rouges *pl* [føʀuʒ]	Ampel
un **(boulevard) périphérique** [(bulvaʀ) peʀifeʀik]	Ringautobahn *(um eine Stadt)*
un **tunnel** [tynɛl]	Tunnel

une **route** [ʀut]	Straße
une (**route**) **nationale** (**RN**)	Nationalstraße, *etwa:* Bundesstraße
un **virage** [viʀaʒ]	Kurve
rater un virage	aus der Kurve getragen werden
dépasser [depase]	überholen
doubler [duble]	überholen
zigzaguer [zigzage]	Zickzack fahren

une **autoroute** [otoʀut]	Autobahn
prendre l'autoroute	die Autobahn nehmen, auf der Autobahn fahren
une **entrée** [ɑ̃tʀe]	Auffahrt; Einfahrt
une **sortie** [sɔʀti]	Ausfahrt

☐ le **péage** [peaʒ]	Mautstelle; Autobahngebühr
une **autoroute à péage**	gebührenpflichtige Autobahn

Autobahnen

Fast alle Autobahnen in Frankreich sind gebühenpflichtig!

☐ **conduire** [kɔ̃dɥiʀ]	fahren *(Tätigkeit)* *(→ siehe Infobox S. 249)*
Elle conduit bien.	Sie fährt gut.
☐ un **conducteur**, une conductrice [kɔ̃dyktœʀ, tʀis]	Fahrer(in)
☐ la **conduite accompagnée** [kɔ̃dɥitakɔ̃paɲe]	*für Jugendliche ab 16 erlaubtes Fahren im Beisein eines erwachsenen Führerschein-besitzers*
☐ le **permis (de conduire)** [pɛʀmi(d(ə)kɔ̃dɥiʀ)]	Führerschein
passer son permis (de conduire)	den Führerschein machen

☐ **avancer** [avɑ̃se]	vorfahren, vorwärts fahren
☐ **accélérer** [akseleʀe]	Gas geben, schneller fahren, die Geschwindigkeit erhöhen
☐ **freiner** [fʀene]	bremsen
☐ **s'arrêter** [saʀɛte]	anhalten

☐ **se garer** [s(ə)gaʀe]	parken
☐ un **parking** [paʀkiŋ]	Parkplatz
un **parking souterrain**	Tiefgarage

☐ la **vitesse** [vitɛs]	Geschwindigkeit
☐ la **vitesse maximale**	(Höchst)Geschwindigkeit
à toute vitesse	mit Höchstgeschwindigkeit
arriver* à toute vitesse	angerast kommen
☐ **limité**, limitée (à) [limite]	begrenzt, beschränkt (auf)
Sur l'autoroute, la vitesse est limitée à 130 km/h.	Die Geschwindigkeit auf der Autobahn ist auf 130 km/h begrenzt.

☐ **rouler** [ʀule]	fahren

✔ Das richtige Wort für 4x fahren: *conduire, rouler, circuler, aller*

Beachte die Unterschiede :

Conduire drückt die Tätigkeit oder Fähigkeit aus. Es kann nur bei Personen benutzt werden:

Qui a conduit ? Ton père ou ta mère ?	Wer ist gefahren? Dein Vater oder deine Mutter?
Tu sais conduire ?	Kannst du Auto fahren?

Rouler drückt die Fortbewegungsart aus und wird meist in Verbindung mit der Geschwindigkeit benutzt:

Sur une route, tu ne dois pas rouler à plus de 90 à l'heure.	Auf einer Landstraße darfst du nicht schneller als 90 (in der Stunde) fahren.
rouler vite/ lentement	schnell/ langsam fahren
La voiture roulait lentement.	Das Auto fuhr langsam.

Circuler drückt das Umherfahren oder Vorwärtskommen aus:

Dans ce quartier, on ne peut plus circuler. Il y a trop de chantiers.	In diesem Stadtviertel kann man nicht mehr fahren/ vorwärts kommen. Es gibt zu viele Baustellen.
Ce bus ne circule pas le dimanche.	Dieser Bus fährt sonntags nicht.

Aller steht in Zusammenhang mit Ortangaben:

Ce week-end, nous sommes allés à Strasbourg.	Am Wochenende sind wir nach Straßburg gefahren.

☐ un **danger** [dɑ̃ʒe]	Gefahr
☐ **dangereux**, dangereuse [dɑ̃ʒʀø, øz]	gefährlich
☐ un **risque** [ʀisk]	Risiko
prendre des risques	Risiken eingehen
☐ la **sécurité** [sekyʀite]	Sicherheit
☐ la **ceinture de sécurité** [sɛ̃tyʀdəsekyʀite]	Sicherheitsgurt
☐ **attacher** [ataʃe]	befestigen, festbinden
attacher sa ceinture de sécurité	sich anschnallen
☐ un **casque** [kask]	Sturzhelm
porter un casque	einen Helm tragen
☐ **klaxonner** [klaksɔne]	hupen

☐ un **accident** [aksidɑ̃]	Unfall
☐ le **choc** [ʃɔk]	Zusammenstoß
Une voiture arrive trop vite et c'est le choc !	Ein Auto fährt zu schnell und es kommt zum Zusammenstoß!
☐ **Attention !** [atɑ̃sjɔ̃]	Vorsicht! Achtung!
☐ **tomber*** [tɔ̃be]	hinfallen, umfallen
☐ une **victime** [viktim]	Opfer
☐ **se blesser** [səblese]	sich verletzen
☐ un **blessé**, une **blessée** [blɛse]	Verletzte(r)
☐ un **témoin** [temwɛ̃]	Zeuge
☐ la **police** [pɔlis]	Polizei
☐ **Au secours !** [os(ə)kuʀ]	Hilfe!
☐ **appeler le SAMU** [samy]	den Notarzt rufen
☐ **aider qn** [ede]	jdm helfen

! Nach *aider* steht keine Präposition !

☐ un **panneau**; des **panneaux** *pl* [pano]	Schild
☐ la **priorité** [pʀijɔʀite]	Vorfahrt
Priorité à droite.	Vorfahrt von rechts.
respecter la priorité	die Vorfahrt beachten
avoir la priorité	Vorfahrt haben
☐ une **interdiction** [ɛ̃tɛʀdiksjɔ̃]	Verbot
respecter une interdiction	ein Verbot einhalten
☐ **interdit**, **interdite** [ɛ̃tɛʀdi, it]	verboten
☐ (un) **sens interdit** [sɑ̃sɛ̃tɛʀdi]	Einbahnstraße, Durchfahrtsverbot

☐ un **contrôle** [kɔ̃tʀol]	Kontrolle
☐ les **papiers** *mpl* [papje]	(Wagen)Papiere
présenter ses papiers à la police	der Polizei seine Papiere vorzeigen
☐ un **procès-verbal (PV)**; des **procès-verbaux** *pl* [pʀɔsɛvɛʀbal (peve)]	Strafzettel

☐ une **station-service**; des **station-service(s)** *pl* [stasjɔ̃sɛʀvis]	Tankstelle
☐ l'**essence** *f* [esɑ̃s]	Benzin
prendre de l'essence	tanken

☐ une **panne** [pan]	Panne
tomber*/ être en panne	eine Panne haben
☐ un **garage** [gaʀaʒ]	Werkstatt
emmener la voiture au garage	den Wagen in die Werkstatt bringen

☐ un, une **garagiste** [gaʀaʒist]	Werkstattbesitzer(in); Automechaniker(in)
☐ un **mécanicien**, une mécanicienne [mekanisjɛ̃, jɛn]	Mechaniker(in)
☐ **réparer** [ʀepaʀe]	reparieren
☐ une **réparation** [ʀepaʀasjɔ̃]	Reparatur
☐ le **moteur** [mɔtœʀ]	Motor
☐ une **roue** [ʀu]	Rad
☐ un **pneu** [pnø]	Reifen
avoir un pneu crevé	einen platten Reifen haben

13.8 Wegbeschreibung

☐ le **chemin** [ʃ(ə)mɛ̃]	Weg
demander son chemin	nach dem Weg fragen (→ *siehe Infobox S. 252)*
☐ un **plan** [plɑ̃]	Stadtplan
☐ **à droite** [adʀwat]	rechts
☐ **à gauche** [agoʃ]	links
☐ **tout droit** [tudʀwa]	geradeaus
☐ **continuer** [kɔ̃tinye]	weitergehen
☐ **jusqu'à** [ʒyska]	bis zu
aller jusqu'au feu rouge	bis zur Ampel gehen
continuer jusqu'à la poste	bis zur Post weitergehen
☐ **prendre une rue** [pʀɑ̃dʀynʀy]	eine Sraße nehmen
prendre la deuxième rue à gauche	die zweite Straße links nehmen *(→ siehe die Ordnungszahlen S. 311)*
☐ **traverser** [tʀavɛʀse]	überqueren, durchqueren
traverser une place/ une rue/ un carrefour	einen Platz/ eine Straße/ eine Kreuzung überqueren
☐ **passer devant qc** [pase]	an etw. vorbei gehen
☐ **tourner** [tuʀne]	abbiegen
tourner à droite/ gauche	nach rechts/ links abbiegen
☐ **faire demi-tour** [fɛʀd(ə)mituʀ]	wenden, umdrehen, umkehren

Demander son chemin – Nach dem Weg fragen

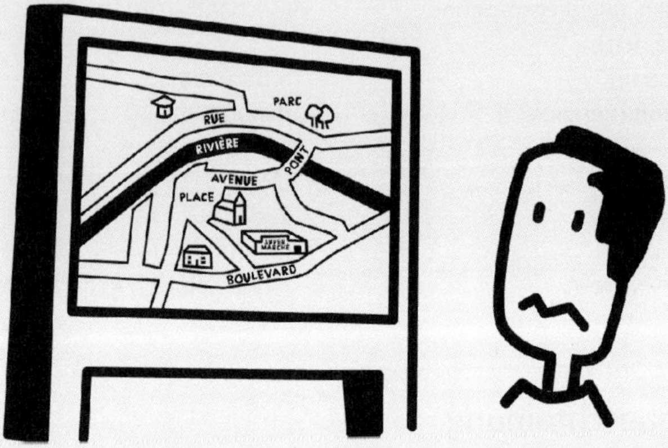

So kannst du nach dem Weg fragen:

Pardon, monsieur/ madame/ mademoiselle, où est l'office de tourisme, s'il vous plaît ?	Entschuldigung, wo ist bitte das Fremdenverkehrsamt?
Pardon, pour aller à la gare/ au château, s'il vous plaît ?	Entschuldigung, wie komme ich bitte zum Bahnhof/ Schloss?
Pardon, vous pouvez m'expliquer le chemin pour aller à la gare/ au château, s'il vous plaît ?	Entschuldigung, können Sie mir bitte den Weg zum Bahnhof/ Schloss erklären?

Diese Ausdrücke kann man benutzen, um den Weg zu erklären:

Tu vas tout droit.	Du gehst geradeaus.
Tu traverses la Place Saint Pierre.	Du überquerst den Platz Saint Pierre.
Puis, tu arrives à un carrefour.	Dann kommst du zu einer Kreuzung.
Au carrefour, tu tournes à droite.	An der Kreuzung biegst du nach rechts ab/ gehst du nach rechts.
Tu continues tout droit, jusqu'au premier feu rouge.	Du gehst weiter geradeaus bis zur ersten Ampel.
Là, tu tournes à gauche.	Dort biegst du nach links ab.
Tu passes devant l'Hôtel de ville.	Du gehst am Rathaus vorbei.
Ensuite, tu prends la deuxième rue à droite, c'est la rue du Château.	Danach nimmst du die zweite Straße rechts, das ist die Rue du Château.
Tu marches 100 mètres, jusqu'à la Place Royale et voilà, l'office de tourisme est devant toi !	Du gehst 100 Meter, bis zur Place Royale und dann liegt das Fremdenverkehramt vor dir!

! Denke an das *s: tu tourne**s**, tu prend**s*** !

☐ **au feu rouge** [oføʀuʒ]	an der Ampel
☐ **au carrefour** [okaʀfuʀ]	an der Kreuzung
☐ **loin (de)** [lwɛ̃]	weit (von)
C'est loin d'ici ?	Ist es weit von hier?
☐ **près (de)** [pʀɛ]	nahe, in der Nähe (von)
C'est près d'ici.	Es ist in der Nähe.

13.9 Öffentliches Verkehrswesen

☐ le **transport** [tʀɑ̃spɔʀ]	Transport
☐ un **moyen de transport** [mwajɛ̃d(ə)tʀɑ̃spɔʀ]	Verkehrsmittel
☐ les **transports en commun** *mpl* [tʀɑ̃spɔʀɑ̃kɔmɛ̃]	öffentliche Verkehrsmittel
utiliser les transports en commun	öffentliche Verkehrsmittel benutzen
☐ **transporter** [tʀɑ̃spɔʀte]	transportieren
☐ un **passager**, une **passagère** [pasaʒe, ɛʀ]	Fahr-/ Fluggast, Passagier
☐ un **taxi** [taksi]	Taxi
appeler un taxi	ein Taxi rufen
un **chauffeur de taxi**	Taxifahrer(in)
☐ un **bus** [bys]	Bus
un **conducteur**, une **conductrice de bus**	Busfahrer(in)
☐ un **métro** [metʀo]	Metro, U-Bahn
☐ le **RER (Réseau express régional)** [ɛʀəɛʀ]	Pariser Schnellbahn (*etwa:* S-Bahn)
☐ le **tramway** [tʀamwɛ]	Straßenbahn
☐ le **tram** *fam* [tʀam]	Straßenbahn
☐ **prendre le métro/ le bus/ le tram** [pʀɑ̃dʀ]	die Metro/ den Bus/ die Sraßenbahn nehmen, mit der Metro/ dem Bus/ der Bahn fahren
☐ une **ligne** [liɲ]	(Verkehrs)Linie
une **ligne de métro**	Metrolinie
☐ **direct**, **directe** [diʀɛkt]	direkt
☐ **changer** [ʃɑ̃ʒe]	umsteigen
Il faut changer à la station Bastille.	Man muss bei der Metrostation Bastille umsteigen.
☐ **changer de bus** [ʃɑ̃ʒe]	den Bus wechseln
☐ un **arrêt** [aʀɛ]	Haltestelle
un **arrêt de bus**	Bushaltestelle

☐ **une station** [stasjɔ̃]	Haltestelle, Station
une **station de métro**	Metrostation/ Haltestelle
☐ **le terminus** [tɛʀminys]	Endstation, -haltestelle

☐ **un ticket** [tikɛ]	Fahrkarte
☐ **un carnet** [kaʀnɛ]	Fahrscheinheft, *(in Paris: Päckchen von 10 Fahrkarten)*

☐ **un billet** [bijɛ]	Fahrschein
un **billet de train/ d'avion** [bijɛ]	Fahrschein/ Flugschein

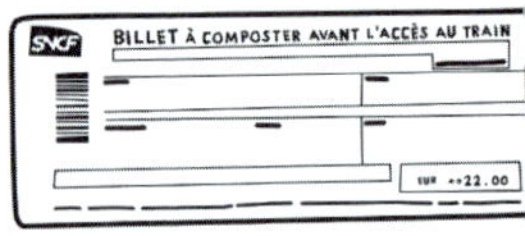

☐ **un aller simple** [alesɛ̃pl]	einfache Fahrkarte, einfache Fahrt
☐ **un aller (et) retour** [ale(e)ʀ(ə)tuʀ]	Hin- und Rückfahrkarte
un aller retour pour Nancy	Hin- und Rückfahrkarte nach Nancy
☐ **une réduction** [ʀedyksjɔ̃]	Ermäßigung
☐ **un distributeur de tickets** [distʀibytœʀdətikɛ]	Fahrkartenautomat
☐ **un guichet** [giʃɛ]	(Fahrkarten)Schalter

☐ **un contrôleur**, une contrôleuse [kɔ̃tʀolœʀ, øz]	Kontrolleur(in)
☐ **un contrôle** [kɔ̃tʀol]	Kontrolle

☐ **attendre (le bus, le tram ...)** [atɑ̃dʀ]	(auf den Bus, die Straßenbahn ...) warten
☐ **une salle d'attente** [saldatɑ̃t]	Wartesaal
☐ **rater (le bus ...)** *fam* [ʀate]	(den Bus ...) verpassen
☐ **manquer (le bus ...)** [mɑ̃ke]	(den Bus ...) verpassen
☐ **monter* (dans le bus ...)** [mɔ̃te]	(in den Bus ...) (ein)steigen
☐ **descendre* (du bus ...)** [desɑ̃dʀ]	(aus dem Bus ...) (aus)steigen

☐ **le départ** [depaʀ]	Abreise
l'**heure de départ**	Abfahrtszeit
☐ **l'arrivée** *f* [aʀive]	Ankunft
l'**heure d'arrivée**	Ankunftszeit
☐ **le retard** [ʀ(ə)taʀ]	Verspätung
☐ **en retard** [ɑ̃ʀ(ə)taʀ]	verspätet, zu spät
☐ **à l'heure** [alœʀ]	pünktlich
☐ **annulé**, annulée [anyle]	gestrichen, annuliert
Le vol de 10 h est annulé.	Der 10-Uhr-Flug ist gestrichen.

☐ **un train** [tʀɛ̃]	Zug
voyager en train	mit der Bahn verreisen
☐ **une gare** [gaʀ]	Bahnhof
☐ **un quai** [kɛ]	Bahnsteig
☐ **une voie** [vwa]	Gleis
Le train pour Toulouse partira de la voie 8.	Der Zug nach Toulouse fährt von Gleis 8 ab.
☐ **un car** [kaʀ]	(Reise)Bus *(→ siehe Infobox S. 235)*
prendre le car pour Avignon	den Bus nach Avognon nehmen
☐ **une gare routière** [gaʀʀutjɛʀ]	Busbahnhof
☐ **les renseignements** *mpl* [ʀɑ̃sɛɲmɑ̃]	Auskunft
☐ **se renseigner** [ʀɑ̃seɲe]	sich erkundigen
☐ **un horaire** [ɔʀɛʀ]	Fahrplan, Flugplan
les horaires	die Abfahrzeiten
se renseigner sur les **horaires des trains pour** Paris	sich nach den Abfahrtszeiten der Züge nach Paris erkundigen
☐ **un tableau d'affichage**; des tableaux d'affichage *pl* [tablo]	Anzeigetafel
☐ **la destination** [destinasjɔ̃]	Ziel, Bestimmungsort
☐ **à destination de...** [adɛstinasjɔ̃də]	Richtung ..., nach ...
Le TGV à destination de Marseille partira à 7 heures 30.	Der TGV nach Marseille fährt um 7 Uhr 30 ab.
☐ **en provenance de** [ɑ̃pʀɔv(ə)nɑ̃sdə]	aus
Le train en provenance de Bruxelles arrivera avec dix minutes de retard.	Der Zug aus Brüssel wird mit Verspätung einfahren.
☐ le **TGV (train à grande vitesse)** [teʒeve]	TGV, Hochgeschwindigkeitszug
☐ **une voiture** [vwatyʀ]	Wagen, Waggon
☐ **la classe** [klas]	Klasse
voyager **en première/ seconde classe**	in der ersten/ zweiten Klasse reisen
☐ **une place** [plas]	Platz
réserver une place	einen Platz reservieren
☐ **la correspondance** [kɔʀɛspɔ̃dɑ̃s]	Anschluss(zug)
attendre la correspondance (pour)	auf den Anschluss (nach) warten
☐ la **SNCF (Société nationale des chemins de fer français)** [ɛsɛnseɛf]	*staatliche französische Eissenbahngesellschaft*

À LA GARE

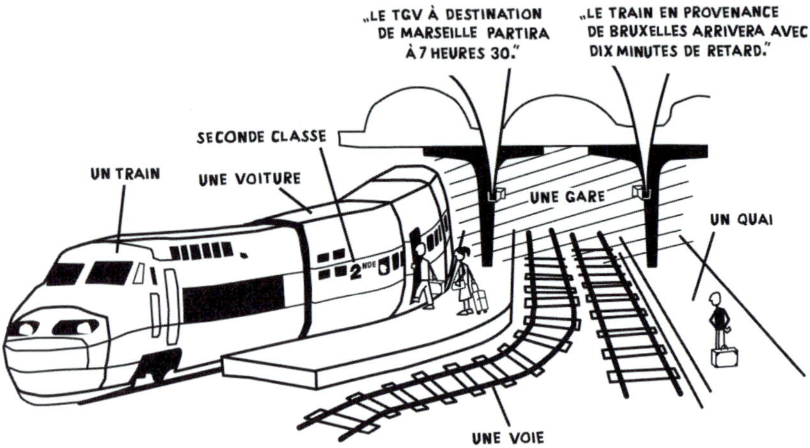

☐ **un avion** [avjɔ̃]	Flugzeug
prendre l'avion	das Flugzeug nehmen, mit dem Flugzeug reisen
☐ **un aéroport** [aeʀɔpɔʀ]	Flughafen
☐ **voler** [vɔle]	fliegen
☐ **un vol** [vɔl]	Flug
☐ **un pilote** [pilɔt]	Pilot
☐ **une hôtesse de l'air** [otɛsdəlɛʀ]	Stewardess, Flugbegleiterin
☐ **un steward** [stiwaʀt]	Steward, Flugbegleiter
☐ **une compagnie aérienne** [kɔ̃paɲiaeʀjɛn]	Fluggesellschaft
☐ **une ligne aérienne** [liɲaeʀjɛn]	Fluglinie

☐ **un bateau**; **des bateaux** *pl* [bato]	Schiff
☐ **une croisière** [kʀwazjɛʀ]	Kreuzfahrt
☐ **traverser** [tʀavɛʀse]	überqueren, durchqueren
traverser la Manche	den Ärmelkanal überqueren
☐ **un capitaine** [kapitɛn]	Kapitän
☐ **un marin** [maʀɛ̃]	Seemann
☐ **à bord** [abɔʀ]	an Bord
monter* à bord	an Bord gehen
☐ **avoir le mal de mer** [avwaʀl(ə)maldəmɛʀ]	seekrank sein
☐ **un port** [pɔʀ]	Hafen

14 Berufs- und Arbeitswelt

14.1 Berufsausbildung, Praktikum und Bewerbung

☐ la **formation** [fɔʀmasjɔ̃]	Ausbildung
la formation professionnelle	Berufsausbildung
la formation en alternance	duale Berufsausbildung *(Berufschule und Lehre)*
☐ un **apprentissage** [apʀɑ̃tisaʒ]	Lehre
faire un apprentissage (chez/ comme)	eine Lehre machen (bei/ als)
☐ un **apprenti**, une apprentie [apʀɑ̃ti]	Lehrling
☐ **apprendre (à faire) qc** [apʀɑ̃dʀ]	etw. lernen; lernen etw. zu tun
☐ un **compagnon** [kɔ̃paɲɔ]	Geselle
☐ **se spécialiser** [s(ə)spesjalize]	sich spezialisieren
☐ un, une **spécialiste** [spesjalist]	Spezialist(in)

☐ un **stage** [staʒ]	Praktikum
faire un stage en entreprise	ein Betriebspraktikum machen
☐ un, une **stagiaire** [staʒjɛʀ]	Praktikant(in)

☐ **devenir*** [dev(ə)niʀ]	werden
Il veut devenir footballeur professionnel.	Er will Profifußballer werden.

☐ **un métier** [metje]	Beruf
un métier de rêve	Traumberuf
apprendre un métier	einen Beruf lernen
exercer un métier	einen Beruf ausüben
exercer le métier de professeur	den Lehrerberuf ausüben, Lehrer sein
☐ une **profession** [pʀɔfɛsjɔ̃]	Beruf
Elle est chanteuse **de profession.**	Sie ist von Beruf Sängerin./ Ihr Beruf ist Sängerin.
☐ la **vie professionnelle** [vipʀɔfɛsjɔnɛl]	Berufsleben
☐ un **boulot** *fam* [bulo]	Arbeit, Job
un petit boulot	Gelegenheitsjob
☐ un **job** *fam* [dʒɔb]	Job
☐ une **activité** [aktivite]	Tätigkeit, Beschäftigung
exercer une activité	eine Tätigkeit ausüben

☐ un **emploi** [ɑ̃plwa]	Beschäftigung, Anstellung, Arbeitsplatz
être sans emploi	arbeitslos sein
☐ une **offre d'emploi** [ɔfʀdɑ̃plwa]	Stellenangebot
☐ une **demande d'emploi** [dəmɑ̃ddɑ̃plwa]	Stellengesuch
☐ un **demandeur**, une demandeuse **d'emploi** [dəmɑ̃dœʀ, øzdɑ̃plwa]	Arbeitssuchende(r)
☐ **employer** [ɑ̃plwaje]	beschäftigen, anstellen
☐ un **employeur**, une employeuse [ɑ̃plwajœʀ, jøz]	Arbeitgeber(in)
☐ **engager** [ɑ̃gaʒe]	einstellen
Elle a été **engagée comme stagiaire.**	Sie wurde als Praktikantin eingestellt.
☐ une **période d'essai** [peʀjɔddesɛ]	Probezeit
☐ un **poste (de travail)** [pɔst (d(ə)tʀavaj]	(Arbeits)Stelle
☐ **occuper un poste/ une fonction** [ɔkypeɛ̃pɔst/ynfɔ̃ksjɔ̃]	eine Stelle/ Stellung bekleiden, innehaben

☐ une **annonce** [anɔ̃s]	Anzeige
☐ un **candidat**, une candidate [kɑ̃dida, at]	Bewerber(in), Kandidat(in)
☐ une **candidature** [kɑ̃didatyʀ]	Bewerbung
poser sa candidature	sich bewerben
une **lettre de candidature**	Bewerbungsschreiben
☐ une **lettre de motivation** [ynlɛtʀdəmɔtivasjɔ̃]	Bewerbungsschreiben

→ Informationen darüber, wie du einen Brief verfassen kannst, findest du in Kapitel 2.4 „Briefe und E-Mails" S. 40

☐ un **curriculum vitæ**, un **CV** [kyʀikulɔmvite (seve)] — Lebenslauf

Auf einem Blick: Lebenslauf – *Curriculum vitæ*

Zuerst nennst du deine persönlichen Angaben:

Nom :
Adresse :
Tél :
Courriel :
Date de naissance :
Lieu de naissance :

photo

Dann stellst du deine Schullaufbahn dar:

Scolarité :

2001 – 2005	**École primaire : „Gartenschule", Köln**
depuis 2005	**Collège et lycée : Hermann-Hesse-Gymnasium, Dresden**

Danach folgen besondere Kenntnisse und Fähigkeiten, zum Beispiel

Langues :	**Allemand et turc (langues maternelles)** **Anglais : bon niveau** **Français : Niveau B1**
Séjours à l'étranger :	**Échange scolaire à Toulouse: avril 2011** **Séjour linguistique à Brighton, Angleterre, en juillet 2010**
Informatique :	**Bon niveau (Word, Excel)**
Expériences professionnelles :	**Cours particuliers en maths pour élèves de mon école ; babysitting**
Hobbys :	**Escrime et participation à un groupe de théâtre**

☐ un **entretien** [ɑ̃tʀətjɛ̃] — hier: Bewerbungsgespäch
passer un entretien — ein Bewerbungsgespräch haben, absolvieren

☐ un **rendez-vous** *inv* [ʀɑ̃devu] — Termin
prendre rendez-vous — einen Termin ausmachen
(→ *siehe Infobox S. 44)*

14.2 Einige Berufe

un **facteur**, une factrice
[faktœʀ, tʀis]
Briefträger(in)

un **agent (de police)**
[aʒɑ̃(d(ə)pɔlis)]
Polizist(in)

un **pompier**
[pɔ̃pje]
Feuerwehrmann

un **boulanger**,
une boulangère
[bulɑ̃ʒe, ɛʀ]
Bäcker(in)

un **pharmacien**,
une pharmacienne
[faʀmasjɛ̃, jɛn]
Apotheker(in)

un **cuisinier**,
une cuisinière
[kɥizinje, jɛʀ]
Koch, Köchin

un, une **pilote** [pilɔt]
Pilot(in)

un **avocat**, une avocate
[avɔka, at]
Rechtsanwalt, -anwältin

un **marin** [maʀɛ̃]
Matrose, Seemann

un, une **professeur** [pʀɔfɛsœʀ]
Lehrer(in), Dozent(in), Professor(in)

un **vendeur**, une vendeuse
[vɑ̃dœʀ, øz]
Verkäufer(in)

un **charcutier**,
une charcutière
[ʃaʀkytje, jɛʀ]
Metzger(in)

un **médecin** [med(ə)sɛ̃]
Arzt, Ärztin

un **infirmier**, une infirmière
[ɛ̃fiʀmje, jɛʀ]
Krankenpfleger, Krankenschwester

un, une **dentiste** [dɑ̃tist]
Zahnarzt, -ärztin

un, une **vétérinaire**
[veteʀinɛʀ]
Tierarzt, -ärztin

un **ingénieur** [inʒenjœʀ]
Ingenieur(in)

un, une **peintre** [pɛ̃tʀ]
Maler(in)

un **électricien**, une électricienne
[elɛktʀisjɛ̃, jɛn]
Elektriker(in)

un **coiffeur**, une coiffeuse
[kwafœʀ, øz]
Friseur(in)

un, une **secrétaire**
[səkʀetɛʀ]
Sekretär(in)

un **agriculteur**, une agricultrice
[agʀikyltœʀ, tʀis]
Landwirt(in)

un **jardinier**, une jardinière
[ʒaʀdinje, jɛʀ]
Gärtner(in)

un **mécanicien**,
une mécanicienne
[mekanisjɛ̃, jɛn]
Mechaniker(in)

un, une **reporter**
[ʀ(ə)pɔʀtɛʀ/øʀ]
Reporter(in)

un, une **photographe**
[fɔtɔgʀaf]
Fotograf(in)

> ! Bei Berufsangaben benutzt man keinen Artikel !

- un **facteur**, une factrice [faktœʀ, tʀis] — Briefträger(in)
- un **agent (de police)** [aʒɑ̃(d(ə)pɔlis)] — Polizist(in)
- un **policier**, une femme policier [pɔlisje] — Polizist(in) *(in Städten)*
  - Il est policier. — Er ist Polizist.
  - Il veut devenir policier. — Er will Polizist werden.
- un, une **gendarme** [ʒɑ̃daʀm] — Polizist(in) *(gehört zu einer Einheit der Armee mit Polizeifunktion in Landbezirken)*
- un **pompier** [pɔ̃pje] — Feuerwehrmann
- un, une **militaire** [militɛʀ] — (Berufs-)Soldat
- un, une **fonctionnaire** [fɔ̃ksjɔnɛʀ] — Beamter, Beamtin

- un, une **professeur des écoles** [pʀɔfesœʀ] — Kindergarten-/Grundschullehrer(in)
- un **instituteur**, une institutrice *vx* [ɛ̃stitytœʀ, tʀis] — Kindergarten-/Grundschullehrer(in)
- un **éducateur**, une éducatrice [edykatœʀ, tʀis] — Erzieher(in)
- un **travailleur social**, une travailleuse sociale [tʀavajœʀ, øz sɔsjal] — Sozialarbeiter(in)
- une **femme au foyer** [famofwaje] — Hausfrau
- un **homme au foyer** [ɔmofwaje] — Hausmann
- un, une **baby-sitter**; des baby-sitters *pl* [babisitœʀ] — Babysitter(in)
- le **baby-sitting** *sans pl* [bebisitiŋ, babisitiŋ] — Babysitting
  - faire du baby-sitting — als Babysitter arbeiten

- un **représentant**, une représentante [ʀəpʀesɑ̃tɑ̃, ɑ̃t] — Vertreter(in)
- un **commerçant**, une commerçante [kɔmɛʀsɑ̃, ɑ̃t] — Kaufmann, -frau; Einzelhändler(in)
- un **commercial**; des commerciaux *pl* [kɔmɛʀsjal] — kaufmännischer Angestellte(r)
- un **marchand**, une marchande [maʀʃɑ̃, ɑ̃d] — Händler(in)
- un **vendeur**, une vendeuse [vɑ̃dœʀ, øz] — Verkäufer(in)

- un **boulanger**, une boulangère [bulɑ̃ʒe, ɛʀ] — Bäcker(in)
- un **pâtissier**, une pâtissière [pɑtisje, jɛʀ] — Konditor(in)
- un **boucher**, une bouchère [buʃe, ɛʀ] — Metzger(in)
- un **charcutier**, une charcutière [ʃaʀkytje, jɛʀ] — Metzger(in)
- un **bijoutier**, une bijoutière [biʒutje, jɛʀ] — Juwelier(in)
- un, une **libraire** [libʀɛʀ] — Buchhändler(in)

☐ un **médecin** [med(ə)sɛ̃]	Arzt, Ärztin
☐ un **chirurgien**, une chirurgienne [ʃiʀyʀʒjɛ̃, jɛn]	Chirurg(in)
☐ un **infirmier**, une infirmière [ɛ̃fiʀmje, jɛʀ]	Krankenpfleger, Krankenschwester
☐ un **puériculteur**, une puéricultrice [pɥeʀikyltœʀ, tʀis]	Säuglings,- Kinderpfleger(in)
☐ un, une **dentiste** [dɑ̃tist]	Zahnarzt, -ärztin
☐ un, une **vétérinaire** [veteʀinɛʀ]	Tierarzt, -ärztin
☐ un **pharmacien**, une pharmacienne [faʀmasjɛ̃, jɛn]	Apotheker(in)

☐ un **cuisinier**, une cuisinière [kɥizinje, jɛʀ]	Koch, Köchin
☐ un **serveur**, une serveuse [sɛrvœr, øz]	Bedienung, Kellner(in)
☐ un **garçon** [gaʀsɔ̃]	Kellner
☐ un **hôtelier**, une hotelière [ɔ/otəlje, jɛʀ]	Hotelbesitzer(in)

☐ un, une **architecte** [aʀʃitɛkt]	Architekt(in)
☐ un **ingénieur** [inʒenjœʀ]	Ingenieur(in)

☐ un **artisan**, une artisane [aʀtizɑ̃, an]	Handwerker(in)
☐ un, une **peintre** [pɛ̃tʀ]	Maler(in)
☐ un **électricien**, une électricienne [elɛktʀisjɛ̃, jɛn]	Elektriker(in)
☐ un **coiffeur**, une coiffeuse [kwafœʀ, øz]	Friseur(in)

☐ un, une **comptable** [kɔ̃tabl]	Buchhalter(in)
☐ un, une **secrétaire** [səkʀetɛʀ]	Sekretär(in)

☐ un **informaticien**, une informaticienne [ɛ̃fɔʀtisjɛ̃, jɛn]	Informatiker(in)
☐ un **concepteur**, une conceptrice [kɔ̃sɛptœʀ, tʀis]	Programmentwickler(in)
☐ un **concepteur-réalisateur**, une conceptrice-réalisatrice [kɔ̃sɛptœʀʀealizatœʀ, tʀis]	Multimediadesigner(in)
☐ un **programmeur**, une programmeuse [pʀɔgʀamœʀ, øz]	Programmierer(in)
☐ un **technicien**, une technicienne [tɛknisjɛ̃, jɛn]	Techniker(in)

☐ un **chauffeur** [ʃofœʀ]	Fahrer(in)
un **chauffeur de taxi**	Taxifahrer(in)
☐ un **conducteur**, une conductrice [kɔ̃dyktœʀ, tʀis]	Fahrer(in)

un **conducteur de train**	Lockführer
☐ un, une **pilote** [pilɔt]	Pilot(in)
☐ un **agriculteur**, une agricultrice [agʀikyltœʀ, tʀis]	Landwirt(in)
☐ un **paysan**, une paysanne [peizɑ̃, an]	Bauer, Bäuerin
☐ un **jardinier**, une jardinière [ʒaʀdinje, jɛʀ]	Gärtner(in)
☐ un, une **garagiste** [gaʀaʒist]	Werkstattbesitzer(in), Automechaniker(in)
☐ un **mécanicien**, une mécanicienne [mekanisjɛ̃, jɛn]	Mechaniker(in)
☐ un **gardien**, une gardienne [gaʀdjɛ̃, jɛn]	Wärter(in)
un gardien, une gardienne d'immeuble	Hausmeister(in)
☐ un, une **concierge** [kɔ̃sjɛʀʒ]	Hausmeister(in)
☐ une **femme de ménage** [famdəmenaʒ]	Putzfrau
☐ un **déménageur** [demenaʒœʀ]	Möbelpacker
☐ un, une **juge** [ʒyʒ]	Richter(in)
☐ un **avocat**, une avocate [avɔka, at]	Rechtsanwalt, -anwältin
☐ un **banquier**, une banquière [bɑ̃kje, jɛʀ]	Banker(in), Bankangestellte(r)
☐ un **caissier**, une caissière [kɛsje, jɛʀ]	Kassierer(in)
☐ un **marin** [maʀɛ̃]	Matrose, Seemann
☐ un **pêcheur**, une pêcheuse [pɛʃœʀ, øz]	Fischer(in)
☐ un **capitaine** [kapitɛn]	Kapitän(in)
☐ un, une **journaliste** [ʒuʀnalist]	Journalist(in)
un, une **journaliste à la radio/ à la télévision**	Radio-/ Fernsehjournalist(in)
☐ un, une **reporter** [ʀ(ə)pɔʀtɛʀ/øʀ]	Reporter(in)
☐ un **rédacteur**, une rédactrice [ʀedaktœʀ, tʀis]	Redakteur(in)
☐ un, une **photographe** [fɔtɔgʀaf]	Fotograf(in)
☐ un, une **guide** [gid]	(Reise)Führer(in)
☐ un, une **interprète** [ɛ̃tɛʀpʀɛt]	Dolmetscher(in)
☐ un **traducteur**, une traductrice [tʀadyktœʀ, tʀis]	Übersetzer(in)
☐ un **acteur**, une actrice [aktœʀ, tʀis]	Schauspieler(in)
☐ un **musicien**, une musicienne [myzisjɛ̃, jɛn]	Musiker(in)

☐ un **chanteur**, une chanteuse [ʃɑ̃tœʀ, øz]	Sänger(in)
☐ un, une **artiste** [aʀtist]	Künstler(in)
☐ un **dessinateur**, une dessinatrice [desinatœʀ, tʀis]	Zeichner(in)
☐ un **écrivain**, une (femme) écrivain [ekʀivɛ̃]	Schriftsteller(in)
☐ un **metteur en scène** [metœʀɑ̃sɛn]	Regisseur(in) *(für Theater, Film)*
☐ un **réalisateur**, une réalisatrice [ʀealizatœʀ, tʀis]	Regisseur(in) *(nur Film)*

☐ un **créateur**, une créatrice **de mode** [kʀeatœʀ, -tʀisdəmɔd]	Modeschöpfer(in)
☐ un **couturier** [kutyʀje]	Modeschöpfer
☐ un **couturier**, une couturière [kutyʀje, jɛʀ]	Schneiderin(in)
☐ un, une **styliste** [stilist]	Modedesigner(in)
☐ un **mannequin** [mankɛ̃]	Model *(→ siehe Infobox S. 201)*

14.3 Arbeit und Arbeitswelt

☐ **travailler** [tʀavaje]	arbeiten
travailler comme médecin	als Arzt arbeiten
travailler à plein temps/ à temps complet	Vollzeit/ ganztags arbeiten
travailler à mi-temps	halbtags arbeiten
☐ le **travail** [tʀavaj]	Arbeit
le **temps de travail**	Arbeitszeit
un **contrat de travail**	Arbeitsvertrag
le **marché du travail**	Arbeitsmarkt
☐ **bosser** *fam* [bɔse]	arbeiten
☐ **être responsable de/ pour** [ʀɛspɔ̃sabl]	verantwortlich sein für
☐ **s'occuper de** [sɔkype]	sich beschäftigen mit, sich kümmern um
☐ **être à son compte** [ɛtʀasɔ̃kɔ̃t]	auf Honorarbasis arbeiten, selbstständig sein
☐ **faire qc au noir/ travailler au noir** [onwaʀ]	schwarz arbeiten

☐ la **retraite** [ʀ(ə)tʀɛt]	Rente, Ruhestand
partir à la retraite	in Rente gehen
☐ un **retraité**, une retraitée [ʀ(ə)tʀete]	Rentner(in)

☐ **gagner** [gaɲe]	verdienen
gagner de l'argent	Geld verdienen
gagner sa vie	seinen Lebensunterhalt verdienen
☐ un **salaire** [salɛʀ]	Gehalt, Lohn
une **augmentation de salaire**	Lohn-/ Gehaltserhöhung
☐ **augmenter** [ɔgmɑ̃te]	erhöhen, anheben
augmenter le salaire de qn	das Gehalt, den Lohn von jdm anheben, erhöhen
☐ **être bien/ mal payé**, payée [peje]	gut/ schlecht bezahlt sein
☐ la **carrière** [kaʀjɛʀ]	Karriere
faire carrière	Karriere machen
Elle a fait carrière dans la mode.	Sie hat in der Modebranche Karriere gemacht.
☐ le **chômage** [ʃomaʒ]	Arbeitslosigkeit
☐ un **chômeur**, une chômeuse [ʃomœʀ, øz]	Arbeitslose(r)
☐ **licencier** [lisɑ̃sje]	entlassen
☐ **renvoyer qn** [ʀɑ̃vwaje]	jdn entlassen, rauswerfen
☐ **perdre son travail** [pɛʀdʀ(ə)sɔ̃tʀavaj]	seine Arbeit verlieren
☐ **supprimer** [sypʀime]	streichen
supprimer des postes de travail/ des emplois	Arbeitsstellen abbauen, streichen
☐ **créer des emplois** [kʀeedezɑ̃plwa]	Arbeitsplätze schaffen
☐ une **entreprise** [ɑ̃tʀəpʀiz]	Betrieb, Firma, Unternehmen
☐ un **entrepreneur**, une entrepreneuse [ɑ̃tʀəpʀənœʀ, øz]	Unternehmer(in)
☐ un, une **propriétaire** [pʀɔpʀijetɛʀ]	Besitzer(in)
☐ une **société** [sɔsjete]	Gesellschaft
☐ une **compagnie** [kɔ̃paɲi]	Gesellschaft
☐ une **compagnie aérienne** [kɔ̃paɲiaeʀjɛn]	Fluggesellschaft
☐ une **usine** [yzin]	Fabrik
☐ un **atelier** [atəlje]	Werkstatt
☐ un **bureau**; des bureaux *pl* [byʀo]	Büro (→ *siehe Infobox S. 166*)
☐ une **affaire** [afɛʀ]	Geschäft
faire des affaires	Geschäfte machen
☐ le **profit** [pʀɔfi]	Gewinn
faire du profit	Gewinn machen
☐ un **directeur**, une directrice [diʀɛktœʀ, tʀis]	Direktor(in)

☐ un, une **chef** [ʃɛf]	Chef(in)
un **chef d'entreprise**	Firmenchef, Unternehmer
☐ **diriger une entreprise** [diʀiʒeyntʀəpʀiz]	eine Firma leiten
☐ un **supérieur**, une supérieure [sypeʀjœʀ]	Vorgesetzte(r)
☐ un **cadre**, une (femme) cadre [kadʀ]	Führungskraft, Manager(in)
☐ un **employé**, une employée [ɑ̃plwaje]	Angestellte(r)
☐ un **artisan**, une artisane [aʀtizɑ̃, an]	Handwerker(in)
☐ un **ouvrier**, une ouvrière [uvʀije, ijɛʀ]	Arbeiter(in)
☐ un **travailleur**, une travailleuse [tʀavajœʀ, jøz]	Arbeiter(in)
un **travailleur immigré**	Gastarbeiter
☐ le **personnel** [pɛʀsɔnɛl]	Personal
☐ un, une **collègue** [kɔlɛg]	Kollege, Kollegin
☐ une **équipe** [ekip]	Team
le travail en/ d'équipe	Teamarbeit
travailler en équipe	im Team arbeiten
☐ les **conditions de travail** *fpl* [kɔ̃disjɔ̃d(ə) tʀavaj]	Arbeitsbedingungen
☐ une **heure supplémentaire** [œʀsyplemɑ̃tɛʀ]	Überstunde
☐ le **stress** [stʀɛs]	Stress
☐ **être stressé, stressée** [ɛtʀstʀese]	im Stress sein, gestresst sein *fam*
☐ **galérer** *fam* [galeʀe]	sich abrackern *fam*
☐ le **mobbing** [mɔbiŋ]	Mobbing
☐ une **manifestation** [manifɛstasjɔ̃]	Demonstration
☐ une **manif** *fam* [manif]	Demo
☐ une **grève** [gʀɛv]	Streik
faire grève	streiken
☐ un, une **gréviste** [gʀevist]	Streikende(r)
☐ un **conflit social** [kɔ̃flisɔsjal]	sozialer Konflikt
☐ **lutter (pour/ contre)** [lyte]	kämpfen (für/ gegen)
☐ un **médiateur**, une médiatrice [medjatœʀ, tʀis]	(Streit-)Schlichter(in)
☐ **se réunir** [s(ə)ʀeyniʀ]	zusammenkommen, sich versammeln
☐ une **réunion** [ʀeyɲɔ̃]	Sitzung, Konferenz, Treffen
☐ un **syndicat** [sɛ̃dika]	Gewerkschaft, Verband
☐ un **patron**, une patronne [patʀɔ̃, ɔn]	Arbeitgeber(in), Chef(in)
☐ un **accord** [akɔʀ]	Übereinkommen, Vereinbarung
signer un accord	eine Vereinbarung unterzeichnen

14.4 Arbeitsbereiche

☐ la **production** [pʀɔdyksjɔ̃]	Produktion, Fertigung
☐ **produire** [pʀɔdɥiʀ]	produzieren, herstellen
☐ un **produit** [pʀɔdɥi]	Produkt
☐ un **producteur**, une productrice [pʀɔdyktœʀ, tʀis]	Hersteller(in)
☐ **fabriquer qc** [fabʀike]	etw. herstellen
☐ **inventer** [ɛ̃vɑ̃te]	erfinden
☐ une **invention** [ɛ̃vɑ̃sjɔ̃]	Erfindung
☐ l'**industrie** *f* [ɛ̃dystʀi]	Industrie
☐ **industriel**, industrielle [ɛ̃dystʀijɛl]	industriell, Industrie-
une **zone industrielle** (**ZI**)	Industriegebiet
☐ l'**agriculture** *f* [agʀikyltyʀ]	Landwirtschaft
☐ la **technologie** [tɛknɔlɔʒi]	Technologie
☐ l'**informatique** *f* [ɛ̃fɔʀmatik]	Informatik
☐ l'**architecture** *f* [aʀʃitɛktyʀ]	Architektur
☐ **construire** [kɔ̃stʀɥiʀ]	bauen
☐ la **construction** [kɔ̃stʀyksjɔ̃]	Bau, Erbauen
la construction d'un pont	der Bau einer Brücke
☐ un **bâtiment** [bɑtimɑ̃]	Gebäude
☐ un **chantier** [ʃɑ̃tje]	Baustelle
☐ le **commerce** [kɔmɛʀs]	Handel
le petit commerce	Einzelhandel
☐ **importer** [ɛ̃pɔʀte]	importieren, einführen
☐ l'**importation** *f* [ɛ̃pɔʀtasjɔ̃]	Import
☐ **exporter** [ɛkspɔʀte]	exportieren, ausführen
☐ l'**exportation** *f* [ɛkspɔʀtasjɔ̃]	Export
☐ la **vente** [vɑ̃t]	Verkauf
☐ un **fournisseur**, une fournisseuse [fuʀnisœʀ, øz]	Lieferant(in)
☐ l'**administration** *f* [administʀasjɔ̃]	Verwaltung(sdienst)
☐ une **association** [asɔsjasjɔ̃]	Verein, Vereinigung, Verband
☐ une **organisation** [ɔʀganizasjɔ̃]	Organisation
☐ une **agence** [aʒɑ̃s]	Geschäftsstelle
☐ le **service public** [sɛʀvispyblik]	öffentlicher Dienst
☐ la **fonction publique** [fɔ̃ksjɔ̃pyblik]	öffentlicher Dienst
☐ un, une **fonctionnaire** [fɔ̃ksjɔnɛʀ]	Beamter, Beamtin

14.5 Heimwerken und Handarbeit

☐ **bricoler** [bʀikɔle]	basteln, heimwerken
☐ le **bricolage** [bʀikɔlaʒ]	Heimwerken, Heimwerkarbeit, Basteln
☐ un **outil** [uti]	Werkzeug
☐ les **ciseaux** *mpl* [sizo]	Schere
☐ un **appareil** [apaʀɛj]	Apparat
☐ une **machine** [maʃin]	Maschine
☐ **fixer qc** [fikse]	etw. befestigen
☐ **accrocher qc** [akʀɔʃe]	etw. aufhängen
☐ **monter qc** [mɔ̃te]	etw. montieren, aufstellen
☐ **couper** [kupe]	schneiden
☐ **découper (qc/ en)** [dekupe]	etw. ausschneiden, zerschneiden (in)
☐ **coller** [kole]	kleben
☐ **faire marcher qc** [fɛʀmaʀʃe]	etw. in Gang setzen
Je n'arrive pas à faire marcher cet appareil.	Ich kann diesen Apparat nicht zum Laufen bringen.
☐ **fonctionner** [fɔ̃ksjɔne]	funktionieren
☐ **réparer** [ʀepaʀe]	reparieren
☐ une **réparation** [ʀepaʀasjɔ̃]	Reparatur
☐ **utiliser** [ytilize]	benutzen
☐ **employer** [ɑ̃plwaje]	benutzen
☐ le **mode d'emploi** [mɔddɑ̃plwa]	Gebrauchsanweisung
☐ **broder** [bʀɔde]	sticken
☐ la **broderie** [bʀɔdʀi]	Stickerei, das Sticken
☐ **coudre** [kudʀ]	nähen
☐ **tisser** [tise]	weben
☐ **tricoter** [tʀikɔte]	stricken

Mein Zusatzvokabular

15 Zeit und Raum

15.1 Wochentage und Datumsangaben

☐ une **semaine** [s(ə)mɛn]	Woche
par semaine	pro Woche/ in der Woche, wöchentlich
deux fois par semaine	zweimal wöchentlich
☐ le **week-end**; les week-ends *pl* [wikɛnd]	Wochenende, am Wochenende
Le week-end, je vais au cinéma avec mes amis.	Am Wochenende gehe ich mit meinen Freunden ins Kino.
☐ **hebdomadaire** [ɛbdɔmadɛʀ]	wöchentlich, Wochen-

☐ **lundi** [lœ̃di]	Montag
☐ **mardi** [maʀdi]	Dienstag
☐ **mercredi** [mɛʀkʀədi]	Mittwoch
☐ **jeudi** [ʒødi]	Donnerstag
☐ **vendredi** [vɑ̃dʀədi]	Freitag
☐ **samedi** [samdi]	Samstag
☐ **dimanche** [dimɑ̃ʃ]	Sonntag

Vorsicht Fehler! Keine Präposition bei Wochentagen!

Bei den Wochentagen steht keine Präposition und kein Artikel:

Tu viens dimanche ?	Kommst du am Sonntag?
Mardi prochain, j'ai une interro de français.	Am nächsten Dienstag schreibe ich eine Französischarbeit.

Den *Artikel* benutzt man, um eine Regelmäßigkeit auszudrücken:

Le jeudi, j'ai un cours de judo. Donnerstags habe ich einen Judokurs.

Aber:

Ce jeudi, je fête mon anniversaire. Diesen Donnerstag feiere ich meinen Geburtstag.

□ **la date** [dat]	Datum
□ **le jour** [ʒuʀ]	Tag
un jour	eines Tages
ce jour-là	an diesem Tag
tous les jours	jeden Tag, täglich
Elle travaille tous les jours.	Sie arbeitet jeden Tag.
□ **les jours de la semaine** *mpl* [ʒuʀd(ə)las(ə)mɛn]	Wochentage
□ **quinze jours** [kɛ̃zʒuʀ]	vierzehn Tage, zwei Wochen
dans quinze jours	in 14 Tagen

! Zwei Wochen dauern in Frankreich 15 Tage ! Oh là là !

□ **la journée** [ʒuʀne]	Tag *(Verlauf)*
toute la journée	den ganzen Tag
Il a joué toute la journée.	Er hat den ganzen Tag gespielt.
□ **quotidien, quotidienne** [kɔtidjɛ̃, jɛn]	täglich, alltäglich
la vie quotidienne	das Alltagsleben
le quotidien	der Alltag

□ **aujourd'hui** [oʒuʀdɥi]	heute
□ **demain** [d(ə)mɛ̃]	morgen
après-demain	übermorgen
demain matin	Morgen früh
□ **hier** [jɛʀ]	gestern
avant-hier	vorgestern
□ **le lendemain** [lɑ̃dmɛ̃]	am Tag danach, am nächsten Tag
□ **la veille** [vɛj]	am Tag zuvor, am Vortag, am Vorabend

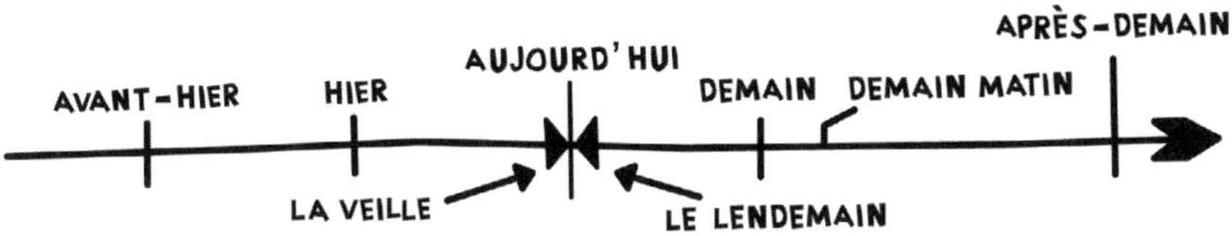

Vorsicht Fehler! Datumsangabe

Bei Datumsangaben steht die Grundzahl, und zwar immer ohne Punkt!
So gibst du das Datum an :

Nice, le 7 décembre 2012. *(gesprochen: sept décembre)*	Nizza, den 7. Dezember 2012.
Dimanche 16 octobre 2012 (16/10/2012 oder **16-10-2012)**	Sonntag, den 16. Oktober 2012

Ausnahme: Der erste Tag des Monats heißt ***premier***:
le 1er mai. *(gesprochen: premier)* (le 1/5/2012)

! Bei Fragen nach dem Datum und Datumsangaben benutzt du *être* !

So fragst du nach dem Datum:

Nous *sommes* quel jour aujourd'hui ?	Welchen Tag haben wir heute?
Quel jour *sommes*-nous aujourd'hui ?	Welchen Tag haben wir heute?

So kannst du antworten:

Nous sommes mercredi 7 décembre 2012.	Es ist Mittwoch, der 7. Dezember 2012.
On est mercredi.	Es ist Mittwoch.
Nous sommes mercredi.	Wir haben Mittwoch.
Nous sommes le 7 (décembre).	Wir haben den 7. (Dezember).

Das richtige Wort: *demain – hier / le lendemain – la veille*

Hier und ***demain*** benutzt du, wenn du in der Gegenwart sprichst:

Les correspondants sont arrivés hier.	Gestern sind die Austauschschüler angekommen.
Demain, on va faire une excursion.	Morgen machen wir einen Ausflug.

La veille und ***le lendemain*** benutzt du bei Erzählungen, die in der Vergangenheit spielen:

La veille, elle était encore à New York.	Am Vortag war sie noch in New York.
Le lendemain, nous avons visité la tour Eiffel.	Am nächsten Tag haben wir den Eiffelturm besichtigt.

15.2 Uhrzeit und Tageszeit

☐ **l'heure** *f* [œʀ]	Uhrzeit, Stunde (→ *siehe Infobox S. 275*)
demander l'heure à qn	jdn nach der Uhrzeit fragen
un **quart d'heure**	Viertelstunde
une **demi-heure**	halbe Stunde
C'est l'heure (de)…	Es ist so weit, … Es ist Zeit (zu) …
On y va ? C'est l'heure.	Gehen wir? Es ist Zeit.
☐ **presque** [pʀɛsk]	fast, beinahe
Il est presque huit heures.	Es ist fast 8 Uhr.

Das richtige Wort: Bedeutungen von *heure*

L'heure bedeutet *Uhrzeit* aber auch *Stunde:*

Il est deux heures.	Es ist zwei Uhr.
Elle met deux heures pour s'habiller.	Sie braucht zwei Stunden um sich anzuziehen.

☐ **la minute** [minyt]	Minute
☐ **la seconde** [s(ə)gɔ̃d]	Sekunde
☐ **une montre** [mɔ̃tʀ]	(Armband)Uhr
☐ **un réveil** [ʀevɛj]	Wecker
☐ **une horloge** [ɔʀlɔʒ]	(Turm)Uhr

☐ **être en retard** [ɑ̃ʀ(ə)taʀd]	zu spät sein, verspätet kommen, sich verspäten
Tu es en retard.	Du kommst zu spät.
arriver en retard	zu spät (an)kommen
Le bus est arrivé en retard.	Der Bus ist zu spät gekommen.
☐ **être à l'heure** [alœʀ]	pünktlich sein, kommen
Elle est toujours à l'heure.	Sie kommt/ ist immer pünktlich.
☐ **être en avance** [ɑ̃navɑ̃s]	zu früh kommen
Tu es en avance.	Du kommst zu früh./ Du bist zu früh dran.

Uhrzeit angeben

So fragst du nach der Uhrzeit und gibst Auskunft:

Il est quelle heure ?/ Quelle heure est-il ? Wie spät ist es?
– Il est quatre heures. – Es ist vier Uhr.
Le film commence à quelle heure ? Um wie viel Uhr fängt der Film an?
– À six heures. – Um 6 Uhr.
À quelle heure est-ce que tu as ton cours de judo ?
– De 4 à 5 heures. – Von 5 bis 6 Uhr.

So gibst du die Uhrzeit an :
Il est…

deux heures
zwei Uhr

deux heures cinq
fünf nach zwei

deux heures et quart
viertel nach zwei

deux heures vingt
zwanzig nach zwei

deux heures et demie
halb drei

trois heures moins vingt
zwanzig vor drei

trois heures moins le quart
viertel vor drei

trois heures moins cinq
fünf vor drei

trois heures
drei Uhr

Achtung! 12 Uhr sagt man im Französischen nicht. Man benutzt stattdessen ***midi*** (Mittag) und ***minuit*** (Mitternacht):

Il est midi et quart. Es ist viertel nach zwölf (mittags).
Il est minuit. Es ist 12 Uhr (nachts).

Denk daran: bei der Uhrzeit musst du den Plural benutzen!

neuf heures neun Uhr
Aber:
Il est une heure. Es ist ein Uhr.

☐ **le matin** [matɛ̃]	Morgen, morgens
Le matin, je me lève à 7 heures.	Morgens stehe ich um 7 Uhr auf.
ce matin	heute Morgen
☐ **la matinée** [matine]	Morgen *(Verlauf)*
dans la matinée	im Laufe des Morgens
☐ **(le) midi** [midi]	Mittag
à midi	mittags
☐ **l'après-midi** *m/f inv* [apʀɛmidi]	Nachmittag, nachmittags
☐ **le soir** [swaʀ]	Abend, abends
☐ **la soirée** [swaʀe]	Abend *(Verlauf)*
☐ **la nuit** [nɥi]	Nacht, nachts
☐ **minuit** [minɥi]	Mitternacht
à minuit	um Mitternacht

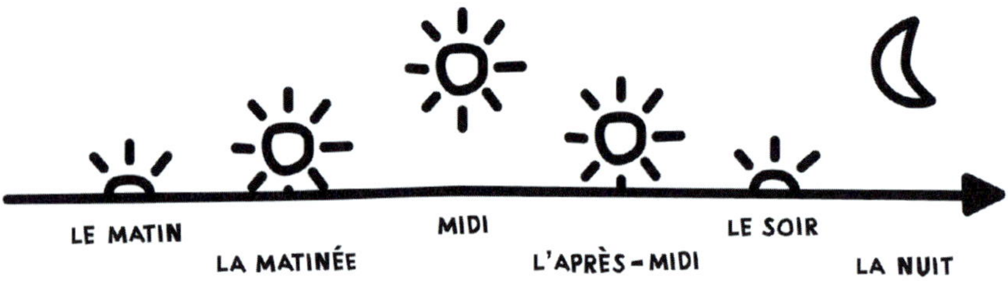

Vorsicht Fehler! Tageszeiten angeben

Bei folgenden Tageszeiten steht keine Präposition:

le matin	*Aber:*
morgens	**à midi**
l'après-midi	mittags
nachmittags	**à minuit**
le soir	um Mitternacht
abends	
la nuit	
nachts	

☐ **Il fait jour.** [ilfɛʒuʀ]	Es ist hell.
☐ **Il fait nuit.** [ilfɛnɥi]	Es ist Nacht, dunkel.
☐ **Il fait noir.** [ilfɛnwaʀ]	Es ist dunkel.

- **Le jour se lève.** [ləʒuʀsəlɛv] — Der Tag bricht an./ Es wird Tag.
- **La nuit tombe.** [lanɥitɔ̃b] — Es wird Nacht.

- **tôt** [to] — früh
- **tard** [taʀ] — spät

15.3 Monate und Jahreszeiten

- **le mois** [mwa] — Monat
  - **Le mois de mai** a 31 jours. — Der Mai hat 31 Tage.
  - **au mois de mai** — im Mai, im Monat Mai
- **mensuel**, mensuelle [mɑ̃sɥɛl] — monatlich, Monats-

Vorsicht Fehler! Monatsangaben – die richtige Präposition

Je suis née en janvier.	Ich bin im Januar geboren.
Nous partons en vacances en juillet/ au mois de juillet.	Im Juli fahren wir in Urlaub.
Ils arrivent fin juillet/ à la fin du mois de juillet.	Sie kommen Ende Juli.
Je commence mon stage début août/ au début du mois d'août.	Ich beginne mein Praktikum Anfang August.

- **un an** [ɑ̃] — Jahr
  - **par an** — im Jahr, jährlich
- **une année** [ane] — Jahr
- **le calendrier** [kalɑ̃dʀije] — Kalender

- **une saison** [sɛzɔ̃] — Jahreszeit
- **le printemps** [pʀɛ̃tɑ̃] — Frühling
  - **au printemps** — im Frühling/ Frühjahr
- **l'été** *m* [ete] — Sommer
  - **en été** — im Sommer
- **l'automne** *m* [o/ɔtɔn] — Herbst
  - **en automne** — im Herbst
- **l'hiver** *m* [ivɛʀ] — Winter
  - **en hiver** — im Winter
  - pendant tout l'hiver — den ganzen Winter über

! ***au printemps, en été, en automne, en hiver*** !

15.4 Vergangenheit, Gegenwart und Zukunft

☐ **Quand ?** [kɑ̃]	Wann?
☐ **le passé** [pase]	Vergangenheit
☐ **passé**, passée [pase]	vergangen
l'année passée	Vergangenes Jahr, im vergangenen Jahr
☐ **autrefois** [otʀəfwa]	früher, einst
☐ **avant** [avɑ̃]	früher, vorher
Avant, je vivais en France.	Früher lebte ich in Frankreich.
☐ **comme avant** [kɔmavɑ̃]	wie früher
☐ **ancien**, ancienne [ɑ̃sjɛ̃, jɛn]	ehemalig, alt *(→ siehe Infobox S. 301)*
☐ **dernier**, dernière [dɛʀnje, jɛʀ]	letzte(r)
dimanche dernier	letzten, vergangenen Sonntag
☐ **l'autre jour** [lotʀʒuʀ]	neulich
☐ **alors** [alɔʀ]	damals, dann
☐ **le présent** [pʀezɑ̃]	Gegenwart
jusqu'à présent	bis jetzt
☐ **maintenant** [mɛ̃t(ə)nɑ̃]	jetzt, nun
☐ **un moment** [mɔmɑ̃]	Augenblick
☐ **en ce moment** [ɑ̃s(ə)mɔmɑ̃]	zurzeit, im Augenblick, im Moment
☐ **un instant** [ɛ̃stɑ̃]	Augenblick
à cet instant	in diesem Augenblick

☐ **de nos jours** [dənoʒuʀ]	heutzutage, heute
☐ **actuel**, actuelle [aktɥɛl]	aktuell
à l'heure actuelle	heutzutage
☐ **actuellement** [aktyɛlmɑ̃]	gegenwärtig, zurzeit, im Moment
☐ **actualiser** [aktɥalize]	aktualisieren
☐ **moderne** [mɔdɛʀn]	modern
☐ **contemporain**, contemporaine [kɔ̃tɑ̃pɔʀɛ̃, ɛn]	zeitgenössisch
☐ l'**avenir** *m* [av(ə)niʀ]	Zukunft
à l'avenir	zukünftig, in Zukunft
À l'avenir, je prendrai plus souvent le vélo.	In Zukunft werde ich öfter das Fahrrad benutzen.
☐ le **futur** [fytyʀ]	Zukunft
☐ **futur**, future [fytyʀ]	zukünftig
les générations futures	die künftigen Generationen
☐ **prochain**, prochaine [pʀɔʃɛ̃, ɛn]	nächste(r)
la **semaine prochaine**	nächste, kommende Woche
la **prochaine fois**	nächstes Mal
☐ **bientôt** [bjɛ̃to]	bald
À bientôt.	Bis bald.
☐ **d'avance** [davɑ̃s]	im Voraus, vorher
Je vous remercie d'avance.	Ich danke Ihnen im Voraus.
☐ **venir* de faire qc** [v(ə)niʀd(ə)fɛʀ]	soeben etw. getan haben
Je viens de manger.	Ich habe gerade gegessen.
Elle vient de partir.	Sie ist gerade weggegangen.
☐ **être en train de faire qc** [ɛtʀɑ̃tʀɛ̃d(ə)fɛʀ]	gerade etw. tun, dabei sein etw. zu tun
Il est en train de prendre un bain.	Er ist dabei, ein Bad zu nehmen/ Er badet gerade.
☐ **aller* faire qc** [alefɛʀ]	etw. tun werden
Je vais venir	Ich werde kommen.

15.5 Anfang und Ende

☐ le **début** [deby]	Anfang
au début (de)	am Anfang (von)
début mai	Anfang Mai
Au début du mois de mai, je vais aller à Paris.	Zu Beginn des Monats Mai/ Anfang Mai fahre ich nach Paris.
☐ **débuter** [debyte]	Anfänger sein, anfangen

☐ **commencer (à faire qc)** [kɔmɑ̃se]	anfangen, beginnen (etw. zu tun)
J'ai **commencé à** apprendre l'italien.	Ich habe begonnen, Italienisch zu lernen.
☐ **commencer par qc/ par faire qc** [kɔmɑ̃se]	mit etw. beginnen, damit beginnen etw. zu tun
Il a **commencé par** la peinture, ensuite il est devenu photographe.	Er hat mit Malerei angefangen, dann ist er Fotograf geworden.
Elle a **commencé par** écrire des articles, puis elle a écrit un roman.	Sie hat damit begonnen Artikel zu verfassen, dann hat sie einen Roman geschrieben.
☐ **recommencer** [ʀ(ə)kɔmɑ̃se]	wieder anfangen
☐ **se mettre à faire qc** [s(ə)mɛtʀ]	anfangen etw. zu tun
Tu devrais te mettre à faire du tennis !	Du solltest anfangen, Tennis zu spielen!
☐ **premier**, première [pʀəmje, jɛʀ]	erste(r, s)
pour la première fois	zum ersten Mal
Vous êtes ici pour la première fois ?	Sind Sie zum ersten Mal hier?

☐ **la fin** [fɛ̃]	Ende
à la fin de	am Ende von
à la fin du mois de janvier	Ende Januar
☐ **fin…** [fɛ̃]	Ende …
Il viendra **fin janvier.**	Er kommt Ende Januar.
☐ **finir** [finiʀ]	enden, aufhören
Elle a **fini de** pleurer.	Sie hat aufgehört zu weinen.
Ils ont **fini par** accepter notre proposition.	Schließlich haben sie unseren Vorschlag akzeptiert.
☐ **fini**, finie [fini]	zu Ende
C'est fini !	Es ist Schluss, zu Ende!
☐ **au bout de** [obudə]	nach (Ablauf von), am Ende von
Au bout d'une heure, on n'avait plus envie.	Nach einer Stunde hatten wir keine Lust mehr.
☐ **au milieu de** [omiljødə]	mitten in, in der Mitte von
au milieu du concert	mitten im Konzert, in der Mitte des Konzerts
☐ **terminer** [tɛʀmine]	beenden, fertig sein
Vous avez terminé votre exercice ?	Habt ihr eure Übung beendet?/ Seid ihr mit eurer Übung fertig?
☐ **se terminer** [sətɛʀmine]	enden, zu Ende gehen
L'année scolaire se termine.	Das Schuljahr geht zu Ende.
☐ **mettre un point à qc** [mɛtʀœ̃pwɛ̃]	etw. beenden, ein Ende setzen
☐ **arrêter de faire qc** [saʀɛte]	aufhören etw. zu tun
Arrête !	Hör auf!

Elle a arrêté de faire de l'escrime. Maintenant elle fait de la musique. — Sie hat mit dem Fechten aufgehört. Jetzt macht sie Musik.

☐ **continuer** [kɔ̃tinye] — fortdauern, andauern
La fête continue. — Das Fest geht weiter.

! Benutze *avoir* !

☐ **avoir fini** [avwaʀfini] — fertig sein
J'ai fini. — Ich bin fertig.

☐ **prêt**, **prête** [pʀɛ, ɛt] — fertig
Elle est prête. — Sie ist fertig.

☐ **Ça y est !** [sajɛ] — Fertig!/ Alles klar!/ Geschafft!/ Das wärs!

15.6 Auf einen Blick : Konjunktionen und Präpositionen der Zeit

Auf einem Blick: Konjunktionen der Zeit

Die folgenden Konjunktionen leiten einen Nebensatz ein:

quand [kɑ̃] — als; wenn (zeitlich), immer wenn ; wann
Quand j'étais petite, je faisais beaucoup de bêtises. — Als ich klein war, habe ich viele Dummheiten gemacht
Quand tu auras 18 ans, tu pourras voter. — Wenn du 18 bist, darfst du wählen.
Je ne sais pas quand elle viendra. — Ich weiß nicht, wann sie kommt.

pendant que [pɑ̃dɑ̃kə] — während
Pendant qu'elle fait ses devoirs, elle écoute de la musique. — Während sie ihre Hausaufgaben macht, hört sie Musik.

alors que [alɔʀkə] — während
Alors que le peuple avait faim, on dansait à Versailles. — Während das Volk hungerte, tanzte man in Versailles.

depuis que [dəpɥikə] — seit, seitdem
Depuis qu'il est amoureux, je ne le vois plus. — Seitdem er verliebt ist, sehe ich ihn nicht mehr.

dès que [dɛkə] + *futur antérieur* — sobald, sowie
Je t'aiderai dès que j'aurai fini mon exercice. — Ich werde dir helfen, sobald ich meine Übung beendet habe.

après que [apʀɛkə] — nachdem
Il a rangé le salon après que ses copains étaient partis. — Er hat das Wohnzimmer aufgeräumt, nachdem seine Freunde gegangen waren.

Bei diesen Konjunktionen steht der Subjonctif:

avant que + *subj* [avɑ̃kə]	bevor
On va rentrer avant qu'il fasse nuit.	Wir gehen nach Hause, bevor es dunkel wird.
jusqu'à ce que + *subj* [ʒyskas(ə)kə]	bis
Tu peux garder mon perroquet jusqu'à ce que je revienne ?	Kannst du auf meinen Papagei aufpassen bis ich wiederkomme?

Das richtige Wort: *avant de faire qc – après avoir fait qc*

Wenn das Subjekt in Haupt- und Nebensatz gleich ist, benutzt du:

avant de faire qc [avɑ̃]	bevor (man etw. tut)
Avant de devenir un auteur célèbre, elle a habité en banlieue parisienne.	Bevor sie eine berühmte Autorin geworden ist, hat sie in der Pariser Vorstadt gewohnt.
Mets ton manteau avant de sortir !	Zieh deinen Mantel an bevor du raus gehst!
après avoir fait qc [apʀɛ]	nachdem (man etw. getan hat)
Après avoir visité un musée, nous avons fait du shoppping.	Nachdem wir ein Museum besichtigt haben, sind wir Shoppen gegangen.

Auf einen Blick: Präpositionen mit zeitlicher Bedeutung (+Nomen)

Auf diese Präpositionen folgt meist ein Nomen:

après [apʀɛ]	nach
après vingt heures	nach 20 Uhr
après le film	nach dem Film
après toi	nach dir
Après toi, c'est mon tour.	Nach dir bin ich dran.

pendant [pɑ̃dɑ̃]	während
Pendant le voyage, elle a dormi.	Während der Reise, hat sie geschlafen.
pendant une semaine/ un mois/ un an	eine Woche/ einen Monat/ ein Jahr lang
pendant des heures	stundenlang
pendant ce temps	währenddessen, während dieser Zeit
depuis [dəpɥi]	seit
Elles se connaissent depuis l'école maternelle.	Sie kennen sich seit dem Kindergarten.
dès [dɛ]	seit, ab
Aujourd'hui, on apprend l'anglais dès l'école élémentaire.	Heute lernt man Englisch ab der Grundschule.
il y a [ilija]	vor *(→ siehe Infobox S. 284)*
il y a une semaine.	vor einer Woche
avant [avɑ̃]	vor *(→ siehe Infobox S. 282)*
Elle est arrivée avant lui. Sie ist vor ihm angekommen.	
par + *Zeitangabe* [paʀ]	
par jour	täglich
par semaine	wöchentlich
par mois	monatlich
par an	jährlich
entre [ɑ̃tʀ]	zwischen
Entre le 15 juillet et le 31 août, je ferai un stage.	Zwischen dem 15. Juli und dem 31. August mache ich ein Praktikum.
vers [vɛʀ]	gegen, etwa um
Je reviens vers 6 heures.	Ich komme gegen 6 Uhr zurück.
à partir de (+ Zeitangabe) [apaʀtiʀdə]	ab, von … an
À partir du 1er juin, j'aurai un nouveau numéro de téléphone.	Vom 1. Juni an werde ich eine neue Telefonnummer haben.
À partir de demain, je vais apprendre 5 nouveaux mots par jour.	Ab morgen werde ich 5 neue Wörter pro Tag lernen.

jusqu'à (+ Zeitangabe) [ʒyska]	bis
J'ai cours jusqu'à 5 heures.	Ich habe bis 5 Uhr Unterricht.
J'ai faim. Je ne peux pas attendre jusqu'à la récré !	Ich habe Hunger. Ich kann nicht bis zur Pause warten!
Nous avons révisé jusqu'au soir.	Wir haben bis zum Abend gelernt.

! *jusqu'à, jusqu'à la, jusqu'à l', jusqu'au* !

dans [dɑ̃]	in
J'arrive dans 10 minutes.	Ich komme in 10 Minuten.
en [ɑ̃]	in, innerhalb von
Il a fait cet exercice en 10 minutes.	Er hat diese Übung in/ innerhalb von 10 Minuten erledigt.

Vorsicht Fehler! Zeitangaben mit *il y a – avant*

il y a + Zeitangabe z.B.:

il y a une heure	vor einer Stunde
Nous avons commencé il y a une demie heure.	Wir haben vor einer halben Stunde angefangen.
il y a trois ans	vor drei Jahren
il y a deux mois	vor zwei Monaten
il y a une semaine	vor einer Woche
il y a très longtemps de cela	vor langer, langer Zeit
il n'y a pas longtemps de cela	vor nicht allzu langer Zeit

avant + *Nomen*, z.B.:

Avant le match, nous sommes allés dans un café.	Vor dem Spiel sind wir in ein Café gegangen.
avant la guerre	vor dem Krieg
avant le repas	vor dem Essen
avant ma naissance	vor meiner Geburt

15.7 Weitere Zeitbegriffe

☐ le **temps** [tɑ̃]	Zeit
avoir le temps (de faire qc)	Zeit haben (etw. zu tun)
Je suis désolé, je n'ai pas le temps.	Es tut mir Leid, ich habe keine Zeit.
gagner du temps	Zeit gewinnen
perdre son temps à faire qc	Zeit damit vertrödeln etw. zu tun
il est temps de faire qc	es ist Zeit etw. zu tun
ces derniers temps	in letzter Zeit, in der letzten Zeit
Le temps passe.	Die Zeit vergeht.
Il **passe son temps à** observer des fourmis.	Er verbringt seine Zeit damit, Ameisen zu beobachten

☐ **durer** [dyʀe]	dauern
☐ **longtemps** [lɔ̃tɑ̃]	lange
durer longtemps	lange dauern
☐ **vite** [vit]	schnell
Le temps passe vite.	Die Zeit vergeht schnell.
☐ **bref**, brève [bʀɛf, ɛv]	kurz *(zeitlich)*
C'était bref !	Dans war kurz!/ Das ging schnell!

☐ une **époque** [epɔk]	Epoche, Zeit(alter)
☐ un **siècle** [sjɛkl]	Jahrhundert
au 21e siècle	im 21. Jahrhundert *(→ siehe Infobox S.354)*
au cours de ce siècle	im Laufe des Jahrhunderts

☐ **toujours** [tuʒuʀ]	immer, immer noch
☐ **tout le temps** [tul(ə)tɑ̃]	die ganze Zeit, ständig
☐ **souvent** [suvɑ̃]	oft, häufig
Le plus souvent, je prends le vélo pour aller à l'école.	Meistens fahre ich mit dem Fahrrad in die Schule.
☐ **régulièrement** [ʀegyljɛʀmɑ̃]	regelmäßig
Ils rendent régulièrement visite à leurs grands-parents.	Sie besuchen regelmäßig ihre Großeltern.
☐ **constamment** [kɔ̃stamɑ̃]	dauernd, ständig
Il se plaint constamment.	Er beklagt sich ständig
☐ **constant**, constante [kɔ̃stɑ̃, ɑ̃t]	ständig
☐ **permanent**, permanente [pɛʀmanɑ̃, ɑ̃t]	dauernd, ständig
un conflit permanent	ein dauernder Konflikt

☐ **encore** [ɑ̃kɔʀ]	noch, immer noch, schon wieder
Elle dort encore.	Sie schläft noch.
Il a encore perdu ses clés.	Er hat schon wieder seine Schlüssel verloren.

☐ **déjà** [deʒa]	schon, bereits
☐ **peu à peu** [pøapø]	nach und nach
☐ **petit à petit** [p(ə)tiap(ə)ti]	nach und nach, allmählich
☐ **de temps en temps** [d(ə)tɑ̃zɑ̃tɑ̃]	von Zeit zu Zeit, ab und zu, manchmal

Auf einen Blick: Verneinungen mit zeitlicher Bedeutung

ne… jamais [nəʒamɛ]	nie, niemals
Elle n'a jamais répondu.	Sie hat niemals geantwortet.
ne… plus [nəply]	nicht mehr
Il n'écoute plus. Il rêve.	Er hört nicht mehr zu. Er träumt.
ne… plus jamais [nəplyʒamɛ]	niemals mehr, niemals wieder
Je ne l'oublierai plus jamais.	Ich werde es niemals wieder vergessen.
ne… pas encore [nəpɑɑ̃kɔʀ]	noch nicht
Ils ne sont pas encore arrivés.	Sie sind noch nicht angekommen.

☐ **la fois** [fwa]	Mal
Il a gagné deux fois.	Er hat zwei Mal gewonnen.
36 fois *fam*	zig Mal
☐ **quelquefois** [kɛlkəfwa]	manchmal
☐ **parfois** [paʀfwa]	manchmal
☐ **rarement** [ʀɑʀmɑ̃]	selten

☐ **tout à coup** [tutaku]	plötzlich
Tout à coup, il a rigolé.	Plötzlich hat er gelacht.
☐ **soudain** [sudɛ̃]	plötzlich
☐ **tout de suite** [tutsɥit]	sofort
Je l'ai compris tout de suite.	Ich habe es sofort verstanden.
☐ **aussitôt** [osito]	sofort
☐ **immédiatement** *adv* [imedjatmɑ̃]	sofort
☐ **immédiat, immédiate** *adj* [imedja, jat]	unmittelbar, sofortig
une réponse immédiate	eine sofortige Antwort
☐ **tout à l'heure** [tutalœʀ]	vorhin, eben, soeben, gerade; gleich, nachher

Das richtige Wort: Bedeutungen von *tout à l'heure*

Der Ausdruck ***tout à l'heure*** kann Vergangenes oder Zukünftiges ausdrücken.

Vergangenheit:

Où est Raphaël ? Je l'ai vu tout à l'heure. Il était dans le jardin.	Wo ist Raphaël? Ich habe ihn gerade/ vorhin gesehen. Er war im Garten.

Zukunft:

Chloé a appellé. Elle va passer tout à l'heure.	Chloé hat angerufen. Sie kommt gleich/ nachher vorbei.

15.8 Raum und Ort

☐ **l'espace** *m* [ɛspas]	Raum; Weltall
le temps et l'espace	Zeit und Raum
avoir beaucoup d'espace	viel Raum, Platz haben
☐ **la place** [plas]	Platz
sur place	vor Ort
avoir de la place	Platz haben
faire place à qn/qc	jdn/etw. Platz machen
ranger quelque chose **à sa place**	etw. dorthin räumen, wo es hingehört

☐ **l'endroit** *m* [ɑ̃dʀwa]	Ort, Stelle
☐ **le lieu** [ljø]	Ort
le **lieu de naissance**	Geburtsort
un **lieu public**	öffentlicher Ort

Das richtige Wort: Die richtige Übersetzung für Ort

Anders als im Englischen bedeutet ***la place*** in der Regel nicht *Ort*. Das deutsche Wort *Ort* solltest du mit ***le lieu*** oder ***l'endroit*** übersetzen:

un bel endroit au bord du fleuve	ein schöner Ort/ eine schöne Stelle am Ufer des Flusses
C'est un lieu manifique !	Das ist ein wunderbarer Ort!

☐ **ici** [isi]	hier, hierher
☐ **là** [la]	da, dort
Tu as vu mon ballon ? – Oui, il est là, sous la table.	Hast du meinen Ball gesehen? – Ja, er ist da, unter dem Tisch.

☐ **là-bas** [laba] — dort, da drüben, dort hinten

☐ **partout** [paʀtu] — überall

☐ **nulle part** [nylpaʀ] — nirgends

Ton ballon ? – Je (ne) le vois nulle part. — Deinen Ball? – Ich sehe ihn nirgends.

☐ **quelque part** [kɛlkəpaʀ] — irgendwo

Je t'ai déjà vu quelque part. — Ich hab dich schon einmal irgendwo gesehen.

15.9 Position und Lage

☐ la **situation géographique** [sitɥasjɔ̃ʒeɔgʀafik] — geographische Lage

☐ **être situé**, **située** [sitɥe] — gelegen sein

Cette maison est située au milieu d'un parc. — Dieses Haus steht mitten in einem Park.

☐ **se situer** [s(ə)sitɥe] — sich befinden

Le Pays basque ? Où est-ce que cela se situe ? — Das Baskenland? Wo befindet sich das?

☐ **se trouver** [s(ə)tʀuve] — sich befinden

☐ la **position** [pɔzisjɔ̃] — Lage, Platz, Stelle

☐ **où ?** [u] — wo?

Auf einem Blick: Ort und Richtung – Präpositionen mit zwei Bedeutungen

Einige Präpositionen drücken je nach Zusammenhang den Ort, wo sich etwas befindet, oder die Richtung aus. Das gilt auch für das Fragewort *où*:

où [u] — wo, wohin

Où est mon portable ? — Wo ist mein Handy?

Où vas-tu ? — Wohin gehst du?

à [a] — in, nach

Je suis à Toulouse. — Ich bin in Toulouse

Elle va à Montpellier. — Sie fährt nach Montpellier.

! À + Artikel: *à la*, *à l'*, *au*, *aux* !

en [ã]	in, nach
Madrid est en Espagne.	Madrid ist in Spanien.
Pendant les vacances, je vais en Espagne.	In den Ferien fahre ich nach Spanien.
chez [ʃe]	bei, zu
Tu cherches ton chat ? Il est chez moi.	Suchst du deine Katze? Sie ist bei mir.
Qu'est-ce qu'on fait ? On va chez moi ?	Was sollen wir machen? Gehen wir zu mir?

! Bei Personen benutzt man *chez* !

☐ **dedans** [d(ə)dã]	drin, drinnen
Je reste dedans.	Ich bleibe drinnen.
☐ **dehors** [dəɔʀ]	draußen
☐ **à l'intérieur (de)** [alɛ̃teʀjœʀ]	innen (von); drin, im Innern
☐ **à l'extérieur (de)** [alɛksteʀjœʀ]	außerhalb (von); draußen

Auf einen Blick: Häufige Präpositionen mit räumlicher Bedeutung (+ Nomen)

dans [dã]	in
sur [syʀ]	auf
sous [su]	unter
devant [d(ə)vã]	vor
derrière [dɛʀjɛʀ]	hinter
entre [ãtʀ]	zwischen

☐ **dessus** [d(ə)sy]	darauf
Assieds-toi dessus.	Setz dich darauf.
☐ **dessous** [dəsu]	darunter
☐ **en haut (de)** [ã'o]	(nach) oben; oben (auf)
☐ **à la hauteur de** [ala'otœʀ]	auf/ in Höhe von
☐ **en bas (de)** [ãba]	(nach) unten; unten an, am Fuße von
☐ **par terre** [paʀtɛʀ]	auf dem Boden

☐ **à côté** [akote]	nebenan
☐ **à côté de** [akote]	neben
La salle à manger est à côté de la cuisine/ à côté du salon.	Das Esszimmer ist neben der Küche/ neben dem Wohnzimmer.
☐ **de l'autre côté (de)** [dəlotʀkote]	auf der anderen Seite
De l'autre côté de la rue se trouve un square.	Auf der anderen Seite der Straße befindet sich ein kleiner Park.
☐ **en face (de)** [ɑ̃fas]	gegenüber
☐ **au milieu (de)** [omiljø]	in der Mitte (von), mitten in
☐ **autour de** [otuʀ]	um … herum
tout autour [tutotuʀ]	ringsherum
☐ **être entouré**, entourée **de** [ɑ̃tuʀe]	von … umgeben sein
☐ **au-delà (de)** [od(ə)la]	über etwas hinaus
☐ **limité**, limitée **par** [limite]	begrenzt (von)
☐ **au bord de** [obɔʀ]	am Rande von
au bord de la route	am Straßenrand
☐ **le long de** [ləlɔ̃]	entlang von
Le long du fleuve, il y a des arbres.	Den Fluss entlang stehen Bäume.
☐ **au bout de** [obu]	am Ende von
au bout de la rue	am Ende der Straße
☐ **au fond de** [ofɔ̃]	im hinteren Teil; auf dem Boden, auf dem Grund
au fond du jardin	hinten im Garten
au fond du lac	auf dem Grund des Sees
☐ **au premier plan** [opʀəmjeplɑ̃]	im Vordergrund
Au premier plan du tableau, on voit un cheval.	Im Vordergrund des Bildes sieht man ein Pferd.
☐ **au second plan** [os(ə)gɔ̃plɑ̃]	im Hintergrund, im Mittelgrund
☐ **à l'arrière plan** [alaʀjɛʀpl]	im Hintergrund

15.10 Nähe und Ferne

☐ **la distance** [distɑ̃s]	Entfernung, Abstand
☐ **la proximité** [pʀɔksimite]	Nähe
à proximité de	in der Nähe von

☐ les **environs** *mpl* [ɑ̃viʀɔ̃]	Umgebung
dans les environs de Lille	in der Nähe/ Umgebung von Lille

☐ **près (de)** [pʀɛ]	nahe, in der Nähe (von)
près de l'école.	in der Nähe der Schule
☐ **proche (de)** [pʀɔʃ]	nahe (bei)
☐ **de près** [d(ə)pʀɛ]	von nahem, aus der Nähe
regarder de près	aus der Nähe betrachten
☐ **à côté de** [akote]	neben, nahe bei, in der Nähe von
un village à côté de Nice	ein Dorf nahe bei Nizza
☐ **après** [apʀɛ]	nach, hinter
Après la mairie, vous tournez à gauche.	Nach dem Rathaus gehen Sie nach links.

☐ **loin (de)** [lwɛ̃]	weit (von)
☐ **de loin** [d(ə)lwɛ̃]	von weit her; von weitem, aus der Ferne;
Ils viennent de loin.	Sie kommen von weit her.
Je l'ai reconnu de loin.	Ich habe ihn von weitem erkannt.
☐ **éloigné, éloignée** [elwaɲe]	entfernt
☐ **à ... m/km d'ici** [amɛtʀ/kilɔmɛtʀdisi]	... m/km von hier (entfernt)
J'habite à 5 kilomètres d'ici.	Ich wohne 5 Kilometer von hier entfernt.
☐ **jusqu'à** [ʒyska]	bis
Je vais à pied jusqu'à la gare/ jusqu'au marché.	Ich gehe zu Fuß bis zum Bahnhof/ Markt.

15.11 Richtung

☐ la **direction** [diʀɛksjɔ̃]	Richtung
la **bonne/ mauvaise direction**	richtige/ falsche Richtung
prendre une direction	eine Richtung nehmen, in eine Richtung gehen, fahren
la direction opposée	die entgegengesetzte Richtung
☐ le **sens** [sɑ̃s]	Richtung
Dans quel sens faut-il partir ?	In welche Richtung müssen wir (los-)gehen/ fahren?
☐ **vers** [vɛʀ]	in Richtung auf
☐ **se diriger vers qc** [s(ə)diʀiʒe]	auf etw. zugehen, zufahren, in Richtung auf etw. gehen/ fahren

Pour aller à la rue Cazalis, il faut se diriger vers l'université.	Um zur Rue Cazalis zu kommen, muss man in Richtung Universität laufen/ fahren.

→ *Weitere Ausdrücke zur Angabe der Richtung findest du in Kapitel 13.8 „Wegbeschreibung" S. 251*

- ☐ **de, du, de la, de l'; des** *pl* [də, dy, d(ə)la, de] — aus, von
  - Il vient de Paris. — Er kommt aus Paris.
  - Elle revient d'un match de foot. — Sie kommt von einem Fußballspiel zurück.
- ☐ **à, au, à la, à l'; aux** *pl* [a, o, ala, o] — nach, auf, zu, in
  - Elle va à Boulogne-sur-Mer. — Sie fährt nach Boulogne-sur-Mer.
  - Ils montent au sommet de la montagne. — Sie steigen auf den Gipfel des Berges.
  - Elle va à la gare. — Sie geht zum Bahnhof.
  - Ils vont au cinéma. — Sie gehen ins Kino. (*→ siehe Infobox S. 288*)

! bei Städtenamen steht immer *à* !

- ☐ **en** [ɑ̃] — nach
  - Pendant les vacances, je vais en Italie. — In den Ferien fahre ich nach Italien.

→ *siehe Infobox S. 289 und Infobox über die Präpositionen bei Ländernamen Kapitel 19 S. 336*

- ☐ **chez** [ʃe] *(bei Personen)* — zu
  - Je dois aller chez le dentiste. — Ich muss zum Zahnarzt gehen. (*→ siehe Infobox S. 289*)

- ☐ **le nord (N)** [nɔʀ (ɛn)] — Norden
  - **au nord (de)** — nördlich (von)
- ☐ **le sud (S)** [syd (ɛs)] — Süden
  - **au sud (de)** — südlich (von)
- ☐ **l'est (E)** *m* [ɛst (ø)] — Osten
  - **à l'est (de)** — östlich (von)
- ☐ **l'ouest (O)** *m* [wɛst (o)] — Westen
  - **à l'ouest (de)** — westlich (von)

Vorsicht Fehler!
Au sud – dans le Sud

Beachte den Unterschied:

Bayonne est situé au sud de Bordeaux. Bayonne liegt südlich von Bordeaux.
Bayonne se trouve dans le Sud de la France. Bayonne liegt im Süden Frankreichs.

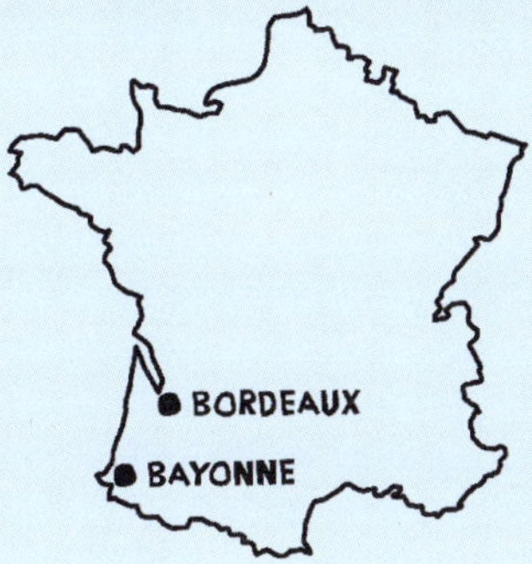

Mein Zusatzvokabular

16 Beschreiben

16.1 Beschreiben allgemein

☐ **décrire qc** [dekʀiʀ]	etw. beschreiben
☐ une **description** [dɛskʀipsjɔ̃]	Beschreibung
faire une description	eine Beschreibung abgeben, beschreiben
☐ une **définition** [definisjɔ̃]	Definition, Beschreibung
donner une définition de qc	etw. definieren

Beschreiben und definieren

Wenn du ein Wort für einen Gegenstand nicht kennst, kannst du versuchen, ihn zu beschreiben. Dabei kannst du seine Eigenschaften nennen oder erklären, wozu er benutzt wird. Du kannst folgende Formulierungen verwenden:

***C'est une chose/ un truc pour* écrire des messages.**	Das Ding dient dazu, Nachrichten zu schreiben.
***On peut utiliser cet objet pour* téléphoner ou pour faire des photos.**	Man kann diesen Gegenstand benutzen, um zu telefonieren oder um Fotos zu machen.
***C'est un truc/ une chose/ un objet qui sert à* parler avec une personne qui est loin.**	Es ist ein Ding, das dazu dient, mit einer Person zu sprechen, die weit entfernt ist.

☐ un **objet** [ɔbʒɛ̃]	Gegenstand
☐ une **chose** [ʃoz]	Ding
☐ **quelque chose** [kɛlkəʃoz]	etwas
☐ un **truc** *fam* [tʀyk]	Ding
☐ **servir à** [sɛʀviʀ]	dienen zu
☐ **utiliser à/ pour** [ytilize]	benutzen zu/um

16.2 Farben

☐ **blanc**, blanche [blɑ̃, blɑ̃ʃ]	weiß
☐ **noir**, noire [nwaʀ]	schwarz
☐ **gris**, grise [gʀi, gʀiz]	grau
☐ **beige** [bɛʒ]	beige
☐ **bleu**, bleue [blø]	blau
☐ **rouge** [ʀuʒ]	rot
☐ **jaune** [ʒon]	gelb
☐ **vert**, verte [vɛʀ, vɛʀt]	grün
☐ **rose** [ʀoz]	rosa
☐ **violet**, violette [vjɔlɛ, ɛt]	violett, lila
☐ **orange** *inv* [ɔʀɑ̃ʒ]	orange, orangefarben
☐ **marron** *inv* [maʀɔ̃]	braun
☐ **brun**, brune [bʀɛ̃, yn]	braun; dunkel(haarig)
☐ **doré**, dorée [dɔʀe]	golden, vergoldet
☐ **argenté**, argentée [aʀʒɑ̃te]	silbern, versilbert
☐ **blond**, blonde [blɔ̃, ɔ̃d]	blond
☐ **roux**, rousse [ʀu, ʀus]	rothaarig
☐ **châtain** *inv* [ʃatɛ̃]	kastanienbraun, hellbraun
☐ **clair**, claire [klɛʀ]	hell
des couleurs claires	helle Farben
bleu clair *inv*	hellblau
☐ **foncé**, foncée [fɔ̃se]	dunkel
des vêtements foncés	dunkle Kleidung
bleu foncé *inv*	dunkelblau
☐ **transparent**, transparente [tʀɑ̃spaʀɑ̃, ɑ̃t]	durchsichtig
☐ **brillant**, brillante [bʀijɑ̃, ɑ̃t]	glänzend
☐ **mat**, mate [mat]	matt

blanc + noir = gris !

bleu + jaune = vert !

rouge + jaune = orange !

Vorsicht Fehler! Unveränderliche Farbadjektive

Farbadjektive, die von Früchten abgeleitet sind wie z. B. von Orangen, Maronen oder Kastanien, sind unveränderlich:

des basquets orange	orangefarbene Turnschuhe
des gants marron	braune Handschuhe
Elle a les cheveux châtain.	Sie hat kastanienbraune Haare.

Auch zusammengesetzte Farbadjektive werden nicht angeglichen, z. B.:

une casquette gris clair	eine hellgraue Schirmmütze
des robes bleu foncé	dunkelblaue Kleider

☐ une **couleur** [kulœʀ]	Farbe
De quelle couleur est ta nouvelle robe ?	Welche Farbe hat dein neues Kleid?
☐ **coloré**, colorée [kɔlɔʀe]	farbig, bunt
☐ **multicolore** [myltikɔlɔʀ]	mehr-, vielfarbig, bunt
☐ **uni**, unie [yni]	einfarbig und ungemustert
☐ un **ton** [tɔ̃]	Farbton
☐ une **nuance** [nɥɑ̃s]	Farbnuance, Schattierung

16.3 Formen

☐ la **forme** [fɔʀm]	Form
en forme de dé	in Form eines Würfels, würfelförmig
☐ **former** [fɔʀme]	formen, bilden
☐ **(se) déformer** [(sə)defɔʀme]	(sich) verformen, verzerren
☐ **rond**, ronde [ʀɔ̃, ʀɔ̃d]	rund
☐ **ovale** [ɔval]	oval
☐ **droit**, droite [dʀwa, wat]	gerade
☐ **carré**, carrée [kaʀe]	quadratisch
☐ **pointu**, pointue [pwɛ̃ty]	spitz, spitzig
☐ le **point** [pwɛ̃]	Punkt
☐ un **trait** [tʀɛ]	Strich
tirer un trait	einen Strich ziehen
☐ une **ligne** [liɲ]	Linie
☐ un **côté** [kote]	Seite

- ☐ un **angle** [ɑ̃gl] — Winkel
- ☐ une **croix** [kʀwa] — Kreuz
- ☐ une **pointe** [pwɛ̃t] — Spitze
- ☐ un **cercle** [sɛʀkl] — Kreis
  un demi-cercle — Halbkreis
- ☐ un **carré** [kaʀe] — Quadrat
- ☐ un **triangle** [tʀijɑ̃gl] — Dreieck
- ☐ une **pyramide** [piʀamid] — Pyramide
- ☐ un **graphique** [gʀafik] — Grafik, grafische Darstellung

16.4 Materialien

> Aus welchem Material ist es ?
> *C'est en pierre, en béton,…*

- ☐ la **pierre** [pjɛʀ] — Stein
- ☐ le **béton** [betɔ̃] — Beton
- ☐ le **plâtre** [plɑtʀ] — Gips
- ☐ le **verre** [vɛʀ] — Glas
- ☐ le **fer** [fɛʀ] — Eisen
- ☐ le **bois** [bwa] — Holz
- ☐ le **plastique** [plastik] — Kunststoff, Plastik
- ☐ le **papier** [papje] — Papier
- ☐ le **carton** [kaʀtɔ̃] — Pappe

- ☐ le **métal** [metal] — Metall
- ☐ l'**or** *m* [ɔʀ] — Gold
- ☐ l'**argent** *m* [aʀʒɑ̃] — Silber

- ☐ un **tissu** [tisy] — Stoff
- ☐ le **coton** [kɔtɔ̃] — Baumwolle
- ☐ la **laine** [lɛn] — Wolle
- ☐ la **soie** [swa] — Seide

16.5 Größe, Maße und Gewichte

- ☐ **grand**, grande [gʀɑ̃, gʀɑ̃d] — groß
- ☐ **gros**, grosse [gʀo, gʀos] — dick
- ☐ **énorme** [enɔʀm] — riesig, ungeheuer groß, enorm
- ☐ **immense** [imɑ̃s] — riesig, unendlich groß, gewaltig
- ☐ **géant**, géante [ʒeɑ̃, ʒeɑ̃t] — riesig

☐ **petit**, petite [p(ə)ti, it]	klein
☐ **minuscule** [minyskyl]	winzig
☐ **mince** [mɛ̃s]	dünn, schlank
☐ un **millimètre** [milimɛtʀ]	Millimeter
☐ un **centimètre** [sɑ̃timɛtʀ]	Zentimeter
☐ un **mètre** [mɛtʀ]	Meter
☐ un **kilomètre** [kilɔmɛtʀ]	Kilometer
☐ **mesurer** [məzyʀe]	messen; groß sein
mesurer une pièce	ein Zimmer ausmessen
François mesure 1,78 m.	François ist 1,78 m groß.
☐ **haut**, haute ['o, 'ot]	hoch
☐ la **hauteur** ['otœʀ]	Höhe
☐ **bas**, basse [bɑ, bɑs]	nieder, niedrig
☐ **profond**, profonde [pʀɔfɔ̃, ɔ̃d]	tief
☐ la **profondeur** [pʀɔfɔ̃dœʀ]	Tiefe
☐ **long**, longue [lɔ̃, lɔ̃g]	lang
☐ la **longueur** [lɔ̃gœʀ]	Länge
☐ **court**, courte [kuʀ, kuʀt]	kurz
☐ **large** [laʀʒ]	breit
☐ la **largeur** [laʀʒœʀ]	Breite
☐ **étroit**, étroite [etʀwa, wat]	schmal, eng
une rue étroite	eine enge Straße

Vorsicht Fehler! Höhe, Tiefe, Länge und Breite angeben

Wenn du die genauen Maße angeben willst, kannst du folgende Ausdrücke verwenden:

La tour Eiffel fait 324 mètres *de* haut.
Der Eiffelturm ist 324 Meter hoch.

Ce lac fait 5 mètres *de* profondeur.
Dieser See ist 5 Meter tief.
Notre balcon fait 7 mètres *de* long.
Unser Balkon ist 7 Meter lang
Cette étagère fait 40 centimètres *de* large.
Dieses Regal ist 40 Zentimeter breit.

☐ **un mètre carré** [mɛtʀəkaʀe]	Quadratmeter
Le salon **fait** 30 **mètres carrés** (m^2).	Das Wohnzimmer ist 30 Quadratmeter groß.
☐ **un kilomètre carré** [kilomɛtʀəkaʀe]	Quadratkilometer
100 habitants par kilomètres carrés	100 Einwohner pro Quadratkilometer
☐ **la superficie** [sypɛʀfisi]	Oberfläche; Fläche
une superficie de 100 mètres carrés	eine Fläche von 100 Quadratmetern

☐ **le volume** [vɔlym]	Volumen, Rauminhalt
☐ **le contenu** [kɔ̃t(ə)ny]	Inhalt
☐ **contenir** [kɔ̃t(ə)niʀ]	enthalten
Cette bouteille contient un litre.	Diese Flasche enthält/fasst einen Liter.
☐ **un litre** [litʀ]	Liter
un litre de lait	Liter Milch
un demi-litre	ein halber Liter

☐ **léger**, légère [leʒe, ɛʀ]	leicht
☐ **lourd**, lourde [luʀ, luʀd]	schwer
☐ **peser** [pəze]	wiegen
Vincent pèse 75 kilos.	Vincent wiegt 75 Kilo.
☐ **la balance** [balɑ̃s]	Waage
☐ **le poids** [pwa]	Gewicht
☐ **la masse** [mas]	Masse
☐ **un gramme (de)** [gʀam]	Gramm
☐ **un kilo(gramme) (de)** [kilo, kilɔgʀam]	Kilo(gramm)
un kilo de pommes de terre	ein Kilo Kartoffeln
☐ **une tonne** [tɔn]	Tonne

→ *Siehe Infobox über die Mengenangaben S. 306*

16.6 Eigenschaften von Dingen

☐ **plein**, pleine [plɛ̃, ɛn]	voll
☐ **vide** [vid]	leer
Le verre est **à moitié vide**.	Das Glas ist halbvoll.
☐ **complet**, complète [kɔ̃plɛ, ɛt]	vollständig, komplett

☐ **dur**, dure [dyʀ]	hart
☐ **doux**, douce [du, dus]	sanft, weich, mild

☐ **froid**, froide [fʀwa, fʀwad]	kalt
☐ **chaud**, chaude [ʃo, ʃod]	warm

☐ **cassé**, cassée [kɑse]	kaputt
☐ **abîmé**, abîmée [abime]	beschädigt, kaputt
☐ **brisé**, brisée [bʀize]	zerbrochen, kaputt
☐ **déchiré**, déchirée [deʃiʀe]	zerrissen

☐ **vieux**, vieil, vieille ; vieux, vieilles *pl* [vjø, vjɛj]	alt *(→ siehe Infobox S. 29)*
un viel ordinateur	ein altes Computer
☐ **ancien**, ancienne [ɑ̃sjɛ̃, jɛn]	alt, antik, ehemalig

Vorsicht Fehler: Die Stellung von *ancien* und *cher*

Die Adjektive ***ancien*** und ***cher*** verändern ihre Bedeutung, wenn du sie vor oder hinter das Nomen stellst. Achte auf den Unterschied!

Ancien : **un ancien camarade de classe**	ein ehemaliger Klassenkamerad
Aber: **un meuble ancien**	ein antikes, altes Möbelstück
Cher : **des vêtements chers**	teure Kleidung
aber: **Chère Isabelle**	Liebe Isabelle

☐ **neuf**, neuve [nœf, nœv]	neu *(→ siehe Infobox S. 202)*
☐ **nouveau**, nouvel, nouvelle; nouveaux *mpl* [nuvo, nuvɛl]	neu; andere(r, s)
un nouvel ordinateur	ein neues Computer
☐ **actuel**, actuelle [aktɥɛl]	aktuell
☐ **moderne** [mɔdɛʀn]	modern
☐ **ringard**, ringarde *fam* [ʀgaʀ, aʀd]	altmodisch

☐ **cher**, chère [ʃɛʀ]	teuer *(→ siehe Infobox oben)*
☐ **bon marché** [bɔ̃maʀʃe]	günstig, billig
☐ **précieux**, précieuse [pʀesjø, jøz]	wertvoll, kostbar

☐ **rapide** *adj* [ʀapid]	schnell

Das richtige Wort: schnell: *rapide* oder *vite*?

Es gibt zwei Wörter für *schnell*: ***rapide*** und ***vite***.

Rapide ist ein Adjektiv. Es steht bei einem Nomen oder bei *être*:

Elle est rapide.	Sie ist schnell.
un geste rapide	eine schnelle Geste

Vite ist ein Adverb und erläutert eine Aktivität:

Elle court vite.	Sie läuft schnell.

☐ **lent**, lente [lɑ̃, lɑ̃t]	langsam
☐ **facile** [fasil]	leicht, einfach
☐ **difficile** [difisil]	schwer, schwierig
☐ **compliqué**, compliquée [kɔ̃plike]	kompliziert
☐ **utile** [ytil]	nützlich
☐ **inutile** [inytil]	unnütz, nutzlos
☐ **nécessaire** [nesesɛʀ]	notwendig
☐ **indispensable** [ɛ̃dispɑ̃sabl]	unbedingt notwendig, unerlässlich
☐ **propre** (nach dem Nomen) [pʀɔpʀ]	sauber *(→ siehe Infobox S. 86)*
☐ **sale** [sal]	schmutzig
☐ **crade** [kʀɑd] *fam*	schmutzig, versifft
☐ **bon**, bonne [bɔ̃, bɔn]	gut
sentir bon	gut riechen; gut schmecken
☐ **mauvais**, mauvaise [movɛ, ɛz]	schlecht
☐ **beau**, bel, belle; beaux, belles *pl* [bo, bɛl]	schön
un bel ordinateur	ein schönes Computer
☐ **moche** *fam* [mɔʃ]	häßlich
☐ **ordinaire** [ɔʀdinɛʀ]	alltäglich, üblich, normal
une journée ordinaire	ein normaler/ganz gewöhnlicher Tag
☐ **rare** [ʀɑʀ]	selten
☐ **dangereux**, dangereuse [dɑ̃ʒʀø, øz]	gefährlich

→ Zur Bewertung von Dingen siehe Kapitel 7 „Werturteileausdrücke" S.113

16.7 Art und Weise

☐ **comment** [kɔmɑ̃]	wie
☐ **ainsi** [ɛ̃si]	so
☐ **comme ça** [kɔmsa]	so, auf diese Weise
☐ la **manière** [manjɛʀ]	Art, Art und Weise
de manière *+ adj*	auf … Art und Weise
de manière différente	auf andere Art und Weise
de cette manière	auf diese Weise, so

- ☐ la **façon** [fasɔ̃] — Art, Art und Weise
  - **de cette façon** — auf diese Art, so
  - Il m'a regardé **de/ d'une façon** bizarre. — Er hat mich seltsam/auf seltsame Art und Weise angesehen.

- ☐ un **moyen** [mwajɛ̃] — Mittel
- ☐ **par** [paʀ] — durch, mit, per
  - par e-mail — per E-Mail
  - par avion — mit dem Flugzeug

- ☐ une **méthode** [metɔd] — Methode
- ☐ une **stratégie** [stʀateʒi] — Strategie
- ☐ un **mode d'emploi** [mɔddɑ̃plwa] — Gebrauchsanweisung

- ☐ **bien** *adv* [bjɛ̃] — gut
  - Elle joue bien. — Sie spielt gut.
- ☐ **mieux** *adv* [mjø] — besser
- ☐ **mal** *adv* [mal] — schlecht

- ☐ **ensemble** [ɑ̃sɑ̃bl] — zusammen
- ☐ **seul**, seule [søl] — allein
  - Elle a fait cet exposé tout seule. — Er hat dieses Referat ganz allein gemacht.
- ☐ **à deux** [adø] — zu zweit
- ☐ **à plusieurs** [aplyzjœʀ] — zu mehreren

Mein Zusatzvokabular

17 Mengen und Zahlen

17.1 Mengenbegriffe

☐ **Combien (de)?** [kɔ̃bjɛ̃]	wie viel?
Combien de frères et sœurs as-tu ?	Wie viele Geschwister hast du?
☐ **quelque chose** [kɛlkəʃoz]	etwas
Tu comprends quelque chose ?	Verstehst du etwas?
☐ **rien** [ʀjɛ̃]	nichts
Qu'est que tu veux ? – Rien !	Was willst du? – Nichts!
☐ une **quantité** [kɑ̃tite]	Menge

☐ **beaucoup (de)** [boku]	viel
☐ **énormément (de)** *fam* [enɔʀmemɑ̃]	unheimlich, sehr viel
Énormément de jeunes adorent ce chanteur.	Unheimlich viele Jugendliche mögen diesen Sänger.
☐ **plein (de)** *fam* [plɛ̃]	(sehr) viel, eine Menge
Elle m'a écrit plein de SMS.	Sie hat mir viele SMS geschrieben.
☐ **un tas de** [œ̃tɑ]	eine Menge, ein Haufen, viele
un tas de travail	eine Menge Arbeit
☐ **tant (de)** [tɑ̃]	so viel

! Der Ausdruck *sehr viel* lässt sich nicht wörtlich ins Französische übertragen. Kein *très* bei *beaucoup* !

Pourquoi tu prends tant de photos ? — Warum machst du so viele Fotos?

☐ **tellement (de)** [tɛlmɑ̃] — so sehr, so viel
Le film était très drôle. Nous avons tellement rigolé ! — Der Film war sehr lustig. Wir haben soviel gelacht!
J'ai tellement de stress ! — Ich habe so viel Stress!

☐ **trop (de)** [tʀo] — zu sehr, zu viel
J'ai trop mangé. — Ich habe zu viel gegessen.

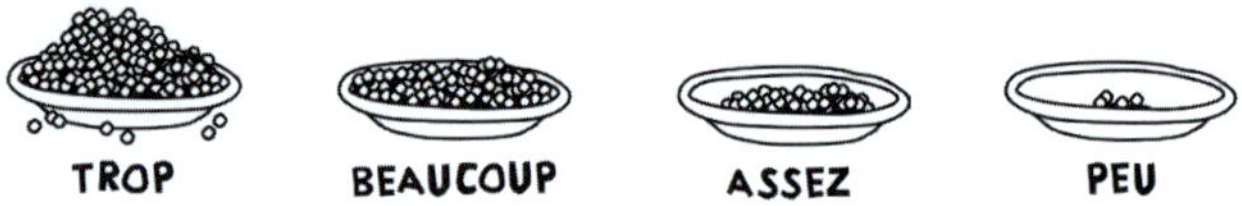

☐ **assez (de)** [ase] — genug
assez de temps — genug Zeit

☐ **pas mal de** [pɑmal] — ziemlich viel, ganz schön viel
Il fait pas mal de bêtises. — Er macht ganz schön viele Dummheiten.

☐ **encore** [ɑ̃kɔʀ] — noch (etwas)
Tu en veux encore ? — Willst du noch etwas davon?

Vorsicht Fehler! Unveränderliches *de* bei Mengenangaben

Bei den meisten Mengenangaben steht immer unveränderliches de und zwar auch wenn ein Nomen im Plural folgt!

beaucoup de fautes — viele Fehler
peu de devoirs — wenig Hausaufgaben
trop de cigarettes — zu viele Zigaretten
assez de t-shirts — genügend T-Shirts

→ *siehe auch Infobox S. XXX*

☐ **peu (de)** [pø] — wenig
Il parle peu. — Er spricht wenig.
Peu de gens aiment les araignées. — Wenig Menschen mögen Spinnen.

☐ **un peu (de)** [œ̃pø] — ein wenig, ein bisschen
Je comprends un peu, mais pas tout. — Ich verstehe ein bisschen, aber nicht alles.

☐ **très peu (de)** [tʀɛpø] — sehr wenig
un (tout) petit peu (de) — ein (ganz) klein wenig

☐ **trop peu (de)** [tʀopø] — zu wenig

☐ **à peine** [apɛn] — kaum
Mon hamster est malade. Il mange à peine. — Mein Hamster ist krank. Es frisst kaum etwas.

☐ **plus (de)** [plys]	mehr
Tu devrais manger plus.	Du solltest mehr essen.
Tu devrais manger plus de vitamines.	Du solltest mehr Vitamine essen.
☐ **de plus en plus** [d(ə)plyzɑ̃ply]	immer mehr
De plus en plus d'enfants ont un portable.	Immer mehr Kinder haben ein Handy.
☐ **le plus (de)** [ləplys]	am meisten
Il comprend le plus.	Er versteht am meisten.
☐ **moins (de)** [mwɛ̃]	weniger
Pour faire moins de fautes, il faut faire plus d'exercices.	Um weniger Fehler zu machen, musst du mehr Übungen machen.
☐ **le moins (de)** [ləmwɛ̃]	am wenigsten
☐ **autant (de)** [otɑ̃]	so viel (wie)
Pourquoi tu prends autant de valises ?	Warum nimmst du so viele Koffer mit?

→ *Wie du Vergleiche ausdrücken kannst, findest du in Kapitel 7.6 „Vergleichen" S. 122*

☐ **ne… pas de** [nəpa]	kein(e,r)
Aujourd'hui, on n'a pas de chance. Il pleut.	Heute haben wir kein Glück. Es regnet.
☐ **ne… plus de** [nəply]	kein(e,r) … mehr
Il n'y a plus de cinéma dans cette ville.	Es gibt kein Kino mehr in dieser Stadt.
☐ **ne… pas non plus de** [nəpanɔ̃ply]	auch kein(e,r)
Il n'y a pas non plus de théâtre.	Es gibt auch kein Theater
☐ **ne… rien** [nəʀjɛ̃]	nichts
Il y a trop de bruit. Je n'entends rien.	Es ist zuviel Lärm. Ich höre/verstehe nichts.
☐ **ne… plus rien** [nəplyʀjɛ̃]	nichts mehr
Nous n'avons plus rien à manger.	Wir haben nichts mehr zu essen.
☐ **ne… ni… ni** [nənini]	weder … noch
Elle n'aime ni les fraises ni les pommes.	Sie mag weder Erdbeeren noch Äpfel.

☐ **ne… presque pas (de)** [pʀɛskəpas]	fast nicht, fast kein(e,r)
Il ne fait presque pas de fautes.	Er macht fast keine Fehler
☐ **ne… presque plus (de)** [pʀɛskəply]	fast nicht mehr, fast kein(e,r) mehr
Il n'y a presque plus de craie.	Es ist fast keine Kreide mehr da
☐ **ne… presque rien** [pʀɛskəʀjɛ̃]	fast nichts
Ils parlent trop vite ! Je ne comprends presque rien.	Sie sprechen zu schnell! Ich verstehe fast nichts.

☐ **la plupart du**, de la, de l', d'; la plupart des *pl* [plypaʀ]	der, die, das meiste(n)
La plupart des élèves mangent à la cantine.	Die meisten Schüler essen in der Mensa.
la plupard du temps	die meiste Zeit, meistens
la plupart d'entre nous	die meisten von uns
☐ **plusieurs** [plyzjœʀ]	mehrere
Je parle plusieurs langues.	Ich spreche mehrere Sprachen.

Auf einen Blick: Einige, jeder, alle

Die folgenden Ausdrücke *begleiten* Nomen:

quelques [kɛlkə]	einige
Il pleut depuis quelques jours.	Es regnet seit einigen Tagen.
chaque [ʃak]	jede(r, s)
Chaque matin, elle prend un croissant.	Jeden Morgen isst sie ein Croissant.
tout, toute; tous ***mpl*****, toutes** ***fpl*** [tu, tut, tu, tut]	jede(r, s), alle, ganz
Je regarde tous les films avec Brat Pit.	Ich sehe mir jeden Film/alle Filme mit Brat Pit an.
J'ai rangé toutes mes BD.	Ich habe alle meine Comics aufgeräumt.
Il a rangé tout l'appartement.	Er hat die ganze Wohnung aufgeräumt.
Il a plu toute la journée.	Es hat den ganzen Tag geregnet.

! Denk daran: Form von *tout* + bestimmter Artikel / Possessivbegleiter/ Demonstrativbegleiter + Nomen !

Diese Ausdrücke stehen für ein Nomen:

quelques-uns, quelques-unes [kɛlkəzœ̃, zyn]	einige
Tu connais les albums de Tintin ?	Kennst du die Comics mit Tim und Struppi?
– Oui, j'en connais quelques-uns.	– Ja, ich kenne einige davon.
chacun, chacune [ʃakœ̃, yn]	jede(r, s)
Il y a assez à manger pour chacun.	Es ist für jeden genug zu essen da.
tout, toute; tous ***mpl*****, toutes** ***fpl*** [tu, tut, tus, tut]	alle, alles
Il sait tout.	Er weiß alles.
Ils viennent tous.	Sie kommen alle.
Elle adore les cerises. Elle les a toutes mangées.	Sie liebt Kirschen. Sie hat sie alle aufgegessen.

! Hier wird das *s* am Ende von *tous* [tus] ausgesprochen !

☐ **ne… pas un seul**, ne… pas une seule [nəpa(z)œ̃/ynsœl]	kein(e) einzige(r, s)
On n'a pas une seule photo de nous deux.	Wir haben kein einziges Foto von uns beiden.
☐ **ne… aucun**, aucune [nəokœ̃/kyn]	kein(e, r), kein(e) einzige(r, s)
Elle n'a aucune jupe.	Sie hat keinen einzigen Rock.
☐ **aucun**, aucune (de)… **ne** [okœ̃/ynnə]	keine(r, s), kein(e) einzige(r, s)
Aucun de ces ordinateurs ne fonctionne.	Keiner dieser Computer funktioniert.

☐ le **nombre** [nɔ̃bʀ]	(An)Zahl
☐ **nombreux**, nombreuse [nɔ̃bʀø, øz]	zahlreich
Ce soir, les spectateurs étaient nombreux.	Heute Abend gab es zahlreiche Zuschauer.
De nombreux spectateurs ont regardé ce film.	Zahlreiche Zuschauer haben sich den Film angesehen.
☐ un **morceau**; des morceaux *pl* [mɔʀso]	Stück
☐ une **partie** [paʀti]	Teil
Une partie des élèves participe à un atelier.	Ein Teil der Schüler nimmt an einer AG teil.

☐ la **moitié** (**de** + *Art*) [mwatje]	Hälfte
la moitié de la classe	de Hälfte der Klasse
à moitié	zur Hälfte
☐ le **double** [dubl]	Doppelte, Doppel
☐ **doubler** [duble]	verdoppeln, sich verdoppeln
En quelques années, le nombre de lecteurs MP3 a doublé.	In wenigen Jahren hat sich die Anzahl der MP3-Player verdoppelt.

→ *Weitere Zahlwörter findest du in Kapitel 17.2 „Zahlen und Zahlwörter" S. 310*

☐ le **reste** [ʀɛst]	(Über)Rest
☐ **rester** [ʀɛste]	übrig sein, übrig bleiben
Il reste du gâteau ?	Ist noch Kuchen übrig ?
Il ne reste plus rien.	Es ist nichts mehr übrig
☐ le **maximum** [maksimɔm]	Maximum
au maximum	höchtens
Je peux transporter au maximum 5 personnes dans ma voiture.	Ich kann höchstens 5 Personen in meinem Auto mitnehmen.
☐ le **minimum** [minimɔm]	Minimum
au minimum	mindestens

☐ **entier**, entière [ɑ̃tje, jɛʀ]	ganz
une bouteille entière	eine ganze Flasche

- ☐ **plein**, pleine [plɛ̃, plɛn] — voll
  Le verre est plein. — Das Glas ist voll.
- ☐ **vide** [vid] — leer

- ☐ **remplir** [ʀɑ̃pliʀ] — füllen
- ☐ **vider** [vide] — leeren
- ☐ **suffire** [syfiʀ] — genügen, ausreichen

17.2 Zahlen und Zahlwörter

Auf einen Blick: Die Grundzahlen

0 zéro [zeʀo]
1 un, une [œ̃, yn]
2 deux [dø]
3 trois [tʀwɑ]
4 quatre [katʀ(ə)]
5 cinq [sɛ̃k]
6 six [sis, *vor einem Vokal* siz, *vor einem Konsonanten* si]
7 sept [sɛt]
8 huit [ˈɥit, *vor einem Konsonanten* ˈɥi]
9 neuf [nœf]
10 dix [dis, *vor einem Vokal* diz, *vor einem Konsonanten* di]
11 onze [ɔ̃z]
12 douze [duz]
13 treize [tʀɛz]
14 quatorze [katɔʀz]
15 quinze [kɛ̃z]
16 seize [sɛz]
17 dix-sept [dissɛt]
18 dix-huit [dizɥit, *vor einem Konsonanten* dizɥi]
19 dix-neuf [diznœf]
20 vingt [vɛ̃]
21 vingt **et** un, une [vɛ̃teœ̃, yn]
22 vingt-deux [vɛ̃tdø]
30 trente [tʀɑ̃t]
31 trente **et** un, une [tʀɑ̃teœ̃, yn]
32 trente-deux [tʀɑ̃tdø]
40 quarante [kaʀɑ̃t]
41 quarante **et** un, une [kaʀɑ̃teœ̃, yn]
42 quarante-deux [kaʀɑ̃tdø]
50 cinquante [sɛ̃kɑ̃t]
51 cinquante **et** un, une [kaʀɑ̃teœ̃, yn]
52 cinquante-deux [sɛ̃kɑ̃tdø]
60 soixante [swasɑ̃t]
61 soixante **et** un, une [swasɑ̃teœ̃, yn]
62 soixante-deux [swasɑ̃tdø]
70 soixante-dix [swasɑ̃tdis, *vor einem Vokal* -diz, *vor einem Konsonanten* -di]
71 soixante **et** onze [swasɑ̃teɔ̃z]
72 soixante-douze [swasɑ̃tduz]
80 **quatre-vingts** [katʀəvɛ̃]
81 **quatre-vingt-un, une** [katʀəvɛ̃œ̃, yn]
82 quatre-vingt-deux [katʀəvɛ̃dø]
90 quatre-vingt-dix [katʀəvɛ̃dis, *vor einem Vokal* -diz, *vor einem Konsonanten* -di]
91 quatre-vingt-onze [katʀəvɛ̃ɔ̃z]
92 quatre-vingt-douze [katʀəvɛ̃duz]
100 cent [sɑ̃]

101 cent un, une [sɑ̃œ̃, yn]
110 cent dix [sɑ̃dis, *vor einem Vokal* -diz, *vor einem Konsonanten* -di]
200 **deux cents** [døsɑ̃]
201 deux **cent un, une** [døsɑ̃œ̃, yn]
1 000 mille [mil]
1 001 mille un, une [milœ̃, yn]

2 000 **deux mille** [dømil]

! Kein Plural *s* !

1 000 000 un million [œ̃miljɔ̃]
1 000 000 000 un milliard [œ̃miljaʀ]

! *un million/ un milliard de téléspectateurs* !

Die *Jahreszahlen* bis 2000 kannst du auf zwei Arten angeben:
1990 = dix-neuf cent quatre-vingt-dix oder mille neuf cent quatre-vingt-dix

Denk daran: Bei Jahreszahlen benutzt du die Präposition ***en***:
Je suis née en 1990. Ich bin 1990 geboren.

Nach den neuen Empfehlungen zur französischen Rechtschreibung ist es möglich, alle zusammengesetzten Zahlen mit Bindestrich zu schreiben. Es ist also nicht falsch, wenn du schreibst: **vingt-et-un, deux-cents, trois-cent-trente-trois, mille-neuf-cent-cinquante-sept**.

Auf einen Blick: Die Ordnungszahlen

1er le premier [pʀəmje]
1ère la première [pʀəmjɛʀ]
2e le, la deuxième [døzjɛm]
2nd le second [s(ə)gɔ̃]
2nde la seconde [s(ə)gɔ̃d]
3e le, la troisième [tʀwɑzjɛm]
4e le, la quatrième [katʀijɛm]
5e le, la cinquième [sɛ̃kjɛm]
6e le, la sixième [sizjɛm]
7e le, la septième [sɛtjɛm]
8e le, la huitième [ˈɥitjɛm]
9e le, la neuvième [nœvjɛm]
10e le, la dixième [dizjɛm]
11e le, la onzième [ɔ̃zjɛm]
12e le, la douzième [duzjɛm]
20e le, la vingtième [vɛ̃tjɛm]
21e le, la vingt et unième [vɛ̃teynjɛm]
22e le, la vingt-deuxième [vɛ̃døzjɛm]
100e le, la centième [sɑ̃tjɛm]
1000e le, la millième [miljɛm]

☐ **un chiffre** [ʃifʀ]	Ziffer
☐ **un nombre** [nɔ̃bʀ]	Zahl
un **nombre cardinal**, les **nombres cardinaux**	Grundzahl(en)
un **nombre ordinal**, les **nombres ordinaux**	Ordnungszahl(en)
☐ **un numéro** [nymeʀo]	Nummer
☐ **l'ordre** *m* [ɔʀdʀ]	Reihenfolge

☐ **compter** [kɔ̃te]	zählen
☐ **calculer** [kalkyle]	rechnen, berechnen
☐ **le calcul** [kalkyl]	das Rechnen
faire des calculs	rechnen
☐ **plus** [plys]	plus
☐ **moins** [mwɛ̃]	minus

Rechnen

2 + 2 = 4
deux plus deux font/ égale quatre
10 - 4 = 6
dix moins quatre font/ égale six
2 x 7 = 14
deux fois sept font/ égale quatorze
16 : 8 = 2
seize divisé par huit égale 2

ZÉRO PLUS ZÉRO ÉGALE LA TÊTE À TOTO!

☐ **... fois** [fwa]	... mal
☐ **diviser** [divize]	dividieren
diviser par deux	durch zwei teilen, dividieren
☐ **multiplier** [myltiplije]	multiplizieren
multiplier par trois	mit drei malnehmen, multiplizieren
☐ **égal** [egal]	gleich

☐ **une addition** [adisjɔ̃]	Addition
☐ **la somme** [sɔm]	Summe
☐ **la différence** [difeʀɑ̃s]	Differenz, Unterschied
☐ **le résultat** [ʀezylta]	Ergebnis

☐ **(c'est) juste** [ʒyst]	(das ist) richtig
☐ **(c'est) faux** [fo]	(das ist) falsch
☐ **exact**, exacte [ɛgza(kt), ɛgzakt]	genau, exakt
C'est exact !	Das ist genau richtig!
☐ **exactement** [ɛgzaktəmɑ̃]	genau
Ça fait exactement 10 euros.	Das kostet genau 10 Euro.

☐ **environ** [ɑ̃viʀɔ̃]	etwa, circa, ungefähr
Elle a environ 17 ans.	Sie ist ungefähr 17 Jahre alt.
☐ **à peu près** [apøpʀɛ]	(in) etwa, ungefähr
☐ **un sur deux** [œ̃syʀdø]	jeder zweite
un élève sur deux	jeder zweite Schüler
☐ une **dizaine (de)** [dizɛn]	zehn, etwa zehn
☐ une **douzaine (de)** [duzɛn]	Dutzend, etwa zwölf
☐ une **quinzaine (de)** [kɛ̃zɛn]	etwa fünfzehn
une quinzaine de jours	etwa vierzehn Tage *(→ siehe Merkbox S. 272)*
☐ une **vingtaine (de)** [vɛ̃tɛn]	etwa zwanzig
☐ une **centaine (de)** [sɑ̃tɛn]	etwa hundert
Des centaines de personnes ont attendu devant le cinéma.	Hunderte von Leuten haben vor dem Kino gewartet.
☐ un **millier (de)** [milje]	etwa tausend
des milliers de personnes	tausende von Leuten
☐ **demi**, demie [d(ə)mi]	halb
une **demi-heure**, des **demi-heures**	halbe Stunde(n)
un **demi-kilo**	ein halbes Kilo
une **heure et demie**	anderthalb Stunde
un **litre et demi**	anderthalb Liter
☐ un **tiers** [tjɛʀ]	Drittel
deux tiers des jeunes	zwei Drittel der Jugendlichen
☐ un **quart** [kaʀ]	ein Viertel
trois **quarts des élèves**	drei Viertel der Schüler
☐ la **virgule** [viʀgyl]	Komma

Bruchzahlen angeben

3,5 spricht man: **trois virgule cinq** (drei Komma fünf)

Ab einem Fünftel benutzt man die Ordnungszahlen, um Brüche auszudrücken:

2/5 – **deux cinquièmes** [døsɛ̃kjɛm]	zwei Fünftel
1/100 – **un centième** [sɑ̃tjɛm]	ein Hundertstel

☐ un **pour cent** [puʀsɑ̃]	ein Prozent
Plus de 70 pour cent des jeunes Français sont membres de facebook.	Mehr als 70 Prozent der jungen Franzosen sind Mitglied bei Facebook.

Mein Zusatzvokabular

III Umwelt, Gesellschaft und Politik

18 Welt und Natur

18.1 Himmel, Erde und Universum

☐ le **ciel** [sjɛl]	Himmel
☐ le **soleil** [sɔlɛj]	Sonne
un rayon de soleil	Sonnenstrahl
le lever du soleil	Sonnenaufgang
le coucher du soleil	Sonnenuntergang
Le soleil se lève/ se couche.	Die Sonne geht auf/unter.
☐ une **étoile** [etwal]	Stern
☐ la **lune** [lyn]	Mond
être dans la lune *loc*	geistesabwesend sein, träumen
la **pleine lune**	Vollmond
☐ l'**horizont** *m* [ɔʀizɔ̃]	Horizont

☐ le **monde** [mɔ̃d]	Welt
le **monde entier**.	die ganze Welt
☐ la **terre** [tɛʀ]	Erde
☐ le **globe** [glɔb]	Globus, Erdball
☐ un **continent** [kɔ̃tinɑ̃]	Kontinent *(→ siehe Infobox S. 340)*
☐ le **pôle** [pol]	Pol
au **pôle Nord/ Sud**	am Nord-/Südpol

☐ l'**Arctique** *m* [aʀktik]	die Arktis
☐ un **archipel** [aʀʃipɛl]	Inselgruppe, Archipel

☐ la **géographie** [ʒeɔgʀafi]	Geographie, Erdkunde
une **carte** (**de géographie**)	Landkarte
☐ **géographique** [ʒeɔgʀafik]	geographisch
☐ la **superficie** [syʀfas]	Oberfläche
La France a une superficie de 550 000 km².	Frankreich hat eine Oberfläche von 550.000 km².

☐ l'**air** *m* [ɛʀ]	Luft
☐ l'**atmosphère** *f* [atmɔsfɛʀ]	Atmosphäre

☐ l'**espace** *m* [ɛspas]	(Welt)Raum
☐ l'**univers** *m* [ynivɛʀ]	Universum
☐ **universel**, universelle [ynivɛʀsɛl]	universal
☐ une **galaxie** [galaksi]	Galaxie, Sternsystem
☐ une **planète** [planɛt]	Planet
☐ un **satellite** [satelit]	Satellit

☐ un, une **astronaute** [astʀonot]	Astronaut(in)
☐ un **vaisseau spatial**; des vaisseaux spatiaux *pl* [vɛsospasjal]	Raumschiff
☐ une **station spatiale** [stasjɔ̃spasjal]	Raumstation
☐ une **fusée** [fyze]	Rakete
lancer une fusée dans l'espace	eine Rakete in den Weltraum schießen
☐ un, une **extraterrestre** [ɛkstʀateʀɛstʀ]	Außerirdische(r)

18.2 Wetter und Klima

☐ le **temps** [tɑ̃]	Wetter
Quel temps fait-il ?	Wie ist das Wetter? Was ist für ein Wetter?
☐ **Il fait beau.** [ilfɛbo]	Das Wetter ist schön.
☐ **Il fait mauvais.** [ilfɛmovɛ]	Es ist schlechtes Wetter

☐ **Il fait chaud.** [ilfɛʃo]	Es ist warm. Es ist heiß.
☐ la **chaleur** [ʃalœʀ]	Hitze
une vague de chaleur	Hitzewelle
☐ **Il fait lourd.** [ilfɛluʀ]	Es ist schwül.
☐ **Il fait bon.** [ilfɛbɔ̃]	Das Wetter ist angenehm.

☐ **doux**, douce [du, dus]	mild
un temps doux	mildes Wetter
Il fait doux.	Es ist mildes Wetter.
☐ **Il fait soleil.** [ilfɛsɔlɛj]	Es ist sonnig.
☐ **briller** [bʀije]	scheinen
Le soleil brille.	Die Sonne scheint.
☐ **Il fait froid.** [ilfɛfʀwa]	Es ist kalt.
☐ le **froid** [fʀwa]	Kälte
un **froid de canard** *fam*	Hundekälte
☐ **frais**, fraîche [fʀɛ, fʀɛʃ]	kühl, frisch
Il fait frais.	Es ist kühl, frisch.
☐ la **fraîcheur** [fʀɛʃœʀ]	Kühle, Frische
☐ un **nuage** [nɥaʒ]	Wolke
☐ **nuageux**, nuageuse [nɥaʒø, øz]	wolkig, bewölkt
Il fait un temps nuageux.	Es ist bewölkt.
un ciel nuageux	ein bewölkter Himmel
☐ **se couvrir** [s(ə)kuvʀiʀ]	sich bedecken
Le ciel se couvre.	Der Himmel zieht sich zu.
☐ **couvert**, couverte [kuvɛʀ, ɛʀt]	bedeckt
☐ le **brouillard** [bʀujaʀ]	Nebel
Il y a du brouillard.	Es ist nebelig.
☐ **pleuvoir** [pløvwaʀ]	regnen
Il pleut.	Es regnet.
☐ la **pluie** [plɥi]	Regen
La pluie tombe sans arrêt.	Es regnet ununterbrochen.
☐ une **goutte** [gut]	Tropfen
☐ **être trempé**, trempée [tʀɑ̃pe]	durchnässt sein
☐ **(Il fait) un temps de chien** *fam* [tɑ̃dʃjɛ̃]	(Es ist) ein Sauwetter
☐ un **orage** [ɔʀaʒ]	Gewitter
☐ **orageux**, orageuse [ɔʀaʒø, øz]	gewittrig
☐ le **tonnerre** [tɔnɛʀ]	Donner
☐ un **éclair** [eklɛʀ]	Blitz
☐ la **foudre** [fudʀ]	Blitz(schlag)
La foudre est tombée sur notre maison.	Der Blitz ist in unser Haus eingeschlagen.
☐ le **vent** [vɑ̃]	Wind
Il fait du vent.	Es ist windig.
La direction du vent a changé.	Die Windrichtung hat gewechselt.

☐ **souffler** [sufle]	wehen, blasen
Le vent souffle fort.	Der Wind bläst heftig.
☐ une **tempête** [tɑ̃pɛt]	Sturm
La tempête s'est calmée.	Der Sturm hat sich gelegt.
☐ un **courant d'air** [kuʀɑ̃dɛʀ]	Luftzug, Durchzug
☐ **neiger** [neʒe]	schneien
☐ la **neige** [nɛʒ]	Schnee
☐ la **glace** [glas]	Eis
☐ **fondre** [fɔ̃dʀ]	schmelzen
☐ le **verglas** [vɛʀgla]	Glatteis
☐ la **météorologie** [meteɔʀɔlɔʒi]	Wetterkunde, Wetterbericht
☐ la **météo** *fam* [meteo]	Wetterkunde, Wetterbericht
☐ le **bulletin météo(rologique)** [byltɛ̃meteo(ɔʀɔlɔʒik)]	Wetterbericht
☐ **changer** [ʃɑ̃ʒe]	wechseln, sich ändern
☐ un **changement** [ʃɑ̃ʒmɑ̃]	Änderung, Wechsel
☐ **varier** [vaʀje]	sich (ver)ändern
☐ la **température** [tɑ̃peʀatyʀ]	Temperatur
☐ **moyen**, moyenne [mwajɛ̃, ɛn]	Durchschnitts-
la température moyenne	Durchschnittstemperatur
☐ **en moyenne** [mwajɛn]	im Durchschnitt
☐ un **degré** [dəgʀe]	Grad
Il fait 30 degrés.	Es ist 30 Grad.
La température moyenne est de 15 degrés.	Die Durchschnittstemperatur liegt bei 15 Grad.
☐ **plus** [plys]	plus
☐ **moins** [mwɛ̃]	minus
Il fait plus/ moins 5.	Es ist 5 Grad plus/minus.
☐ une **ombre** [ɔ̃bʀ]	Schatten
Il fait 30 degrés **à l'ombre.**	Es ist 30 Grad im Schatten.
☐ **baisser** [bese]	fallen, zurückgehen, sinken
La température a **baissé de 10 degrés.**	Die Temperatur ist um 10 Grad gefallen.
☐ **monter** [mɔ̃te]	steigen, zunehmen
☐ **s'améliorer** [sameljɔʀe]	sich bessern
Le temps s'améliore.	Das Wetter wird besser.

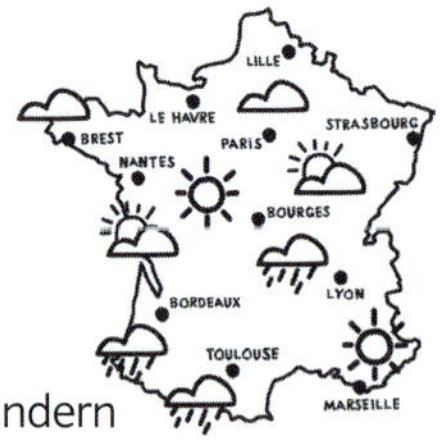

! Bei Temperaturangaben benutzt du das Verb *faire* !

☐ **le climat** [klima]	Klima
le climat méditerranéen	Mittelmeerklima
le climat continental	kontinentales Klima
le climat tropique	tropisches Klima
un climat sain	gesundes Klima
le climat maritime	Seeklima
☐ **sec**, sèche [sɛk, sɛʃ]	trocken
un clima très sec	ein sehr trockenes Klima
☐ **agréable** [agʀeabl]	angenehm

☐ **une zone** [zon]	Zone
une zone climatique	Klimazone
☐ **une saison** [sɛzɔ̃]	Jahreszeit, Saison
la **saison des pluies**	Regenzeit

18.3 Tiere

☐ **un animal**; des animaux *pl* [animal, o]	Tier
un **animal domestique**	Haustier
☐ **une bête** [bɛt]	Tier
☐ **sauvage**	wild
une **bête sauvage**	wildes Tier
☐ **une race** [ʀas]	Rasse
un **chien de race**	Rassehund
☐ **une espèce** [ɛspɛs]	Art

☐ **apprivoiser** [apʀivwaze]	zähmen
☐ **dresser** [dʀɛse]	dressieren
☐ **dompter** [dɔ̃(p)te]	bändigen, domptieren

☐ **un chien**, une chienne [ʃjɛ̃, ʃjɛn]	Hund, Hündin
Attention, **chien méchant**.	Vorsicht, bissiger Hund.
☐ **aboyer** [abwaje]	bellen
☐ **un chat**, une chatte [ʃa, ʃat]	Kater, Katze
avoir un chat dans la gorge *loc*	einen Frosch im Hals haben
☐ **un chaton** [ʃatɔ̃]	Kätzchen

☐ **un hamster** ['amstɛʀ]	Hamster
☐ **un cochon d'Inde** [kɔʃɔ̃dɛ̃d]	Meerschweinchen
☐ **un lapin** [lapɛ̃]	Kaninchen
☐ **une souris** [suʀi]	Maus
☐ **un rat** [ʀa]	Ratte

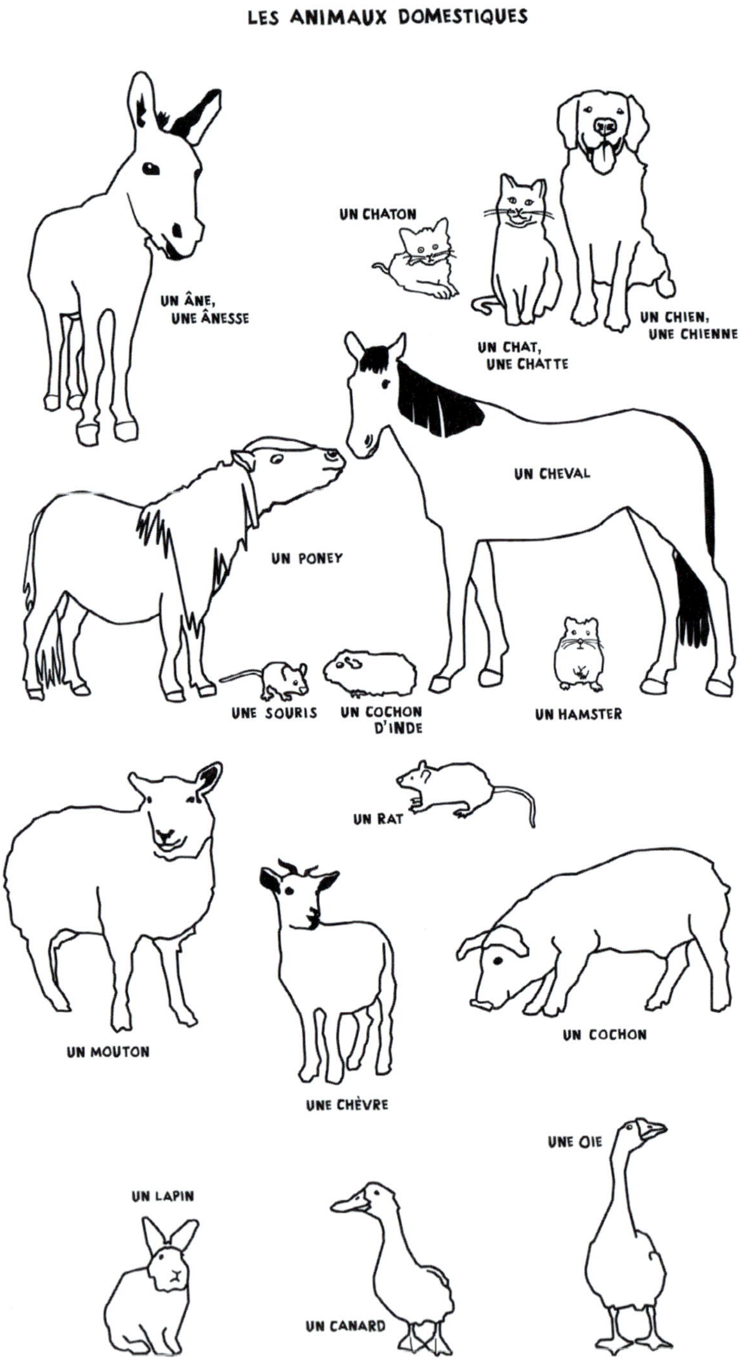
LES ANIMAUX DOMESTIQUES
UN ÂNE,
UNE ÂNESSE
UN CHATON
UN CHAT,
UNE CHATTE
UN CHIEN,
UNE CHIENNE
UN CHEVAL
UN PONEY
UNE SOURIS
UN COCHON D'INDE
UN HAMSTER
UN RAT
UN MOUTON
UNE CHÈVRE
UN COCHON
UNE OIE
UN LAPIN
UN CANARD

LES ANIMAUX SAUVAGES

☐ un **cheval**; des chevaux *pl* [ʃ(ə)val, o]	Pferd
☐ un **poney** [pɔnɛ]	Pony
☐ un **âne**, une ânesse [an, anɛs]	Esel, Eselin
☐ une **vache** [vaʃ]	Kuh
☐ un **bœuf**; des bœufs *pl* [bœf, bø]	Ochse; Rind
☐ un **mouton** [mutɔ̃]	Schaf
☐ un **agneau**, une agnelle; des agneaux *mpl* [aɲo, aɲɛl]	Lamm
☐ une **chèvre** [ʃɛvʀ]	Ziege
☐ un **cochon** [kɔʃɔ̃]	Schwein
☐ un **troupeau**; des troupeaux *pl* [tʀupo]	Herde

D'AUTRES ANIMAUX

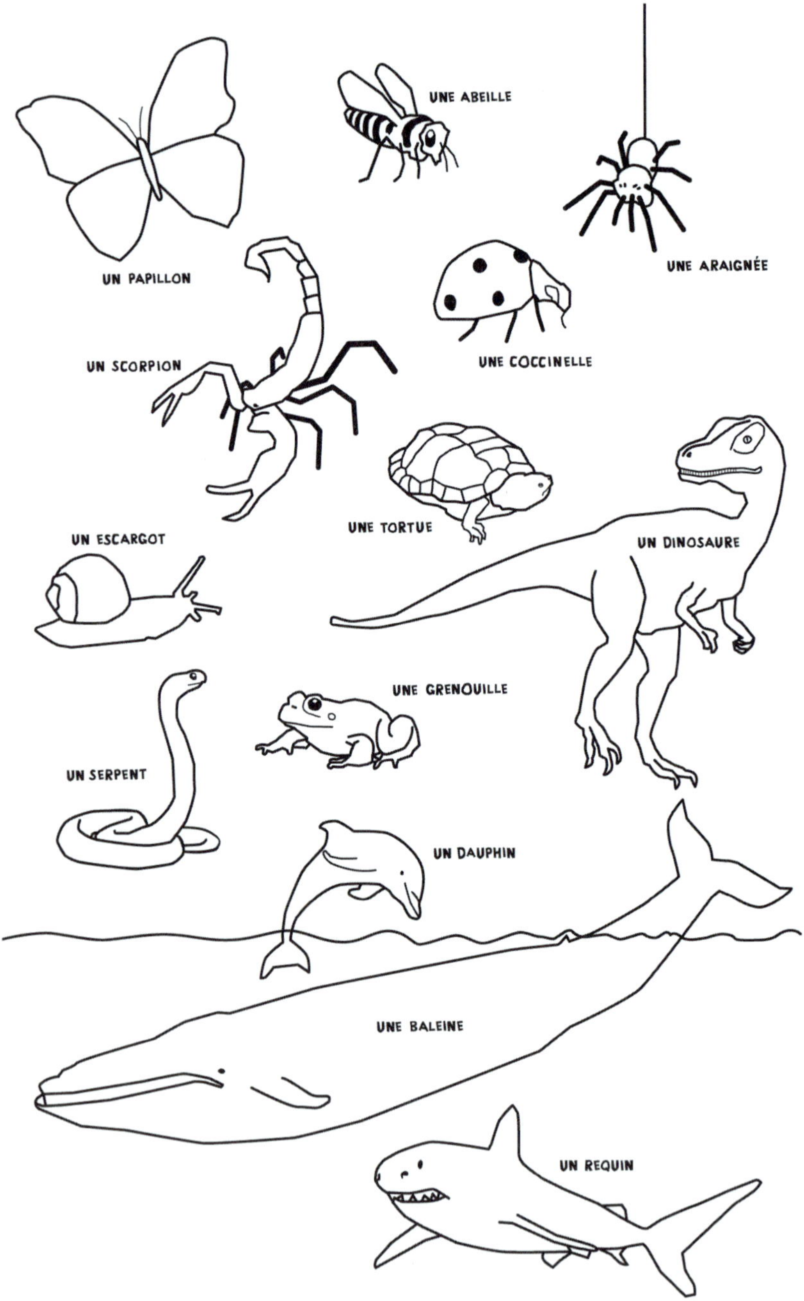

☐ un **coq** [kɔk]	Hahn
Le coq fait *cocorico.*	Der Hahn ruft *kikeriki.*
☐ une **poule** [pul]	Huhn
avoir la chair de poule	Gänsehaut haben
☐ un **canard** [kanaʀ]	Ente
☐ une **dinde** [dɛ̃d]	Pute
☐ une **oie** [wa]	Gans

☐ un **oiseau**; des oiseaux *pl* [wazo]	Vogel
un **drôle d'oiseau** *fam*	komischer Kauz
☐ **voler** [vɔle]	fliegen
☐ un **nid** [ni]	Nest
faire son nid	nisten
☐ un **œuf** ; des œufs *pl* [œf, ø]	Ei, Eier
☐ une **cage** [kaʒ]	Käfig

☐ un **perroquet** [peʀɔkɛ]	Papagei
☐ une **perruche** [pɛʀyʃ, peʀyʃ]	Wellensittich
☐ une **cigogne** [sigɔɲ]	Storch
☐ un **aigle** [ɛgl]	Adler
☐ un **corbeau** ; des corbeaux *pl* [kɔʀbo]	Rabe
☐ une **hirondelle** [iʀɔ̃dɛl]	Schwalbe
Une hirondelle ne fait pas le printemps. *prov*	Eine Schwalbe macht noch keinen Sommer.
☐ un **rossignol** [ʀɔsiɲɔl]	Nachtigall
☐ une **chouette** [ʃwɛt]	Eule

☐ un **ours**; des ours *pl* [uʀs]	Bär
☐ un **renard** [ʀ(ə)naʀ]	Fuchs
être rusé comme un renard *loc*	verschlagen, listig wie ein Fuchs sein
☐ un **loup**, une louve [lu, luv]	Wolf, Wölfin

☐ la **queue** [kø]	Schwanz
☐ la **gueule** [gœl]	Maul
se jeter dans la gueule du loup *loc*	sich in die Höhle des Löwen wagen
☐ **manger** [mɑ̃ʒe]	fressen

☐ un **lion**, une lionne [ljɔ̃, ljɔn]	Löwe, Löwin
☐ un **tigre**, une tigresse [tigʀ, tigʀɛs]	Tiger(in)
☐ une **panthère** [pɑ̃tɛʀ]	Panter
☐ un **singe** [sɛ̃ʒ]	Affe
☐ un **éléphant** [elefɑ̃]	Elefant

☐ un **crocodile** [kʀɔkɔdil]	Krokodil
des **larmes de crocodile**	Krokodilstränen

☐ un **poisson** [pwasɔ̃]	Fisch

Un poisson d'avril – Ein Aprilscherz

Un poisson d'avril ist keine besondere Fischart, sondern so heißt in Frankreich ein Aprilscherz. Statt „April, April!" sagt man ***„Poisson d'avril !"***
Die Kinder versuchen außerdem, heimlich einen Fisch aus Papier an den Rücken einer Person zu heften.

☐ un **poisson rouge** [pwasɔ̃ʀuʒ]	Goldfisch
☐ un **aquarium** [akwaʀjɔm]	Aquarium

☐ un **requin** [ʀəkɛ̃]	Hai
☐ une **baleine** [balɛn]	Wal
☐ un **dauphin** [dofɛ̃]	Delfin

☐ un **insecte** [ɛ̃sɛkt]	Insekt
☐ un **papillon** [papijɔ̃]	Schmetterling
☐ une **abeille** [abɛj]	Biene
☐ une **mouche** [muʃ]	Fliege
Quelle mouche t'a piqué ? *fam*	Was ist in dich gefahren?
☐ un **moustique** [mustik]	Mücke, Schnake
☐ **piquer** [pike]	stechen
☐ une **coccinelle** [kɔksinɛl]	Marienkäfer
☐ une **fourmi** [fuʀmi]	Ameise
avoir des fourmis dans les jambes	eingeschlafene Beine haben
☐ une **araignée** [aʀeɲe]	Spinne
☐ un **scorpion** [skɔʀpjɔ̃]	Skorpion

☐ une **tortue** [tɔʀty]	Schildkröte
☐ une **grenouille** [gʀənuj]	Frosch
☐ un **escargot** [ɛskaʀgo]	Schnecke
☐ un **serpent** [sɛʀpɑ̃]	Schlange

☐ un **dinosaure** [dinɔzɔʀ]	Dinosaurier

18.4 Auf dem Land, Pflanzen und Garten

☐ la **campagne** [kɑ̃paɲ]	Land, ländliche Gegend
à la campagne	auf dem Land
s'installer à la campagne	sich auf dem Land niederlassen, aufs Land ziehen
☐ une **maison de campagne** [mɛzɔ̃dkɑ̃paɲ]	Landhaus
☐ la **province** [pʀɔvɛ̃s]	Provinz
en province	in der Provinz
☐ un **village** [vilaʒ]	Dorf
☐ un **paysan**, une paysanne [peizɑ̃, an]	Bauer, Bäuerin
☐ l'**exode rural** *m* [ɛgzɔdʀyʀal]	Landflucht
☐ une **ferme** [fɛʀm]	Bauernhof
☐ un **champ** [ʃɑ̃]	Feld
☐ l'**agriculture** *f* [agʀikyltyʀ]	Landwirtschaft
☐ un **agriculteur**, une agricultrice [agʀikyltœʀ, tʀis]	Landwirt(in)
☐ **agricole** [agʀikɔl]	landwirtschaftlich
☐ **cultiver** [kyltive]	anbauen
☐ la **culture** [kyltyʀ]	Anbau
☐ **planter** [plɑ̃te]	pflanzen
☐ une **plante** [plɑ̃t]	Pflanze
☐ une **plantation** [plɑ̃tasjɔ̃]	(An)Pflanzung, Plantage
☐ **pousser** [puse]	wachsen
☐ **irriguer** [iʀige]	bewässern
☐ la **terre** [tɛʀ]	Erde
☐ le **sol** [sɔl]	Boden
☐ **fertile** [fɛʀtil]	fruchtbar
un sol fertile	fruchtbarer Boden
☐ le **terrain** [teʀɛ̃]	Boden, Gelände
☐ les **céréales** *fpl* [seʀeal]	Getreide
☐ le **blé** [ble]	Weizen
☐ le **maïs** [mais]	Mais
☐ un **arbre** [aʀbʀ]	Baum
un **arbre en fleurs**	blühender Baum
☐ une **branche** [bʀɑ̃ʃ]	Ast, Zweig
☐ une **feuille** [fœj]	Blatt
les feuilles mortes	Laub

! *le maïs* [mais] ≠ *mais* [mɛ] !

☐ **une racine** [ʀasin]	Wurzel
☐ **une forêt** [fɔʀɛ]	Wald
☐ **un sapin** [sapɛ̃]	Tanne
☐ **un érable** [eʀabl]	Ahornbaum
☐ **un olivier** [ɔlivje]	Olivenbaum
☐ **un oranger** [ɔʀʒe]	Orangenbaum
☐ **un palmier** [palmje]	Palme
☐ **la végétation** [veʒetasjɔ̃]	Vegetation
☐ **une fleur** [flœʀ]	Blume
être en fleurs	blühen
un **bouquet de fleurs**	Blumenstrauß
☐ **une rose** [ʀoz]	Rose
☐ **l'herbe** *f* [ɛʀb]	Gras
la **mauvaise herbe**	Unkraut
☐ **un jardin** [ʒaʀdɛ̃]	Garten
☐ **jardiner** [zaʀdine]	im Garten arbeiten
☐ **un jardinier**, une jardinière [ʒaʀdinje, jɛʀ]	Gärtner(in)

18.5 Landschaften und Regionen

☐ **le paysage** [peizaʒ]	Landschaft
un paysage exotique	eine exotische Landschaft
☐ **une région** [ʀeʒjɔ̃]	Region, Gegend
une region tropicale	eine tropische Gegend
☐ **la diversité** [divɛʀsite]	Vielfalt
☐ **une montagne** [mɔ̃taɲ]	Berg; Gebirge
à la montagne	im Gebirge
☐ **une colline** [kɔlin]	Hügel
☐ **un volcan** [vɔlkɑ̃]	Vulkan
un **volcan en activité**	aktiver Vulkan
☐ **volcanique** [vɔlkanik]	vulkanisch
☐ **un sommet** [sɔmɛt]	Gipfel
monter* au sommet d'une montage	den Gipfel eines Berges besteigen
☐ **s'élever à** [sel(ə)ve]	hoch sein/emporragen bis auf
Le Mont Blanc s'élève à 4 807 m.	Der Mont Blanc ist 4.807 m hoch.

☐ **haut**, haute ['o, 'ot]	hoch
une montagne **haute de** 2 000 m	ein 2.000 m hoher Berg
la haute montagne	Hochgebirge
☐ l'**altitude** *f* [altityd]	Höhe
Ce village se trouve **à une altitude de** 1 300 mètres.	Dieses Dorf befindet sich in 1.300 m Höhe.
☐ une **gorge** [gɔʀʒ]	Schlucht
☐ un **gouffre** [gufʀ]	Abgrund
☐ une **vallée** [vale]	Tal
☐ **plat**, plate [pla, plat]	flach, eben
un terrain plat	ein flaches/ebenes Gelände

☐ les **Alpes** *fpl* [lezalp]	die Alpen
dans les Alpes	in den Alpen
☐ les **Pyrénées** *fpl* [lepiʀene]	die Pyrenäen
☐ le **Massif Central** [ləmasifsɑ̃tʀal]	das Zentralma
☐ les **Vosges** *fpl* [levoʒ]	die Vogesen

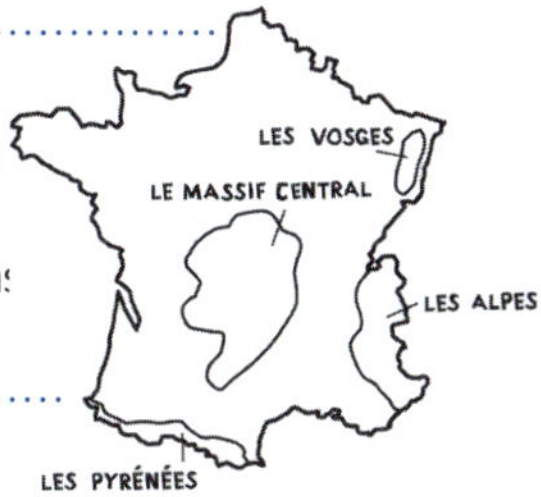

☐ une **forêt** [fɔʀɛ]	Wald
la **forêt vierge**	Urwald
la forêt tropicale	Regenwald
☐ un **bois** [bwa]	Wald

☐ un **désert** [dezɛʀ]	Wüste
☐ **désertique** [dezɛʀtik]	wüstenartig, Wüsten-, öde
☐ une **pierre** [pjɛʀ]	Stein
☐ **aride** [aʀid]	karg, trocken
☐ une **steppe** [stɛp]	Steppe
☐ la **savane** [savan]	Savanne

☐ l'**eau** *f*; les eaux *pl* [o]	Wasser; Gewässer
☐ un **lac** [lak]	See
☐ **profond**, profonde [pʀɔfɔ̃, ɔ̃d]	tief
Le lac est très profond.	Der See ist sehr tief.
☐ la **profondeur** [pʀɔfɔ̃dœʀ]	Tiefe
Le lac a une profondeur de 250 mètres.	Der See ist 250 m tief/hat eine Tiefe von 250 m.
☐ un **étang** [etɑ̃]	Teich

☐ la **mer** [mɛʀ]	Meer
aller* au bord de la mer	ans Meer gehen/fahren
☐ un **océan** [ɔseɑ̃]	Ozean
☐ les **marées** *fpl* [maʀe]	Gezeiten
à marée haute/ basse	bei Flut/Ebbe

☐ **une vague** [vag]	Welle
☐ **maritime** [maʀitim]	maritim, See-, Küsten-

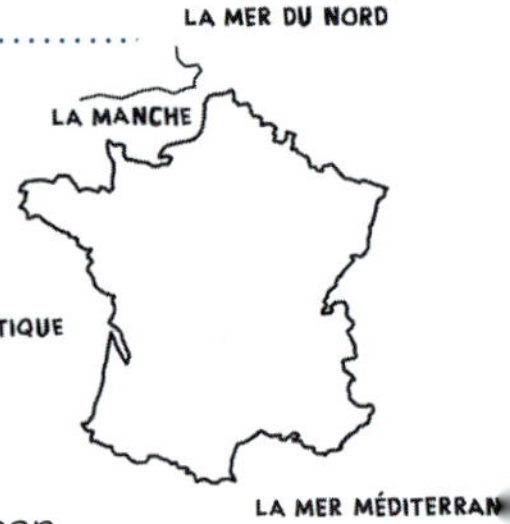

☐ **l'(océan) Atlantique** *m* [l(ɔseɑ̃)atlɑ̃tik]	der Atlantik
☐ **la (mer) Méditerranée** [la(mɛʀ)mediteʀane]	das Mittelmeer
☐ **la mer du Nord** [lamɛʀdynɔʀ]	die Nordsee
☐ **la Manche** [lamɑ̃ʃ]	der Ärmelkanal
☐ **la (mer) Baltique** [lamɛʀbaltik]	die Ostsee
☐ **le Pacifique/ l'océan Pacifique** *m* [ləpasifik/lɔseɑ̃pasifik]	der Pazifik
☐ **l'océan Indien** *m* [lɔseɑ̃ɛ̃djɛ̃]	der Indische Ozean

☐ **une côte** [kot]	Küste
sur la côte	an der Küste
la côte Atlantique	Atlantikküste
☐ **un rivage** [ʀivaʒ]	Küste, Küstenstrich
☐ **le bord** [bɔʀ]	das Ufer
au bord de la mer	am Meer
Nice se trouve au bord de la mer.	Nizza befindet sich am Meer.
☐ **une plage** [plaʒ]	Strand
☐ **le sable** [sabl]	Sand
une plage de sable	Sandstrand
☐ **une dune** [dyn]	Düne
☐ **un rocher** [ʀɔʃe]	Fels
☐ **un caillou** ; des cailloux *pl* [kaju]	Stein
☐ **une baie** [bɛ]	Bucht
☐ **une calanque** [kalɑ̃k]	Kalksteinbucht am Mittelmeer

☐ **une île** [il]	Insel
☐ **une presqu'île** [pʀɛskil]	Halbinsel

☐ **un fleuve** [flœv]	(ins Meer mündender) Fluss
La ville est située **au bord d'un fleuve**.	Die Stadt liegt an einem Fluss.
☐ **se jeter dans** [s(ə)j(ə)tedɑ̃]	münden in
Un fleuve se jette dans la mer.	Ein Fluss mündet im Meer.
☐ **une rivière** [ʀivjɛʀ]	Fluss, Bach
☐ **un canal** ; des canaux *pl* [kanal, o]	Kanal
☐ **un courant** [kuʀɑ̃]	Strömung
☐ **une chute d'eau** ; des chutes d'eau *pl* [ʃytdo]	Wasserfall
☐ **couler** [kule]	fließen
☐ **une source** [suʀs]	Quelle
☐ **une rive** [ʀiv]	(Fluss-)Ufer
sur la rive droite du fleuve	am rechten Flussufer

- la **Seine** [lasɛn] — die Seine
- la **Loire** [lalwaʀ] — die Loire
- le **Rhône** [ləʀon] — die Rhone
- la **Saône** [lason] — die Saône
- le **Rhin** [ləʀɛ̃] — der Rhein

18.6 Natur, Umweltschutz und Katastrophen

☐ la **nature** [natyʀ]	Natur
☐ **naturel**, naturelle [natyʀɛl]	natürlich
un site naturel	Naturdenkmal, Gegend mit natürlichen Besonderheiten
☐ **protéger** [pʀɔteʒe]	schützen
protéger la nature	die Natur schützen
être protégé, protégée [pʀɔteʒe]	unter Naturschutz stehen
une **espèce protégée**	geschützte Art
☐ la **protection** [pʀɔtɛksjɔ̃]	Schutz
☐ l'**environnement** *m* [ɑ̃viʀɔnmɑ̃]	Umwelt
la **protection de l'environnement**	Umweltschutz
☐ **préserver** [pʀezɛʀve]	bewahren, schützen
préserver les sites naturels	die Naturdenkmäler schützen
☐ un, une **écologiste** [ekɔlɔʒist]	Umweltschützer(in), Grüne(r), Ökologe
☐ un, une **écolo** *fam* [ekɔlo]	Umweltschützer(in)
☐ **s'engager (pour)** [sɑ̃gaʒe]	sich engagieren für
s'engager pour la protection de la nature	sich für den Umweltschutz engagieren
☐ l'**engagement** *m* [ɛ̃gaʒmɑ̃]	Engagement
☐ **agir** [aʒiʀ]	handeln
Il faut agir !	Man muss etwas unternehmen/ tun!
☐ une **action** [aksjɔ̃]	Aktion
☐ **lutter pour/ contre qc** [lyte]	für/gegen etw. kämpfen
☐ **trier** [tʀije]	sortieren, trennen
☐ les **ordures** *fpl* [ɔʀdyʀ]	Müll, Abfall
☐ la **poubelle** [pubɛl]	Mülleimer
☐ les **déchets** *mpl* [deʃɛ]	Abfall, Abfälle, Müll
☐ **recycler** [ʀ(ə)sikle]	wiederverwerten, recyceln
du **papier recyclé**	Umweltpapier, Recyclingpapier

☐ **recyclable** [ʀ(ə)siklabl]	wiederverwertbar, recycelbar
☐ le **recyclage** [ʀ(ə)siklaʒ]	Recycling, Wiederverwertung

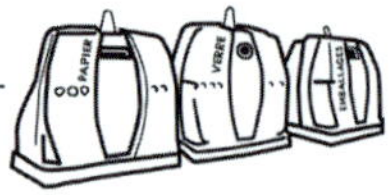

☐ **biologique** [bjɔlɔʒik]	biologisch
l'**agriculture biologique**	biologischer Ackerbau
☐ **bio** [bjo]	Bio-
les **aliments bio(s)**	Naturkost, Biokost

☐ la **chimie** [ʃimi]	Chemie
☐ **chimique** [ʃimik]	chemisch
un produit chimique	Chemikalie

☐ l'**air** *m* [ɛʀ]	Luft
☐ **propre** [pʀɔpʀ]	sauber
☐ **polluer** [pɔlɥe]	verschmutzen
Les produits chimiques polluent les rivières.	Chemikalien verunreinigen die Flüsse.
☐ **être pollué**, polluée [pɔlɥe]	verschmutzt sein
☐ la **pollution** [pɔlysjɔ̃]	Umweltverschmutzung, Verschmutzung
la pollution des eaux	Gewässerverschmutzung

☐ **dangereux**, dangereuse [dɑ̃ʒʀø, øz]	gefährlich
☐ un **danger** [dɑ̃ʒe]	Gefahr
Attention, **danger de mort !**	Vorsicht, Lebensgefahr!
☐ **menacer** [mənase]	(be)drohen
☐ une **menace** [mənas]	Bedrohung
La pollution représente une menace pour la santé.	Die Umweltverschmutzung ist eine Bedrohung für die Gesundheit.
☐ **détruire** [detʀɥiʀ]	zerstören, vernichten
☐ la **destruction** [destʀyksjɔ̃]	Zerstörung, Vernichtung
☐ la **disparition** [dispaʀisjɔ̃]	Verschwinden, Aussterben
une espèce en voie de disparition	vom Aussterben bedrohte Art
☐ **disparaître** [dispaʀɛtʀ]	verschwinden, aussterben

☐ la **mort des forêts** [mɔʀdefɔʀɛ]	Waldsterben
☐ le **réchauffement de l'atmosphère** [ʀeʃofmɑ̃d(ə)latmɔsfɛʀ]	Erwärmung der Erdatmosphäre
☐ le **changement du climat** [ʃɑ̃ʒmɑ̃dyklima]	Klimaveränderung, Klimawandel
☐ le **changement climatique** [ʃɑ̃ʒmɑ̃klimatik]	Klimaveränderung, Klimawandel

☐ **l'énergie** *f* [enɛʀʒi]	Energie
une **source d'énergie**	Energiequelle
l'**énergie nucléaire**	Kern-, Atomenergie
l'**énergie solaire**	Solarenergie, Sonnenenergie
☐ **l'électricité** *f* [elɛktʀisite]	Elektrizität, Strom
☐ **électrique** [elɛktʀik]	elektrisch
☐ le **charbon** [ʃaʀbɔ̃]	Kohle
☐ le **gaz** [gaz]	Gas
☐ le **pétrole** [petʀɔl]	Erdöl
☐ un **pétrolier** [petʀɔlje]	Öltankschiff
☐ une **ressource** [ʀ(ə)suʀs]	Rohstoff
les ressources naturelles	natürliche Ressourcen

☐ le **nucléaire** [nykleɛʀ]	Kernenergie
☐ une **centrale nucléaire** [sɑ̃tʀalnykleɛʀ]	Atomkraftwerk
☐ **radioactif**, radioactive [ʀadjoaktif, iv]	radioaktiv
un nuage radioactif	radioaktive Wolke
☐ la **radioactivité** [ʀadjoaktivite]	Radioaktivität
mesurer la radioactivité	die Radioaktivität messen
☐ l'**uranium** *m* [yʀanjɔm]	Uran
☐ **stocker** [stɔke]	lagern
☐ le **stockage** [stɔkaʒ]	Lagerung
le stockage définitif	Endlagerung

☐ un **accident** [aksidɑ̃]	Unfall
☐ une **catastrophe** [katastʀɔf]	Katastrophe
une **catastrophe naturelle**	Naturkatastrophe
☐ un **mort**, une morte [mɔʀ, mɔʀt]	Tote(r)
faire des morts	Menschenleben kosten, fordern
☐ **survivre (à qc)** [syʀvivʀ]	(etw.) überleben
☐ un **survivant**, une survivante [syʀvivɑ̃, ɑ̃t]	Überlebende(r)

☐ un **tremblement de terre** [tʀɑ̃bləmɑ̃d(ə)tɛʀ]	Erdbeben
☐ une **éruption (volcanique)** [eʀypsjɔ̃(vɔlkanik)]	(Vulkan)Ausbruch
Le volcan est **entré en éruption**.	Der Vulkan ist ausgebrochen.
☐ la **sécheresse** [sɛʃ(ə)ʀɛs]	Trockenheit, Dürre
une région **touchée par la sécheresse**	Dürregebiet
☐ la **marée noire** [maʀenwaʀ]	Ölpest

☐ un **incendie** [ɛ̃sɑ̃di]	Brand
un **incendie de forêt**	Waldbrand
☐ le **feu** [fø]	Feuer
prendre feu	Feuer fangen, sich entzünden

☐ **brûler** [bʀyle]	brennen, verbrennen
☐ la **fumée** [fyme]	Rauch
☐ une **flamme** [flam]	Flamme
☐ **exploser** [ɛksploze]	explodieren
☐ une **explosion** [ɛksplozjɔ̃]	Explosion

☐ un **déluge** [delyʒ]	Sintflut
☐ **inonder** [inɔ̃de]	überschwemmen
☐ une **inondation** [inɔ̃dasjɔ̃]	Überschwemmung
☐ un **tsunami** [tsunami]	Tsunami
☐ un **cyclone** [siklon]	tropischer Wirbelsturm

Mein Zusatzvokabular

19 Länder, Sprachen und Kulturen

19.1 Land, Herkunft, Sprache allgemein

□ un **pays** [pei]	Land
□ une **nation** [nasjɔ̃]	Nation
□ la **nationalité** [nasjɔnalite]	Staatsangehörigkeit
avoir la nationalité française.	die französische Staatsbürgerschaft haben
□ un **passeport** [paspɔʀ]	Reisepass
□ une **carte d'identité** [kaʀtdidɑ̃tite]	Personalausweis

□ l'**étranger** *m*	das Ausland
à l'étranger	im Ausland
□ **étranger**, étrangère [etʀɑ̃ʒe, ɛʀ]	ausländisch, fremd
un étranger, une étrangère	Ausländer(in), Fremd(er)
□ **venir* de** [v(ə)niʀ]	kommen aus
Il vient du Brésil.	Er kommt aus Brasilien.

→ *Zu den Präpositionen bei Ländernamen siehe Infobox S. 336*

□ l'**origine** [ɔʀiʒin]	Herkunft, Ursprung
le pays d'origine	Herkunftsland
Je **suis d'origine** française.	Ich bin französicher Herkunft.

→ *Weitere Ausdrücke zu diesem Thema in Kapitel 22.4 „Soziale Probleme" S. 370*

Vorsicht Fehler! Präpositionen bei Ländernamen

Im Singular hängt die richtige Präposition von dem Geschlecht der Länder ab. Die meisten Länder sind weiblich. Im Plural musst du nicht zwischen weiblich und männlich unterscheiden.

	la France	***le*** Portugal	***les*** États-Unis
WO?			
être (sein) **habiter** (wohnen) **vivre** (leben) **rester** (bleiben)	***en* France** *in* Frankreich	***au* Portugal** *in* Portugal	***aux* États-Unis** *in den* Vereingten Staaten
WOHIN?			
aller (fahren, fliegen)	***en* France** *nach* Frankreich	***au* Portugal** *nach* Portugal	***aux* États-Unis** *in die* Vereinigten Staaten
WOHER?			
venir (kommen)	***de* France** *aus* Frankreich	***du* Portugal** *aus* Portugal	***des* États-Unis** *aus den* Vereinigten Staaten

- ☐ la **langue** [lɑ̃g] — Sprache
  - Il parle trois langues. — Er spricht drei Sprachen.
  - une langue officielle — Amtssprache
- ☐ la **langue familière** [lɑ̃gfamiljɛʀ] — Umgangssprache
- ☐ la **langue étrangère** [lɑ̃getʀʒɛʀ] — Fremdsprache
- ☐ la **langue maternelle** [lɑ̃gmatɛʀnɛl] — Muttersprache
- ☐ **bilingue** [bilɛ̃g] — zweisprachig
- ☐ un **accent** [aksɑ̃] — Akzent, Tonfall
- ☐ un **dialecte** [djalɛkt] — Dialekt
- ☐ un **charabia** [ʃaʀabja] — Kauderwelsch

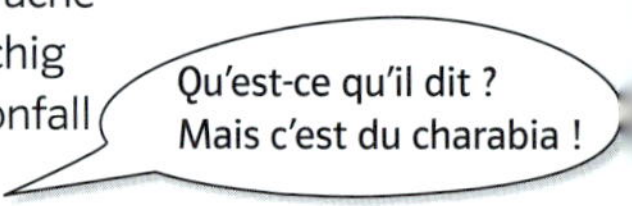

19.2 Länder, Nationalitäten, Sprachen

- ☐ la **France** [fʀɑ̃s] — Frankreich
- ☐ **français**, française [fʀɑ̃nsɛ, ɛz] — französisch
- ☐ la **Belgique** [bɛlʒik] — Belgien
- ☐ **belge** [bɛlʒ] — belgisch
- ☐ le **Luxembourg** [lyksɑ̃buʀ] — Luxemburg
- ☐ **luxembourgeois**, luxembourgeoise [lyksɑ̃buʀʒwa, waz] — luxemburgisch

Länder : Bewohner, Sprachen, Adjektive

Meist kannst du ein einziges Wort als Adjektiv sowie zur Bezeichnung der Bewohner und der Sprache benutzen. Achte auf die Groß- und Kleinschreibung!

Adjektiv: **français, française**

J'adore la cuisine française.	Ich liebe die französische Küche.

Die Bewohner werden groß geschrieben!

un Français, une Française, des Français des Françaises,	ein Franzose, eine Französin, Franzosen, Französinnen

Die Sprache ist immer maskulin und wird klein geschrieben!

(le) français

Ils parlent français.	Sie sprechen französisch.
Le français est une belle langue.	Französisch ist eine schöne Sprache

! Ist die Sprache Subjekt, verwendest du den bestimmten Artikel !

Aber Vorsicht: nicht immer stimmt das Adjektiv mit der Landessprache überein!

Il est Belge.	Er ist Belgier.
Elle adore le chocolat belge.	Sie liebt belgische Schokolade.
En Belgique, on parle français, flamand et allemand.	In Belgien spricht man französisch, flämisch und deutsch.

☐ l'**Allemagne** *f* [almaɲ]	Deutschland
☐ **allemand**, allemande [almɑ̃, ɑ̃d]	deutsch
☐ l'**Autriche** *f* [otʀiʃ]	Österreich
☐ **autrichien**, autrichienne [otʀiʃjɛ̃, jɛn]	österreichisch
☐ la **Suisse** [sɥis]	Schweiz
☐ **suisse** [sɥis]	schweizer(isch)
☐ un, une **Suisse** [sɥis]	Schweizer(in)

☐ la **Grande-Bretagne** [gʀɑ̃dbʀətaɲ]	Großbritannien
☐ **britannique** [bʀitanik]	britisch
☐ l'**Angleterre** *f* [ɑ̃glətɛʀ]	England
☐ **anglais**, anglaise [ɑ̃glɛ, ɛz]	englisch
☐ l'**Irlande** *f* [iʀlɑ̃d]	Irland
☐ **irlandais**, irlandaise [iʀlɑ̃dɛ, ɛz]	irisch
☐ les **Pays-Bas** *mpl* [peiba]	Niederlande
☐ **néerlandais**, néerlandaise [neɛʀlɑ̃dɛ, ɛz]	niederländisch

☐ l'**Italie** *f* [itali]	Italien
☐ **italien**, italienne [italjɛ̃, jɛn]	italienisch

☐ l'**Espagne** *f* [ɛspaɲ]	Spanien
☐ **espagnol**, espagnole [ɛspaɲɔl]	spanisch
☐ le **Portugal** [pɔʀtygal]	Portugal
☐ **portugais**, portugaise [pɔʀtygɛ, ɛz]	portugiesisch
☐ la **Grèce** [gʀɛs]	Griechenland
☐ **grec**, grecque [gʀɛk]	griechisch
☐ la **Turquie** [tyʀki]	Türkei
☐ **turc**, turque [tyʀk]	türkisch
☐ le **Danemark** [danmaʀk]	Dänemark
☐ **danois**, danoise [danwa, waz]	dänisch
☐ la **Suède** [sɥɛd]	Schweden
☐ **suédois**, suédoise [sɥɛdwa, waz]	schwedisch
☐ la **Norvège** [nɔʀvɛʒ]	Norwegen
☐ **norvégien**, norvégienne [nɔʀveʒjɛ̃, jɛn]	norwegisch
☐ la **Finlande** [fɛ̃lɑ̃d]	Finnland
☐ **finlandais**, finlandaise [fɛ̃lɑ̃dɛ, ɛz]	finnisch
☐ la **Pologne** [pɔlɔɲ]	Polen
☐ **polonais**, polonaise [pɔlɔnɛ, ɛz]	polnisch
☐ la **Russie** [ʀysi]	Russland
☐ **russe** [ʀys]	russisch
☐ l'**Ukraine** [ykʀɛn]	Ukraine
☐ **ukrainien**, ukrainienne [ykʀɛnjɛ̃, jɛn]	ukrainisch
☐ la **Roumanie** [ʀumani]	Rumänien
☐ **roumain**, roumaine [ʀumɛ̃, ɛn]	rumänisch
☐ la **Croatie** [kʀoasi]	Kroatien
☐ **croate** [kʀɔat]	kroatisch
☐ la **Serbie** [sɛʀbi]	Serbien
☐ **serbe** [sɛʀb]	serbisch
☐ la **Bosnie-Herzégovine** [bɔsniɛʀzegɔvin]	Bosnien-Herzegowina
☐ **bosniaque** [bɔsnjak]	bosnisch
☐ **bosnien**, bosnienne [bɔsnjɛ̃, jɛn]	bosnisch
☐ le **Kosovo** [kɔsɔvo]	Kosovo
☐ **kosovar**, kosovare [kɔsɔvaʀ]	kosovarisch
☐ l'**Albanie** *f* [albani]	Albanien
☐ **albanais**, albanaise [albanɛ, ɛz]	albanisch
☐ les **États-Unis** *mpl* [etazyni]	die Vereinigten Staaten
☐ les **USA** *mpl* [yɛsa]	USA
☐ **américain**, américaine [ameʀikɛ̃, ɛn]	amerikanisch
☐ le **Canada** [kanada]	Kanada
☐ **canadien**, canadienne [kanadjɛ̃, jɛn]	kanadisch

☐ l'**Amérique latine** [ameʀiklatin]	Lateinamerika
☐ le **Brésil** [bʀezil]	Brasilien
☐ **brésilien**, brésilienne [bʀeziljɛ̃, jɛn]	brasilianisch

☐ l'**Algérie** *f* [alʒeʀi]	Algerien
☐ **algérien**, algérienne [alʒeʀjɛ̃, jɛn]	algerisch
☐ le **Maroc** [maʀɔk]	Marokko
☐ **marocain**, marocaine [maʀɔkɛ̃, ɛn]	marokkanisch
☐ la **Tunisie** [tynizi]	Tunesien
☐ **tunisien**, tunisienne [tynizjɛ̃, jɛn]	tunesisch
☐ l'**Égypte** *f* [eʒipt]	Ägypten
☐ **égyptien**, égyptienne [eʒipsjɛ̃, jɛn]	ägyptisch

☐ l'**Afghanistan** *m* [afganistɑ̃]	Afganistan
☐ **afghan**, afghane [afgɑ̃, an]	afganisch
☐ l'**Iran** *m* [iʀɑ̃]	Iran
☐ **iranien**, iranienne [iʀanjɛ̃, jɛn]	iranisch
☐ **l'Iraq, l'Irak** *m* [iʀak]	Irak
☐ **iraquien**, iraquienne/ **irakien** irakienne [iʀakjɛ̃, jɛn]	irakisch

☐ la **Chine** [ʃin]	China
☐ **chinois**, chinoise [ʃinwa, waz]	chinesisch
☐ le **Japon** [ʒapɔ̃]	Japan
☐ **japonais**, japonaise [ʒapɔnɛ, ɛz]	japanisch
☐ l'**Inde** *f* [ɛ̃d]	Indien
☐ **indien**, indienne [ɛ̃djɛ̃, jɛn]	indisch

Kulturen und Sprachen in Frankreich

In einigen Regionen Frankreichs, häufig in Grenzgebieten, wird neben dem Französischen noch eine zweite Sprache gesprochen, zum Beispiel Flämisch im Nordosten, Katalanisch im Süden, Elsässisch (ein mitteldeutscher Dialekt) im Elsass.
In manchen Regionen gibt es eine ganz eigene Kultur und Sprache. Dazu gehören zum Beispiel:

le Pays Basque	das Baskenland	**un, une Basque**	**le basque**
la Corse	Korsika	**un, une Corse**	**le corse**
la Bretagne	die Bretagne	**un Breton/ une Bretonne**	**le breton**
l'Occitanie	Okzitanien	**un Occitan/ une Occitane**	**l'occitan**

19.3 Kontinente

Auf einem Blick : Die Kontinente

1.	**l'Europe** *f* [øʀɔp]	Europa
2.	**l'Afrique** *f* [afʀik]	Afrika
3.	**l'Amérique** *f* **du Nord** [ameʀik]	Nordamerika
4.	**l'Amérique** *f* **du Sud** [ameʀik]	Südamerika
5.	**l'Asie** *f* [azi]	Asien
6.	**l'Australie** *f* [ɔstʀali]	Australien

Vorsicht: Anders als im Deutschen steht bei Ländernamen und Kontinenten in der Regel der Artikel!

La France possède de belles plages. Frankreich besitzt schöne Strände.
L'Afrique est un continent fascinant. Afrika ist ein faszinierender Kontinent.

☐ un **continent** [kɔ̃tinɑ̃]	Kontinent
☐ **européen**, européenne [øʀɔpeɛ̃, ɛn]	europäisch
un Européen, une Européenne	Europäer(in)
☐ **africain**, africaine [afʀikɛ̃, ɛn]	afrikanisch
un Africain, une Africaine	Afrikaner(in)
☐ **américain**, américaine [ameʀikɛ̃, ɛn]	amerikanisch
un Américain, une Américaine	Amerikaner(in)
☐ **asiatique** [azjatik]	asiatisch
un, une Asiatique	Asiat(in)
☐ **australien**, australienne [ostʀaljɛ̃, jɛn]	australisch
un Australien, une Australienne	Australier(in)

19.4 Frankophonie

☐ la **francophonie** [fʀɑ̃kɔfɔni]	Frankophonie
☐ **francophone** [fʀɑ̃kɔfɔn]	französischsprachig, frankophon
un pays francophone	ein französischsprachiges Land
un, une francophone	französischsprachige Person
☐ une **communauté** [kɔmynote]	Gemeinschaft
la communauté francophone	französische Sprachgemeinschaft
☐ la **langue officielle** [lɑ̃gɔfisjɛl]	Amtssprache
☐ la **langue administrative** [lɑ̃gadministʀativ]	Verwaltungssprache
☐ la **langue d'enseignement** [lɑ̃gdsɛɲ(ə)m]	Unterrichtssprache
☐ la **langue maternelle** [lɑ̃gmatɛʀnɛl]	Muttersprache
☐ une **langue régionale** [lɑ̃gʀeʒjɔnal	Regionalsprache

La francophonie

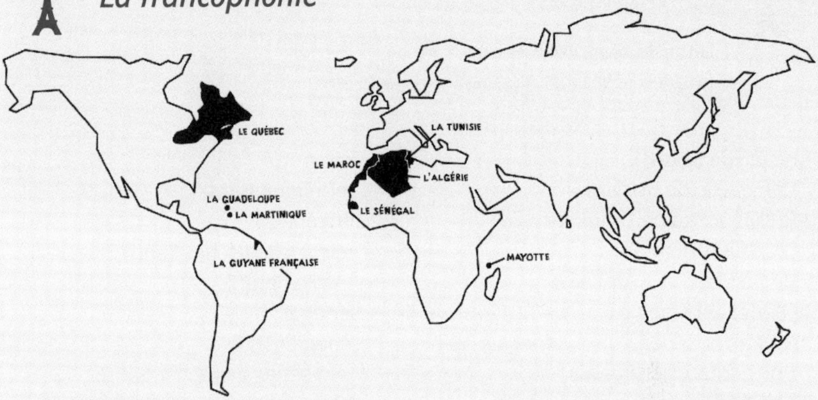

Das Wort ***la francophonie*** bezeichnet die Gesamtheit der Regionen der Welt, in denen Französisch gesprochen wird.
Dazu gehören zum Beispiel zahlreiche Länder Afrikas, die französischen Übersee-Regionen sowie die kanadische Provinz Quebec. Häufig drückt Frankophonie auch die kulturelle, politische und wirtschaftliche Gemeinschaft der französischsprachigen Länder aus. Weltweit sind etwa 175 Millionen Menschen französischsprachig.

☐ le **Canada** [kanada]	Kanada
☐ le **Québec** [kebɛk]	Québec
☐ un **Québécois**, une Québécoise [kebekwa, waz]	Einwohner(in) von Québec
☐ une **province** [pʀɔvɛ̃]	Provinz

Vorsicht Fehler! *Le Québec* und *Québec* : Provinz oder Stadt

Le Québec ist eine französischsprachige Provinz in Kanada:
au Québec in Québec *(Region)*

Québec ist die Hauptstadt dieser Region:
à Québec in Québec *(Stadt)*

☐ l'**Afrique du Nord** [afʀikdynɔʀ]	Nordafrika
☐ le **Maghreb** [magʀɛb]	Maghreb
☐ **maghrébin**, maghrébine [magʀebɛ̃, in]	maghrebinisch
☐ **arabe** [aʀab]	arabisch
un, une Arabe	Araber(in)

Le Maghreb

Unter ***le Maghreb*** versteht man vor allem die drei nordafrikanischen Staaten Marokko, Algerien und Tunesien.

☐ une **partie** [paʀti]	Teil
une partie de l'Afrique	ein Teil Afrikas
☐ **africain**, africaine [afʀikɛ̃, ɛn]	afrikanisch
un pays africain	ein afrikanisches Land
un Africain, une Africaine	Afrikaner(in)
☐ le **Sénégal** [senegal]	Senegal
☐ **sénégalais**, sénégalaise [senegalɛ, ɛz]	senegalesisch
un chanteur sénégalais	ein senegalesischer Sänger
un Sénégalais, une Sénégalaise	Senegalese

☐ un **département d'outre-mer** [depaʀtəmdutʀəmɛʀ]	Übersee-Departement
☐ les **D.O.M** *mpl* **(départements d'outre-mer)** [dɔm]	Bezeichnung der französischen Übersee-Departements
☐ un **territoire** [teʀitwaʀ]	Gebiet, Territorium
☐ la **Métropole** [metʀɔpɔl]	französisches Mutterland
Ils vont quitter la Guadeloupe pour faire des études **en Métropole**.	Sie werden Guadeloupe verlassen, um im französischen Mutterland zu studieren.
☐ la **France métropolitaine** [fʀɑ̃smetʀɔpɔlitɛn]	französisches Mutterland, Kernland

Die französischen Überseedepartements

Aus der Kolonialzeit hat Frankreich noch enge Beziehungen zu einigen Gebieten in der Welt behalten. Die Karibikinseln Guadeloupe und Martinique zum Beispiel sind französische Departements ***(D.O.M)*** und gehören damit zur Europäischen Union. Die Währung ist der Euro. Insgesamt gibt es 5 Übersee-Departements: la *Guadeloupe, la Martinique, la Guyane française, la Réunion und Mayotte*. Andere Gebiete sind mit einem besonderen Status an Frankreich gebunden, ohne jedoch zum französischen Staat zu gehören.

☐ les **Antilles** *fpl* [ɑ̃tij]	die Antillen
vivre aux Antilles	auf den Antillen leben
☐ **antillais**, antillaise [ɑ̃tijɛ, jɛz]	antillisch, von den Antillen stammend
☐ la **Martinique** [maʀtinik]	Martinique
en Martinique	auf Martinique

☐ **martiniquais**, martiniquaise [maʀtinikɛ, ɛz]	martinikanisch, aus Martinique stammend
un Martiniquais, une Martiniquaise	Martinikaner(in)
☐ la **Guadeloupe** [gwadlup]	Guadeloupe
en Guadeloupe	auf Guadeloupe
☐ **guadeloupéen**, guadeloupéenne [gwadlupeɛ̃, ɛn]	aus Guadeloupe stammend
☐ la **Guyane française** [gɥijanfʀɑ̃sɛz]	Französisch-Guayana
☐ les **Caraïbes** *fpl* [kaʀaib]	Karibik
☐ **tropical**, tropicale; tropicaux *mpl* [tʀɔpikal, o]	tropisch
☐ **exotique** [ɛgzɔtik]	exotisch
☐ une **île** [il]	Insel
☐ un **archipel** [aʀʃipɛl]	Inselgruppe
☐ la **culture** [kyltyʀ]	Kultur
☐ un **mélange** [melɑ̃ʒ]	Mischung
un mélange de cultures	Mischung verschiedener Kulturen
☐ **se mélanger** [melɑ̃ʒe]	sich vermischen
☐ une **trace** [tʀas]	Spur
une trace culturelle	kulturelle Spuren
☐ **influencer** [flyɑ̃se]	beeinflussen
☐ la **civilisation** [sivilizasjɔ̃]	Kultur, Zivilisation
☐ une **tradition** [tʀadisjɔ̃]	Tradition
☐ les **mœurs** *fpl* [mœʀ(s)]	Sitten
☐ le **créole** [kʀeɔl]	kreolisch
parler le créole	kreolisch sprechen
la culture créole	kreolische Kultur
☐ une **racine** [ʀasin]	Wurzel
les racines du créole	Wurzeln des Kreolischen

Bonjou ! Sa ou fé ?
Bonjour ! Ça va ?

Le créole

Kreolisch ist heute die Muttersprache vieler Einwohner von Martinique, Guadeloupe und Französisch-Guyana. Sie entstand zur Zeit der Kolonialherrschaft und ist eine Mischung des Französischen mit sprachlichen Elementen der amerikanischen Ureinwohner und der afrikanischen Sklaven.

☐ le **métissage** [metisaʒ]	Mischung verschiedener Ethnien

☐ **un métis** [metis]	Mischling
une population de métis	gemischte Bevölkerung, Bevölkerung bestehend aus Mischlingen
☐ **peuplé**, peuplée **(par)** [pœple]	bevölkert (von)
☐ **un Indien**, une Indienne [ɛ̃djɛ̃, ɛ̃jɛn]	Indianer; Inder
☐ **amérindien**, amérindienne [ameʀɛ̃djɛ̃, jɛn]	indianisch
un Amérindien, une Amérindienne	Indianer, Ureinwohner Amerikas

Das richtige Wort : Indianer oder Inder: *indien, indienne*

Das französische Wort *indien* bedeutet Indianer aber auch Inder. Kolumbus glaubte ja zunächst, in Indien gelandet zu sein. Wenn du Missverständnisse vermeiden willst, kannst du das genauere Wort *amérindien* benutzen.

☐ **une découverte** [dekuvɛʀt]	Entdeckung
☐ **découvrir** [dekuvʀiʀ]	entdecken
Christophe Colomb a découvert l'Amérique.	Christoph Columbus hat Amerika entdeckt.
☐ **un explorateur**, une exploratrice [ɛksplɔʀatœʀ, tʀis]	Entdecker(in)
☐ **la route des Indes** [ʀutdezɛ̃d]	Seeweg nach Indien
☐ **débarquer** [debaʀke]	(mit dem Schiff) landen, ankommen
☐ **envahir** [ɑ̃vaiʀ]	(in ein Land) einfallen, eindringen
☐ **conquérir** [kɔ̃keʀiʀ]	erobern
☐ **occuper** [ɔkype]	besetzen
occuper un pays	ein Land besetzen
☐ **s'installer à/ en** [sɛ̃stale]	sich niederlassen in

☐ **une colonie** [kɔlɔni]	Kolonie, Siedlung
une ancienne colonie	ehemalige Kolonie
☐ **fonder** [fɔ̃de]	gründen
fonder une colonie	eine Kolonie gründen
☐ **colonial**, coloniale [kɔlɔnjal]	kolonial, Kolonial-
un empire colonial	Kolonialreich
☐ **un colon** [kɔlɔ̃]	Siedler
☐ **coloniser** [kɔlɔnize]	kolonisieren, besiedeln
☐ **un protectorat** [pʀɔtɛktɔʀa]	Protektorat, Schutzgebiet, Schutzherrschaft

☐ **un, une esclave** [ɛsklav]	Sklave, Sklavin
le traffic d'esclaves	Sklavenhandel

☐ **l'esclavage** *m* [ɛsklavaʒ]	Sklaverei
réduire qn en esclavage	jdn versklaven
☐ **abolir** [abɔliʀ]	abschaffen
☐ **l'abolition** *f* [abɔlisjɔ̃]	Abschaffung
☐ une **plantation** [plɑ̃tasjɔ̃]	Plantage
travailler dans une plantation	in einer Plantage arbeiten
☐ la **canne à sucre** [kanasykʀ]	Zuckerrohr
☐ le **cacao** [kakao]	Kakau
une pantation de cacao	Kakauplantage
☐ **obliger qn à faire qc** [ɔbliʒe]	jdn zwingen etw. zu tun
☐ une **condition de vie** [kɔ̃disjɔ̃dəvi]	Lebensbedingung
☐ **exploiter** [ɛksplwate]	ausbeuten
☐ **l'indépendance** [ɛ̃depɑ̃dɑ̃s]	Unabhängigkeit
obtenir son indépendance	seine Unabhängigkeit erlangen
☐ **indépendant**, indépendante [ɛ̃depɑ̃dɑ̃, ɑ̃t]	unabhängig
devenir indépendant	unabhängig werden
☐ **se battre pour** [səbatʀ]	kämpfen für

Mein Zusatzvokabular

20 Religion und Philosophie

20.1 Religion

☐ la **religion** [ʀ(ə)liʒjɔ̃]	Religion
☐ **religieux**, religieuse [ʀ(ə)liʒjø, jøz]	religiös
☐ **croire (en Dieu)** [kʀwaʀ]	(an Gott) glauben
☐ **être croyant**, croyante [kʀwajɑ̃, jɑ̃t]	gläubig sein
un croyant, une croyante	Gläubige(r), gläubiger Mensch
☐ **prier** [pʀije]	beten
☐ la **prière** [pʀijɛʀ]	Gebet
faire une prière	beten, ein Gebet sprechen
faire une prière pour qn	für jdn beten
☐ **Dieu** *m* [djø]	Gott
Mon Dieu !	Mein Gott! Ach Gott!
le bon Dieu	der liebe Gott
☐ **Jésus-Christ** [ʒezykʀi(st)]	Jesus Christus
☐ **saint**, sainte [sɛ̃, sɛ̃t]	heilig
un Saint, une Sainte	Heilige(r)
☐ un **miracle** [miʀakl]	Wunder

Saint wird meist *St.* abgekürzt, z. B. *St. Pierre* – Heiliger Petrus, Sankt Peter

☐ le **ciel** [sjɛl, sjø]	Himmel
☐ un **ange** [ɑ̃ʒ]	Engel
☐ le **paradis** [paʀadi]	Paradies
☐ le **diable** [djɑbl]	Teufel
☐ l'**enfer** *m* [ɑ̃fɛʀ]	Hölle

☐ **chrétien**, chrétienne [kʀetjɛ̃, jɛn]	christlich
un chrétien, une chrétienne	Christ(in)
☐ le **christianisme** [kʀistjanism]	Christentum
☐ **catholique** [katɔlik]	katholisch
un, une catholique	Katholik(in)
☐ le **catéchisme** [kateʃism]	katholischer Religionsunterricht

Religion in Frankreich

Die meisten Christen in Frankreich sind katholisch, nur etwa 3 % sind evangelisch. Wegen der strengen Trennung von Kirche und Staat gibt es keinen Religionsunterricht an öffentlichen Schulen. Religionsunterricht findet an katholischen Privatschulen oder außerhalb der Schulen statt.

☐ **protestant**, protestante [pʀɔtɛstɑ̃, ɑ̃t]	protestantisch, evangelisch
un protestant, une protestante	Protestant(in), Evangelische(r)
☐ la **réforme** [ʀefɔʀm]	Reformation
☐ **réformer** [ʀefɔʀme]	reformieren

☐ l'**Église** *f* [egliz]	Kirche (Institution)
☐ une **église** [egliz]	Kirche
☐ un **temple** [tɑ̃pl]	evangelische Kirche; Tempel
☐ une **cathédrale** [katedʀal]	Kathedrale, Dom, Münster
☐ un **clocher** [klɔʃe]	Kirchturm

☐ la **messe** [mɛs]	Messe
dire la messe	die Messe lesen
☐ la **Bible** [bibl]	Bibel
☐ l'**Ancien/ le Nouveau Testament** [ɑ̃sjɛ̃/nuvotɛstamɑ̃]	das Alte/Neue Testament
☐ une **bougie** [buʒi]	Kerze
☐ la **croix** [kʀwa]	Kreuz
faire le signe de (la) croix	sich bekreuzigen
☐ un **prêtre** [pʀɛtʀ]	Priester
☐ un **pasteur** [pastœʀ]	evangelische(r) Pfarrer(in), Pastor
☐ le **pape** [pap]	Papst

☐ **Pâques** *fpl* [pak]	Ostern
Joyeuses Pâques !	Frohe Ostern!
☐ la **Pentecôte** [pɑ̃tkot]	Pfingsten
☐ la **Toussaint** [tusɛ̃]	Allerheiligen
☐ **Noël** [nɔɛl]	Weihnachten
Joyeux Noël !	Frohe Weihnacht(en)!

☐ **juif**, juive [ʒɥif, ʒɥiv]	jüdisch
un juif, une juive	Jude, Jüdin
☐ une **synagogue** [sinagɔg]	Synagoge

☐ l'**Islam** *m* [islam]	Islam
☐ **islamique** [islamik]	islamisch
☐ **musulman**, musulmane [myzylmɑ̃, an]	muslimisch
un musulman, une musulmane	Muslim, Muslimin/Muslima
☐ le **Coran** [kɔʀɑ̃]	Koran
☐ une **mosquée** [mɔske]	Moschee
☐ un **minaret** [minaʀɛ]	Minarett

☐ l'**hindouisme** *m* [ɛ̃duism]	Hinduismus
☐ **hindouiste** [duist]	hinduist

☐ le **bouddhisme** [budism]	Buddhismus
☐ **bouddhiste** [budist]	buddhist

☐ une **secte** [sɛkt]	Sekte
☐ l'**athéisme** *m* [ateism]	Atheismus
☐ un, une **athée** [ate]	Atheist

20.2 Philosophie

☐ la **philosophie** [filɔzɔfi]	Philosophie
☐ un, une **philosophe** [filɔzɔf]	Philosoph(in)
☐ **philosophique** [filɔzɔfik]	philosophisch
un courant philosophique	philosophische Strömung
☐ le **siècle des lumières** [sjɛkldelymjɛʀ]	Zeitalter der Aufklärung

☐ la **raison** [ʀɛzɔ̃]	Vernunft, Verstand
☐ **raisonnable** [ʀɛzɔnabl]	vernünftig
☐ **logique** [lɔʒik]	logisch
☐ la **contradiction** [kɔ̃tʀadiksjɔ̃]	Widerspruch

être en contradiction avec	im Widerspruch stehen zu, widersprechen
☐ **penser** [pɑ̃se]	denken
☐ la **pensée** [pɑ̃se]	Gedanke; Denken
☐ une **idée** [ide]	Idee, Einfall
échanger des idées	Gedanken/Ideen austauschen
☐ **réfléchir (sur qc)** [ʀefleʃiʀ]	(über etw.) nachdenken
☐ **comprendre** [kɔ̃pʀɑ̃dʀ]	verstehen
☐ **douter (de qc)** [dute]	(an etw.) zweifeln
douter de l'existence de Dieu	an der Existenz Gottes zweifeln
☐ le **doute** [dut]	Zweifel
mettre qc en doute	etw. anzweifeln, in Zweifel ziehen

« *Je pense donc je suis.* » (René Descartes 1596–1650, un philosophe français célèbre)

☐ une **définition** [definisjɔ̃]	Definition
☐ **définir** [definiʀ]	definieren
☐ une **signification** [siɲifikasjɔ̃]	Bedeutung
☐ **signifier qc** [siɲifje]	etw. bedeuten
☐ une **explication** [ɛksplikasjɔ̃]	Erklärung
☐ **expliquer** [ɛksplike]	erklären
☐ une **notion** [nosjɔ̃]	Begriff
la notion de liberté	der Begriff der Freiheit

☐ **vrai**, vraie [vʀɛ]	wahr
☐ la **vérité** [veʀite]	Wahrheit
☐ **vérifier** [veʀifje]	kontrollieren, überprüfen
☐ **absolu**, absolue [apsɔly]	absolut
☐ **certain**, certaine [sɛʀtɛ̃, ɛn]	gewiss, sicher
Je suis **sûr et certain**.	Ich bin ganz sicher.
☐ la **certitude** [sɛʀtityd]	Gewissheit, Sicherheit
☐ **incertain**, incertaine [ɛ̃sɛʀtɛ̃, ɛn]	ungewiss, unsicher
☐ l'**incertitude** *f* [ɛ̃sɛʀtityd]	Ungewissheit, Unsicherheit

☐ l'**erreur** *f* [eʀœʀ]	Irrtum
L'erreur est humaine. *loc*	Irren ist menschlich.
☐ **se tromper** [sətʀɔ̃pe]	sich irren
☐ **faux**, fausse [fo, fos]	falsch
☐ une **illusion** [i(l)lyzjɔ̃]	Illusion
☐ un **cliché** [kliʃe]	Klischee

☐ **réel**, réelle [ʀeɛl]	real, wirklich
☐ **réaliste** [ʀealist]	realistisch
☐ la **réalité** [ʀealite]	Realität, Wirklichkeit

☐ **l'expérience** *f* [ɛkspeʀjɑ̃s]	Erfahrung; Versuch, Experiment
☐ **concret**, concrète [kɔ̃kʀɛ, ɛt]	konkret
☐ **abstrait**, abstraite [abstʀɛ, ɛt]	abstrakt
☐ le **symbole** [sɛ̃bɔl]	Symbol
☐ **l'individu** *m* [ɛ̃dividy]	Individuum
☐ **l'être** *m* [ɛtʀ]	(Lebe)Wesen; das Sein
☐ **l'être humain** [ɛtʀym]	Mensch
☐ **l'homme** [ɔm]	Mensch *(→ siehe Infobox S. 60)*
☐ **exister** [ɛgziste]	existieren, leben, vorhanden sein
☐ **l'existence** *f* [ɛgzistɑ̃s]	Existenz, Leben, das Dasein
☐ la **mort** [mɔʀ]	Tod
☐ le **sens** [sɑ̃s]	Sinn
donner un sens à sa vie	seinem Leben einen Sinn geben
☐ le **bon sens** [bɔ̃sɑ̃s]	gesunder Menschenverstand
☐ la **volonté** [vɔlɔ̃te]	Wille
☐ un **acte** [akt]	Tat
juger qn **sur ses actes**	jdn nach seinen Taten beurteilen
☐ **agir** [aʒiʀ]	handeln
☐ une **action** [aksjɔ̃]	Handlung, Tat
☐ **responsable** [ʀɛspɔ̃sabl]	verantwortlich
☐ la **responsabilité** [ʀɛspɔ̃sabilite]	Verantwortung
☐ le **bien** [bjɛ̃]	das Gute
☐ le **mal** [mal]	das Böse, das Übel
☐ la **morale** [mɔʀal]	die Moral
☐ **moral**, morale [mɔʀal]	moralisch
☐ les **mœurs** *fpl* [mœʀ(s)]	Sitten
☐ la **liberté** [libɛʀte]	Freiheit
☐ **libre** [libʀ]	frei
☐ un **choix** [ʃwɑ]	Wahl
☐ **choisir** [ʃwaziʀ]	wählen
☐ les **remords** *mpl* [ʀ(ə)mɔʀ]	Gewissensbisse
☐ <u>le</u> **hasard** [ˈazaʀ]	Zufall
C'est le hasard.	Es ist Zufall.
par hasard	zufällig
☐ **nécessaire** [nesesɛʀ]	nötig, notwendig
☐ **indispensable** [dispsabl]	unerlässlich, unbedingt notwendig

« Je peux toujours choisir, mais je dois savoir que si je ne choisis pas, je choisis encore. » (Jean-Paul Sartre 1905–1980)

! Kein Apostrophe: *le hasard* !

□ **l'origine** *f* [ɔʀiʒin]	Ursprung, Ursache
□ la **cause** [koz]	Ursache, Grund, Anlass
□ **causer** [koze]	verursachen
□ un **effet** [efɛ]	Wirkung
□ **spirituel**, spirituelle [spiʀitɥɛl]	geistig; geistlich; geistreich
□ la **spiritualité** [spiʀitɥalite]	Spiritualität
□ l'**esprit** *m* [ɛspʀi]	Geist
□ la **matière** [matjɛʀ]	Materie, Stoff
□ **élémentaire** [elemɑ̃tɛʀ]	elementar, grundlegend
□ **définitif**, définitive [definitif, iv]	endgültig
□ une **théorie** [teɔʀi]	Theorie
□ **théorique** [teɔʀik]	theoretisch
□ la **pratique** [pʀatik]	Praxis
□ **pratique** [pʀatik]	praktisch
□ la **méthode** [metɔd]	Methode
□ une **œuvre** [œvʀ]	Werk
une **œuvre philosophique**	philosophisches Werk
les **œuvres complètes**	Gesamtwerk, die gesammelten Werke
□ un **traité** [tʀɛte]	Abhandlung

Mein Zusatzvokabular

21 Geschichte und Politik

21.1 Geschichte allgemein

☐ l'**histoire** *f* [istwaʀ]	Geschichte
☐ **historique** [istɔʀik]	historisch, geschichtlich
un événement historique	historisches/geschichtliches Ereignis
☐ **ancien**, ancienne [ɑ̃sjɛ̃, jɛn]	alt
l'histoire ancienne	alte Geschichte
☐ **moderne** [mɔdɛʀn]	modern
☐ **contemporain**, contemporaine [kɔ̃tpɔʀɛ̃, ɛn]	zeitgenössig
l'histoire contemporaine	Zeitgeschichte, Neueste Geschichte
☐ une **époque** [epɔk]	Epoche, Zeit(alter)
à l'époque de Louis XIV	zur Zeit Ludwig des XIV.
à cette époque	zu dieser Zeit, in dieser Epoche

☐ la **préhistoire** [pʀeistwaʀ]	Vorgeschichte
☐ **préhistorique** [pʀeistɔʀik]	vor-, urgeschichtlich
☐ l'**Antiquité** *f* [ɑ̃tikite]	Antike, Altertum
☐ **antique** [ɑ̃tik]	antik
☐ la **Gaule** [gol]	Gallien
☐ **gaulois**, gauloise [golwa, waz]	gallisch
un Gaulois, une Gauloise	Gallier(in)

☐ **romain**, romaine [ʀɔmɛ̃, ɛn]	römisch
un Romain, une Romaine	Römer(in)
☐ le **Moyen(-)Âge** [mwajɛnɑʒ]	Mittelalter
☐ la **Renaissance** [ʀənɛsɑ̃s]	Renaissance
☐ la **Réforme** [ʀefɔʀm]	Reformation
☐ l'**Absolutisme** *m* [absɔlytism]	Absolutismus
☐ le **siècle des lumières** [sjɛkldelymjɛʀ]	das Zeitalter der Aufklärung

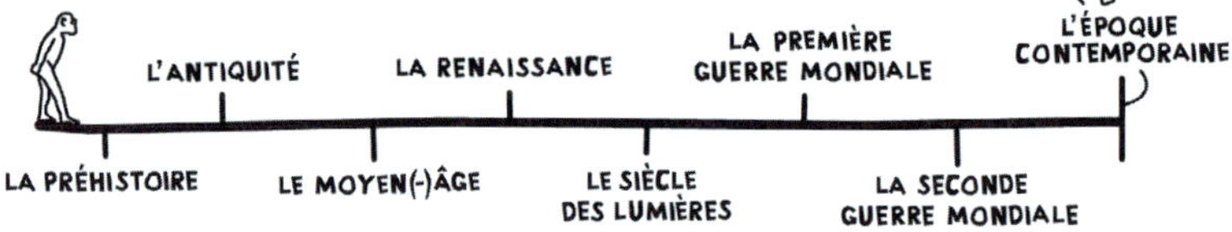

☐ la **Première Guerre mondiale** [pʀəmjɛʀgɛʀmɔ̃djal]	Erster Weltkrieg
☐ la **Seconde Guerre mondiale** [s(ə)gɔ̃dgɛʀmɔ̃djal]	Zweiter Weltkrieg
☐ la **guerre froide** [gɛʀfʀwad]	der Kalte Krieg
☐ la **chute du mur** [ʃytdymyʀ]	der Fall der Mauer
☐ la **réunification** [ʀeynifikasjɔ̃]	Wiedervereinigung
la réunification de l'Allemagne	Deutsche Wiedervereinigung, Wiedervereinigung Deutschlands
☐ **avoir lieu** [avwaʀljø]	sich ereignen, stattfinden
La réunification de l'Allemagne a eu lieu en 1990.	Die Deutsche Wiedervereinigung fand 1990 statt.
☐ **se passer** [s(ə)pase]	sich ereignen, stattfinden, passieren
☐ **durer (de… à)** [dyʀe]	dauern (von … bis)
La Deuxième Guerre mondiale a duré de 1939 à 1945.	Der Zweite Weltkrieg dauerte von 1939 bis 1945.
☐ le **siècle** [sjɛkl]	Jahrhundert

Vorsicht Fehler! Angabe von Jahrhunderten

Zur Angabe von Jahrhunderten benutzt du die Ordnungszahlen. Du schreibst sie mit hochgestelltem ***e*** und ohne Punkt. Im Französischen werden in der Regel die römischen Zahlen zur Angabe der Jahrhunderte verwendet. Bei späteren Jahrhunderten kannst du auch arabische Zahlen benutzen:

au *XX*^{e} siècle/ *au 20*^{e} siècle (au vingtième siècle) im 20. Jahrhundert

☐ **au début de** [odebydə]	zu Beginn, am Anfang
au début du siècle	Anfang des Jahrhunderts
☐ **à la fin de** [alafɛ̃də]	am Ende von
☐ **av./ ap. J.-C. (avant/ après Jésus-Christ)** [avɑ̃/apʀɛʒezykʀi(st)]	v./n. Chr. (vor/nach Christus)
en 800 ap. J.-C.	im Jahre 800 n. Chr.
au Ve siècle av. J.-C.	im 5. Jh. v. Chr.

→ *Zu den Jahresangaben siehe Kapitel 17.2 „Zahlen und Zahlwörter" S. 310.*
→ *Zeit- und Datumsangaben findest du in Kapitel 15 S. 273*

21.2. Monarchie und Revolution

☐ la **monarchie** [mɔnaʀʃi]	Monarchie
une monarchie constitutionnelle	konstitutionelle Monarchie
une monarchie absolue	absolute Monarchie
☐ le **royaume** [ʀwajom]	Königreich
☐ **royal**, royale [ʀwajal]	königlich
☐ un **roi** [ʀwa]	König
le **roi-soleil**	Sonnenkönig

« L'État, c'est moi. »
(Louis XIV)
„Der Staat bin ich."

Könige und Kaiser richtig angeben

Louis XIV, auch Sonnenkönig genannt, ist der berühmteste französische König. Sein deutscher Name ist Ludwig XIV.
Anders als im Deutschen werden auf Französisch die Grundzahlen zur Angabe der Reihenfolge verwendet, das heißt, du stellst einfach die römischen Zahlen (ohne Punkt!) hinter den Namen des Königs:

Louis XIV (Louis Quatorze)	Ludwig XIV. (Ludwig der Vierzehnte)

Nur bei dem ersten Herrscher in der Reihenfolge verwendet man ***premier***:

François Ier (François Premier)	Franz I. (Franz der Erste)

☐ une **reine** [ʀɛn]	Königin
☐ un **empire** [ɑ̃piʀ]	Kaiserreich, Reich
☐ un **empereur**, une impératrice [ɑ̃pʀœʀ, ɛ̃peʀatʀis]	Kaiser(in)
☐ **régner** [ʀeɲe]	herrschen, regieren
Louis XIV **a régné pendant 54 ans.**	Ludwig XIV. regierte 54 jahre lang.

☐ la **cour** [kuʀ]	Hof
à la cour de Louis XIV	am Hof von Ludwig XIV.

☐ le **courtisan** [kuʀtizɑ̃]	Höfling
☐ une **intrigue** [ɛ̃tʀig]	Intrige
☐ **intriguer (contre qn)** [ɛ̃tʀige]	(gegen jdn) intregieren

☐ un **prince**, une princesse [pʀɛ̃s, pʀɛ̃sɛs]	Prinz(essin)
☐ un **duc**, une duchesse [dyk, dyʃɛs]	Herzog(in)
☐ un **comte**, une comtesse [kɔ̃t, kɔ̃tɛs]	Graf, Gräfin
☐ un **château** ; des châteaux *pl* [ʃɑto]	Schloss
☐ un **palais** [palɛ]	Palast

☐ **noble** [nɔbl]	adlig
un, une noble	Adlige(r)
☐ la **noblesse** [nɔblɛs]	Adel
appartenir à la noblesse	zum Adel gehören
☐ un **privilège** [pʀivilɛʒ]	Privileg, Vorrecht
☐ **privilégié**, privilégiée [pʀivileʒje]	privilegiert, begünstigt

☐ le **peuple** [pœpl]	Volk
☐ une **révolution** [ʀevɔlysjɔ̃]	Revolution
la **Révolution (française)**	Französische Revolution
☐ la **Marseillaise** [maʀsɛjɛz]	die Marseillaise (Name der französischen Nationalhymne)
☐ la **prise de la Bastille** [pʀizdəlabastij]	Erstürmung der Bastille
☐ **abdiquer** [abdike]	abdanken
le roi a abdiqué	der König hat abgedankt

☐ la **liberté** [libɛʀte]	Freiheit
☐ **libre** [libʀ]	frei
☐ l'**égalité** *f* [egalite]	Gleichheit
☐ **égal**, égale; égaux *mpl* [egal, o]	gleich
☐ la **fraternité** [fʀatɛʀnite]	Brüderlichkeit
☐ une **devise** [d(ə)viz]	Wahlspruch
« **Liberté, Égalité, Fraternité** » est la devise de la révolution.	„Freiheit, Gleichheit, Brüderlichkeit" ist der Wahlspruch der Revolution.
☐ un **droit** [dʀwa]	Recht
avoir des droits	Rechte haben
☐ les **droits de l'homme** *mpl* [dʀwad(ə)lɔm]	Menschenrechte
☐ **déclarer** [deklaʀe]	erklären, verkünden

LIBERTÉ ÉGALITÉ FRATERNITÉ

→ *Weiteres Vokabular zum Thema Politik findest du in Kapitel 21.4, S.359*

☐ la **terreur** [teʀœʀ]	Schreckensherrschaft
☐ la **guillotine** [gijɔtin]	Guillotine, Fallbeil

□ **guillotiner** [gijɔtine]	guillotinieren
□ **tuer** [tɥe]	töten

21.3 Krieg, Widerstand und Frieden

□ la **guerre** [gɛʀ]	Krieg
déclarer la guerre à qn	jdm den Krieg erklären
faire la guerre à qn	mit jdm Krieg führen, gegen jdn kämpfen
une **guerre civile**	Bürgerkrieg
une **guerre mondiale**	Weltkrieg
□ **militaire** [militɛʀ]	militärisch
□ le **service militaire** [sɛʀvismilitɛʀ]	Militärdienst
□ **s'engager** [sgaʒe]	sich freiwillig verpflichten
□ un, une **volontaire** [vɔlɔ̃tɛʀ]	Freiwillige(r)
□ un **uniforme** [ynifɔʀm]	Uniform
□ un **soldat** [sɔlda]	Soldat
□ un **lieutenant** [ljøt(ə)nɑ̃]	Leutnant
□ un **officier** [ɔfisje]	Offizier
□ un **général**; des généraux *pl* [ʒeneʀal, o]	General
□ un **prisonnier**, une prisonnière [pʀizɔnje, -jɛʀ]	Gefangene(r)
un **prisonnier de guerre**	Kriegsgefangener
□ un **héros**, une héroïne [ˊeʀo, ˊeʀɔin]	Held(in)
□ une **armée** [aʀme]	Armee
□ une **arme** [aʀm]	Waffe
une arme nucléaire	Atomwaffe
□ une **bombe** [bɔ̃b]	Bombe
une bombe atomique	Atombombe
□ **bombader** [bɔ̃baʀde]	bombardieren
□ un **char** [ʃaʀ]	Panzer
□ un **allié**, une alliée [alje]	Alliierte(r), Verbündete(r)
□ un **ennemi**, une ennemie [en(ə)mi]	Feind(in)
□ un, une **adversaire** [advɛʀsɛʀ]	Gegner(in)
□ **rival**, rivale; rivaux *mpl* [ʀival, o]	gegnerisch
□ un **agresseur** [agʀɛsœʀ]	Angreifer(in)
□ **agresser qn** [agʀese]	jdn angreifen

! *un uniforme* !

! Achte auf die Aussprache *les héros* (ohne Bindung: die Helden) ≠ *les zéros* (mit Bindung: die Nullen !)

☐ **attaquer qn** [atake]	jdn anreifen
☐ **envahir qc** [ɑ̃vaiʀ]	in etw. einfallen, einmarschieren
☐ **annexer** [anɛkse]	annektieren
☐ **se défendre** [sədefɑ̃dʀ]	sich verteidigen
☐ **se battre (contre)** [səbatʀ]	kämpfen, sich schlagen (gegen)
☐ le **front** [fʀɔ̃]	die Front
☐ une **tranchée** [tʀɑ̃ʃe]	Schützengraben
☐ **tirer (sur)** [tiʀe]	schießen
☐ **tuer** [tɥe]	töten
☐ **survivre** [syʀvivʀ]	überleben
☐ une **trêve** [tʀɛv]	Waffenstillstand
☐ la **fraternisation** [fʀatɛʀnizasjɔ̃]	Verbrüderung
☐ **conquérir** [kɔ̃keʀiʀ]	erobern
☐ une **victoire** [viktwaʀ]	Sieg
☐ **battre qn** [batʀ]	jdn schlagen
Ils ont battu leur ennemi.	Sie haben ihren Feind geschlagen.
être battu, battue	geschlagen, besiegt sein/werden
☐ **gagner** [gaɲe]	gewinnen
gagner la guerre	den Krieg gewinnen
☐ **perdre** [pɛʀdʀ]	verlieren
☐ **capituler** [kapityle]	kapitulieren
☐ **occuper** [ɔkype]	besetzen
☐ l'**occupation** *f* [ɔkypasjɔ̃]	Besatzung
sous l'occupation	unter der Besatzung, während der Besatzungszeit
☐ une **zone occupée** [zonɔkype]	besetzte Zone, besetztes Gebiet
☐ **débarquer** [debaʀke]	landen
☐ le **débarquement** [debaʀkəmɑ̃]	Landung
le débarquement des Alliés	die Landung der Alliierten (1944)
☐ **libérer** [libeʀe]	befreien
☐ la **libération** [libeʀasjɔ̃]	Befreiung
☐ la **résistance** [ʀezistɑ̃s]	Widerstand
la Résistance	Résistance (französische Widerstandsbewegung 1940–1944)
entrer dans la Résistance	der Resistance beitreten
☐ un **résistant**, une résistante [ʀezistɑ̃, ɑ̃t]	Widerstandskämpfer(in)

☐ **résister (à qn/qc)** [ʀeziste]	jdm/etw. widerstehen, sich jdm widersetzen
☐ un **appel** [apɛl]	Aufruf
lancer un appel à la résistance	zum Widerstand aufrufen
☐ la **collaboration** [kɔ(l)labɔʀasjɔ̃]	Zusammenarbeit mit dem Feind
la Collaboration	Kollaboration, Zusammenarbeit mit den Nazis (1940–1944)
☐ **collaborer avec l'ennenmi** [ko(l)labɔʀe]	mit dem Feind zusammenarbeiten
☐ **profiter de qc** [pʀɔfite]	von etw. profitieren
☐ **dénoncer** [denɔ̃se]	denunzieren
☐ **antisémite** [ɑ̃tisemit]	antisemitistisch
☐ **fuir** [fɥiʀ]	fliehen
☐ **se réfugier** [səʀefyʒje]	Zuflucht suchen
☐ un **réfugié**, une réfugiée [ʀefyʒje]	Flüchtling
☐ un **passeur**, une passeuse [pɑsœʀ, -øz]	Fluchthelfer(in), Schleuser(in)
☐ un **armistice** [aʀmistis]	Waffenstillstand
signer un armistice	einen Waffenstillstand unterzeichnen
☐ la **paix** [pɛ]	Frieden
un traité de paix	Friedensvertrag
faire la paix avec qn	mit jdm Frieden schließen

21.4 Politik und Staat

☐ la **politique** [pɔlitik]	Politik
faire de la politique	politisch aktiv sein
la politique intérieure	Innenpolitik
la politique extérieure	Außenpolitik
☐ **politique** [pɔlitik]	politisch
un courant politique	politische Strömung
la situation politique	politische Lage
☐ un **homme**, une femme politique [ɔm, fampɔlitik]	Politiker(in)
☐ un **système** [sistɛm]	System, Regierungsform
un système politique	politisches System
un système démocratique	demokratische Regierungsform
☐ **s'engager** [sɑ̃gaʒe]	sich engagieren
s'engager dans la politique	sich in der Politik engagieren

être engagé, engagée	engagiert sein
☐ un **engagement** [ɑ̃gaʒmɑ̃]	Engagement
un engagement politique	politisches Engagement

☐ le **pays** [pei]	Land
☐ un **empire** [ɑ̃piʀ]	Reich (*→ Zum Thema „Monarchie" siehe Kapitel 21.2 S. 355)*
☐ l'**État** *m* [eta]	Staat
un chef d'État	Regierungschef, Staatschef
☐ **indépendant**, indépendante [ɛ̃depɑ̃dɑ̃, ɑ̃t]	unabhängig
☐ l'**indépendance** *f* [ɛ̃depɑ̃dɑ̃s]	Unabhängigkeit

☐ la **nation** [nasjɔ̃]	Nation
☐ **national**, nationale; nationaux *mpl* [nasjɔnal]	national
une fête nationale	Nationalfeiertag
un hymne national	Nationalhymne
☐ **officiel**, officielle [ɔfisjɛl]	offiziell
☐ le **drapeau** ; les drapeaux *pl* [dʀapo]	Fahne
☐ **vive... !** [viv]	es lebe ...!
Vive la France !	Es lebe Frankreich!

☐ le **Président**, la Présidente [pʀezidɑ̃, ɑ̃t]	Präsident(in)
☐ le **Chancelier (allemand)**, la Chancelière (allemande) [ʃɑ̃səlje, jɛʀ (almɑ̃(d))]	der (deutsche) Bundeskanzler, die (deutsche) Bundeskanzlerin
☐ un, une **ministre** [ministʀ]	Minister(in)
le **Premier ministre**	Premierminister
un **Ministre-président**	Ministerpräsident (in deutschen Bundesländern)
☐ un **ministère** [ministɛʀ]	Ministerium
☐ un **conseiller**, une conseillère [kɔ̃seje, jɛʀ]	Berater (in); Rat, Rätin

☐ un **parlement** [paʀləmɑ̃]	Parlament
☐ l'**Assemblée nationale** [asɑ̃blenasjɔnal]	Nationalversammlung (Name des französischen Parlaments)
☐ un **député**, une députée [depyte]	Abgeordnete(r)
☐ **représenter qn** [ʀ(ə)pʀezɑ̃te]	jdn vertreten, repräsentieren
☐ le **peuple** [pœpl]	Volk

☐ **gouverner** [guvɛʀne]	regieren
☐ le **gouvernement** [guvɛʀnəmɑ̃]	Regierung
former un gouvernement	eine Regierung bilden
le **chef du gouvernement**	Regierungschef

☐ une **république** [ʀepyblik]	Republik
le **président de la République**	Staatspräsident
la **République française**	Französische Republik
☐ une **démocratie** [demɔkʀasi]	Demokratie
☐ **démocratique** [demɔkʀatik]	demokratisch
☐ la **constitution** [kɔ̃stitysjɔ̃]	Verfassung
☐ une **dictature** [diktatyʀ]	Diktatur, Gewaltherrschaft
☐ un **despote** [dɛspɔt]	Despot, Gewaltherrscher
☐ **répressif**, répressive [ʀepʀesif, -iv]	unterdrückerisch
☐ **autoritaire** [otoʀitɛʀ]	autoritär
☐ **dominer qn/qc** [dɔmine]	jdn/etw. beherrschen
☐ le **pouvoir** [puvwaʀ]	Macht, (Staats)Gewalt
avoir du pouvoir	Macht haben
prendre le pouvoir	Macht übernehmen, ergreifen
être au pouvoir	an der Macht sein
la **séparation des pouvoirs**	Gewaltenteilung
☐ **exercer** [ɛgzɛʀse]	ausüben
exercer le pouvoir	die Macht ausüben
☐ **puissant**, puissante [pɥisɑ̃, ɑ̃t]	mächtig
☐ **diriger** [diʀiʒe]	leiten
☐ **être responsable** [ʀɛspɔ̃sabl]	verantwortlich sein
☐ **déclarer** [deklaʀe]	erklären
☐ **annoncer** [anɔ̃se]	ankündigen
☐ **promettre** [pʀɔmɛtʀ]	versprechen
☐ une **promesse** [pʀɔmɛs]	Versprechen
☐ **proposer** [pʀɔpoze]	vorschlagen
☐ une **proposition** [pʀɔpozisjɔ̃]	Vorschlag
☐ **s'opposer à qc** [sɔpoze]	sich etw. widersetzen, gegen etw. sein
☐ un **débat** [deba]	Debatte
☐ **se prononcer pour/ contre qc** [səpʀɔnɔ̃se]	sich für/gegen etw. aussprechen
☐ un **discours** [diskuʀ]	Rede
prononcer un discours	eine Rede halten
☐ **interdire** [ɛ̃tɛʀdiʀ]	verbieten
☐ l'**interdiction** *f* [ɛ̃tɛʀdiksjɔ̃]	Verbot
☐ **abolir** [abɔliʀ]	abschaffen
☐ l'**abolition** *f* [abɔlisjɔ̃]	Abschaffung
☐ **supprimer** [sypʀime]	abschaffen

☐ une **loi** [lwa]	Gesetz
adopter une loi	ein Gesetz annehmen, verabschieden
voter une loi	ein Gesetz verabschieden
☐ une **mesure** [m(ə)zyʀ]	Maßnahme
prendre des mesures pour/ contre	Maßnahmen ergreifen für/gegen
☐ une **affaire** [afɛʀ]	Sache, Angelegenheit
☐ un **projet** [pʀɔʒɛ]	Projekt, Plan, Entwurf
un **projet de loi**	Gesetzesentwurf
☐ une **réforme** [ʀefɔʀm]	Reform
☐ **réformer** [ʀefɔʀme]	reformieren
☐ une **crise** [kʀiz]	Krise
☐ un **progrès** [pʀɔgʀɛ]	Fortschritt
☐ **progresser** [pʀɔgʀese]	sich entwickeln, fortschreiten
☐ **changer** [ʃɑ̃ʒe]	ändern, sich (ver)ändern
La politique extérieure a changé.	Die Außenpolitik hat sich verändert.
Cet événement a changé la situation politique.	Dieses Ereignis hat die politische Lage verändert.
☐ un **changement** [ʃɑ̃ʒmɑ̃]	Veränderung

☐ un **citoyen**, une citoyenne [sitwajɛ̃, jɛn]	(Staats)Bürger(in)
☐ une **élection** [elɛksjɔ̃]	Wahl
les **élections présidentielles**	Präsidentschaftswahlen
☐ **élire qn** [eliʀ]	jdn wählen, auswählen
☐ un **électeur**, une électrice [elɛktœʀ, tʀis]	Wähler(in)
☐ la **voix** [vwa]	Stimme
☐ **voter (pour)** [vɔte]	wählen (für)
☐ **participer (à)** [paʀtisipe]	teilnehmen
participer aux élections	an den Wahlen teilnehmen
☐ la **majorité** [maʒɔʀite]	Mehrheit
la **majorité absolue**	absolute Mehrheit
la **majorité relative**	relative Mehrheit
obtenir la majorité	die Mehrheit erhalten, erlangen
☐ une **minorité** [minɔʀite]	Minderheit
☐ le **résultat** [ʀezylta]	Ergebnis

☐ un **candidat**, une candidate [kɑ̃dida, at]	Kandidat(in)
☐ une **candidature** [kɑ̃didatyʀ]	Kandidatur, Bewerbung
☐ un **parti** [paʀti]	Partei
☐ un **programme** [pʀɔgʀam]	(Wahl-)Programm
☐ la **droite** [dʀwat]	die Rechte
être de droite	rechts sein
un **parti de droite**	eine rechte Partei

☐ la **gauche** [goʃ]	die Linke
être de gauche	links sein
un **parti de gauche**	eine Linkspartei
☐ les **verts** *mpl* [vɛʀ]	die Grünen
☐ **libéral**, libérale; libéraux *mpl* [libeʀal, o]	liberal
☐ un **membre** [mɑ̃bʀ]	Mitglied

☐ **protester** [pʀɔtɛste]	protestieren
☐ **manifester (pour/ contre)** [manifɛste]	demonstrieren (für/gegen)
☐ un **manifestant**, une manifestante [manifɛstɑ̃, ɑ̃t]	Demonstrant(in)
☐ une **manifestation** [manifɛstasjɔ̃]	Demonstration
☐ une **manif** *fam* [manif]	Demo
☐ la **pression** [pʀɛsjɔ̃]	Druck
exercer de la pression sur qn/qc	Druck auf jdn/etw. ausüben
☐ **lutter pour/ contre qc** [lyte]	für/gegen etw. kämpfen
☐ un **mouvement** [muvmɑ̃]	Bewegung
un mouvement politique	politische Bewegung
☐ **mobiliser** [mɔbilize]	mobilisieren

21.5 Internationale Beziehungen und Europa

☐ la **relation** [ʀ(ə)lasjɔ̃]	Beziehung
☐ **international**, internationale; internationaux *mpl* [ɛ̃tɛʀnasjɔnal, o]	international
les **relations internationales**	internationale Beziehungen
☐ une **organisation** [ɔʀganizasjɔ̃]	Orgsanisation, Verband
une organisation internationale	internationale Organisation
☐ l'**ONU** *f* **(Organisation des Nations Unies)** [ony]	UN (die Vereinten Nationen)
☐ le **monde** [mɔ̃d]	Welt
☐ **mondial**, mondiale; mondiaux *mpl* [mɔ̃djal, jo]	weltweit, Welt-
l'**économie mondiale**	Weltwirtschaft

☐ **étranger**, étrangère [etʀɑ̃ʒe, ʒɛʀ]	Auslands-, Außen-
la **politique étrangère**	Außenpolitik
le **ministre/ ministère des Affaires étrangères**	Außenminister/Außenministerium
☐ l'**étranger** *m* [etʀɑ̃ʒe]	Ausland
☐ la **puissance** [pɥisɑ̃s]	Macht
une **puissance nucléaire**	Atommacht

une **grande puissance**	Großmacht
☐ **puissant**, puissante [pɥisɑ̃, ɑ̃t]	mächtig
☐ le **tiers-monde** [tjɛʀmɔ̃d]	Dritte Welt
les **pays du tiers-monde**	Länder der Dritten Welt
☐ le **développement** [devlɔpmɑ̃]	Entwicklung
☐ une **aide** [ɛd]	Hilfe
l'**aide au développement**	Entwicklungshilfe
☐ **aider qn** [ede]	helfen
☐ une **crise** [kʀiz]	Krise
☐ un **conflit** [kɔ̃fli]	Konflikt
☐ **boycotter** [bɔjkɔte]	boykottieren
☐ **menacer** [mənase]	bedrohen
☐ la **sécurité** [sekyʀite]	Sicherheit
☐ **neutre** [nøtʀ]	neutral
rester neutre	neutral bleiben
un pays neutre	neutrales Land
☐ un **allié**, une alliée [alje]	Verbündete(r), Alliierte(r)
☐ **coopérer** [kɔɔpeʀe]	zusammenarbeiten, kooperieren
☐ la **coopération** [kɔɔpeʀasjɔ̃]	Zusammenarbeit
☐ un **entretien** [ɑ̃tʀətjɛ̃]	Unterredung, Gespräch
un **entretien secret**	geheime Unterredung
☐ un **dialogue** [djalɔg]	Dialog
☐ des **pourparlers** *mpl* [puʀpaʀle]	Verhandlungen, Gespräche
poursuivre les pourparlers	die Gespräche fortsetzen
☐ un **accord** [akɔʀ]	Abkommen
se mettre d'accord	sich einigen
conclure un accord	ein Abkommen schließen
☐ un **contrat** [kɔ̃tʀa]	Vertrag
☐ **secret**, secrète [səkʀɛ, ɛt]	geheim
☐ un **traité** [tʀete]	Vertrag
☐ **signer** [siɲe]	unterzeichnen, unterschreiben
signer un traité	einen Vertrag unterzeichnen
☐ la **signature** [siɲatyʀ]	Unterzeichnung, Unterschrift
☐ **reconnaître qc** [ʀ(ə)kɔnɛtʀ]	etw. anerkennen
☐ **se réunir** [səʀeyniʀ]	sich versammeln, zusammentreffen
☐ un **sommet** [sɔmɛ]	Gipfel
un sommet des pays industrialisés	Gipfeltreffen der Industrieländer
☐ une **rencontre** [ʀɑ̃kɔ̃tʀ]	Begegnung, Treffen

☐ **une conférence** [kɔ̃feʀɑ̃s]	Konferenz
Une **conférence internationale** a lieu à Berlin.	Eine internationale Konferenz findet in Berlin statt.
☐ **l'Europe** *f* [øʀɔp]	Europa
☐ **européen**, européenne [øʀɔpeɛ̃, ɛn]	europäisch
le **Parlement européen**	europäisches Parlament
un Européen, une Européenne	Europäer(in)
☐ un **membre** [mɑ̃bʀ]	Mitglied
☐ un **pays-membre** [peimɑ̃bʀ]	Mitgliedsland
☐ une **union** [ynjɔ̃]	Union, Gemeinschaft
une union économique	Wirtschaftsunion
une union politique	politische Union
☐ **l'Union européenne (UE)** *f* [ynjɔ̃øʀɔpeɛn]	Europäische Union (EU)
☐ **s'unir** [syniʀ]	sich zusammenschließen, vereinen
☐ la **monnaie unique** [mɔnɛynik]	Gemeinschafts-, Einheitswährung
☐ **introduire** [tʀɔdɥiʀ]	einführen
☐ **l'euro** *m* [øro]	Euro
☐ la **zone euro** [zonøro]	Eurozone, Euroland
☐ **créer** [kʀee]	schaffen, ins Leben rufen
☐ la **création** [kʀeasjɔ̃]	Gründung
la création de l'ONU	Gründung der UNO
☐ **fonder** [fɔ̃de]	gründen
☐ un **fondateur** , une fondatrice [fɔ̃datœʀ, -tʀis]	Begründer(in), Gründer(in)
☐ la **naissance** [nɛsɑ̃s]	Entstehung, Geburt
la naissance de l'Union européenne	Entstehung der Europäischen Union

21.6 Deutsch-französische Beziehungen

☐ **franco-allemand**, franco-allemande [fʀkoalmɑ̃, ɑ̃d]	deutsch-französisch
les **relations franco-allemandes**	deutsch-französische Beziehungen
l'amitié franco-allemande	deutsch-französische Freundschaft
le couple franco-allemand	deutsch-französische Partner(schaft)
Le couple franco-allemand est le moteur de l'Europe.	Die deutsch-französische Partnerschaft ist die treibende Kraft in Europa.

☐ **amical**, amicale; amicaux *mpl* [amikal, o]	freundschaftlich
une relation amicale	freundschaftliche Beziehung
☐ la **coopération** [kɔɔpeʀasjɔ̃]	Zusammenarbeit
le **Traité sur la coopération franco-allemande**	deutsch-französischer Freundschaftsvertrag
☐ **coopérer** [kɔɔpeʀe]	zusammenarbeiten, kooperieren *(→ siehe Kapitel 21.5, S.363)* (Angabe , wo traité und signer steht)
☐ un, une **partenaire** [paʀtənɛʀ]	Partner(in)

Deutsch-französischer Freundschaftsvertrag

Der Deutsch-französische Freundschaftsvertrag, auch Elysée-Vertrag genannt, wurde am 22. Januar 1963 vom französischen Präsidenten Charles de Gaulle und dem deutschen Bundeskanzler Konrad Adenauer unterzeichnet. Er beendete die von Kriegen gezeichnete „Erbfeindschaft" zwischen Deutschland und Frankreich und verpflichtete beide Staaten zur Zusammenarbeit in vielen Bereichen der Politik sowie zu regelmäßigen Treffen.
Einige Monate später wurde das Deutsch-französische Jugendwerk gegründet, das zahlreiche Austauschprogramme für Jugendliche anbietet. (www.ofaj.org)

☐ **améliorer** [ameljɔʀe]	verbessern
☐ **se rapprocher de qn/qc** [s(ə)ʀapʀɔʃe]	sich jdm/etw. (an)nähern
☐ **se réconcilier** [s(ə)ʀekɔ̃silje]	sich versöhnen, aussöhnen
se réconcilier avec son ennemi	sich mit seinem Feind aussöhnen
☐ une **réconciliation** [ʀekɔ̃siljasjɔ̃]	Versöhnung, Aussöhnung
la **réconciliation franco-allemande**	deutsch-französische Aussöhnung

☐ l'**OFAJ** *m* [ɔfaʒ] **(Office franco-allemand pour la jeunesse)**	DFJ (deutsch-französisches Jugendwerk)
☐ un **échange** [eʃɑ̃ʒ]	Austausch
un **échange scolaire**	Schüleraustausch
☐ **être jumelé**, jumelée **(avec)** [ʒymle]	eine Städtepartnerschaft haben (mit)
Strasbourg est jumelé avec Stuttgart.	Straßburg hat eine Städtepartnerschaft mit Stuttgart.
☐ un **jumelage** [ʒymlaʒ]	(Städte)Partnerschaft

22 Gesellschaft und Wirtschaft

22.1 Bevölkerung

☐ la **population** [pɔpylasjɔ̃]	Bevölkerung
☐ **peuplé**, peuplée [pœple]	bevölkert; bevölkerungsreich
Cette région était peuplée par les Basques.	Diese Gegend war von den Basken bevölkert.
une région très peuplée	bevölkerungsreiche Gegend
☐ un **habitant**, une habitante [abitɑ̃, ɑ̃t]	Bewohner(in), Einwohner(in)
☐ **habiter** [abite]	bewohnen, wohnen

☐ la **démographie** [demɔgʀafi]	Demografie
☐ **démographique** [demɔgʀafik]	demografisch
☐ la **natalité** [natalite]	Geburtenrate
☐ le **développement** [devlɔpmɑ̃]	Entwicklung
☐ une **statistique** [statistik]	Statistik
☐ le **pourcentage** [puʀsɑ̃taʒ]	Prozentsatz
☐ **augmenter (de)** [ɔgmɑ̃te]	steigen, sich erhöhen, wachsen (um)
augmenter de 10%	um 10% steigen
☐ **grandir (de)** [gʀɑ̃diʀ]	wachsen (um)
☐ **baisser (de)** [bese]	sinken (um)

22.2 Immigration

☐ **l'immigration** *f* [imigʀasjɔ̃]	Einwanderung
☐ **immigrer** [imigʀe]	einwandern
☐ **immigré**, immigrée [imigʀe]	eingewandert
un **travailleur immigré**	Gastarbeiter
un immigré, une immigrée	Einwanderer, Einwanderin
☐ **l'émigration** *f* [emigʀasjɔ̃]	Auswanderung
☐ **émigrer** [emigʀe]	auswandern
☐ **partir** [paʀtiʀ]	weggehen
☐ **quitter** [kite]	verlassen
quitter son pays	sein Land verlassen
☐ les **conditions de vie** *fpl* [kɔ̃disjɔ̃dəvi]	Lebensbedingungen
☐ **l'espoir** *m* [ɛspwaʀ]	Hoffnung
☐ **espérer** [ɛspeʀe]	hoffen
☐ **améliorer** [ameljɔʀe]	verbessern
☐ un **étranger**, une étrangère [etʀʒe, ɛʀ]	Ausländer(in)
☐ un **permis de séjour** [pɛʀmidseʒuʀ]	Aufenthaltserlaubnis/-genehmigung
☐ un **permis de travail** [pɛʀmidtʀavaj]	Arbeitserlaubnis
☐ **obtenir** [ɔptəniʀ]	erhalten
☐ un, une **sans-papiers** *inv* [sɑ̃papje]	illegale(r) Einwanderer(in)
☐ **renvoyer** [ʀɑ̃vwaje]	zurückschicken, ausweisen
Ils ont été renvoyés dans leur pays d'origine.	Sie wurden in ihre Herkunftsländer zurückgeschickt.
☐ **régulariser qn** [ʀegylaʀize]	jdm die Aufenthaltsgenehmigung geben
☐ **l'exil** *m* [ɛgzil]	Exil
☐ **se réfugier** [s(ə)ʀefyʒje]	flüchten
☐ un **réfugié**, une réfugiée [ʀefyʒje]	Flüchtling
accueillir des réfugiés politiques	politische Flüchtlinge aufnehmen
☐ une **minorité** [minɔʀite]	Minderheit
☐ la **nationalité** [nasjɔnalite]	Staatsangehörigkeit
demander la nationalité française	die französische Staatsangehörigkeit beantragen
☐ la **(double) nationalité** [(dublə)nasjɔnalite]	(doppelte) Nationalität, Doppelstaatsangehörigkeit
☐ **l'origine** *f* [ɔʀiʒin]	Herkunft
le **pays d'origine**	Herkunftsland, Ursprungsland

d'origine algérienne/ maghrébine	algerischer Herkunft/aus dem Maghreb stammend
☐ un, une **beur** [bœʀ] *fam*	ein, eine „Beur“

> ### *Les beurs*
>
> Dieser Begriff bezeichnet die in Frankreich geborenen Kinder der Einwanderer aus dem Maghreb, d.h. aus Marokko, Algerien und Tunesien. Er wird auch von den jungen Leuten als Selbstbezeichnung benutzt.
>
> → *Zum Maghreb findest du Informationen S. 341-342*

22.3 Gesellschaft und öffentliche Verwaltung

☐ la **société** [sɔsjete]	Gesellschaft
☐ **multiculturel**, multiculturelle [myltikyltyʀɛl]	multikulturell
une société multiculturelle	multikulturelle Gesellschaft
☐ **social**, sociale; sociaux *mpl* [sɔsjal, jo]	gesellschaftlich
un conflit social	gesellschaftlicher Konflikt
☐ la **communauté** [kɔmynote]	Gemeinschaft
☐ la **solidarité** [sɔlidaʀite]	Solidarität
☐ **solidaire** [sɔlidɛʀ]	solidarisch
☐ **collectif**, collective [kɔlɛktif, -iv]	gemeinsam

☐ l'**administration** *f* [administʀasjɔ̃]	Verwaltung
☐ **administratif**, administrative [administʀatif, iv]	Verwaltungs-
☐ les **autorités** *fpl* [ɔtɔʀite]	Behörden
☐ **public**, publique [pyblik]	öffentlich
☐ un **service** [sɛʀvis]	Dienststelle
le service public	öffentlicher Dienst
☐ un, une **fonctionnaire** [fɔ̃ksjɔnɛʀ]	Beamter, Beamtin
☐ le, la **responsable** [ʀɛspɔ̃sabl]	Verantwortliche(r)
☐ **être responsable de** [ʀɛspɔ̃sabl]	verantwortlich, zuständig sein für
☐ un **supérieur** [sypeʀjœʀ]	Vorgesetzte(r)

☐ un **formulaire** [fɔʀmylɛʀ]	Formular
remplir un formulaire	ein Formular ausfüllen
☐ un **certificat** [sɛʀtifika]	Bestätigung, Bescheinigung
☐ un **dossier** [dosje]	Akte, Unterlagen
☐ **se plaindre (de)** [səplɛ̃dʀ]	sich beschweren (über)

☐ une **capitale** [kapital]	Hauptstadt
☐ **municipal**, municipale; municipaux *mpl* [mynisipal]	Stadt-, städtisch, Kommunal-
le **Conseil municipal**	Gemeinderat
☐ un **arrondissement** [aʀɔ̃dismɑ̃]	Stadtbezirk, Arrondissement
☐ une **commune** [kɔmyn]	Gemeinde
☐ un **maire** [mɛʀ]	Bürgermeister(in)
☐ une **mairie** [mɛʀi]	Bürgermeisteramt, Rathaus
☐ l'**hôtel de ville** *m* [ɔ/otɛldəvil]	Rathaus (in größeren Städten)

☐ une **région** [ʀeʒjɔ̃]	Region, Gegend
☐ **régional**, régionale [ʀeʒjɔnal]	regional
☐ un **département** [depaʀtəmɑ̃]	Département

22.4 Soziale Probleme

☐ un **problème social** [pʀɔblɛmsɔsjal]	gesellschaftliches Problem
☐ le **chômage** [ʃomaʒ]	Arbeitslosigkeit
être au chômage	Arbeitslos sein
☐ la **grève** [gʀɛv]	Streik
faire grève	streiken

☐ le **niveau de vie** ; les niveaux de vie *pl* [nivo]	Lebensstandard
☐ le **milieu** ; les milieux *pl* [miljø]	Mileu, Umfeld, Schicht
☐ **défavorisé**, défavorisée [defavɔʀize]	benachteiligt
☐ **pauvre** [povʀ]	arm
☐ **priviligié**, privilégiée [pʀivileʒje]	priviligiert
☐ **aisé**, aisée [eze]	wohlhabend
☐ un **mendiant**, une mendiante [mɑ̃djɑ̃, jɑ̃t]	Bettler(in)
☐ un, une **SDF** (un, une **sans domicile fixe**) [ɛsdeɛf]	Obdachlose(r)

☐ la **banlieue** [bɑ̃ljø]	Vorort, Vorstadt
☐ une **cité** [site]	Hochhaussiedlung am Stadtrand
☐ une **tour** [tuʀ]	Hochaus
☐ un **immeuble** [imœbl]	großes Mehrfamilienhaus
☐ un, une **H.L.M** (**une habitation à loyer modéré**) *inv* [aʃɛlɛm]	Sozialwohnung
☐ un **quartier chic**; des quartiers chic *pl* [kaʀtjeʃik]	schickes, teures Stadtviertel

☐ **réclamer** [ʀeklɑme]	fordern
☐ **protester** [pʀɔtɛste]	protestieren
☐ **provoquer** [pʀɔvɔke]	herausfordern, provozieren
☐ **se révolter contre** [s(ə)ʀevɔlte]	sich auflehnen gegen
☐ une **révolte** [ʀevɔlt]	Aufstand, Revolte
☐ **rebeller** [ʀ(ə)bele]	rebellieren
☐ **rebelle** [ʀəbɛl]	aufrührerisch, rebellisch
un, une rebelle	Rebell(in)
☐ une **émeute** [emøt]	Aufruhr, Unruhen, Aufstand
☐ la **violence** [vjɔlɑ̃s]	Gewalt
☐ **brûler** [bʀyle]	verbrennen; brennen
☐ **casser** [kɑse]	kaputt machen
☐ **détruire** [detʀɥiʀ]	zerstören
☐ le **racisme** [ʀasism]	Rassismus
☐ **raciste** [ʀasist]	rassistisch
☐ la **discrimination** [diskʀiminasjɔ̃]	Diskriminierung
☐ le **préjugé** [pʀeʒyʒe]	Vorurteil
☐ la **haine** [ˈɛn]	Hass
éprouver de la haine pour qn	Hass gegen jdn empfinden
☐ **exclure qn (de)** [ɛksklyʀ]	jdn ausschließen (aus, von)
☐ une **tradition** [tʀadisjɔ̃]	Brauch, Tradition
☐ les **mœurs** *fpl* [mœʀ(s)]	Sitten
☐ le **voile** [vwal]	Schleier
porter le voile	Schleier tragen
☐ le **foulard** [fulaʀ]	Kopftuch
☐ **interdire** [ɛ̃tɛʀdiʀ]	verbieten

Kopftuch

In Frankreich herrscht das Prinzip der strengen Trennung zwischen Kirche und Staat. Seit 2004 sind in öffentlichen Schulen alle deutlich sichtbare religiöse Symbole verboten. Daher dürfen muslimische Schülerinnen in der Schule weder Kopftuch noch Schleier tragen.

☐ une **différence** [difeʀɑ̃s]	Unterschied
une différence culturelle	kultureller Unterschied
☐ **différent**, différente [difeʀɑ̃, ɑ̃t]	anders, unterschiedlich
☐ **accepter** [aksɛpte]	akzeptieren, anerkennen
☐ la **tolérance** [tɔleʀɑ̃s]	Toleranz
☐ **tolérant**, tolérante [tɔleʀɑ̃, ɑ̃t]	tolerant

☐ **tolérer** [tɔleʀe]	tolerieren
☐ **l'intolérance** *f* [ɛ̃tɔleʀɑ̃s]	Intoleranz
☐ **intolérant**, intolérante [ɛ̃tɔleʀɑ̃, ɑ̃t]	intolerant
☐ **une identité** [idɑ̃tite]	Identität
l'identité culturelle	kulturelle Identität
☐ **s'adapter (à)** [sadapte]	sich einleben; sich anpassen
☐ **l'adaptation** [adaptasjɔ̃]	Anpassung
un problème d'adaptation	Anpassungsproblem
☐ **s'intégrer** [sɛ̃tegʀe]	sich integrieren
☐ **intégré**, intégrée [ɛ̃tegʀe]	integriert
☐ **l'intégration** *f* [ɛ̃tegʀasjɔ̃]	Integration

22.5 Recht und Kriminalität

☐ **le droit** [dʀwa]	Recht
☐ **une loi** [lwa]	Gesetz
respecter une loi	ein Gesetz achten, einhalten
☐ **un article** [aʀtikl]	Paragraph
☐ **l'ordre** *m* [ɔʀdʀ]	Ordnung
l'ordre public	öffentliche Ordnung
☐ **la justice** [ʒystis]	Justiz, Rechtswesen; Gerechtigkeit
☐ **juste** [ʒyst]	gerecht
☐ **injuste** [ɛ̃ʒyst]	ungerecht
☐ **un tribunal** [tʀibynal]	Gericht
passer devant le tribunal	vor Gericht kommen
☐ **le procès** [pʀɔsɛ]	Prozess
☐ **une affaire** [afɛʀ]	Fall, Sache, Affäre
☐ **un cas** [ka]	Fall
☐ **accuser qn** [akyze]	jdn anklagen, beschuldigen
☐ **interroger** [ɛ̃teʀɔʒe]	verhören, befragen
☐ **une question** [kɛstjɔ̃]	Frage
poser des questions	Fragen stellen
☐ **la vérité** [veʀite]	Wahrheit
dire la vérité	die Wahrheit sagen
☐ **se justifier** [səʒystifje]	sich rechtfertigen
☐ **jurer** [ʒyʀe]	schwören
☐ **mentir** [mɑ̃tiʀ]	lügen
☐ **avouer** [avwe]	gestehen

☐ un **avocat**, une avocate [avɔka, at]	Rechtsanwalt, -anwältin
☐ **défendre qn** [defɑ̃dʀ]	jdn verteidigen
☐ un, une **témoin** [temwɛ̃]	Zeuge, Zeugin
☐ **témoigner pour/ contre qn** [temwaɲe]	für/gegen jdn aussagen
☐ un **témoignage** [temwaɲaʒ]	(Zeugen)Aussage
un **faux témoignage**	Falschaussage
☐ **indiquer** [ɛ̃dike]	Angaben machen, angeben
indiquer l'heure du crime	die Zeit des Verbrechens/die Tatzeit angeben
☐ **prouver** [pʀuve]	beweisen
☐ une **preuve** [pʀœv]	Beweis
apporter une preuve	einen Beweis beibringen

☐ un, une **juge** [ʒyʒ]	Richter(in)
☐ **juger qn** [ʒyʒe]	jdn verurteilen
être jugé pour qc	wegen etw. verurteilt werden
☐ un **jury** [ʒyʀi]	die Geschworenen

☐ **être coupable (de qc)** [kupabl]	(einer Sache) schuldig sein
☐ **punir qn de/ pour qc** [pyniʀ]	jdn für etw. bestrafen
☐ une **prison** [pʀizɔ̃]	Gefängnis
faire de la prison	(im Gefängnis) einsitzen
☐ un **prisonnier** , une **prisonnière** [pʀizɔnje, jɛʀ]	Gefangene(r)
☐ **s'évader (de)** [sevade]	ausbrechen, fliehen (aus)
☐ **libérer qn** [libeʀe]	jdn freilassen; jdn befreien
☐ la **liberté** [libɛʀte]	Freiheit

☐ la **police** [pɔlis]	Polizei
un **agent de police**	Polizist(in)
☐ un **policier**, une femme policier [pɔlisje]	Polizist(in)
☐ une **gendarmerie** [ʒɑ̃daʀməʀi]	Polizeiwache *(Einheit der Armee mit Polizeifunktion in Landbezirken)*
☐ un, une **commissaire** [kɔmisɛʀ]	Kommissar(in)
☐ un **commissariat** [kɔmisaʀja]	Kommissariat
☐ un **flic** *fam* [flik]	Bulle

☐ **rechercher** [ʀ(ə)ʃɛʀʃe]	suchen, fahnden nach
☐ une **recherche** [ʀ(ə)ʃɛʀʃ]	Nachforschung
☐ une **trace** [tʀas]	Spur
☐ un **piège** [pjɛʒ]	Falle
☐ **soupçonner qn** [supsɔne]	jdn verdächtigen
☐ **anonyme** [anɔnim]	anonym
une lettre anonyme	anonymer Brief

☐ **poursuivre qn** [pursɥivr]	jdn verfolgen
☐ un **indice** [ɛ̃dis]	Indiz
☐ **surprendre qn** [syrprɑ̃dr]	jdn ertappen, überraschen
☐ **arrêter** [arɛte]	festnehmen, verhaften
☐ un **délinquant** , une délinquante [delɛ̃kɑ̃, ɑ̃t]	Straffällige(r), Delinquent(in)
☐ un **délit** [deli]	Delikt, Straftat
☐ **criminel**, criminelle [kriminɛl]	kriminell, verbrecherisch
☐ un **crime** [krim]	Verbrechen (Mord)
☐ **tuer** [tye]	Töten
☐ **blesser** [blese]	verletzen, verwunden
☐ une **arme** [arm]	Waffe
☐ un **pistolet** [pistɔlɛ]	Pistole
☐ une **victime** [viktim]	Opfer
☐ une **bagarre** [bagar]	Schlägerei
☐ **violent**, violente [vjɔlɑ̃, ɑ̃t]	gewalttätig
☐ la **violence** [vjɔlɑ̃s]	Gewalt
☐ une **attaque** [atak]	Überfall
☐ **voler** [vɔle]	stehlen
☐ un **vol** [vɔl]	Diebstahl
☐ un **voleur**, une voleuse [vɔlœr, øz]	Dieb(in)
Au voleur !	Haltet den Dieb!
☐ une **arnaque** [arnak]	Betrug
☐ le **trafic** [trafik]	Schwarzhandel
le **trafic de drogues**	Drogenhandel
☐ une **bande** [bɑ̃d]	Bande
☐ un, une **complice** [kɔ̃plis]	Komplize, Komplizin
☐ un **otage** [ɔtaʒ]	Geisel
prendre qn en otage	jdn als Geisel nehmen
☐ **enlever qn** [ɑ̃l(ə)ve]	jdn entführen
☐ **kidnapper qn** [kidnape]	jdn entführen

22.6 Wirtschaft, Geld und Konsum

☐ l'**économie** [ekɔnɔmi]	Wirtschaft
☐ **économique** [ekɔnɔmik]	wirtschaftlich

☐ une **crise** [kʀiz]	Krise
une crise économique	Wirtschaftskrise
être en crise	sich in einer Krise befinden
☐ **ruiner** [ʀɥine]	ruinieren
être ruiné, ruinée	ruiniert sein
☐ **subventionner** [sybvɑ̃sjɔne]	subventionieren, unterstützen

☐ **prospérer** [pʀɔspeʀe]	gedeihen, blühen,
l'économie prospère	die Wirtschaft blüht
faire propérer	zum Blühen bringen
☐ le **progrès** [pʀɔgʀɛ]	Fortschritt

☐ le **marché** [maʀʃe]	Markt
☐ le **commerce** [kɔmɛʀs]	Handel
☐ un **commerçant** [kɔmɛʀsɑ̃]	Händler
☐ **commercial**, commerciale [kɔmɛʀsjal]	kaufmännisch, Handels-
☐ les **affaires** *fpl* [afɛʀ]	Geschäfte
faire des affaires (avec qn)	Geschäfte machen (mit jdm)
un **homme**, une **femme d'affaires**	Geschäftsmann, -frau

☐ une **marchandise** [maʀʃɑ̃diz]	Ware
☐ un **produit** [pʀɔdɥi]	Erzeugnis, Produkt
☐ **produire** [pʀɔdɥiʀ]	produzieren, herstellen
☐ la **production** [pʀɔdyksjɔ̃]	Produktion, Herstellung
☐ un **producteur**, une productrice [pʀɔdyktœʀ, tʀis]	Hersteller(in)
☐ une **entreprise** [ɑ̃tʀəpʀiz]	Unternehmen, Betrieb
☐ une **compagnie (Cie)** [kɔ̃paɲi]	Gesellschaft
☐ un **groupe** [gʀup]	(Firmen)Gruppe, Konzern
☐ la **concurrence** [kɔ̃kyʀɑ̃s]	Konkurrenz, Wettbewerb

☐ une **foire** [fwaʀ]	Messe
la foire du livre	Buchmesse
☐ une **exposition** [ɛkspozisjɔ̃]	Ausstellung
l'**exposition universelle**	Weltausstellung, Expo

☐ un **secteur** [sɛktœʀ]	(Wirtschafts-)Sektor, Branche
☐ l'**industrie** *f* [ɛ̃dystʀi]	Industrie
☐ la **technologie** [tɛknɔlɔʒi]	Technologie
les technologies nouvelles	neue Technologien
☐ une **ressource** [ʀ(ə)suʀs]	Rohstoff

☐ **acheter** [aʃ(ə)te]	kaufen
☐ **commander** [kɔmɑ̃de]	bestellen

☐ **vendre** [vɑ̃dʀ]	verkaufen
☐ l'**offre** *f* [ɔfʀ]	Angebot
☐ la **demande** [d(ə)mɑ̃d]	Nachfrage
☐ **importer** [ɛ̃pɔʀte]	importieren
☐ **exporter** [ɛkspɔʀte]	exportieren
☐ une **banque** [bɑ̃k]	Bank
☐ l'**argent** *m* [aʀʒɑ̃]	Geld
gagner de l'argent	Geld verdienen
perdre de l'argent	Geld verlieren
l'**argent de poche**	Taschengeld
☐ le **fric** *fam* [fʀik]	Knete, Kohle
☐ la **monnaie** [mɔnɛ]	Kleingeld; Währung
☐ un **euro** [øʀo]	Euro
☐ un **chèque** [ʃɛk]	Scheck
faire un chèque	einen Scheck ausstellen
☐ **économiser** [ekɔnɔmize]	sparen
☐ **économe** [ekɔnɔm]	sparsam
☐ les **économies** *fpl* [ekɔnɔmi]	Ersparnisse
faire des économies	sparen
☐ **prêter** [pʀete]	(aus)leihen, borgen
Tu peux me prêter 100 euros ?	Kannst du mir 100 Euro leihen?
☐ les **dettes** *fpl* [dɛt]	Schulden
faire des dettes	Schulden machen
☐ le **prix** [pʀi]	Preis
☐ **augmenter (de)** [ɔgmɑ̃te]	steigen (um)
les prix augmentent de 2%	die Preise steigen um 2%
☐ **baisser (de)** [bese]	sinken (um)
☐ un **consommateur**, une consommatrice [kɔ̃sɔmatœʀ, tʀis]	Verbraucher(in)
☐ la **consommation** [kɔ̃sɔmasjɔ̃]	consommer
☐ un **client**, une cliente [klijɑ̃, jɑ̃t]	Kunde, Kundin
☐ **dépenser** [depɑ̃se]	ausgeben
dépenser de l'argent	Geld ausgeben
☐ la **richesse** [ʀiʃɛs]	Reichtum
☐ **riche** [ʀiʃ]	reich
☐ le **luxe** [lyks]	Luxus
un **produit de luxe**	Luxuserzeugnis

! *des euros* !

☐ la **marque** [maʀk]	Marke
les **vêtements de marque**	Markenkleidung
☐ un **logo** [logo]	Logo, Markenzeichen
☐ la **publicité** [pyblisite]	Werbung
faire de la publicité	werben
☐ un **prospectus** [pʀɔspɛktys]	Prospekt
☐ un **clip** [klip]	Clip
☐ un **slogan** [slɔgɑ̃]	Werbespruch

Mein Zusatzvokabular

Register der französischen Stichwörter

B

E

O

P

U

V